Wissenschaft, Kirche, Staat und Politik

Wissenschaft, Kirche, Staat und Politik

Schleiermacher im preußischen Reformprozess

Herausgegeben von
Andreas Arndt, Simon Gerber und Sarah Schmidt

DE GRUYTER

Der Band wurde im Rahmen der gemeinsamen Forschungsförderung von Bund und Ländern im Akademienprogramm mit Mitteln des Bundesministeriums für Bildung und Forschung und der Senatsverwaltung für Wirtschaft, Technologie und Forschung des Landes Berlin erarbeitet.

ISBN 978-3-11-061988-1
e-ISBN (PDF) 978-3-11-062151-8
e-ISBN (EPUB) 978-3-11-061997-3

Library of Congress Control Number: 2018958371

Bibliografische Information der Deutschen Nationalbibliothek
Die Deutsche Nationalbibliothek verzeichnet diese Publikation in der Deutschen Nationalbibliografie; detaillierte bibliografische Daten sind im Internet über http://dnb.dnb.de abrufbar.

© 2019 Walter de Gruyter GmbH, Berlin/Boston
Umschlagabbildung: akg-images
Druck und Bindung: CPI books GmbH, Leck

www.degruyter.com

Inhalt

Andreas Arndt/Simon Gerber/Sarah Schmidt
Zur Einführung —— 1

Bärbel Holtz
Friedrich Schleiermacher in seiner Zeit 1808 bis 1810 —— 9

1 Briefwechsel und Netzwerke

Wolfgang Virmond
Schleiermachers Schreibkalender —— 35

Sarah Schmidt
Menschheit, Geschlecht und Liebe revised – Schleiermachers Briefwechsel mit seiner Braut (1808/09) —— 43

2 Universität und Bildungsreform

Zachary Purvis
Schleiermacher, Theology, and the Modern University —— 77

Christiane Ehrhardt
Schleiermacher und die Schulreform – mit einem Ausflug von Berlin nach Hessen —— 87

3 Antikenrezeption und Übersetzungen

Piotr de Bończa Bukowski
Zur Übersetzungstheorie bei Friedrich Daniel Ernst Schleiermacher und Friedrich Schlegel in der Zeit ihrer Zusammenarbeit —— 119

Christiane Hackel
Schleiermacher und Aristoteles. Schleiermacher als Initiator der von der Königlich-Preußischen Akademie der Wissenschaften zu Berlin herausgegebenen Aristoteles-Edition (1831–1870) —— 145

Walter Mesch
Schleiermachers Heraklit-Abhandlung —— 175

4 Staat, Recht, Gesinnung

Walter Jaeschke
Schleiermachers Lehre vom Staat im philosophiegeschichtlichen Kontext —— 207

Andreas Arndt
Der Begriff des Rechts in Schleiermachers Ethik-Vorlesungen —— 219

Gerald Hubmann
Recht und Gesinnung bei Jakob Friedrich Fries —— 233

5 Religion und Kunst

Günter Meckenstock
Zeitgeschichtliche Bezüge in Schleiermachers Predigten 1808–1810 —— 257

Elisabeth Blumrich
„Vor allem hat Schleiermacher kalt und herzlos gesprochen". Kultus versus Kult: Seine Gedächtnispredigt für Königin Luise —— 277

Simon Gerber
Religiöses in Schleiermachers Briefen 1808–1810 —— 291

Holden Kelm
Kunst und Religion in Schleiermachers Vorlesungen über philosophische Ethik —— 307

Zu den Autorinnen und Autoren —— 327

Friedrich Schleiermacher, Kritische Gesamtausgabe —— 331

Personenregister —— 335

Andreas Arndt/Simon Gerber/Sarah Schmidt
Zur Einführung

Der vorliegende Band ist das Ergebnis einer interdisziplinären Tagung an der Berlin-Brandenburgischen Akademie der Wissenschaften im Herbst 2016. Sie fand vom 17. bis 19. November 2016 statt, als Abschluss des ersten Moduls des 2012 begonnenen Akademienvorhabens „Friedrich Schleiermacher in Berlin 1808 – 1834. Briefwechsel – Tageskalender – Vorlesungen". Die bisherigen Arbeitsergebnisse des Vorhabens, das sich neben der textkritischen Edition des Briefwechsels im Rahmen der Kritischen Schleiermacher-Gesamtausgabe und einer online-Edition der Tageskalender auch den Vorlesungen Schleiermachers über die philosophische Ethik und die Praktische Theologie widmet, wurden aus dem Blickwinkel unterschiedlicher Disziplinen ausgewertet, wobei nicht nur die bis dahin publizierten Texte, sondern auch noch nicht veröffentlichte Materialien zugrunde gelegt wurden.

Mit seiner Übersiedlung von Halle nach Berlin 1807/1808 – seine akademische Tätigkeit konnte er nach der Besetzung Halles durch napoleonische Truppen und der Schließung der Universität nicht fortsetzen – etabliert sich Friedrich Schleiermacher beruflich und privat im Wirkungskreis seines zukünftigen Lebens. Mit der Aussicht auf die Berufung an eine neu zu gründende Universität in Berlin hält er dort, wie andere Wissenschaftler auch, Privatvorlesungen; mit seiner 1808 erschienen Schrift *Gelegentliche Gedanken über Universitäten in deutschem Sinn* übt er maßgeblichen Einfluss auf die Konzeption der neuen Universität. 1809 wird Schleiermacher als (reformierter) Prediger an die Dreifaltigkeitskirche berufen; dieses Pfarramt wird er bis an sein Lebensende neben seiner akademischen Tätigkeit ausüben. Ebenfalls 1809 heiratet er Henriette von Willich, die gut zwanzig Jahre jüngere Witwe seines Freundes Ehrenfried von Willich. Die Braut bringt zwei Kinder mit in die Ehe, zu denen vier gemeinsame Kinder hinzukommen werden. 1810 erhält Schleiermacher dann den Ruf auf eine Professur an der Theologischen Fakultät der neugegründeten Berliner Universität; zugleich wird er Mitglied der philosophischen Klasse der Königlichen Akademie der Wissenschaften und erhält in dieser Funktion auch das Recht, Vorlesungen an der Philosophischen Fakultät zu halten. Schleiermacher ist nicht nur ein erfolgreicher Prediger und Hochschullehrer, sondern nimmt auch aktiv am geselligen und intellektuellen Leben der wissenschaftlich wie künstlerisch aufstrebenden preußischen Metropole teil. Bei alledem ist er auch ein politischer Mensch, der im preußischen Reformprozess, besonders in der Bildungsreform, aktiv ist und administrative Funktionen erfüllt, sich aber auch an konspirativen Unternehmungen gegen die französische Besatzung beteiligt; während des Befreiungskrieges wird er für ein paar Monate die Redaktion einer von seinem Freund Georg Reimer verlegten politischen Zeitung, des *Preußischen Correspondenten*, übernehmen. In den Reaktionsjahren nach 1819 gerät er dann unter den Verdacht der Demagogie und entgeht nur knapp einer Amtsenthebung.

Die Beiträge des vorliegenden Bandes rekonstruieren zum einen aus einer historischen und ideengeschichtlichen Perspektive Schleiermachers akademisches, politisches und persönliches Umfeld im preußischen Reformprozess; zum anderen widmen sie sich in einer systematischen Perspektive Schleiermachers philosophischen, theologischen und philologischen Entwürfen und Projekten, die den Reformprozess begleiten und theoretisch begründen.

Eine Orientierung und detailreiche Einführung in die zentralen Jahre des preußischen Reformprozesses 1808–1810 bietet der Beitrag von *Bärbel Holtz*, der diesen Band eröffnet. Er markiert politische Weichenstellungen und beurteilt Schleiermachers Rolle in den sich erneuernden Bildungs- und Kirchenstrukturen, indem er seine offiziellen Funktionen, seine publizistischen Tätigkeiten, seine Beziehung zu anderen Reformern und seine Position am preußischen Hof nachzeichnet. Eine wesentliche Quelle für die historische Rekonstruktion und Beurteilung der Rolle Schleiermachers im Reformprozess der Zeit bieten dabei nicht nur sämtliche Akten zu Staatsvorgängen, wie sie vorzüglich im Geheimen Staatsarchiv in Berlin-Dahlem zur Verfügung stehen, sondern auch viele biographische und autobiographische Dokumente wie Briefe und Tageskalender aus dieser Zeit. Seine Amtsgeschäfte, geselligen Begegnungen und sonstigen Tätigkeiten, aber auch Ausgaben und Einnahmen notierte Schleiermacher über viele Jahre – vom Abschied aus Halle 1808 mit einigen Jahren Unterbrechung bis zu seinem Tod – in vorgedruckte Tages- oder Schreibkalender, aus denen ein exklusiver Einblick in seine Berliner Netzwerke gewonnen werden kann und die im Rahmen des Akademienvorhabens sukzessive online publiziert werden.[1] *Wolfgang Virmond*, einer der Editoren, stellt in seinem Beitrag den Schreibkalender als eines der frühesten und bis in die Gegenwart erfolgreichsten Erzeugnisse des Druckerhandwerks vor und würdigt die Bedeutung, die (nicht nur von Schleiermacher geführte) Tageskalender und Rechnungsbücher für die Rekonstruktion der Lebensläufe und der Zeitumstände überhaupt haben.

Aus dem ebenfalls an der Berlin-Brandenburgischen Akademie der Wissenschaften historisch-kritisch edierten Briefwechsel[2] wendet sich *Sarah Schmidt* mit

---

[1] Vgl. URL: https://schleiermacher-in-berlin.bbaw.de/tageskalender/index.xql (zuletzt aufgerufen am 1.7.18).
[2] Vgl. Friedrich Schleiermacher, Kritische Gesamtausgabe (KGA), V/10–11, hg.v. Simon Gerber u. Sarah Schmidt, Berlin/Boston: de Gruyter 2015. Außerhalb des Akademienvorhabens ist dazu, gefördert durch die Stiftung der Evangelischen Kirche der Union, von Sarah Schmidt unter Mit-

den sogenannten „Brautbriefen" aus der Verlobungszeit mit Henriette von Willich einem besonderen Lebensabschnitt Schleiermachers zu. Diese Briefe enthalten neben zahlreichen Detailinformationen über Freunde und Bekannte auch ein ununterbrochenes Gespräch über Liebe und das Verhältnis der Geschlechter. Schmidt untersucht das in zahlreichen Metaphern gefasste Verhältnis der beiden ungleichen Verlobten vor dem Hintergrund des Schleiermacherschen frühromantischen Liebes- und Freundschaftsideals als Teil eines ethischen Entwurfes und seiner späteren, immer konservativer werdenden Vorlesungen über die Psychologie.

Schleiermacher, der eine Wiederanstellung an der mittlerweile unter dem „Königreich Westphalen" (mit Napoleons Bruder Jérôme Bonaparte als König) stehenden Universität Halle ablehnte,[3] entschloss sich zur Verlobung, ohne eine feste Anstellung in Berlin zu haben. Das ist umso bemerkenswerter, als Schleiermachers Berliner Haushalt nicht nur aus seiner zukünftigen Frau, sondern auch aus deren zwei Kindern aus erster Ehe bestand; hinzu kamen seine Halbschwester Anne „Nanny" Schleiermacher (bis zu deren Eheschließung mit Ernst Moritz Arndt 1817) und seit Ende 1813 über einige Jahre auch seine ältere Schwester Charlotte. Mit seiner Berufung zum Prediger an der Dreifaltigkeitskirche fand Schleiermacher die finanzielle Absicherung für die Gründung einer Familie; zusammen mit seinen Einnahmen als Universitätslehrer verfügte dann seit 1810 er über ein beträchtliches Einkommen.[4]

Die Beiträge von *Zachary Purvis* und *Christiane Ehrhardt* widmen sich den beiden großen Bereichen der Bildungsreform, an denen Schleiermacher mitwirkte: der Neukonzeption (inklusive Neugründungen) der Universität(en) und der Schulen in Preußen. Zachary Purvis verfolgt die Gründung der Berliner Universität vor dem Hintergrund des bis in die Aufklärung zurückreichenden Bildungsgedankens, der in seiner Konkretion auch das Verhältnis der Fakultäten und Disziplinen zueinander neu bestimmt. Innerhalb des zeitgenössischen Diskurses über neue administrative und inhaltliche Konzepte würdigt Purvis die Rolle Schleiermachers insbesondere für den Entwurf des Fachs Theologie. – Christiane

---

wirkung von Simon Gerber ein Kommentarband erarbeitet worden (KGA V/K 1, Kommentarband zum Briefwechsel 1808–1810, Berlin/Boston: de Gruyter 2017).
3 Vgl. Hermann Patsch, „‚Ein Gelehrter ist kein Hund'. Schleiermachers Absage an Halle (mit einem neu entdeckten Schleiermacher-Text)", in: *Internationaler Schleiermacher-Kongreß Berlin 1984*, hg.v. Kurt-Victor Selge, Berlin/New York: de Gruyter 1985, 127–137.
4 In einem Brief vom 12.2.1811 an seinen Bremer Freund Wilhelm Christian Müller legt Schleiermacher seine finanziellen Dispositionen ohne Scheu offen, vgl. Adolph Müller, *Briefe von der Universität in die Heimath. Aus dem Nachlaß Varnhagens's von Ense*, Leipzig: Brockhaus 1874, 508–510.

Ehrhardt vergleicht die hessische Bildungsreform der 1960er bis 80er Jahre mit der Bildungspolitik der preußischen Reformzeit, in der Schleiermacher, als Mitglied der bei der Sektion für Kultus und öffentlichen Unterricht eingerichteten wissenschaftlichen Deputation, eine wichtige Rolle spielte. Ehrhardt, Editorin der Voten Schleiermachers zur Bildungsreform und seiner Vorlesungen über die Pädagogik, stellt fest, dass in Hessen wie in Preußen am Anfang jeweils ein neues Bildungsideal und reformerischer Elan standen, die im Laufe der Zeit der Ernüchterung wichen.

Dass Schleiermacher zu den großen Philologen des frühen 19. Jahrhunderts gehört, ist unumstritten; immer wieder ins Feld geführt wird seine auch nach 200 Jahren noch immer grundlegende Platon-Übersetzung. Dass Schleiermacher die Arbeit des Übersetzens und mithin auch seine eigenen Übersetzungen als einen stetig fortschreitenden und kritisch zu überholenden Prozess betrachtete, wird besonders in der jüngst begonnenen historisch-kritischen Edition von Schleiermachers Platon-Übersetzungen deutlich, die einen hervorragenden Einblick in Schleiermachers Arbeitsweise bietet.[5] Die Frage, welchen Anteil Friedrich Schlegel an dem zunächst mit Friedrich Schleiermacher gemeinsam geplanten und schließlich von Schleiermacher allein realisierten Übersetzungsprojekt haben mag, wurde in der Forschung unterschiedlich beurteilt und wird in dem Beitrag von *Piotr Bukowski* noch einmal aufgeworfen. Im Zentrum seiner Untersuchung für diesen Band steht jedoch die Frage, inwiefern Schleiermacher und Friedrich Schlegel nicht nur als Übersetzer, sondern auch als Übersetzungstheoretiker bzw. als Übersetzungswissenschaftler angesehen werden können.[6] Schlegels Einfluss auf Schleiermacher ist dabei nicht zu unterschätzen, liegen die sprachphilosophischen Wurzeln, aus denen Schleiermachers lebenslang verfolgte Übersetzungsprojekte sowie seine späten Berliner Vorlesungen zur Hermeneutik und Kritik erwachsen,[7] doch in der frühromantischen Periode. – Schleiermachers philologisches Engagement erstreckte sich noch auf viele weitere Übersetzungs- und Editionsprojekte (schon in den 1790er Jahren übersetzte er Predigten und Reiseberichte aus dem Englischen), unter denen seine Bemühungen um das *Corpus Aristotelicum* weitgehend unbekannt sind. Anhand zahlreicher Akten und Briefe rekonstruiert *Christiane Hackel* minutiös die bedeutende Rolle, die

---

[5] Vgl. Friedrich Schleiermacher, KGA IV/3, *Platons Werke I, 1, Berlin 1804.1817. Einleitung, Phaidros, Lysis, Protagoras, Laches*, hg.v. Lutz Käppel u. Johanna Loehr unter Mitarbeit von Male Günther, Berlin/Boston: de Gruyter 2017.
[6] Vgl. *Friedrich Schleiermacher and the Question of Translation*, hg.v. Larisa Cercel u. Adriana Serban, Berlin/Boston: de Gruyter 2015.
[7] Vgl. *Friedrich Schleiermachers Hermeneutik. Interpretationen und Perspektiven*, hg.v. Andreas Arndt u. Jörg Dierken, Berlin/Boston: de Gruyter 2016.

Schleiermacher zwar nicht als Übersetzer und Editor, jedoch als Wissenschaftsadministrator für das Zustandekommen der großen Aristoteles-Edition an der Akademie der Wissenschaften zukam. Schleiermacher war Teil eines großen Netzwerks kompetenter Philologen, er saß als Akademiemitglied an den entscheidenden administrativen Schaltstellen, er wusste, wie man argumentieren musste, um im Windschatten anderer Unternehmen eine Finanzierung zu beschaffen, und er war von der herausragenden philosophischen Relevanz dieses Editionsunternehmens überzeugt. Hackel legt mit ihrer Studie einen wichtigen Grundstein für eine noch ausstehende systematische Untersuchung der Bedeutung des aristotelischen Denkens für Schleiermacher. – Dass die antike Philosophie ein Epizentrum für den Wissenschaftler Schleiermacher bildete, bezeugen jedoch nicht nur seine jahrzehntelangen Auseinandersetzungen mit Platon und Aristoteles, seine Vorlesungen zur Geschichte der antiken Philosophie oder seine beständige Referenz auf antike Positionen in seinen Vorlesungen zur Dialektik und philosophischen Ethik, sondern auch ein umfangreicher Aufsatz über die Fragmente Heraklits, den Schleiermacher 1808 im *Museum der Alterthumswissenschaft* publizierte. *Walter Mesch* würdigt diese philologisch-kritische und philosophiegeschichtliche Studie über die Fragmente Heraklits als eine Pionierleistung: Noch in der Gegenwart seien ihre Ergebnisse zwar nicht unumstritten, aber nur in Details überholt und im Ganzen unwiderlegt.

Vor dem Hintergrund seines aktiven Engagements im Reformprozess erhalten auch Schleiermachers Reflexionen auf Staat, Gemeinschaft und Recht eine besondere Bedeutung. Ausgehend von der weit verbreiteten These einer inhaltlichen Gegnerschaft zwischen Schleiermacher und Hegel wendet sich *Walter Jaeschke* dem Verhältnis von Staat und Religion bei Hegel und Schleiermacher zu und betont zunächst ihre Gemeinsamkeiten. Eine zentrale Betrachtung in der Differenzierung der Positionen der vermeintlichen Antipoden komme dabei der Frage nach einer Über- oder Gleichordnung des Staates mit anderen ethischen Formen (wie der Familie, der Wissenschaft und Kirche) zu. – Eine wichtige Quelle für Schleiermachers Staats- und Rechtsverständnis stellen neben den von Jaeschke herangezogenen und herausgegebenen Vorlesungen zur Staatslehre die Vorlesungen zur philosophischen Ethik dar. Unter Hinzuziehung der noch nicht veröffentlichten Vorlesungsnachschriften, die im Rahmen des Akademienvorhabens transkribiert wurden, konzentriert sich *Andreas Arndt* auf das Rechtsverständnis Schleiermachers und besonders den Rechtsbegriff in seiner Ethik. Er zeigt, dass tendenziell das Recht als bloße Festschreibung bereits etablierter sittlicher Verhältnisse verstanden und letztlich einer Gesinnung untergeordnet wird.

Ein Zeitgenosse Schleiermachers und Hegels und seit dem Befreiungskrieg ein Vorkämpfer der Burschenschaften, die aus dem antinapoleonischen Kampf hervorgegangen waren und sich eng mit der Turnbewegung verbanden, war der

Philosoph Jakob Friedrich Fries. Mit seinen Ausführungen zum politischen Wirken und Rechtsdenken von Fries beleuchtet *Gerald Hubmann* den ideengeschichtlichen Kontext Hegels wie Schleiermachers. Fries vertrat eine radikale Gesinnungsethik und eine auf dem Prinzip einer völkisch verstandenen Gleichheit gründende Rechtsauffassung und war als solcher ein Antipode, aber auch akademischer Konkurrent Hegels; mit Schleiermacher – der jedoch Fries' völkisches Denken nicht teilte – hat er gewisse Gemeinsamkeiten, denen, so die Vermutung, nicht zuletzt die herrnhutische Erziehung beider zugrunde lag.

Schleiermacher galt als ein hervorragender Redner auf der Kanzel und dem Katheder – und er äußerte sich selbst immer wieder auch über die Bedeutung der freien Rede.[8] Seinen Predigten und Vorlesungen legte er meistens nur kurze Notizen zugrunde, die er gegebenenfalls später ausarbeitete. In der Zeit der napoleonischen Besatzung galt Schleiermacher als ein politischer Redner, der seine vaterländischen Überzeugungen vor die Gemeinde brachte.[9] Die Predigten sind als Einzelpublikationen, Sammlungen, unveröffentlichte Manuskripte, Notizen oder Mitschriften überliefert; manchmal gibt es nur Hinweise Dritter darauf, dass sie gehalten wurden. *Günter Meckenstock* erläutert in seinem Beitrag die komplexe Lage. In einer thematischen Übersicht über die Predigten der Jahre 1808 – 1810 macht er deutlich, wie eng Schleiermachers Kanzelreden mit dem Zeitgeschehen verwoben sind. – Anhand der Gedächtnispredigt für Königin Luise zeigt *Elisabeth Blumrich*, wie Schleiermacher bei der Würdigung eines Menschenlebens – auch des eigenen – dem Personenkult eine ethische Betrachtungsweise entgegensetzt, wie sie auch heute noch bedenkenswert ist.

Nicht nur Predigten, auch Briefe sind seit jeher wichtige Denkmäler für die Geschichte der christlichen Religion und des christlichen Lebens. In diesem Sinne untersucht *Simon Gerber* Schleiermachers Briefwechsel der Jahre 1808 – 1810 (mit vergleichendem Seitenblick auf die theologischen Vorlesungen) als Quelle über gottesdienstliches Leben und Abendmahlsfrömmigkeit, Mentalität und die religiöse Deutung der Zeitläufte. – Wenn Schleiermachers Religionsbegriff anhand

---

8 So z. B. in *Gelegentliche Gedanken über Universitäten in deutschem Sinn* von 1808: „Der Lehrer muß alles was er sagt, vor den Zuhörern entstehen lassen; er muß nicht erzählen was er weiß, sondern sein eignes Erkennen, die That selbst, reproduciren, damit sie beständig nicht etwa nur Kenntnisse sammeln, sondern die Thätigkeit der Vernunft im Hervorbringen der Erkenntniß unmittelbar anschauen und anschauend nachbilden." (Friedrich Schleiermacher, KGA I/6, *Universitätsschriften. Herakleitos. Kurze Darstellung des theologischen Studiums*, hg.v. Dirk Schmid, Berlin/New York 1998, 48 f.).

9 Vgl. Johannes Bauer, *Schleiermacher als patriotischer Prediger. Ein Beitrag zur Geschichte der nationalen Erhebung vor hundert Jahren. Mit einem Anhang von bisher ungedruckten Predigtentwürfen Schleiermachers*, Gießen: Töpelmann 1908.

der Verhältnisse zwischen Religion, Kunst und Wissenschaft untersucht wird, stehen gewöhnlich die frühen *Reden über die Religion* von 1799 im Mittelpunkt, die sich dezidiert gegen die Vernunftreligion der Aufklärung wenden und Kunst und Religion als „befreundete Seelen" bezeichnen. Ausgehend von dem epochenspezifischen Schlagwort einer „Kunstreligion" wendet sich *Holden Kelm* der Frage zu, ob und inwiefern in den ethischen Vorlesungen das prominent in den *Reden* verhandelte Verhältnis von Kunst und Religion eine Fortsetzung, Modifikation oder sogar eine konzeptionelle Neuausrichtung erfährt. Dabei wertet Kelm auch unveröffentlichte Manuskripte und Nachschriften der philosophischen Ethik aus.

* * *

Für die Unterstützung bei der Organisation und Durchführung des diesem Bande zugrundeliegenden Kolloquiums an der Berlin-Brandenburgischen Akademie der Wissenschaften möchten wir Frau Isabelle Lüke danken; unser Dank für ihre Hilfe im Endlektorat der Texte geht an Verena Feltes. Der Internationalen Schleiermacher-Gesellschaft sei ein großer Dank dafür ausgesprochen, dass sie mit einer finanziellen Zuwendung wesentlich zur Realisierung des Bandes beitrug. Zu danken ist auch dem Verlag Walter de Gruyter für die Aufnahme des Bandes in sein Programm. Die Tagung wurde durch die Schleiermachersche Stiftung und das Zentrum Preußen-Berlin an der BBAW mitfinanziert, wofür an dieser Stelle ebenfalls herzlich gedankt sei.

Bärbel Holtz
Friedrich Schleiermacher in seiner Zeit 1808 bis 1810

Am 8. März 1808 schrieb der in Berlin lebende Schleiermacher nach Heidelberg an seinen Schüler August Boeckh: „Wir leben hier der sichern Erwartung daß das Schiksal dieses Landes sich im frühjahr definitiv entscheiden wird."[1] Die „väterlichen Lande", wie Schleiermacher sein Preußen gern bezeichnete, befanden sich in ihrer bislang schwersten Krise und es sollte noch mehrere Frühjahre dauern, bis sich das Schicksal „definitiv" entscheiden, ja sogar zu Preußens Besseren wenden würde.

1 Preußen nach 1806

Anderthalb Jahre vorher, im Oktober 1806, hatte Preußen mit der Schlacht bei Jena und Auerstedt seine Armee verloren, die anschließende französische Besetzung und Plünderungen über sich ergehen lassen und die Zertrümmerung seines Staatswesens hinnehmen müssen. Beherrscher der Szenerie, nicht nur in Preußen, war Napoleon, die „Weltseele", wie Hegel ihn nannte.[2] Mit dem kleinen Korsen verbanden sich im Europa „Traum und Trauma"[3]. Sein Name steht für ein ganzes Jahrzehnt, das 1815 in Waterloo sein Ende fand und steht für eine ganze Generation. Es ist die Generation „Napoleon", geboren um das Jahr 1770, beim Sturm auf die Bastille etwa zwanzigjährig, enthusiasmiert von „Gleichheit und Freiheit". Die Generation war geprägt von der (Spät-)Aufklärung, hatte Rousseau und Kant gelesen und begeisterte sich für die wissenschaftliche und ästhetische Erforschung der Antike. Jene Generation stellte die Kräfte, die nach 1800 in Kultur,

---

Für wissenschaftlich-technische Mithilfe bei der Erstellung des Aufsatzes danke ich vielmals Anne Wendt (Berlin).

1 Friedrich Daniel Ernst Schleiermacher, *Briefwechsel 1808*, Kritische Gesamtausgabe (KGA) V/10, hg.v. Simon Gerber u. Sarah Schmidt, Boston/Berlin 2015, Brief 2655, Z. 95–97.
2 Hegel an Friedrich Immanuel Niethammer, 13. Oktober 1806, *Briefe von und an Hegel*, Bd. 1: 1785–1812, hg.v. Johannes Hoffmeister, 3., durchges. Aufl., Hamburg 1969, 119–121, hier 120. – Vgl. dazu auch Hagen Schulze, „Napoleon", in: *Deutsche Erinnerungsorte II*, hg.v. Etienne François u. Hagen Schulze, München 2001, 28–46.
3 *Napoleon und Europa. Traum und Trauma* (Ausstellungskatalog), München 2010, hieraus auch die nachfolgenden Gedanken zur Generation „Napoleon".

Wissenschaft und Politik prägend wurden. Es war *die* Generation der „Sattelzeit"[4], die in die Moderne aufbrach, Ideen und Initiativen hervorbrachte und Potenziale freisetzte, auf denen später auch die so markanten Leistungen Preußens als Kulturstaat aufbauten. Für diese Generation stehen Namen wie Hegel, die Brüder Humboldt und Schlegel, auch Beethoven, Johann Wilhelm Süvern, Altenstein und eben auch Schleiermacher.

Dieser Generation altersmäßig zuzuordnen, freilich von anderer Prägung, ist auch Friedrich Wilhelm III., jener Hohenzoller, in dessen Regierungszeit (1797 bis 1840) nahezu gänzlich Schleiermachers wissenschaftliches, kirchliches und politisches Wirken fiel.

Über allem aber thronte zunächst Napoleon, der als 37-jähriger Eroberer spektakulär in Berlin eingezogen war und damit das nachfriederizianische Preußen ruhmlos in die Geschichtsbücher geschickt hatte. Die nächste Demütigung ließ nicht lange auf sich warten – im Juli 1807 folgte der Diktatfrieden von Tilsit. Alle Landesteile westlich der Elbe (einschließlich der Altmark und Magdeburg) verlor Preußen an die neuen Staatsgebilde Napoleons[5] – so gehörte Schleiermachers einstige Wirkungsstätte Halle an der Saale fortan zum Kunstgebilde „Königreich Westphalen". Im Osten wurden die meisten preußischen Erwerbungen aus den letzten polnischen Teilungen sowie der Netzedistrikt dem neuen Herzogtum Warschau zugeschlagen. Der ebenfalls im Osten liegende Kreis Białystok fiel gar an Russland. Das an der Ostseeküste strategisch wichtige Danzig, hier lebte Schleiermachers Korrespondenzpartner Duisburg, wurde als Freie Stadt dem gemeinsamen Schutz von Preußen und Sachsen unterstellt, erhielt eine französische Garnison und musste – und das war bedrohlich für die traditionsreiche Handelsstadt – aufgrund der Kontinentalsperre auf den Handel mit England verzichten. Im Südosten verlor die preußische Monarchie den Kreis Cottbus, im Südwesten die Stadt Erfurt. Preußens Territorium war halbiert und drei seiner Universitäten beraubt worden, darunter eben die renommierte Landesuniversität Halle. Preußens Bevölkerung wurde mit dem Vertrag von Tilsit

---

4 Der Begriff der „Sattelzeit" als „heuristischen Vorgriff" für jenen tiefgreifenden Bedeutungswandel klassischer Topoi, wie er sich seit der Mitte des 18. Jahrhunderts vollzog, hat sich auch im Untersuchungsbereich des geistigen Lebens und der Kultur längst als Metapher und als ebenso brauchbares Periodisierungsinstrument erwiesen und als solcher findet er auch hier Verwendung. Eingeführt von Reinhart Koselleck, „Einleitung", in: *Geschichtliche Grundbegriffe. Historisches Lexikon zur politisch-sozialen Sprache in Deutschland*, hg. v. Otto Brunner, Werner Conze u. Reinhart Koselleck, Bd. 1, Stuttgart 1972, XIII–XXIII, XV.

5 Zum Tilsiter Frieden vgl. Ilja Mieck, „Preußen von 1807 bis 1850. Reformen, Restauration und Revolution", in: *Handbuch der Preußischen Geschichte*, Bd. 2: *Das 19. Jahrhundert und Große Themen der Geschichte Preußens*, hg.v. Otto Büsch, Berlin/New York 1992, 16–17 (mit weiterer Literatur).

insgesamt um mehr als die Hälfte auf rund 4,5 Millionen reduziert. Zudem war Preußen pleite und die Kontributionen an Frankreich ließen es weiter ausbluten. „Worauf konnte man in diesem besiegten und zerstückelten Preußen etwas gründen?", fragt eine gerade vorgelegte Humboldt-Biographie, um darauf zu antworten „auf das Volk, die Nation".[6] Es war die kollektive Verlusterfahrung, aus der die „Kultur der Niederlage"[7] erwuchs und aus der sich die Idee der inneren Erneuerung formierte. Sven Haase hat dies überzeugend an der Person Schleiermachers thematisiert.[8]

Nach Tilsit waren also enorme Anstrengungen, „aber auch eine vorsichtige Politik"[9] vonnöten, um die schwerste Staatskrise, von der Preußen je betroffen war, überwinden zu können.

Damit war die Stunde der Reformpartei gekommen, wobei in Preußen bereits im ausgehenden 18. Jahrhundert um eine eigene Antwort auf die revolutionären Ereignisse in Frankreich gerungen worden war. Die Einsicht in das Erfordernis, strukturelle Schwächen der Monarchie überwinden und den Staat in seinen Institutionen modernisieren zu müssen, hatte in Preußen bereits vor 1806 zu sogenannten Vorreformen geführt, auf die Otto Hintze wohl als erster nachhaltig aufmerksam machte.[10]

Preußens Staats- und Existenzkrise von 1806 stieß also auf ein bereits ausgeprägtes Bewusstsein für die Notwendigkeit von Reformen und zugleich auf eine neue Beamtengeneration. „Die Reformpartei, die sich innerhalb der preußischen Verwaltung seit langem schon in lockerer Weise zusammengefunden hatte, wurde von der Flut des Zusammenbruchs nach oben getragen."[11] Die Namen der führenden preußischen Reformer sind noch immer geläufig. Ihre bloße Aufzählung hier ist also entbehrlich, umso mehr, da ihr Handeln sie ohnehin in den Fokus der folgenden Betrachtung holt.

---

6 Michael Maurer, *Wilhelm von Humboldt. Ein Leben als Werk*, Köln u. a. 2016, 169.
7 Der Begriff nach Wolfgang Schivelbusch, *Die Kultur der Niederlage. Der amerikanische Süden 1865, Frankreich 1871, Deutschland 1918*, Berlin 2001, 43 – 45.
8 Vgl. Sven Haase, *Berliner Universität und Nationalgedanke 1800 – 1848. Genese einer politischen Idee*, Stuttgart 2012, 32 – 40 (= Pallas Athene. Beiträge zur Universitäts- und Wissenschaftsgeschichte 42).
9 Mieck 1992, 18 (Anm. 5).
10 Vgl. Otto Hintze, „Preußische Reformbestrebungen von 1806" [zuerst 1896], in: Ders., *Regierung und Verwaltung. Gesammelte Abhandlungen zur Staats-, Rechts- und Sozialgeschichte Preußens*, hg. v. Gerhard Oestreich (Ders., *Gesammelte Abhandlungen*, Bd. 3), Göttingen ²1967, 540 – 529. – Zu Hintze vgl. die aktuelle Publikation Wolfgang Neugebauer, *Otto Hintze. Denkräume und Sozialwelten eines Historikers in der Globalisierung 1861–1940*, Paderborn 2015, bes. 140 – 145.
11 Reinhart Koselleck, *Preußen zwischen Reform und Revolution. Allgemeines Landrecht, Verwaltung und soziale Bewegung von 1791 bis 1848*, 2. berichtigte Aufl., Stuttgart 1981, 153.

Die preußische Reformpartei war kein homogenes Gefüge mit einheitlicher Programmatik, aber – und dieses war 1806/07 beinahe wichtiger – die preußische Reformpartei war ein hochkompetenter und vor allem zum Handeln entschlossener Kreis von Beamten. Sie alle waren, so wie der von Napoleon nach Tilsit zum Rücktritt gezwungene Hardenberg, davon überzeugt, dass „nur eine Radikalkur unserer Verfassung dem Staat wieder neues Leben geben und ihm solches erhalten"[12] könne. „Die beamtete Elite", formulierte Hans Rosenberg zuspitzend, „war bereit, die politische Herrschaft zu übernehmen."[13] Seit dem Frühjahr 1807 wurde unter wechselnder Führung von Hardenberg, Stein, Dohna/Altenstein und wieder Hardenberg ein ganzes Reformwerk in Gang gesetzt, mit dem zwischen 1807 und 1814 in Staat, Militär, Wirtschaft und Gesellschaft komplexe Transformationsprozesse einsetzten. Manches wurde zügig, anderes längerfristig umgesetzt. Es war eine Gesamtreform, die auf die grundlegende Umgestaltung von Staat und Gesellschaft abzielte.[14] Ihre Einzelprojekte benennen die zu reformierenden Bereiche: Heeresreform, Kommunalreform, Agrarreform, Gewerbereform, Verwaltungsreform usw.

2 Die Cultur im Reformprozess

Über eine Kulturreform hingegen ging im damaligen Preußen nie die Rede.[15] Eingedenk der Tatsache, dass man Kultur ohnehin nicht reformieren kann, fehlt der Begriff „Kulturreform" auch deshalb im Reformwerk, weil in Preußen – wie übrigens auch in den meisten Staaten dieser Zeit – die Kultur nicht, genauer gesagt, noch nicht, als Staatsaufgabe erkannt worden war.[16] Anders eben als bei-

---

12 Karl August von Hardenberg, „Rigaer Denkschrift vom 12.IX.1807", in: *Die Reorganisation des Preußischen Staates unter Stein und Hardenberg. 1. Teil: Allgemeine Verwaltungs- und Behördenreform*, hg.v. Georg Winter, Bd. 1: *Vom Beginn des Kampfes gegen die Kabinettsregierung bis zum Wiedereintritt des Ministers Stein*, Leipzig 1931, 302–363, hier 320. (= Publikationen aus den Preußischen Staatsarchiven, Bd. 93, N. F.).
13 Hans Rosenberg, „Die Überwindung der monarchischen Autokratie (Preußen)" [engl. 1958], in: *Der Aufgeklärte Absolutismus*, hg.v. Karl Otmar Freiherr von Aretin, Köln 1974, 182–204, hier 201 (= Neue Wissenschaftliche Bibliothek 67).
14 Zum Gesamtwerk der preußischen Reformen vgl. Thomas Nipperdey, *Deutsche Geschichte 1800–1866. Bürgerwelt und starker Staat*, München 1993, bes. 33–69.
15 Vgl. hierzu die Verf., „Zur Forschung über Krise, Reformen – und Kultur", in: *Krise, Reformen – und Kultur. Preußen vor und nach der Katastrophe von 1806*, hg.v. Dies., Berlin 2010, 9–20, bes. 9–11.
16 Wolfgang Neugebauer, „Staatlicher Wandel. Kulturelle Staatsaufgaben als Forschungsproblem", in: *Das preußische Kultusministerium als Staatsbehörde und gesellschaftliche Agentur*

spielsweise die Verwaltung, die zu den klassischen Tätigkeitsfeldern des preußischen Staates zählt und sich 1806 als ein historisch gewachsenes Feld mit offensichtlichem Reformbedarf zeigte. Ähnlich war es beim Heer. Ein großer Strang des Reformwerkes in Preußen zielte auf die Umgestaltung der Gesellschaft, wofür im agrarischen Bereich das Programm zur Bauernbefreiung oder im wirtschaftlichen Bereich beispielsweise die angestrebte Gewerbefreiheit stand.

Vergleichsweise autonomer zum Staat stand um 1800 die Cultur, wie sie sich damals im Denken, in der Bildung und Wissenschaft, in den Künsten, der Musik und in der Religion entfaltet hatte. Der Kultur war im naturrechtlichen Diskurs des 18. Jahrhunderts sowie in den Auffassungen des Neuhumanismus und den daraus entwickelten bildungstheoretischen Konsequenzen eine zentrale Rolle zuerkannt worden. Kultur sei demnach zwar hoheitlich zu fördern, aber als Sphäre individueller Fortentwicklung eigenverantwortlich zu nutzen. Diesem Diktum trat Anfang des 19. Jahrhunderts die von Fichte definierte Verbindung von Kultur und Staatlichkeit[17] hinzu.

Als geistige Grundlage, auf der die Fundamentalveränderung von Staat und Gesellschaft aufruhen sollte, rückte die Kultur auch in das Blickfeld der Reformer; nicht zuletzt nach dem sogenannten „Königswort von Memel" (Lenz) im Sommer 1807, dass „der Staat [...] durch geistige Kräfte ersetzen [müsse], was er an physischen verloren hat"[18]. Es ist vor allem die Bildung, die als ein Schlüsselbereich des Reformwerkes angesehen wird. Es war aber keine – wie etwa bei den anderen Reformbereichen – komplex angelegte Bildungsreform konzipiert oder gar dekretiert worden. Und man hat zeitgenössisch auch nicht von einer solchen Bildungsreform als einem programmatischen Ziel gesprochen. Schule sollte nützlich

---

(1817–1934), Bd. 1: *Die Behörde und ihr höheres Personal. Darstellung*, Berlin 2009, XI–XXXI (= Acta Borussica N. F., 2. Reihe: Preußen als Kulturstaat, Abt. 1).
17 Vgl. Wolfgang Neugebauer, „Preußen als Kulturstaat", in: *Forschungen zur Brandenburgischen und Preußischen Geschichte* N. F. 17 (2007), 161–179, bes. 161–166 (mit Literatur). – Zur Begrifflichkeit und zum (rechts)historischen Diskurs über das Verhältnis von Staat und Kultur vgl. vor allem den Beitrag von Andreas Thier, „Kultur, Reform und Staatlichkeit in Preußen um 1800", in: Holtz 2010, 123–146 (Anm. 15).
18 Zeitgenössisch überliefert durch Theodor Anton Heinrich Schmalz, *Berichtigung einer Stelle in der Bredow-Venturinischen Chronik für das Jahr 1808. Ueber politische Vereine, und ein Wort über Scharnhorsts und meine Verhältnisse zu ihnen*, Berlin 1815, 4. – Zum historischen Kontext und zu späteren Authentizitäts-Debatten vgl. vor allem Max Lenz, *Geschichte der Königlichen Friedrich-Wilhelms-Universität zu Berlin*, Bd. 1, Halle 1910, 76–80; Hans-Christof Kraus, *Theodor Anton Heinrich Schmalz (1760–1831). Jurisprudenz, Universitätspolitik und Publizistik im Spannungsfeld von Revolution und Restauration* (= Ius Commune, Sonderhefte: Studien zur europäischen Rechtsgeschichte 124), Frankfurt/M. 1999, 100–104; ebenda, 643–655 erstmaliger Abdruck einer Denkschrift Schmalz' vom Herbst 1808 zur Berliner Universitätsgründung, die ebenfalls den Ausspruch enthält, hier 655.

sein, den selbsttätigen, freien, auf Gemeinsinn orientierten Staatsbürger hervorbringen und sie sollte mit dem Staatszweck und der ständischen Gliederung in Einklang stehen. All das macht es schwer, von *der* Bildungsreform zu sprechen.

Zentrales Problem im Preußen der Reformzeit aber blieb die Verfassung, die vor allem an der Opposition des Adels als immer noch bestimmendem Teil der Gesellschaft scheiterte. Seine Teilhabe an den zentralen politischen Entscheidungen war auch nach 1806 gewollt, erschwerte die Reform aber in ihrem innersten Kern – der Verfassungsfrage.

3 Gemeinsame Wegmarken Schleiermachers und der Reformer

Mit den Reformern fühlte Schleiermacher sich geistig eng verbunden. Mit einigen ihrer führenden Köpfe wie Stein, Gneisenau, Scharnhorst und Humboldt stand er im persönlichen, teilweise freundschaftlichen Kontakt. Dies kann man dem nun zugänglichen Briefwechsel und den Tageskalendern entnehmen. Die enge Freundschaft zum Verleger Georg Andreas Reimer erleichterte Schleiermacher zudem die Publizierung seiner Auslassungen über Religion und Philosophie. Noch vor seinem Umzug nach Berlin stand für Schleiermacher fest, dass er, wie Nowak zusammenfasst, fortan „seine Gelehrtenexistenz mit derjenigen eines Mannes der Öffentlichkeit […] verbinden" würde.[19] Gewiss, er stand schon in der Öffentlichkeit, als evangelischer Theologe, als Autor und Rezensent sowie als Altphilologe und Philosoph. Aber Schleiermacher meinte noch etwas anderes mit „Öffentlichkeit", er war durch Preußens Trauma von 1806 sichtlich politisiert worden. Für ihn markierte die Niederlage den endgültigen patriotischen Wendepunkt.[20]

Ab April 1807 lebte Schleiermacher als zunächst „privatisierender Gelehrter"[21] in Berlin. Erwartungsgemäß fand er dort geistig-intellektuelle Anregung und Resonanz, begab sich aber auch in die für ihn fremde Sphäre der Politik und Staatsverwaltung, erörterte in der folgenden Zeit grundlegende bildungs- und

---

[19] Kurt Nowak, *Schleiermacher. Leben, Werk und Wirkung*, Göttingen 2001, 186. Nowak bezieht sich auf einen Brief Schleiermachers an Reimer vom 20. Dezember 1806 (KGA V/9, Brief 2365, 275, Z. 38–40): „Daß ich wo ich auch öffentlich auftreten kann trachte als ein treuer Magnet nach dem Punkte zu zeigen an dem wir uns orientiren können".

[20] Hierzu aussagekräftig Matthias Wolfes, *Öffentlichkeit und Bürgergesellschaft. Friedrich Schleiermachers politische Wirksamkeit*, 2 Bde., Bd. 1, Berlin u.a. 2004, 207–230 (= Arbeiten zur Kirchengeschichte 85/1).

[21] Schleiermacher an Brinckmann am 26. Januar 1808, KGA V/10, Brief 2617, Z. 23–25.

wissenschaftspolitische Fragen, überdachte konzeptionell die Verfasstheit der protestantischen Kirchen, ja war im Königreich sogar in für ihn nicht ungefährlicher Geheimmission unterwegs.

Sein vielfältiges Wirken wirft mehr als nur Schlaglichter auf die Geschichte Preußens in dieser Zeit, die man in vier große Bereiche bündeln kann: a) seine bereits seit 1796 geschaffene Ausgangsposition bei Rückkehr in die preußische Hauptstadt, b) seine Positionierung zur Besetzung Preußens durch Frankreich, c) seine Stellung gegenüber dem preußischen Hof sowie d) sein Handeln in dem für ihn neuen Handlungsraum „Staat".

3.1 Schleiermachers Vernetzung in der Berliner Stadtkultur um 1800

Als Friedrich Schleiermacher von der Saale kommend 1807 in die preußische Hauptstadt zurückkehrte, war er dort alles andere als ein Unbekannter. Schon mehrfach hatte sich der gebürtige Breslauer vorher in Berlin aufgehalten. Ab 1796 war er am längsten geblieben und sechs Jahre lang seiner Tätigkeit an der Charité als reformierter Prediger nachgegangen. Der 2009 von Andreas Arndt herausgegebene Sammelband *Wissenschaft und Geselligkeit. Friedrich Schleiermacher in Berlin 1796–1802* berichtet darüber. Gute zehn Jahre später also lebte Schleiermacher wieder an der Spree, diesmal für immer.

Preußens Hauptstadt stand in den vier Dezennien um 1800 in einer ungewöhnlichen Kulturblüte. Nach dem Tod Friedrich II., der mit Sanssouci über vierzig Jahre autokratisch nicht die Hauptstadt, sondern einen anderen Ort als seinen politischen und kulturellen Lebensmittelpunkt bevorzugt hatte, kam es residenz-topographisch zu einer Veränderung der Herrschaftspraxis des Monarchen. Aber nicht nur die politischen Gewichte verlagerten sich damit mehr und mehr nach Berlin, sondern die Residenzstadt wandelte sich in historisch vergleichsweise kurzer Zeit auch zu einer ständeübergreifenden Bürgerstadt, die künstlerische und wissenschaftliche Leistungen auf höchstem Niveau hervorbrachte. Hier wurden richtungsweisende Ideen in Kunst, Wissenschaft und Gewerbe entwickelt, in der Reformära nach 1806 dezidiert dann auch in der Politik. Von hier gingen „nachhaltige Modernisierungsleistungen"[22] besonders auf dem weiten Feld der Kultur, namentlich der Literatur, Philosophie, Wissenschaft, dem

---

22 Conrad Wiedemann, „Vorbemerkungen", in: *Die Altertumswissenschaften in Berlin um 1800 an Akademie, Schule und Universität*, hg.v. Bernd Seidensticker u. Felix Mundt, Hannover-Laatzen 2006, 5 (= Berliner Klassik. Eine Großstadtkultur um 1800, Bd. 8).

Theater sowie der Architektur und Kunst aus. „Berlin ist um 1800 geistesgeschichtlich einer der dichtesten Ereignisräume Deutschlands."²³ Es war die Epoche der „Berliner Klassik", die für eine neue Großstadtkultur stand und in dem gleichnamigen Projekt an der Berlin-Brandenburgischen Akademie der Wissenschaften so fruchtbringend erforscht worden ist. In vielen Bänden dieses Projekts begegnet einem Schleiermacher – ob es um seinen „Intimfeind"²⁴ Fichte in Berlin geht, um die Berliner Altertumswissenschaften, um Karl Friedrich Schinkel oder um urbane Musikkultur.²⁵ Das verweist nicht nur auf die vielen, rege verfolgten Interessen, mit denen Schleiermacher sich auch am „Nerv der Zeit" bewegte, sondern es zeugt ebenso von seiner guten Vernetzung in der Berliner Geselligkeitskultur.

Salonkultur, Societäten und Gesellschaften hat Thomas Nipperdey als Organisationsprinzipien der bürgerlichen Gesellschaft identifiziert.²⁶ Sie wurden prägend für die Stadtkultur und essentiell für die damalige Kommunikation der Intellektuellen. Schleiermacher fühlte sich in den Organisationsformen der Berliner Bildungsschicht offensichtlich heimisch – in den Salons des „Ancien Régime" um 1800 gleichermaßen wie in den Salons der patriotischen Romantik seit 1807.²⁷ Mit der Salonnière Henriette Herz verband ihn tiefe Freundschaft. Ihr Salon war um 1800 der bedeutendste in Berlin. Dort fand Schleiermacher Zugang zu den zeitgenössischen Emanzipationsdiskursen.²⁸ Auch für die hier in Rede stehenden Jahre ab 1808 weisen seine Tageskalender und Korrespondenz die dann auf Rügen lebende verwitwete Henriette Herz als eine seiner engsten Freunde aus.

---

23 Haase 2012, 48 (Anm. 8).
24 Ebd.
25 Exemplarisch verwiesen sei hier auf folgende Sammelbände: Ursula Baumann (Hg.), *Fichte in Berlin. Spekulative Ansätze einer Philosophie der Praxis*, Hannover-Laatzen 2006; Seidensticker u. a. (Anm. 22); Felix Saure (Hg.), *Karl Friedrich Schinkel. Ein deutscher Idealist zwischen „Klassik" und „Gotik"*, Hannover-Laatzen 2010; Eduard Mutschelknauss (Hg.), *Urbane Musikkultur. Berlin um 1800*, Hannover-Laatzen 2011 (= Berliner Klassik. Eine Großstadtkultur um 1800, Bde. 5, 8, 17 und 18).
26 Thomas Nipperdey, „Verein als soziale Struktur in Deutschland im späten 18. und frühen 19. Jahrhundert. Eine Fallstudie zur Modernisierung", in: Ders., *Gesellschaft. Kultur. Theorie. Gesammelte Aufsätze zur neueren Geschichte*, Göttingen 1976, 174–205, bes. 175–177 (= Kritische Studien zur Geschichtswissenschaft 18).
27 Die Begriffe nach Petra Wilhelmy-Dollinger, *Die Berliner Salons im 19. Jahrhundert (1780–1914)*, Berlin/New York 1989, 63–114 (= Veröffentlichungen der Historischen Kommission zu Berlin 73).
28 Vgl. hierzu mehrfach die innovative Studie von Hannah Lotte Lund, *Der Berliner „jüdische Salon". Emanzipation in der Debatte*, Boston/Berlin 2010 (= Europäisch-jüdische Studien. Beiträge 1).

Die hier nur in Umrissen skizzierte Kultur bürgerlicher Geselligkeit gab es um 1800 nicht allein in Preußens Hauptstadt Berlin. Auch in Königsberg, Stettin oder Magdeburg existierten Salons, findet man Formen einer lebendigen Theater- oder Musikszene. Das alles erwachte bereits vor 1800 und füllte kulturelle Freiräume *neben* erstarkender Staatlichkeit, und es bahnte Konstellationen an, die weit in das 19. Jahrhundert verweisen. „Staat und Kultur im Preußen der Sattelzeit um 1800 gehören mit in die Geschichte des preußischen Kulturstaats"[29], an dessen Ausformung später auch ein Schleiermacher mitwirkte.

Mit den Geschehnissen des Jahres 1806 kam die Salongeselligkeit landesweit nahezu zum Erliegen. Das Gemeinwesen „Preußen" im Großen wie das Gemeinwesen „Berlin" im Kleinen funktionierten nicht mehr. Sie mussten neu organisiert, eben reformiert werden. Der Krieg hatte Salonkreise auseinandergerissen. Perspektivlosigkeit und Existenzangst verdrängten vorerst die Freude an geistreichen Teerunden. Auch die Anwesenheit der französischen Besatzer lähmte zunächst das Verlangen nach Geselligkeit. Erst seit 1808 erholte sich die hauptstädtische Salonkultur, vier Jahre später, also 1812, erreichte sie mit acht Salons wieder das zahlenmäßige Vorkriegsniveau.[30]

Schleiermacher hatte indessen auch seinen Weg in die Sphären der Öffentlichkeit und Politik eingeschlagen. Erinnert sei an sein Amt des reformierten Predigers an der Berliner Dreifaltigkeitskirche, wo er außerordentlich wirksam tätig war. „Durch ihn", so Dilthey, „wurde die Kanzel der Dreifaltigkeitskirche die erste des evangelischen Deutschland"[31].

3.2 Die französische Besetzung – eine Schnittstelle von Schleiermachers Biographie mit der Geschichte Preußens

Das Jahr 1808 brachte Europa die Erfahrung einer antifranzösischen Aufstandsbewegung: In Spanien lösten die erzwungene Absetzung der angestammten Dynastie und die Proklamierung von Napoleons Bruder Joseph zum neuen König

---

29 Wolfgang Neugebauer, „Kultur und Staat in Preußen um 1800", in: *Kulturstaat und Bürgergesellschaft. Preußen, Deutschland und Europa im 19. und frühen 20. Jahrhundert*, hg.v. Wolfgang Neugebauer u. Bärbel Holtz, Berlin 2010, 15–36, hier 36 (und mit weiterer Literatur zu Magdeburg, Stettin und Königsberg).
30 Vgl. Petra Wilhelmy-Dollinger, *Die Berliner Salons. Mit kulturhistorischen Spaziergängen*, Berlin/New York 2000, 194.
31 Wilhelm Dilthey, „Schleiermacher, Friedrich", in: *ADB*, Bd. 31, 422–457, hier 439. – Zu Schleiermacher als Prediger an der Dreifaltigkeitskirche vgl. den Beitrag von Günter Meckenstock im diesem Band.

Volkserhebungen aus, die sich langfristig als Fanal für das Auflehnen Europas gegen Napoleon erwiesen. „Restpreußen", wie man das Land nach Tilsit oft bezeichnet, zeigte darauf gegensätzliche Reaktionen. Um den Bestand seines Landes nicht unnötig zu gefährden, entschied sich Friedrich Wilhelm III. für die Rolle eines gutwilligen und erfüllungsbereiten Befehlsempfängers. Nur diese Rolle fiel ihm auch hinsichtlich des Erfurter Fürstenkongresses zu, bei dem sich im Herbst 1808 immerhin 34 Fürsten, freilich ohne den preußischen König, trafen. Im Kontrast zum Stillhalten des Königs entstanden in einigen Städten patriotische Geheimorganisationen. Kreise um den Freiherrn vom Stein und führende Militärs wie Scharnhorst und Gneisenau entwickelten in Königsberg konkrete Aufstandspläne. In diesen Kontext wird häufig auch Schleiermachers Mission im August/September 1808 nach Königsberg gestellt. Dorthin hatten sich unmittelbar nach dem Desaster vom Oktober 1806 König, Hof und ein Großteil der preußischen Regierung begeben, ehe sie – übrigens erst nach drei schweren Jahren für das Land – Ende 1809 nach Berlin zurückkehrten.

Etwa einen Monat führte Schleiermacher im Spätsommer 1808 in Königsberg[32] Gespräche. Sie sollten für jene Kräfte in Berlin, die zu einem Aufstand bereit waren, klären, ob und inwieweit gemeinsam mit den in Königsberg weilenden Reformspitzen Stein, Scharnhorst und Gneisenau ein Widerstand gegen die Franzosen möglich sein würde. Die Mission war gefährlich, bei Enttarnung hätte sie für Schleiermacher im Gefängnis, schlimmstenfalls sogar mit Hinrichtung enden können. In den Gesprächen ging es „um militärische Pläne zur Schwächung der isolierten französischen Truppen in den preußischen Ostprovinzen", um die Verhinderung eigenmächtiger Aktionen von allzu übereifrigen Patrioten sowie „um eine Reihe von größeren strategischen Fragen."[33]

Schleiermachers patriotisches Engagement und auch seine Reise nach Königsberg werden oft mit dem im Sommer 1808 in Königsberg gegründeten sogenannten Tugendbund in Verbindung gebracht. Aber weder für Schleiermacher noch für Stein, Hardenberg, Scharnhorst oder Gneisenau ist die ihnen immer wieder zugeschriebene Mitgliedschaft tatsächlich nachweisbar. Vielmehr wird diese in dem 2015 herausgegebenen *Handbuch der Berliner Vereine und Gesell-*

---

32 Vgl. dazu Schleiermachers Korrespondenz aus seiner Königsberger Zeit gedr. in: KGA, V/10, Brief 2805, 2808, 2810–2811, 2818, 2821, 2823–2825, 2830–2831, 2837, 2841–2842.
33 Vgl. Nowak 2001, 192 (Anm. 19); zu Hintergründen, Ablauf und Deutung von Schleiermachers Königsberger Reise auch fundiert bei Wolfes 2004, 216–230 (Anm. 20). – Vgl. auch die Briefe an und von Reimer aus dieser Königsberger Zeit: KGA V/10, Briefe 2810, 2819, 2821 und 2831, Z. 50–53.

schaften 1786–1815, übrigens auch ein Forschungsergebnis des Projektes „Berliner Klassik" und ein exzellentes Kompendium, sogar definitiv ausgeschlossen.[34]

Der in diesem Handbuch gründlich recherchierte Artikel zum „Sittlich wissenschaftlichen Verein" (so die offizielle Bezeichnung des Tugendbundes) setzt sich mit den Fakten, Halbwahrheiten, Gerüchten und Legenden, die zum Tugendbund in der (Fach-)Literatur kursieren, überzeugend auseinander. Damit verfügt die Forschung endlich über ein fundiertes, detailliertes und ausgewogenes Bild über den nur kurz existierenden Tugendbund, der am Silvestertag 1809 per königlicher Kabinettsordre bereits wieder verboten wurde. Die in der Literatur immer wieder anzutreffende Abbildung von Fichte, Schleiermacher, Jahn und Arndt gehört übrigens auch in das Reich der Legenden, wie es das übergreifende Handbuch-Kapitel zu den „patriotisch-nationalen Vereinigungen" lehrreich schildert. In dem Holzstich nämlich – er stammt von Ludwig Burger aus dem Jahre 1864 – werden undifferenziert Personen zusammengeführt, die für unterschiedliche sogenannte „patriotische", „nationale" und „politische" Entwürfe standen und sich mehr in einem „konfliktreichen Mit- und Gegeneinander" als in der hier anmutenden Einheit befanden.

In Berlin, um auf Schleiermachers vermeintliche Mitgliedschaft im Tugendbund zurückzukommen,[35] gab es wohl überhaupt nur drei Mitglieder, nämlich der in dieser Hinsicht zögerliche, letztendlich wohl doch nicht beigetretene Theodor Anton Heinrich Schmalz, Karl Friedrich Ludwig Jochmus und Hans Georg Jacob v. Ahlefeld. Zur Anwerbung von Mitgliedern schickte der Königsberger Tugendbund einen Kurier nach Berlin, der an der Spree unter stark freimaurerischem Fokus auftrat. Prominente Kandidaten wie „v. Röder, Eichhorn, Schleiermacher und andere (treten) zusammen, und erklären auf Schleiermachers Aueßerung einstimmig, daß es für Männer wie sie keines äußeren Erkennungszeichens, keiner mauerischen Formen bedürfe."[36] Der Tugendbund erschien ihnen nicht politisch genug und sie wiesen ihn, ebenso wie die Reformer um Stein, weit von sich. Berlin ist für den Tugendbund keine Erfolgsgeschichte geworden, der Aufstandsplan bekanntlich auch nicht. Seine vorzeitige Aufdeckung durch die Franzosen kostete den Freiherrn vom Stein zum zweiten Mal sein Amt. Der patriotisch gesinnte Schleiermacher hatte Glück gehabt, dass dies alles erst nach

---

34 Uta Motschmann (Hg.), *Handbuch der Berliner Vereine und Gesellschaften 1786–1815*, Berlin 2015, 588.
35 Die Ausführungen folgen dem erwähnten Handbuch-Kapitel von Olaf Briese, „Der sittlich wissenschaftliche Verein (Tugendbund) [Tb]", in: Motschmann 2015, 586–609, bes. 593–598 (Anm. 34).
36 Georg Heinrich Pertz, *Das Leben des Ministers Freiherrn vom Stein*, Bd. 2: 1808 bis 1812, Berlin 1850, 196, zit. nach Briese 2015, 594 (Anm. 35).

seiner Rückkehr aus Königsberg abgelaufen und er als Geheimkurier nicht entdeckt worden war.

Der Schauplatz Königsberg indes verweist in jener Zeit zwingend auf den preußischen Hof.

3.3 Schleiermachers Stellung gegenüber dem preußischen Hof

Oberflächlich betrachtet erschien Schleiermacher mit seiner Begabung als Prediger bestens geeignet, irgendwann einmal das Amt des Berliner Dom- und Hofpredigers zu übernehmen, also der Hausprediger der Hohenzollern zu werden und damit in das direkte Umfeld der königlichen Familie einzutreten. Schon 1804, als Schleiermacher als reformierter Prediger eine abwerbende Offerte aus Würzburg erhalten hatte, bescheinigte ein Hofbeamter aus dem engsten Umfeld Friedrich Wilhelms III. dem jungen Geistlichen, dass er „ein vorzüglicher Kanzelredner" sei und in Preußen gehalten werden müsse.[37] Auch Schleiermachers Vorschlag von 1804, dass sich die Protestanten in Preußen wieder in einer Kirche vereinen sollten, dürfte beim König auf Wohlwollen getroffen sein. Damit thematisierte Schleiermacher eine Idee, für die sich schon 100 Jahre zuvor zunächst Leibniz[38] und dann Jablonsky, ein Vorfahre Schleiermachers mütterlicherseits, ausgesprochen hatten, später ebenso die beiden Berliner Hofprediger Sack.[39] 13 Jahre nach Schleiermachers Vorschlag von 1804, im Jahre 1817, hat Friedrich Wilhelm III. den Vereinigungsgedanken zu seiner Politik gemacht und 300 Jahre nach der Reformation die preußische Union ausgerufen.

Trotz der hohen Wertschätzung, die Schleiermacher als Prediger formal seitens des Königs erfuhr und trotz des vermeintlichen Gleichklangs im Gedanken über die Herstellung der Union von lutherischen und reformierten Gemeinden in Preußen, ist am preußischen Hofe nie die Überlegung aufgekommen, den Prediger an die Berliner Hofkirche zu holen. Schleiermachers Eigenständigkeit im Denken, seine schon früh geäußerten Vorschläge, die Kirche in Preußen aus den Bindungen des monarchischen Absolutismus zu lösen und zugleich neue, der

---

37 Eine Randverfügung wohl vom Kabinettssekretär, 4. April 1804, in: Geheimes Staatsarchiv Preußischer Kulturbesitz Berlin-Dahlem (GStA PK), I. HA Rep. 96 A (Geheimes Zivilkabinett, ältere Periode), Nr. 33 C, Bl. 1.
38 Vgl. Rudolf von Thadden, *Die Brandenburgisch-Preußischen Hofprediger im 17. und 18. Jahrhundert. Ein Beitrag zur Geschichte der absolutistischen Staatsgesellschaft in Brandenburg-Preußen*, Berlin 1959, 136 (= Arbeiten zur Kirchengeschichte 52).
39 Thadden 1959, 137 (Anm. 38).

modernen Welt angemessene kirchliche Strukturen zu entwickeln, machten ihn für den Hof ungeeignet. Dies betraf zunächst sein im Jahre 1808 im Auftrage von Stein vorgelegter „Vorschlag zu einer neuen Verfassung der protestantischen Kirche im preußischen Staate", der im großen preußischen Reformwerk als *der Baustein* für den *kirchlichen* Bereich anzusehen ist. Schleiermacher brach hierin radikal mit der Auffassung von der Kirche als einer Staatsanstalt und plädierte vielmehr für die eigenständige Verantwortung der Kirche bei ihren inneren Angelegenheiten. Zur Gestaltung neuer Verhältnisse schlug er die Wahl von Presbyterien in den Gemeinden und die Bildung von Synoden in den Kreisen vor; an der Spitze der Provinzialkirchen sollten kollegial verfasste Kapitel mit einem Bischof als Vorsteher stehen. Diese Vorschläge offenbarten einen verblüffenden Sinn für institutionelle Erfordernisse. Es war ein klarer Entwurf, der kompromisslos in eine neue Zeit wies und der ihm bei Friedrich Wilhelm III. keine positive Resonanz eingebracht haben dürfte.

Das schloss indes persönliche Begegnungen mit Angehörigen des Hofes nicht aus. Aus seinen Tageskalendern wissen wir, dass Schleiermacher während seines Aufenthaltes in Königsberg im Spätsommer 1808 zweimal bei Königin Luise war, ein weiteres Mal im März 1810 dann in Berlin. Ähnlich war seine Besuchsfrequenz beim Kronprinzen, dem späteren Friedrich Wilhelm IV. Über den Inhalt der Audienzen bei Luise ist in den Tageskalendern nichts vermerkt. Man kann vermuten, dass die Gespräche mit ihr Schleiermachers Besuche beim Kronprinzen, der damals keine 13 Jahre alt war, vorbereiteten. Schwer vorstellbar hingegen ist, dass seine Begegnungen mit Luise in Königsberg im Kontext der Aufstandspläne zu sehen sind.

Dem König hingegen begegnete er laut der Tageskalender nicht persönlich, mit ihm stand er als reformierter Prediger lediglich in loser amtlicher Korrespondenz. Schleiermacher war kein Mann des Hofes und er war auch keiner für den Hof. Dies zeichnete sich beizeiten ab, verfestigte sich in den Reformjahren und schien mit dem Jahre 1813 endgültig besiegelt worden zu sein. Es bleibt abzuwarten, ob die von der Schleiermacher-Forschungsstelle noch zu publizierenden Briefe aus seiner späteren Berliner Zeit andere Aufschlüsse über das Verhältnis zum preußischen König möglich werden lassen.

3.4 Schleiermachers kurze Karriere in einer preußischen Zentralbehörde

Schleiermachers eingangs erwähnte Prognose gegenüber Boeckh, dass sich im Frühjahr 1808 das Schicksal des Landes definitiv entscheiden werde, meinte keineswegs eine entscheidende Schlacht gegen Napoleon. Die gerade erwähnten

Aufstandsgedanken lagen da noch nicht vor und waren noch nicht einmal atmosphärisch greifbar.

In Schleiermachers Prognose kam vielmehr sein ganzer Enthusiasmus zum Ausdruck, den er aus dem Gedanken zur Gründung einer Universität in Preußens Hauptstadt schöpfte. Dort begannen 1807/08 insbesondere einstige Hallenser Professoren, unter ihnen auch Schleiermacher, im Vorfeld der Universitätsgründung bereits privat zu lesen. Wichtiger war indes, dass der Verlust der saalestädtischen Universität den König am 4. September 1807 zu der Entscheidung veranlasst hatte, zur „‚Ausfüllung der Lücke' eine ‚allgemeine Lehranstalt' zu errichten, die in Verbindung zur Akademie stehen sollte".[40] Es war die Ankündigung, anstelle der verlustig gegangenen Landesuniversität Halle in Berlin eine nach modernen pädagogischen Prinzipien angelegte Universität treten zu lassen. Nicht nur Schleiermacher verstand dies „als Absichtserklärung des preußischen Königs [...], seinem Land eine Zukunft zu schaffen, die weit über die derzeitige unfreie Lage hinauswies."[41] Patriotische Kreise assoziierten die Gründungsidee mit dem Willen, die Unterwerfung unter Napoleon nicht widerstandslos hinzunehmen. Das wiederum musste bei den Franzosen Misstrauen hervorrufen. Vor allem deshalb schien die eingangs erwähnte „vorsichtige Politik" ratsam.

Die seit Frühjahr 1808 kursierende Universitätsidee mobilisierte die preußische Elite weiter zu Emanzipationsgedanken, die militärischen sind bereits erwähnt worden. Aber auch in anderen Sphären regte sich der Drang zu eigener Zukunftsgestaltung. Schleiermacher investierte ebenfalls in diese Idee und entwickelte ein Gründungskonzept für die Universität in Berlin,[42] das sich gegen andere Konzepte weitgehend durchsetzen wird, obwohl es manche als ein Plädoyer gegen den Standort Berlin[43] verstanden hatten. Außerdem entwickelte er auch frühzeitig Personalvorschläge und führte Sondierungsgespräche für diese neue Universität, wie u. a. sein Brief an Johann Wilhelm Heinrich Nolte Anfang Januar 1808 bezeugt.[44] Die Vor- und Gründungsgeschichte der Berliner Universität gehört in die Frühgeschichte des preußischen Kulturstaats, der durch das Zu-

---

40 Abgedruckt bei Rudolf Köpke, *Die Gründung der Königlichen Friedrich-Wilhelms-Universität zu Berlin. Nebst Anhängen über die Geschichte der Institute und den Personalbestand*, Berlin 1860, 163; vgl. dazu auch Wolfgang Neugebauer, „Das Bildungswesen in Preußen seit der Mitte des 17. Jahrhunderts", in: Büsch 1992, 674–680 (Anm. 5) (mit weiterer Literatur).
41 Wolfes 2004, 210 (Anm. 20).
42 Zum historischen Kontext der Entstehung dieser Schrift vgl. Andreas Arndt, „,Universitäten in deutschem Sinn'. Schleiermachers Universitätsschrift (1808) im Kontext", in: Holtz 2010, 191–202, bes. 198–200 (Anm. 15).
43 So Schleiermacher an Brinckmann am 1. März 1808, KGA V/10, Brief 2650, Z. 25–35.
44 Vgl. KGA V/10, Brief 2605, Z. 30–67.

sammenspiel staatlicher Überlegungen und aus der Gesellschaft kommender Impulse zu einem innovativen Bildungs- und Universitätskonzept findet, das später international für Preußens kulturelle Gestaltungskraft werben wird. Für Schleiermacher begründete jenes Konzept seine bis heute geltende herausragende Stellung in der Bildungsgeschichte, wovon man sich in der von Jürgen Osterhammel jüngst vorgelegten Weltgeschichte des 19. Jahrhunderts erneut überzeugen kann.[45]

Der Gründungsaufruf für die Universität kam im August 1809. Am 15. Oktober 1810 wurde Unter den Linden, im Palais des Prinzen Heinrich, der Lehrbetrieb aufgenommen.[46] Behördlich zuständig für die Vorbereitungsarbeiten, um die neue Universität öffnen zu können, war ein noch junges Kind der Staatsreform, eine selbst erst kurz zuvor gegründete Institution innerhalb der neugeschaffenen Zentralbehörden. Die Rede ist, und damit wenden wir uns abschließend dem noch ausstehenden Raum „Staat" zu, die „Section für Cultus und öffentlichen Unterricht" im preußischen Innenministerium. Sie war im Zuge der Stein'schen Verordnung vom 24. November 1808 zur Neuorganisation der Zentralbehörden noch im Dezember 1808 gebildet worden und eine von insgesamt vier Sektionen in diesem Ministerium.

„Cultur" wurde im Zuge der Stein'schen Staatsreform von 1808 nicht – in historischer Dimension kann man sagen: noch nicht – zu einem eigenständigen Ressort. Es waren zunächst fünf Bereiche (Inneres, Finanzen, Auswärtiges, Krieg und Justiz), die als Teil der Reform des Staates selbst *und* zugleich als Instrument zur Umsetzung der Gesamtreform erstmals als eigenständige Fachministerien eingerichtet wurden, jedes ausgestattet mit einem eigenen Etat. Darauf musste die „Cultur" noch knapp zehn Jahre warten. Gleichwohl war die dann 1817 erfolgte Einrichtung des preußischen Kultusministeriums (zeitgenössisch: Ministerium der Geistlichen, Unterrichts- und Medicinal-Angelegenheiten) beachtlich früh, nämlich weltweit das dritte seiner Art.

Aber mit der Ende 1808 im Innenministerium gebildeten „Section für Cultus und öffentlichen Unterricht" verfügte Preußen erstmals über eine Behörde, die für Kirchen-, Schul- und Universitätsangelegenheiten zuständig war. Da sie auch für Schleiermacher bis 1814 eine Wirkungsstätte wurde, schauen wir sie uns etwas eingehender an.

---

[45] Vgl. Jürgen Osterhammel, *Die Verwandlung der Welt. Eine Geschichte des 19. Jahrhunderts*, München 2009, 1133.
[46] Hierzu ausführlich Heinz-Elmar Tenorth, „Eine Universität zu Berlin – Vorgeschichte und Einrichtung", in: *Geschichte der Universität Unter den Linden*. Bd. 1: Heinz-Elmar Tenorth / Charles E. McClelland, *Gründung und Blütezeit der Universität zu Berlin 1810–1918*, Berlin 2012, 3–75.

Die Sektion existierte – bis zur Einrichtung des Kultusministeriums – knapp zehn Jahre und war *die* zuständige Zentralbehörde in Preußen, die für eine Erneuerung des Bildungswesens zu wirken hatte. Ungeachtet der zahlreichen Arbeiten über Preußens Bildungswesen in dieser Zeit gilt erstaunlicher Weise eine Untersuchung, die sich eingehend mit der ersten modernen Zentralbehörde für Bildung befassen würde, als ein Desiderat. Vielmehr widmete sich die Forschung vor allem dem kurzzeitig amtierenden Sektionschef Wilhelm von Humboldt[47] und dem innerhalb der Sektion tätigen Schleiermacher.[48] Dabei scheint es doch bemerkenswert, dass neben Humboldt, der mit der Annahme seiner Bestellung als Sektionschef zunächst zögerte, auch Schleiermacher seine im Herbst 1810 erfolgte Berufung in die Unterrichtsabteilung höchst überraschend fand und diese noch zwei Jahre später mit innerer Distanz kommentierte:

> Am wenigsten interessirt mich wol was mir am meisten Geld giebt das Departement für den öffentlichen Unterricht [...]. Aber doch sind hier die wenigen interessanten Geschäfte an denen ich Theil nehme der Zeit wol werth, die man an den currenten Sachen verschwenden muß. Nur verrückt finde ich es daß man mich in das Unterrichts-Departement allein und gar nicht in das für den Cultus gesetzt hat wo ein Ferment wie ich sehr nötig wäre.[49]

Das dürften Friedrich Wilhelm III. und sein Staatskanzler Hardenberg anders gesehen haben. Schleiermachers Kirchenverfassungspläne waren nicht die des Königs. Deshalb erhielt er „nur" eine Berufung in die Unterrichtsabteilung, die Wilhelm Süvern leitete, und deshalb konnte er nicht, wie von ihm am Tag dieser Berufung noch erhofft, irgendwann auch in der Cultusabteilung mitwirken.[50] Letzterer stand Ludwig Nicolovius – ein Bruder des Verlegers Friedrich Nicolovius – vor, deren Angelegenheiten er später auch im Kultusministerium als Direktor bis zu seinem Tod 1839 verantwortete.

---

47 Insbesondere für die Sektionszeit immer noch wichtig: Gustav Schlesier, *Erinnerungen an Wilhelm von Humboldt*, 2 Bde., Bd. 2/1: Von 1798 bis 1819, Stuttgart 1843, hier 135–200; ebenfalls grundlegend: Bruno Gebhardt, *Wilhelm von Humboldt als Staatsmann*, Bd. 1: *Bis zum Ausgang des Prager Kongresses*, Stuttgart 1896, 95–368 (nach Akten des Kultusministeriums).
48 Vgl. hierzu den Klassiker: Wilhelm Dilthey, *Leben Schleiermachers*, hg. v. Hermann Mulert, Bd. 2, Berlin/Leipzig (darin die Berliner Jahre); Franz Kade, *Schleiermachers Anteil an der Entwicklung des preußischen Bildungswesens von 1808 bis 1818*, Leipzig 1925; Nowak 2001, bes. 187–371 (Anm. 19).
49 Brief vom 4. Juli 1812, *Schleiermacher's Leben in Briefen*, Bd. 4: *Schleiermacher's Briefe an Brinckmann. Briefwechsel mit seinen Freunden von seiner Uebersiedlung nach Halle bis zu seinem Tode. Denkschriften. Dialog über das Anständige. Recensionen*, hg.v. Wilhelm Dilthey, Berlin 1863, 185–188, hier 186.
50 Schleiermacher an Joachim Christian Gaß, 1. September 1810, KGA V/11, Brief 3504, Z. 20–35; dazu ausführlich auch Wolfes 2004, 271–274 (Anm. 20).

Beide also, Humboldt und Schleiermacher, zeigten sich anfangs wenig begeistert über den ihnen jeweils zugedachten Platz im Reformwerk. Humboldt verließ sein Amt als Sektionschef sehr bald wieder; Schleiermacher hätte seinen Platz in der Unterrichtsabteilung zu gern mit einem in der Abteilung für den Cultus getauscht, um seine Reformvorstellungen über die Kirchenverfassung an aussichtsreicher Stelle vorbringen und diskutieren zu können. Dieser Wunsch korrespondierte übrigens mit dem Bild, das man damals über den populären Prediger hatte. Seinen Zeitgenossen war er nämlich bei seiner Berufung „weder als ein literarisch ausgewiesener noch professionell mit dem Gegenstand befasster Pädagoge bekannt"[51]. Die diesbezügliche Wertschätzung seiner Person, so stellt Jens Brachmann fest, gilt als ein Phänomen vor allem des 20. Jahrhunderts.

Schauen wir also etwas genauer auf die Sektion, in der Schleiermacher seine ersten administrativen Erfahrungen im preußischen Staatswesen macht: Die „Section für Cultus und öffentlichen Unterricht" bestand aus zwei Abteilungen.[52] Ihre beiden wichtigsten Aufgabenbereiche dienten auch als Namensgeber – Cultus und öffentlicher Unterricht –, wobei das verbindende „und" zugleich für eine Grundsatzdebatte stand; eine Grundsatzdebatte, die Preußens Schulpolitik bis zum Schulaufsichtsgesetz von 1872[53] begleitete. Zunehmende Säkularisierungstendenzen hatten um 1800 auch in Preußen die Frage aufgeworfen, ob und wie der Bildungsbereich vom Einfluss der Kirche als Bildungs- und Schulträger freizumachen sei. Darüber diskutierten im Gründungskontext der Sektion aus unterschiedlicher Sicht Reformer wie Stein, Hardenberg, Altenstein, Humboldt und Carl Friedrich Beyme. Dass Cultus und öffentlicher Unterricht schließlich bei der Neuordnung der Verwaltung 1808 nicht strikt administrativ getrennt, sondern innerhalb einer Sektion zusammengelegt wurden, hatte letztendlich der tief fromme König entschieden. Nur selten hat Friedrich Wilhelm III. in Debatten der Reformer eingegriffen, schon gar nicht sie mitinitiiert. Wenn man diesem Hohenzoller überhaupt ein Verdienst am umfassendsten Reformwerk in Preußens

---

[51] Jens Brachmann, *Friedrich Schleiermacher. Ein pädagogisches Porträt*, Weinheim/Basel 2002, hier 12; instruktiv zum Gesamtproblem: Hermann Fischer, „Schleiermachers Theorie der Bildung", in: *Bildung in evangelischer Verantwortung auf dem Hintergrund des Bildungsverständnisses von F. D. E. Schleiermacher*, hg. v. Joachim Ochel, Göttingen 2001, 128–150.
[52] Vgl. hierzu auch: *Das preußische Kultusministerium*, Bd. 1/1: *Die Behörde und ihr höheres Personal. Darstellung*, Berlin 2009, 4–6, 23–26 (Anm. 16).
[53] Das Gesetz vom 11. März 1872 in: *Gesetz-Sammlung für die Königlichen Preußischen Staaten*, 1872, 183.

Geschichte zusprechen will, dann jenes, dass er als Monarch die Reform hingenommen und nicht verhindert hatte.[54]

Mit der zweiteiligen Sektionsbezeichnung wurde also der Wille des Staates, genauer des Königs, angezeigt, „die Verbindung von Religion mit der Erziehung"[55] bestehen zu lassen. Rücksichtlich der landrechtlichen Bestimmungen wurde der Cultus-Abteilung „alles, was als Religionsausübung ein Gegenstand der Fürsorge des Staates" ist, übertragen. Sie besaß „alle Rechte der obersten Aufsicht des Staates (jus circa sacra)". Ferner übte sie hinsichtlich der Protestanten zugleich die Konsistorialrechte (jus sacrorum) aus[56]. All dies bekräftigte das Streben nach Modernisierung der *staatlichen* Kirchenaufsicht. Die bisherigen landeskirchlichen Instanzen, die drei Oberkonsistorien, waren nun ohne Funktion und lösten sich – zum Teil unter Widerspruch – auf.

Die zweite Abteilung der Section, die für den öffentlichen Unterricht, war für alles zuständig, „was auf die Erziehung und die Bildung für Wissenschaft und Kunst" abzielte. Dies schloss neben dem großen Bereich der öffentlichen Schulen, Lehranstalten und Universitäten alle vom Staat unterstützten höheren wissenschaftlichen und Kunstvereine, die Königliche Akademie der Wissenschaften und die Königliche Akademie der Künste zu Berlin, weitere Einrichtungen, wie der Bühnen- und Musikkunst und Bibliotheken, sowie die Zensur aller nichtpolitischer Schriften ein.[57]

Die Arbeitsinhalte beider Abteilungen vereinten in sich jene „gesammte Kultur", die der Staat in Preußen gerade einmal neun höheren Beamten – neun Räten – auf zentraler Ebene anvertraute, nämlich dem Chef (zunächst Humboldt, dann Schuckmann), ganzen drei für den öffentlichen Unterricht und vier für den Cultus. Hinzu trat im Personalstand als neunter hoher Beamter der Direktor der

---

54 Zum Monarchen vgl. vor allem in der Zeit der Reformen und Befreiungskriege: Thomas Stamm-Kuhlmann, *König in Preußens großer Zeit. Friedrich Wilhelm III. der Melancholiker auf dem Thron*, Berlin 1992, 267–393 (mit Literatur); ferner Bärbel Holtz, „Friedrich Wilhelm III. (1770–1840). Monarch für eine einheitliche Landeskirche", in: *Vom Unionsaufruf 1817 bis zur Mitte des 19. Jahrhunderts* (= Protestantismus in Preußen. Lebensbilder aus seiner Geschichte 2), hg. v. Rudolf Mau, Frankfurt/M. 2009, 23–43.
55 Heinrich Scheel (Hg.), *Das Reformministerium Stein. Akten zur Verfassungs- und Verwaltungsgeschichte aus den Jahren 1807/08*, Bd. 3, bearb. von Doris Schmidt, Berlin 1968, 1108.
56 Scheel 1968, 1111 (Anm. 55).
57 Scheel 1968, 1109 (Anm. 55). – Die Zensur ging durch Verordnung vom 27. Oktober 1810 auf das Departement der allgemeinen Polizei über, vgl. hierzu auch GStA PK, I. HA Rep. 76 Kultusministerium, II Sekt. 1 Gen. bb Nr. 1; vgl. ferner zahlreiche Denkschriften bzw. Anträge, die Humboldt in den Jahren 1809/10 als Sektionschef verfasst hatte, in: Bruno Gebhardt (Hg.), *Wilhelm v. Humboldts Politische Denkschriften*, Berlin 1903, Bd. 1: 1802–1810, 16 und passim (= *Wilhelm v. Humboldts gesammelte Schriften*, hg.v. der Preußischen Akademie der Wissenschaften, Bd. 10).

„wissenschaftlichen Deputation für den öffentlichen Unterricht in Berlin" – das war vom 1. September 1810 bis Ende 1814 Schleiermacher, worauf der hier im Band enthaltene Beitrag von Christiane Ehrhardt genauer eingeht. Diese Deputation, so sei hier nur resümiert, war „die erste Lehrplankommission in der Geschichte der Schule überhaupt, die auf staatlicher [...] Ebene Bildungsplanung betrieb."[58] Zwei weitere derartige Deputationen, dies sei aus gesamtpreußischer Perspektive ergänzt, waren im schlesischen Breslau und im ostpreußischen Königsberg tätig.

Die neun höheren Beamten der Sektion in Berlin verfügten in unterschiedlichem Maße über administratives Hinterland, um ihre Aufgaben auch fern von der Residenz wahrnehmen lassen zu können. So konnte die Sektion im Unterrichtsbereich auf die an den Regierungssitzen tätigen Gremien (auch sie heißen Deputationen) zurückgreifen, um ihre Vorstellungen „vor Ort" verbreiten und um sich vor allem über die Zustände im Lande unterrichten lassen zu können. Dies dokumentieren beispielsweise Jahresberichte von Deputationen zum Kirchen- und Schulwesen aus Stettin, Marienwerder und Liegnitz.[59] Insbesondere im Schulwesen entfaltete sich nach dem Zusammenbruch von 1806/07, fußend auf langen Visitations-Erfahrungen, erneut ein ausgeprägtes Berichtssystem, dessen archivalische Überlieferung uns heute sehr konkrete Einblicke in den Schulalltag ermöglicht.

Geleitet wurde die Sektion von einem Geheimen Staatsrat. Ihr erster Chef wurde, wie schon erwähnt, nach langem Zögern Wilhelm von Humboldt. Mit diesem Amt sollte, so hatte es die Stein'sche Verordnung allgemein vorgesehen, zugleich eine Mitgliedschaft im projizierten Staatsrat einhergehen, womit Humboldt an der obersten Leitung der Staatsgeschäfte direkt beteiligt gewesen wäre. Auch hätte er dadurch eine größere Selbständigkeit und wie sein Minister die Immediatstellung, also das direkte Vortragsrecht beim König, erhalten.

---

58 Ingrid Lohmann, *Lehrplan und Allgemeinbildung in Preußen. Fallstudie zur Lehrplantheorie Friedrich Schleiermachers*, überarbeitete Fassung der 1984 erschienenen Ausgabe, Hamburg 2014 (digital); http://www.epb.uni-hamburg.de/erzwiss/lohmann/Publik/Lohmann_Lehrplan_Preussen.pdf (zuletzt aufgerufen am 16.09.2016, vgl. auch Friedrich Schleiermacher, *Vorlesungen über die Pädagogik und amtliche Voten zum öffentlichen Unterricht*, KGA, II/12, hg. von Jens Beljan u.a., Berlin/Boston 2017.
59 Vgl. hierzu die mitunter umfangreichen Geschäftsberichte der Geistlichen und Schul-Deputationen, so von der Regierung zu Stettin (GStA PK, I. HA Rep. 76 Kultusministerium, II Sekt. 17 Spez. a Nr. 8 Bd. 1, ca. 300 Bl.), der westpreußischen Regierung in Marienwerder (GStA PK, I. HA Rep. 76, II Sekt. 5 Spez. a Nr. 4, ca. 120 Bl.), der Regierung zu Liegnitz (GStA PK, I. HA Rep. 76, II Sekt. 9 Spez. a Nr. 6 Bd. 1, ca. 250 Bl.).

Der Staatsrat als Gremium aber wurde nicht eingerichtet,[60] Humboldts Kritik daran blieb fruchtlos, woraufhin er nur 16 Monate nach Amtsbeginn im Frühjahr 1810 mit seinem Rücktritt reagierte.[61]

Nicht nur, aber auch deshalb wird Humboldts Part an der Umgestaltung des Bildungswesens inzwischen von der Forschung differenzierter gewichtet. Nachdem der um 1900 aufgekommene bildungsbürgerliche Impetus von der „Humboldt'schen Bildungsreform" lange Zeit als unstrittig galt, plädiert die Forschung seit etwa vierzig Jahren (exemplarisch verwiesen sei auf Arbeiten von Menze, Hübner, Turner, McClelland und Hammerstein) für einen differenzierten Blick auf die Leistungen des nur zeitweiligen Sektionschefs. Eine Wirkung wird ihm bekanntlich vor allem für die gymnasiale und universitäre Ebene zugeschrieben. Eine unmittelbare Wirkung seiner Amtszeit 1809/10 indes „auf die große Masse mittlerer und niederer Schulen" konnte von der Forschung „nicht plausibel" gemacht werden.[62] „Insofern ist ein direkter Modernisierungsschub durch eine faktische Intensivierung des staatlichen Zugriffs im Bildungswesen um 1810 noch nicht zum Durchbruch gelangt."

„Es ist also davor zu warnen", stellte Wolfgang Neugebauer vor mittlerweile 23 Jahren fest, „in der Amtszeit Humboldts oder in den damit in unmittelbarem Zusammenhang stehenden bildungsgeschichtlichen Vorgängen allzu scharfe Zäsuren für die preußische Schul- und Universitätsgeschichte erblicken zu wollen. *Der epochale Wandel* – und das ist die Grundaussage dieser Forschungsrichtung – *setzt nach der Zeit der preußischen Reformen*, er setzt im Vormärz ein und ist nicht mit einer ‚Bildungsreform' zu verbinden."[63]

Wirken und Wirkung Schleiermachers in diesem Bereich sind spätestens seit der Arbeit von Ingrid Lohmann in der Forschung geläufig. Schleiermacher ist mit Wirkung vom 1. Juli 1810 als Mitglied der Unterrichtsabteilung der Sektion berufen worden und verblieb dort gut vier Jahre. Anders als Humboldt, der von seinem Amt in der Sektion zurückgetreten war, hingen der Zeitpunkt und die Umstände

---

60 Als Nachtrag zum monatlichen Generalverwaltungsbericht der Sektion schilderte Humboldt am 2. Juli 1809 die Mängel im Geschäftsgang und unterbreitete Vorschläge, die letztendlich alle „auf die Errichtung des Staatsrats" hinausliefen, gedruckt in: *Wilhelm von Humboldts Gesammelte Werke*, hg. v. Albert Leitzmann, Bd. 13: Nachträge (Wilhelm von Humboldts Gesammelte Schriften, hg. von der Preußischen Akademie der Wissenschaften, Bd. 13), unter Mitwirkung von Siegfried Kähler u. Eduard Spranger, Berlin 1920, 227–234, die Zitate 229, 227.
61 Sein Entlassungsgesuch vom 29. April 1810 an den König, gedruckt in: Gebhardt 1903, 244–250 (Anm. 57). – Humboldt leitete letztmalig am 23. Juni eine Sitzung der Sektion, vgl. hierüber sein Schreiben an Innenminister Dohna vom selben Tag, Humboldt 1920, 316 (Anm. 60).
62 Wolfgang Neugebauer, „Das Bildungswesen in Preußen seit der Mitte des 17. Jahrhunderts", in: Büsch 1992, 605–798, hier 667 (Anm. 5), auch das nachfolgende Zitat.
63 Ebd., X [Hervorhebung im Zitat].

seines Ausscheidens, wie Matthias Wolfes und andere ausführlich beschreiben, mit den Spannungen zusammen, die der liberale Intellektuelle wiederholt mit dem ihm vorgesetzten Innenminister Schuckmann hatte.[64] Dieser nutzte Schleiermachers Wahl zum Sekretar der philosophischen Klasse der Berliner Akademie der Wissenschaften als willkommenen Vorwand, den unbequemen Prediger und Pädagogen wegen angeblicher Arbeitsüberlastung aus der Sektion zu entlassen.

4 Schleiermacher in Preußen – ein Ausblick

Die Jahre nach 1807, das jedenfalls steht fest, wurden für Schleiermacher quasi zu einem Neubeginn seines Schaffens. Kurt Nowak titelt das entsprechende Kapitel seiner Schleiermacher-Biographie als „Höhe des Lebens"[65]. Insofern erscheint uns heute Schleiermachers Sorge, die er Oktober 1808 seiner Braut Henriette von Willich anvertraute, unverständlich, wenn er schrieb, „daß ich wirklich anfangen muss mich von der Faulheit, meinem größten Laster zu curiren."[66]

In den kommenden Jahren und Lebensjahrzehnten war Schleiermacher auf vielen Gebieten federführend an den zeitgenössischen Diskussionen beteiligt, sei es in der Philosophie, Theologie, Altphilologie, Pädagogik oder in der Kirchenpolitik. Er war ein anregender, für König und Regierung meist unbequemer Diskutant. Mit seiner Teilnahme an der Selbstorganisation bürgerlicher Geselligkeit und Gemeinschaft, mit seiner intellektuellen und auch politischen Reflexion auf Systemstrukturen der Monarchie und mit seinen daraus folgenden neuen Entwürfen für Teile von Staat und Gesellschaft hat sich Schleiermacher als ein vielseitiges Mitglied der damaligen Diskursgeneration empfohlen und ich verwende hier bewusst diesen Begriff, der bisher nur auf die Endzeit des 20. Jahrhunderts bezogen wurde. Der Begriff der „Diskursgeneration" scheint auch für Schleiermachers komplexes Wirken in der preußischen Reformzeit brauchbar.

Welche Spuren Schleiermachers Wirken, auch über die Reformzeit hinaus, am preußischen Hof, in der Hauptstadt und welche in der preußischen Provinz hinterließ, davon zeugte – neben vielen anderen Mosaiksteinen – ein Detail, das an seine erste Wirkungsstätte als Prediger zurückführt und von seinem zeitgenössischen Ruf fernab der Zentrale zeugt. Von April 1794 bis August 1796 war Schleiermacher Hilfsprediger an der Konkordienkirche im ostbrandenburgischen

---

64 Vgl. hierzu ausführlich Wolfes 2004, Bd. 1, 272–274 (Anm. 20) (mit weiterer Literatur) sowie KGA II/12, Einleitung, XXV–XXVII (mit weiterer Literatur), wonach Schleiermachers „Dispensierung" (XXVI) aus der Sektion um den Jahreswechsel 1814/1815 erfolgt sein muss.
65 Nowak 2001, 187–377 (Anm. 19).
66 Schleiermacher an Henriette Willich, 1. Oktober 1808, KGA V/10, Brief 2850, Z. 17.

Landsberg an der Warthe gewesen. Dort hatte er den reformierten Prediger Johann Lorenz Schumann unterstützt; er hatte gepredigt, unterrichtet und visitiert. Fünfzig Jahre nach seinem Weggang aus Landsberg, im Jahre 1846, ist es in dieser brandenburgischen Provinzstadt zu einer Initiative gekommen, die sich dem inzwischen verstorbenen Prediger widmete und einen Blick darauf freigibt, wie zum einen die kleinstädtische Öffentlichkeit und zum anderen der preußische Hof in den 1840er Jahren mit der Persönlichkeit Schleiermachers umgegangen sind.

Ende 1846 wandte sich ein in Landsberg/Warthe bestehendes „Comité zur Errichtung eines Denkmals für Friedrich Schleiermacher", so dessen offizielle Bezeichnung, an den König, nunmehr seit 1840 Friedrich Wilhelm IV. Derartige Denkmals-„Comités" kamen überwiegend aus rein bürgerschaftlichem Engagement zustande und mussten sich – bis 1848 – immer noch ihre Gründung durch Berlin genehmigen lassen. Dieses Landsberger Comité wandte sich nun am 14. Dezember 1846 mit einer Immediatvorstellung direkt an den Monarchen und „bittet, zu den erforderlichen Kosten zur Errichtung des Denkmals für Schleiermacher dasjenige zuzuschießen, was daran nach Eingang aller Beiträge noch etwa fehlen dürfte."[67] Normalerweise gingen derartige Anliegen, die vielfach und aus allen Landesteilen Preußens in Berlin vorgebracht wurden, an die dafür zuständige staatliche Zentralbehörde. Im Falle des verstorbenen Predigers wäre dies das preußische Kultusministerium gewesen, steht doch Schleiermachers Wirken in all seinen Facetten für den Kulturbereich. Das Landsberger Comité aber wählte für sein Gesuch den direkten Weg zum Monarchen, wohl in der Hoffnung, dass das Königshaus eine öffentliche Würdigung des prominenten reformierten Predigers gern unterstützen würde.

Aber das Interesse des Königs muss sich sehr in Grenzen gehalten haben, denn dieses Immediatgesuch landete, wie die meisten dieser Art, im normalen Geschäftsgang der preußischen Zentralbehörden: Das heißt, das Anliegen wurde dem König, wenn überhaupt, in seinem (Zivil-)Kabinett mündlich vorgetragen und, weil er nicht gleich entscheiden mochte, zur weiteren Prüfung an einen Experten gegeben. Das war in diesem Fall aber niemand, der sich mit dem historischen Platz Schleiermachers in Preußens Geschichte befasst hätte, was man hätte erwarten können. Der König hat sich vielmehr im Hinblick auf die erbetene Spende für das Schleiermacher-Denkmal an seinen „Kunstberater" Ignaz Maria Olfers gewandt. Olfers, langjähriger Generaldirektor der Königlichen Museen zu Berlin, und Alexander von Humboldt waren für Friedrich Wilhelm IV. *die* Berater in Kunstdingen. Olfers erhielt also das Immediatgesuch „mit den anliegenden Zeichnungen", wie es im Anschreiben an ihn aus dem Kabinett des Königs vom

---

67 GStA PK, I. HA Rep. 137 (Generaldirektion der Staatlichen Museen), Nr. 77 Bd. 12, n. f.

28. Dezember 1846 hieß. Wobei es sich bei den mitgesandten Anlagen handelte, lässt sich leicht vermuten. Da der König Olfers als einen Kunstexperten hinzuzog, werden es die Entwürfe des beabsichtigten Denkmals gewesen sein. Generaldirektor Olfers, „mit welchem" – laut Anschreiben, „Se. Majestät über die Angelegenheit Rücksprache nehmen wollen", war Exponent einer elitären Kunstauffassung. Er plädierte für ein Engagement des Monarchen allein für die Hochkunst und betrachtete Initiativen aus der Provinz für die Provinz, wie im Falle des Schleiermacher-Denkmals, nicht als Angelegenheit des Königs und des Hofes. Dass also Olfers die Spendenbitte befürwortet hätte, scheint eher unwahrscheinlich.

Es ist leider nicht feststellbar, ob Friedrich Wilhelm IV. sich wegen Schleiermachers liberalem Wirken im Bereich der Kirchenpolitik distanziert geäußert hat. Hierzu sind bislang keine Aussagen dieses Hohenzollern bekannt. Offen muss auch die Frage bleiben, ob eine Eingabe des Landsberger Comités nicht beim Monarchen, sondern beim damaligen Kultusminister Friedrich Eichhorn erfolgreicher gewesen wäre. Freilich verfügte das preußische Kultusministerium nicht über viele Mittel für derartige Dinge. Aber hier wäre es um die Würdigung einer Persönlichkeit gegangen, die sowohl im kirchlichen Bereich wie in der Wissenschaftspolitik Preußens eine herausragende Rolle gespielt hatte. Hinzu kam, dass Schleiermacher ein langjähriger Freund des amtierenden Kultusministers Eichhorn gewesen ist. Vielleicht auch deshalb hat der König die Bitte nicht an dieses Ministerium, das inhaltlich zuständig gewesen wäre, sondern an seinen „Kunstberater" weitergeleitet.

Die Bitte aus Landsberg jedenfalls ist wohl abschlägig beschieden worden. Amtliche Belege dafür waren nicht auffindbar, aber die Inschrift auf der Rückseite des 1848 in Landsberg an der Warthe aufgestellten Denkmals weist allein auf die freiwilligen Spenden aus der Stadt hin.

Die Gelegenheit, Schleiermachers Verdiensten auch offizielle Anerkennung widerfahren zu lassen, hat der preußische Hof wohl selbst in einer abgelegenen ostbrandenburgischen Kleinstadt vermeiden wollen.

1 Briefwechsel und Netzwerke

Wolfgang Virmond
Schleiermachers Schreibkalender

Kalender gehören zu den frühesten Druckwerken – schon 1455 erschien Gutenbergs Türken-Kalender. Seitdem bilden Kalender einen erheblichen Teil des Buchmarkts, bis zu den heutigen Wandkalendern, z. B. mit Abbildungen nach Kandinsky oder Raffael. Eine weitere langlebige Gattung sind die Volkskalender oder Bauernkalender: etwa der amerikanische *Farmers' Almanac* (von 1818 bis heute) oder der *Rheinländische Hausfreund*, den Johann Peter Hebel zeitweise herausgegeben und durch seine „Kalendergeschichten" unsterblich gemacht hat[1].

Die besondere Gattung der „Schreibkalender" ist zunächst ein Phänomen der frühen Neuzeit; das 16. Jahrhundert ist schon recht voll davon; der *SchreibKalender D. Sebastiani Röder Physici und Mathematici auff das MDLXV. Jahr* z. B. ist in Kopenhagen erhalten; die lange Serie der Kalender Thurneyssers beginnt 1579, und im 17. und 18. Jh. sind solche Kalender durchaus populär, und zwar nicht nur in Europa, sondern auch in Nordamerika. Der beliebte österreichische *Krakauer Schreibkalender* soll zeitweise in einer Auflage von ca. 250.000 Exemplaren gedruckt worden sein; erst im 20. Jahrhundert wurde er umbenannt in *Österreichischer Schreibkalender*. Die Frühgeschichte der Schreibkalender bis zum 18. Jahrhundert ist durch Harald Tersch[2] und die daran anknüpfenden zahlreichen Publikationen einigermaßen aufgehellt; die breite Überlieferung des 19. Jahrhunderts in Bibliotheken und Archiven allerdings hat bislang kaum Beachtung gefunden.

Bei diesen Schreibkalendern handelt es sich (in der späteren Ausprägung) um vorgedruckte Taschenkalender mit Raum für (meist) tägliche Eintragungen, oft auch mit zusätzlichen Seiten für Briefwechsel, Kassenbuch und dgl. sowie mit mancherlei gedruckten Informationen im Anhang; insgesamt also das was man heutzutage (stark verkleinert) am Jahresende kostenlos in der Apotheke bekommt; damals (in der Goethezeit) wurden die Bändchen in verschiedenster Form von vielen Verlagen im Buchhandel vertrieben.

Inzwischen wurde allerdings seit ca. 1800 der geradezu standardisierte Titel „Schreibkalender" weitgehend aufgegeben und durch eine unüberschaubare Vielzahl besonderer Titel verdrängt; dies hat den großen Nachteil, dass die Suche

---

[1] Die entscheidenden Jahrgänge sind 1981 als Faksimile-Druck erschienen: Johann Peter Hebel, *Der rheinische Hausfreund. Faksimile der Jahrgänge 1808–1815 und 1819*, hg. von Ludwig Rohner, Wiesbaden 1981
[2] Harald Tersch, *Schreibkalender und Schreibkultur. Zur Rezeptionsgeschichte eines frühen Massenmediums*, Graz-Feldkirch 2008.

https://doi.org/10.1515/9783110621518-003

in Bibliotheken und Archiven sehr erschwert ist. Schleiermachers Schreibkalender vom Jahre 1809 (im renommierten Verlag Vieweg in Braunscheig) führt zunächst den Titel *Erinnerungsbuch für das Jahr 1809*, sodann aber als Sonder-Titel für den Hauptteil (das eigentliche Kalendarium) *Schreibkalender 1809.*

In der Goethezeit und im weiteren 19. Jahrhundert war das (oft jahrzehntelange) Führen eines solchen Kalenders durchaus gebräuchlich. Manches davon ist erhalten und oft auch veröffentlicht (Goethe, Schiller, E.T.A. Hoffmann, Eduard Gaertner, Mendelssohn Bartholdy)[3]. Nicht publiziert sind etwa die in Weimar verwahrten Kalender Karl Ludwig von Knebels aus dem Zeitraum 1770 – 1834; ferner kann man vorläufig nennen Gottfried Schadow, Otto Ludwig (um 1850) und viele andere.

Während das eigentliche Tagebuch (etwa von Samuel Pepys [sprich pieps]; Tolstoi; Kafka; Thomas Mann) meist mehr oder minder reflektierender Natur ist, lädt der Schreibkalender typischerweise zum trockenen Registrieren des Alltags ein. Dieses nur die Fakten benennende Verfahren findet sich schon im 16. Jahrhundert bei dem Florentiner manieristischen Maler Jacopo da Pontormo, der vom 7.1.1554 bis zum August 1556 Buch führte über seine Mahlzeiten (oft mit seinem Kollegen Bronzino), sein Befinden und seine Krankheiten, über das Wetter und besonders über den Fortschritt seines Freskos im Chor der Kirche San Lorenzo; nur einmal schaltet er eine längere diätetische Reflexion ein[4].

In diesem Stil hat auch Schleiermacher jahrzehntelang detaillierte Notizen zu seinem Tagesablauf gesammelt und (sofort oder auch erst nach mehreren Tagen) in vorgedruckte Schreibkalender eingetragen. Erhalten sind (im Nachlass im Archiv der BBAW) 19 Jahrgänge, und zwar 1808 – 1811 und 1820 – 1834. – Fragt man sich, ob Schleiermacher auch in den Jahren vor 1808 und in der Zwischenzeit (1812 – 19) Kalender geführt hat, so ist diese Frage nicht entscheidbar: die fehlenden Jahrgänge mögen verloren gegangen sein; andrerseits beginnt der Kalender von 1808 mit auffällig wenigen Eintragungen und füllt sich so recht erst ab Juni. Auch später verliert Schleiermacher immer wieder die Lust zu Eintragungen;

---

[3] Johann Wolfgang von Goethe, *Werke. Weimarer Ausgabe III, 1 – 15,2*, Weimar 1887 – 1919; ders., *Tagebücher*, Stuttgart 1998 ff.; Friedrich Schiller, *Werke. Nationalausgabe 41,1* ff., Weimar 2003 ff.; Eduard Gaertner, „Schreibkalender der Jahre 1834, 1836, 1838 und 1842 transkribiert von Edit Trost", in: Dominik Bartmann (Hg.), *Eduard Gaertner 1801 – 1877*, Berlin 2001, 415 – 450; E.T.A. Hoffmann, *Tagebücher und literarische Entwürfe, Bd. 1*, hg, v. Hans von Müller, Berlin 1915; ders., *Tagebücher. Nach der Ausgabe Hans v. Müllers*, hg.v. Friedrich Schnapp, München 1971 [die Originale sind im Krieg verloren]

[4] Eine leicht gekürzte, sorgfältige Übersetzung des 1956 edierten „Diario" findet sich in Gustav René Hockes Standardwerk *Europäische Tagebücher aus vier Jahrhunderten. Motive und Anthologie*, Wiesbaden 1978, 575 – 593; die Reflexion dort 585 – 586. Über die Form des Manuskripts wird nichts gesagt.

so sind im Jahre 1810 die Tage vom 2. April bis zum 8. Mai nahezu ohne Notizen, ebenso die vom 2. Juli bis zum 2. September; ab dem 22. September finden sich keine Eintragungen mehr; der folgende Jahrgang 1811 enthält nur das Kassenbuch (und einige Notizen von der schlesischen Reise). Dies macht es wahrscheinlich, dass Schleiermacher auch in den folgenden Jahren keinen Antrieb verspürt haben mag, sich über seine Zeitverwendung (und seinen Briefwechsel etc.) Rechenschaft zu geben. Und auch, nachdem im Jahr 1820 die Überlieferung der Schreibkalender wieder einsetzt, bleiben bisweilen mehrere Monate ohne Einträge.

In den Kalendern notiert Schleiermacher nichts biografisch Schwergewichtiges, also keine Gedanken, Reflexionen, Werkpläne oder gar Bekenntnisse etc. Es ist mehr ein buchhalterisches Protokoll des Alltagsablaufs mit vielen, auch unerwarteten Details – private Spielverluste; häufige Lotterielose.

Der Januar 1809 ist durchaus typisch; er beginnt mit der Sonntags-Predigt in der Nikolaikirche, es folgt ein Besuch bei Gaß, abendliches Unwohlsein und Lektüre (wohl Vorlesung) zweier Gesänge der Odyssee; am Montag treibt der designierte Professor Studien zu seiner Politik-Vorlesung, besucht dann das Kollegium Karstens über Mineralogie, zu Mittag isst er mit Eichhorn in einem Lokal, besucht dann Schmalz und (vergeblich) Heindorf, empfängt anschließend einen kurzen Besuch des Ehepaars Schede und liest abends zwei weitere Gesänge aus der Odyssee (vor).

Faszinierend ist gerade die Vielfalt der Eintragungen, die in der Summe (und in Verbindung mit dem Briefwechsel) denn doch ein enormes biografisches Gewicht bekommen, zumal da über diese zweite Berliner Zeit (1807–1834) noch immer zu wenig bekannt ist. Mit großer Regelmäßigkeit sind also die an den Sonn- und Festtagen gehaltenen Predigten (meist mit Bibelstelle) notiert (sehr zum Nutzen der inzwischen abgeschlossenen, in Kiel bearbeiteten historisch-kritischen Edition sämtlicher Predigten), ebenso die Stunden der vielen Vorlesungen und auch der Sitzungen des Neutestamentlichen Seminars, ferner die Treffen im Predigerkränzchen oder im altphilologischen Kollegenkreis, der sogenannten „Griechheit"; aber auch in freier Geselligkeit, also besonders in der von Buttmann begründeten (und von Schleiermacher weitergeführten), durch ein Protokollbuch gut dokumentierten „Gesezlosen Gesellschaft" oder auch der „Spanischen Gesellschaft" (über die wir so gut wie nichts wissen). Hinzu kommt die Mitarbeit in der Kommission zur Erarbeitung eines neuen – 1829 erschienenen – Gesangbuchs (Gesangbuch-Conferenz), später die regelmäßige Mitarbeit im „Armen-Direktorium". Der Besuch der Kunstausstellungen ist sorgfältig notiert, ebenso wie der von Opern oder andern musikalischen Veranstaltungen (auch in der Sing-Akademie, deren Mitglied Schleiermacher war). Wenn man solche Musik-Notizen zusammenstellt, so erhält man ein kleines biografisches Kapitel; dasselbe gilt für die private Lektüre (allein oder im Familienkreis) von Homer und Vergil bis zu Goethe oder den englischen Romanen Walter Scotts und den amerikanischen James Fenimore Coopers, meist in deutscher Übersetzung, wobei Schleiermacher oft vorliest und also auf Frau und Kinder Rücksicht nehmen muss[5]. – Die jährlichen Urlaubsreisen (teils mit Familie) sind ebenso buchhalterisch behandelt: Orte, Abfahrtszeiten, Namen der Hotels, auch Achsbrüche der Kutsche und dgl.

Gesundheitsprobleme der Familie wie auch die eigenen werden penibel notiert – besonders seine quälenden Magenkrämpfe sucht Schleiermacher zu lindern durch das „Baquet", also die zum damals populären „tierischen Magnetismus" gehörige Vorrichtung; heute würde man das alternative oder komplementäre Medizin nennen; es wurde wohl empfohlen von Schleiermachers Hausarzt, dem Hochschulkollegen und Naturarzt Christoph Wilhelm Hufeland, der seine schriftstellerische Laufbahn 1785 begonnen hatte mit einem Buch über *Mesmer und sein Magnetismus*.

Im übrigen sind die vielen Besucher (oft zum Mittag- oder Abendessen) regelmäßig eingetragen ebenso wie eigne (oft vergebliche) Besuche bei Freunden oder wichtigen Persönlichkeiten. Es gab übrigens lange Zeit in Berlin keine Stadtpost; man konnte sich allenfalls durch Boten anmelden, und die Besuche waren darum sehr oft vergeblich. Vom Familienleben ist wenig zu erfahren – allenfalls hin und wieder ein Spaziergang oder ein kleiner Ausflug, etwa mit den Kindern „bei den wilden Thieren".

Meist sind die eingegangenen und ausgegangenen Briefe tabellarisch verzeichnet, was natürlich für die kritische Briefedition von größtem Nutzen ist.

Katechetik

In mehreren Kalendern hat Schleiermacher stichwortartig den Inhalt der jeweiligen Sitzungen des Konfirmandenunterrichts notiert und damit einen wertvollen Beitrag zu einer künftigen Edition dieses jahrzehntelang erteilten Unterrichts geliefert, den er keineswegs in der üblichen Form hielt. Denn gewöhnlich dauerte er ein Jahr und war als ritualisiertes Zwiegespräch üblich – Schleiermacher aber hielt in zwei Jahren eine Art Vorlesung, von der die Kinder (als Anfänger) so wenig verstanden, dass sie erst bei der Wiederholung im zweiten Jahr einigermaßen

---

5 Wolfgang Virmond, „Schleiermachers Lektüre nach Auskunft seiner Tagebücher", in: Günter Meckenstock (Hg.), *Schleiermacher und die wissenschaftliche Kultur des Christentums*, Theologische Bibliothek Töpelmann 51, Berlin 1991, 71–99; ders., „Schleiermacher und die Musik nach Auskunft seiner Tagebücher", in: Hans Dierkes, Terrence Tice und Wolfgang Virmond (Hg.), *Schleiermacher, Romanticism, and the Critical Arts. A Festschrift in Honor of Hermann Patsch*, New Athenaeum 8, Lewiston 2007, 381–389.

folgen konnten. Die Dokumente dieses Unterrichts (darunter auch Nachschriften) sind offenbar völlig singulär in der Epoche, zumindest ist nichts dergleichen bislang bekannt geworden. Darum hier ein Auszug:

11.6.1827: „Katechisation – Erklärung des Bösen in der Beziehung um die Entstehung des Glaubens an den Erlöser deutlich zu machen."

12.6.: „Katechisation – allgemeine Erklärung der Liebe wurde gemacht und soll nun angewendet werden um den Unterschied zwischen der natürlichen und christlichen aufzufinden"

13.6.: „Katechisation – Vergleichung der lezten Erklärung des Bösen mit der früheren dass die Sünde Selbstsucht sei. – Wie nun durch zahme und wilde Sinnlichkeit ein entgegengeseztes Resultat entstehen könne"

Schleiermacher als Hörer

1808–09 besuchte Schleiermacher in Berlin die grundlegende mineralogische Vorlesung von Dietrich Ludwig Gustav Karsten (Professor an der Berliner Bergakademie) und hat fortlaufend Notizen in seinem Schreibkalender eingetragen, die sich freilich noch immer zum großen Teil gegen unsre Entzifferungsversuche sperren.

1809 hörte er die Vorlesung des berühmten Altphilologen Friedrich August Wolf über die Komödie *Die Wolken* des Aristophanes und hat auf den freien Blättern am Ende des Kalenders mehrere Seiten dazu beschrieben, die noch nicht entziffert werden konnten, zumal keine andere Überlieferung dieses Kollegs bekannt ist.

1827–28 besuchte er die berühmte (und einzige) Universitäts-Vorlesung Alexander von Humboldts über „physische Erdbeschreibung", woraus später das Kosmos-Werk entstand. Kurze, meist lesbare Notizen dazu finden sich in den beiden entsprechenden Kalendern Schleiermachers.

Kassenbuch

Noch trockner als die täglichen Eintragungen ist das Kassenbuch, das meist auf gesonderten Seiten festgehalten ist; eintönig wirkende Einnahmen und Ausgaben bis hinunter zu den belanglosen Trinkgeldern kehren darin meist vielfach wieder; sensationell ist es schon, wenn ein Fass Wein geliefert und auf Flaschen gezogen wird.

Biografisch kann es etwa von Bedeutung sein, dass der immerfort magenkranke Schleiermacher sein Leiden auch durch Brunnenwasser aus Badeorten zu lindern sucht. Man kann aber auch beobachten, wie er (obwohl er insbesondere seine stets bedürftige Schwester Charlotte und seinen Bruder Karl samt Familie gern unterstützt) allmählich ausgesprochen wohlhabend wird. Seine Gehälter als Pfarrer und Professor; vielerlei Nebeneinnahmen wie kirchliche „Accidenzien" (Taufen, Trauungen, Beerdigungen) oder Hörergelder summieren sich; überaus stattliche Beträge notiert Schleiermacher jeweils im Anschluss an die Konfirmationen von den dankbaren (und meist wohlhabenden) Eltern. Er legte das überschüssige Geld meist in verzinslichen Wertpapieren (also meist Staatsschuldscheinen) an. Hinzu kamen die Honorare für Publikationen, die z.T. bar ausgezahlt wurden, zum andern Teil aber als Naturalien – überwiegend in Büchern, denn der Verleger Reimer war auch Buchhändler und handelte überdies mit vielerlei anderem.

Es ist also eine verlockende Idee, Schleiermachers Finanz-Haushalt tabellarisch zusammenzustellen; einstweilen gibt es noch allerlei Hindernisse wegen fahriger und kleiner Schrift sowie wegen abweichender Währungen und Umrechnungskurse; hinzu kommen fremde Währungen auf Urlaubsreisen.

Gleichzeitig wächst mit zunehmendem Alter und Wohlhabenheit Schleiermachers Geiz in Kleinigkeiten (dies gilt auch für andere Gelehrte): gerade bei den Beschreibstoffen (Papier oder eben Schreibkalender). Zum einen hat er seit etwa 1810 gern die Ränder eingehender Briefe abgeschnitten oder die Briefe zerschnitten, um die leeren Rückseiten als kostenlose Notizzettel zu gewinnen; diese hat er dann besonders bei Vorlesungen verwendet (und sorgfältig verwahrt). Solche Zettelchen, oft flüchtig oder fahrig beschrieben, bereiten den Editoren mancherlei Probleme und Sorgen.

Bei den Schreibkalendern, die Schleiermacher ja ohnehin bequem bei seinem Verleger und Freund Reimer günstig erwerben konnte, hat ihn offenbar der gelegentlich frei bleibende Raum über die Jahre offenbar so gewurmt, dass er 1827 kurzerhand beschloss, in die Freiräume auch noch die Einträge für 1828 hineinzuquetschen, meist durch Tintenstriche abgesondert, aber eben doch nicht immer so deutlich und zweifelsfrei, wie die Editoren sich das wünschen würden. – Ab 1829 ist er dann zu noch schlichteren und wohl auch noch kostengünstigeren Kalendern übergegangen, wo die Eintragungen auf leeren Blättern erfolgten und mithin kaum noch ärgerlicher Freiraum blieb.

Der besondere Wert dieser Haushalts-Eintragungen geht aber über das Individuelle weit hinaus und liegt zunächst darin, dass derlei (soweit bislang bekannt) so selten ist – in Goethes Tagebüchern (Schreibkalendern) ist es allenfalls in Spuren finden. Immerhin verzeichnet der zeitweise pensionierte Mörike in seinem Haushaltungsbuch von 1843 bis 1847 seine äußerst bescheidenen, ja ärmlichen Ausgaben (zugänglich durch eine sorgfältig übertragene und kommentierte Faksimile-Ausgabe von 1994[6]) – aber dies liegt schon jenseits der Goethezeit und hat eben nicht den eher großzügigen und vielfältigen Zuschnitt von Schleiermachers Haushalt und Umgang.

Schleiermachers Haushaltsführung ist als Beitrag zur Soziologie, zur Analyse des Alltagslebens der Epoche von grundlegender Bedeutung, und wahrscheinlich wird sich herausstellen, dass gerade diese Kassenbuch-Eintragungen, sobald sie sorgfältig ediert und analysiert sind, ein besonders gewichtiger Teil des Ganzen sind. – Im übrigen ist es aber so, dass Schreibkalender wie die Schleiermachers in großer Zahl erhalten sind, aber bislang weder publiziert noch überhaupt bekannt gemacht worden sind; eine möglichst breite Ausdehnung der Quellenbasis – über Berlin und über den Gelehrtenhaushalt hinaus – ist zu wünschen.

Bedeutung und Anhänge

Die Bedeutung ist zunächst einmal die individuelle im Hinblick auf eine künftige Lebensbeschreibung; die Forschungsstelle der Akademie arbeitet ja seit Beginn an den Grundlagen der Biografie und insbesondere an der Aufhellung des noch immer quasi ‹dunklen› Berliner Vierteljahrhunderts von 1809 bis 1834, das in den bisherigen Monografien gewöhnlich durch Besprechung der Glaubenslehre etc. gefüllt und damit eigentlich übersprungen wird. Die Schreibkalender stehen dabei im engsten Zusammenhang mit den parallel bearbeiteten Briefen (und andern biografischen Dokumenten).

Eine gesonderte Untersuchung verdienen die vielfältigen gedruckten Texte in den Anhängen der Kalender – also die (meist tabellarischen) Hinweise auf Jahrmärkte, Wochenmärkte, Post (Reiseverkehr und Postbeförderung), Münzwerte, Zinstabellen etc. Diese ortsgebundenen und heute nutzlos scheinenden Angaben lassen sich systematisch sammeln, und (angereichert um geografische Notizen etc.) mittels einer geeigneten Datenbank können sich Goethezeit und 19. Jh. geradezu in ein Informations-Zeitalter verwandeln. Dies ginge freilich weit über die Schleiermacherforschung hinaus.

---

6 Hans-Ulrich Simon (Hg.), *Eduard Mörikes Haushaltungs-Buch*, Marbach 1994

Sarah Schmidt
Menschheit, Geschlecht und Liebe revised – Schleiermachers Briefwechsel mit seiner Braut (1808/09)

1 „Eine recht schöne heilige Vorbereitung auf unser künftiges Leben": Der Brief als Medium empfindsamer Innenschau

Wer Schleiermachers Briefwechsel in den Jahren 1808–1810 von seiner kommunikationstechnischen Seite betrachtet, der wird sich wundern, wie schnell Briefe unmotorisiert allein mit Kutschen, Pferden und Boten von einem Ort zum anderen gelangten. Dieses gut durchorganisierte Postwesen und seine Ausweitung auf ganz Europa ab Mitte des 18. Jahrhunderts antwortet auf ein Kommunikationsbedürfnis ebenso wie es zur Konjunktur der Kommunikationsform des Briefes beiträgt und ihn funktionell wie konzeptionell verändert. Erschwinglich, zuverlässig und schnell wird es zu einem Breitenphänomen, das nicht mehr allein der männlichen Gelehrtenwelt und dem amtlichen Schriftverkehr vorbehalten ist, und entwickelt sich zu einem Medium persönlicher und inspirierter Innenschau und Selbstkonstitution. Der Umstand, dass auch Frauen diese Kommunikationsform ausgiebig nutzen und nutzen konnten und der Brief als Kunstform für schreibende Frauen zu einer gesellschaftlich zugestandenen Nische literarischer Produktion wurde,[1] trägt dazu bei, dass die Stilmerkmale der Authentizität und Natürlichkeit dieser in Briefen praktizierten Innenschau eine Gendercodierung erfahren. Dieser Wandel der im persönlichen Brief manifesten Kommunikationskultur spiegelt sich nicht zuletzt in zahlreichen Briefstellern des 18. und beginnenden 19. Jahrhunderts – so z. B. bei Christian Fürchtegott Gellert.[2] Weg vom Kanzelstil und weg vom gestelzten galanten Brief wird das Briefeschreiben nicht nur *auch* eine Sache der Frauen, sondern sogar feminisiert. Der Mangel fehlender Bildung, so die Argumentation, wendet sich dabei zum Vorteil, denn so finde der Ausdruck des Inneren ungehindert, natürlich und mit Leichtigkeit seinen Weg.

---

[1] So war der Briefroman *Die Geschichte des Fräuleins von Sternheim* (1771) der Schriftstellerin Sophie von La Roche wegweisend für die Gattung des Briefromans.
[2] Christian Fürchtegott Gellert, *Briefe, nebst einer praktischen Abhandlung von dem guten Geschmacke in Briefen*, Leipzig: Wendler 1751.

Dieses um die Jahrhundertwende verbreitete Ideal eines authentischen, das Innenleben mit Leichtigkeit skizzierenden weiblichen Schreibens findet sich auch bei Friedrich Schleiermacher, der sowohl in der Geselligkeit als auch im Briefeschreiben als die schriftliche, intime Form des geselligen Sprechens über Distanzen hinweg Frauen zu den eigentlichen Meisterinnen erklärte.³

Dieser kurz skizzierte Wandel der Briefkommunikation hat selbstverständlich nicht allein kommunikationstechnische Gründe, wie die durchgehende Ausweitung des Postwesens, sondern sie fügt sich ein in einen gesamtgesellschaftlichen Prozess, den Niklas Luhmann in seinem Buch *Liebe als Passion. Zur Codierung von Intimität* als „Soziogenese von Individualität"⁴ untersucht. Der Wandel von einer stratifikatorischen hin zu einer funktionalen Systemdifferenzierung der modernen Gesellschaft zeichnet sich nach Luhmann durch eine doppelte Steigerung aus: zum einen durch die Multiplikation unpersönlicher und zugleich jedoch auch durch die Intensivierung persönlicher Beziehungen.⁵ Im Fokus der Luhmann'schen Untersuchung dieser Intensivierung persönlicher Beziehungen steht die Liebe. Sie wird nicht als ein naturwüchsiges Gefühl verstanden, sondern als ein gesellschaftlich generalisiertes Kommunikationssystem, ein Code untersucht, der eingeübt und angewendet dazu führt, Gefühle auszudrücken, zu simulieren, anderen zu unterstellen und zu generieren.⁶

---

3 Vgl. Friedrich Schleiermacher, Kritische Gesamtausgabe (KGA) I/2: *Schriften aus der Berliner Zeit 1796–1799* [*Versuch einer Theorie des geselligen Betragens*], hg.v. Günter Meckenstock, Berlin/New York: de Gruyter 1984, 163–184, hier 178. Vgl. auch Andreas Arndt, „Friedrich Daniel Ernst Schleiermacher: ‚Unendliche Menschheit in der Hülle der Männlichkeit und der Weiblichkeit'", in: *Geschlechterordnung und Staat. Legitimationsfiguren der politischen Philosophie (1600–1850)*, hg.v. Marion Heinz und Sabine Doyé, Berlin/New York: de Gruyter 2012, 293–304, hier 298f. Wieviel Schleiermacher auf diese Schreibkultur der Authentizität hält, wird in einem Brief vom 5.11.1808 an seine Braut Henriette deutlich, in dem er die „poetischen Empfindungen" eines Bekannten angestachelt kommentiert: „Du willst doch wol nicht daß ich dir auch solche schreiben soll [Briefe mit ‚poetischen Empfindungen', S. Sch.]? ich wenigstens bedanke mich für solchen Schnikschnak von schönen Phrasen wie die gewiß gewesen sind. Ueberhaupt gieb mir Briefe von zehnerlei Liebenden und ich halte gleich unbesehens Neun davon für nichts gegen unsere; auf die halte ich große Stükke und wühle gern in dem Reichtum meiner Hälfte davon, [...] und ist doch gewiß gar kein poetisches Quingeliren drin sondern einfältig frisch derb andächtig zärtlich alles zusammen wie eben die Liebe ist, und rasch hin wie eben die Feder läuft und die Zunge laufen würde." (Vgl. F. Schleiermacher an H. von Willich vom 5.11.1808, KGA V/10: *Briefwechsel 1808*, hg.v. Simon Gerber und Sarah Schmidt, Berlin/Boston: de Gruyter 2015, Brief 2910, 362, Z. 122–133).

4 Niklas Luhmann, *Liebe als Passion. Zur Codierung von Intimität*, Frankfurt a. M.: Suhrkamp 1994, 15.

5 Vgl. ebd., 13.

6 Vgl. ebd., 9. 23.

Luhmann stützt sich dabei insbesondere auf Romane des 17. und 18. Jahrhunderts[7] und sieht in ihrer Lektüre eine Art „Einübung" dieses Codes, ohne die Rezeptionsprozesse und -bedingungen seit der Expansion des Buchmarktes Mitte des 18. Jahrhunderts und jener insbesondere für Frauen konstatierten „Lesewut"[8] eigens zu thematisieren. Richtet man den Blick auf die unterhaltende Lektüre in dieser Zeit, so sollte nicht nur Romanen, sondern auch privaten Briefen eine Aufmerksamkeit zukommen, die der zeitgemäßen Gewohnheit entsprechend nicht nur vom Empfänger, sondern oft in größerer Runde vorgetragen und kommentiert wurden. Für die Einübung eines semantischen Codes dürfte jedoch nicht nur die Lektüre, sondern ebenso auch die Produktion von Texten eine wichtige Rolle spielen, so dass nicht nur von der Rezeptions- sondern ebenso von der Produktionsseite aus Briefen ein großes Interesse zukommen sollte, zumal dem Briefwechsel zwischen Liebenden.

Der Briefwechsel zwischen Schleiermacher und seiner Braut zählt landläufig nicht zu den vielbeachteten literarischen Liebes-Briefwechseln seiner Zeit[9] und Henriette Schleiermacher nicht zu den gebildeten und intellektuellen Frauengestalten der Jahrhundertwende; sie ist nicht Caroline Humboldt und nicht Rahel Varnhagen, nicht Bettine von Arnim und auch nicht Henriette Herz, ist keine Professorentochter wie Caroline Michaelis spätere Böhmer, Schlegel und Schelling und nicht wie Dorothea Schlegel (geb. Mendelssohn) die Lieblingstochter eines großen Aufklärers. Sie ist ‚lediglich' die früh verwaiste Schwester Charlotte von Kathens, die auf Rügen einen literarischen Salon betrieb. Sie heiratet bereits mit 16 Jahren Schleiermachers engen Freund Ehrenfried von Willich, der kurz vor der Geburt des zweiten Kindes an einem in Stralsund kursierenden Fieber stirbt. Schleiermacher kennt die junge Frau seit ihrer Verlobung 1804, feiert euphorisch die ideale Ehe des jungen Paares, steht 1807 nach dem Tod des Freundes der 18jährigen als 40jähriger väterlicher Berater beiseite und kehrt 1808 von seiner mehrwöchigen Rügenreise als ihr Verlobter zurück.

---

7 Aus literaturwissenschaftlicher Perspektive ist Luhmanns Vorgehen einigermaßen befremdlich, auch wenn mit der Grundthese der Produktion eines semantischen Codes durch Literatur der Literatur eine große Bedeutung zugesprochen wird. Luhmann verweist jedoch mit einer geringen Stellenpräzision auf ganze Bücher, auf deren „Geschichten" wie auf Fakten, als ließe sich der „Gehalt" ohne Analyse der Art des Sprechens respektive einer Analyse ihrer literarischen Qualität und Intention erfassen.
8 Vgl. Barbara Becker-Cantarino, *Schriftstellerinnen der Romantik. Epoche – Werk – Wirkung*, München: Beck 2000, hier: Kapitel I.A.2, „Frauen als Leserinnen. ‚Lesewut' und ‚Feminisierung'", 34–41.
9 Ganz anders fanden der Briefwechsel zwischen Wilhelm und Caroline von Humboldt, Bettine und Achim von Arnim, Rahel Levin und August Varnhagen von Ense oder von Sophie Mereau und Clemens Brentano in der Forschung eine große Beachtung.

Was wäre von einem solchen Briefwechsel – abgesehen von den vielen Informationen und Detailskizzen aus Schleiermachers nächstem persönlichen Umfeld – zu erwarten? In den über 160 Briefen wird nicht nur Alltag verhandelt, es ist nicht nur ein Kennenlernen, ein Planen der Zukunft, oder, wie Schleiermacher etwas salbungsvoll formuliert, „eine recht schöne heilige Vorbereitung auf unser künftiges Leben"[10], sondern es ist ein von Brief zu Brief fortgesetztes Gespräch über Liebe und der Versuch, das auch der Braut gut vertraute frühromantische Liebesideal Schleiermachers auf ihre konkrete Situation „anzuwenden". Oder mit *Liebe als Passion* gesprochen, es ist ein gemeinsames Sich-Hineinschreiben in einen von Schleiermacher selbst mitgeprägten semantischen Code „Liebe", der im Akt des Schreibens jedoch auch seine Grenzen deutlich werden lässt. Die Brautbriefe, das sei vorweggenommen, erscheinen in diesem manchmal mehr, oft auch weniger überzeugenden Aktualisierungsversuch des romantischen Liebesideals bereits als ein deutlicher Zwischenschritt hin zu Schleiermachers kaum noch progressiv zu nennenden Äußerungen zu Liebe und Geschlecht in den späteren Vorlesungen zur Psychologie, zur Pädagogik, zur Ethik und zur christlichen Sitte.

2 „Ich glaube an die unendliche Menschheit, die da war, ehe sie die Hülle der Männlichkeit und der Weiblichkeit annahm" – Wechselwirkung der Geschlechter als egalitäre Komplementarität bei Friedrich Schlegel und Friedrich Schleiermacher

Aus dem Briefwechsel lässt sich gut belegen, dass Henriette von Willich mit Schleiermachers frühromantischen semi-literarischen Schriften gut vertraut war, sie kannte sicher die Reden *Über die Religion* (1799), die *Monologen* (1800) ebenso wie Schleiermachers *Vertraute Briefe über Friedrich Schlegels Lucinde* (1800) und las die beiden letzteren Werke, sozusagen in der Suche einer intellektuellen Nähe zu ihrem zukünftigen Mann auch nochmals in der Zeit der Verlobung.

In Schleiermachers Verteidigungsschrift zu Friedrich Schlegels Skandalroman *Lucinde* (1799) wird die theoretische Nähe aber auch die Differenz zum ehemaligen Freund und Mitstreiter Friedrich Schlegel besonders deutlich. Friedrich Schlegels *Lucinde* galt, die Einheit von Sexualität und Liebe feiernd und den

---

[10] KGA V/10, Brief 2904 an Henriette von Willich vom 2./3.11.1808, 349, Z. 60 f.

Geschlechtsakt als Rollentausch beschreibend – mal der eine oben, mal der andere[11] – den Zeitgenossen als pornographisch und war dazu noch unschwer autobiographisch zu dechiffrieren, sodass Dorothea Veit, Friedrich Schlegels noch mit einem anderen Mann verheiratete Lebenspartnerin, bei dem Gedanken an die Veröffentlichung abwechselt kalt und heiß wurde.[12]

Mit diesem Plädoyer für die Vereinigung von Sinnlichkeit und Verstand im Liebesakt und einem Bekenntnis zum weiblichen Begehren schwammen die Romantiker gegen den Strom der Zeit.[13] So sieht Friedrich Schleiermacher in seinen *Grundlinien einer Kritik der bisherigen Sittenlehre* (1803) die Aufgabe einer Verbindung von Sinnlichkeit und Ethik weder bei den Alten noch bei den Neuen gelöst und richtet sich insbesondere gegen Fichte, der keine Lösung für „die Verbindung des natürlichen Geschlechtstriebes mit einem besonderen geistigen Bedürfniß" liefere.[14] Wirft man einen Blick in Fichtes „Deduktion der Ehe" in seiner *Grundlage des Naturrechts* von 1796, die man durchaus für ein Zeugnis und Spiegel der Zeit lesen darf, dann kommt man aus dem Gruseln nicht mehr heraus. Fichte begründet die Ehe auf einer natürlichen Unterordnung der Frau und einer einseitig ausgelebten Geschlechtlichkeit. Denn die Freiheit der Frau besteht darin, sich ihres Geschlechtstriebes zu schämen und als Mittel der Befriedigung im Verzicht dem Mann hinzugeben, während der Mann „ohne seine Würde aufzugeben, sich den Geschlechtstrieb gestehen"[15] kann.[16]

---

[11] „Eine unter allen [Gestalten der Freude, S. Sch.] ist die witzigste und die schönste: wenn wir die Rollen vertauschen und mit kindischer Lust wetteifern, wer den andern täuschender nachäffen kann, ob dir die schonende Heftigkeit des Mannes besser gelingt, oder mir die anziehende Hingebung des Weibes." (Friedrich Schlegel, *Kritische Friedrich Schlegel Ausgabe* (KFSA) V: *Dichtungen* [Lucinde], hg.v. Hans Eichner, München u.a.: Schöningh 1962, 12.
[12] Vgl. Dorothea Veits Brief vom 8.4.1799, KFSA XXIV: *Die Periode des Athenäums*, hg.v. Raymond Immerwahr, München u.a.: Schöningh 1985, 266, Nr. 160, vgl. ebenso Schlegel, KFSA V: [Lucinde], 10 ff.
[13] So entwarf z.B. Friedrich Heinrich Jacobi in seinem Roman *Woldemar*, gegen den Friedrich Schlegel auch aus erkenntnistheoretischer Sicht polemisierte, eine strikte Trennung von Seelenfreundin und Ehefrau.
[14] Friedrich Schleiermacher, KGA I/4: *Schriften aus der Stolper Zeit 1802–1804*, hg.v. Eilert Herms, Günter Meckenstock u. Michael Pietsch, Berlin/New York: de Gruyter 2002, 299; vgl. dazu auch Elisabeth Hartlieb, *Geschlechterdifferenz im Denken Friedrich Schleiermachers*, Berlin/New York: de Gruyter 2006, 136 ff.
[15] Johann Gottlieb Fichte, *Grundlage des Naturrechts*, 2. Teil, Jena/Leipzig: Gabler 1797, 164.
[16] Vgl. ebd., 166, § 4: „Das Weib kann sich nicht gestehen, daß sie sich hingebe – und da in dem vernünftigen Wesen etwas nur insofern ist, inwieweit es sich desselben bewußt wird – das Weib kann überhaupt sich nicht hingeben der Geschlechtslust, um ihren eigenen Trieb zu befriedigen; und da sie sich denn doch zufolge eines Triebes hingeben muß, kann der Trieb kein anderer seyn, als der, den Mann zu befriedigen. Sie wird in dieser Handlung Mittel für den Zweck eines andern;

Philosophisch ist diese Aufwertung von Sexualität und die Anerkennung weiblichen Begehrens sowohl bei Friedrich Schlegel als auch bei Friedrich Schleiermacher Bestandteil einer Philosophie des Wechselerweises bzw. der Wechselwirkung.[17] Anstelle einer Ableitungskette aus ersten Prämissen und Grundsätzen gilt es, Begründungszusammenhänge dynamisch und aus zwei Richtungen, eben als einen Wechselerweis oder als Wechselwirkung zu denken.[18] Im Kontext dieser Philosophie des Wechselerweises werden Liebe und Freundschaft zu Formen interpersonaler Wechselwirkung und stehen unter dem Paradigma der Bildung,[19] und darin besteht auch ihr progressives oder emanzipatorisches Moment.

Halten Schlegel wie Schleiermacher an den zeittypischen gängigen Stereotypen des Weiblichen und Männlichen fest – das Männliche als das Aktive, Vernünftige, das Weibliche als das Rezipierende, Aufnehmende, Fühlende –, so geht es um eine historische Vermittlung dieser Gegensätze, die progressiv und wie Schlegel formuliert „zur höheren Menschlichkeit gereinigt werden"[20] sollen. Fast

---

weil sie ihr eigener Zweck nicht seyn konnte, ohne ihren Endzweck, die Würde der Vernunft, aufzugeben."

17 Friedrich Schlegels Wechselwirkung der Geschlechter als Liebe findet sich in der Schrift *Über die Philosophie. An Dorothea* (1799) und zuvor in einzelnen Fragmenten aus den *Lyceumsfragmenten* (1797), *Athenäums-Fragmenten* (1798) und den *Philosophischen Lehrjahren* (1796–1806). Zu Friedrich Schlegels Philosophie des Wechselerweises vgl. Birgit Rehme-Iffert, *Skepsis und Enthusiasmus. Friedrich Schlegels philosophischer Grundgedanke zwischen 1796 und 1805*, Würzburg: Königshausen & Neumann 2001; Guido Naschert, „Friedrich Schlegel über Wechselerweis und Ironie (Teil 1)", in: *Athenäum* 6 (1996), 47–90 sowie ders.: „Friedrich Schlegel über Wechselerweis und Ironie (Teil 2)", in: *Athenäum* 7 (1997), 11–36; Manfred Frank, „‚Wechselgrundsatz'. Friedrich Schlegels philosophischer Ausgangspunkt", in: *Zeitschrift für philosophische Forschung*, Bd. 50, H. 1/2 (1996), 26–50 und Sarah Schmidt, *Die Konstruktion der Endlichkeit. Schleiermachers Philosophie der Wechselwirkung*, Berlin/New York: de Gruyter 2005, 39–51.
18 „Wie wenn nun aber ein von außen unbedingter, gegenseitig aber bedingter und sich bedingender Wechselerweis der Grund der Philosophie wäre?", formuliert Schlegel in seiner Polemik gegen Jacobis *Woldemar* (1801), vgl. F. Schlegel, KFSA II: *Charakteristiken und Kritiken I* [*Jacobis Woldemar*], hg.v. Hans Eichner, München u.a.: Schöningh u.a. 1967, 72.
19 Vgl. F. Schlegel, KFSA XVIII: *Philosophische Lehrjahre*, hg.v. Ernst Behler, München u.a.: Schöningh 1963, 270, Nr. 900: „Ist *Liebe* etwa mous [musikalische] Gyma[stik]? – Harm.[onische] Bildung – Mitbildung, Wechselbildung; alle Liebe bezieht s.[ich] auf Bildung.—"
20 Vgl. F. Schlegel, KFSA I: *Studien des Klassischen Altertums* [*Über die Diotima*], hg.v. Ernst Behler, München u.a.: Schöningh 1979, 92: „[...] die Weiblichkeit soll wie die Männlichkeit zur höhern Menschlichkeit gereinigt werden [...]. Was ist häßlicher als die überladne Weiblichkeit, was ist ekelhafter als die übertriebne Männlichkeit, die in unsern Sitten, in unsern Meinungen, ja auch in unsern bessern Kunst herrscht?" Vgl. auch Schlegels Abhandlung „Über die Philosophie. An Dorothea", in KFSA VIII: *Studien zur Philosophie und Theologie*, hg.v. E. Behler u.U. Struc-Oppenberg, München u.a.: Schöningh 1975, 45: „Die Geschlechtsverschiedenheit ist nur eine

identisch lautet es in Schleiermachers Aphorismus „Katechismus der Vernunft für edle Frauen", den Schleiermacher als Beitrag zu dem Gemeinschaftsprojekt der Aphorismen-Sammlung im *Athenäum* 1798 gab und der in der Form von zehn ‚Geboten' und drei ‚Glaubenssätzen' fast wie ein feministischer Thesenanschlag daherkommt:

> 1) Ich glaube an die unendliche Menschheit, die da war, ehe sie die Hülle der Männlichkeit und der Weiblichkeit annahm. 2) Ich glaube, daß ich nicht lebe, um zu gehorchen oder um mich zu zerstreuen, sondern um zu seyn und zu werden; und ich glaube an die Macht des Willens und der Bildung, mich dem Unendlichen wieder zu nähern, mich aus den Fesseln der Mißbildung zu erlösen, und mich von den Schranken des Geschlechts unabhängig zu machen.[21]

Die Folgerungen, die Schleiermacher aus dieser Zielvorstellung einer vermittelten Geschlechtsdifferenz zieht und aus der man die Forderung einer gleichen Bildung herauslesen und möglicherweise auch die Forderung nach politischer Gleichstellung erahnen könnte, sind für die Zeit radikal und auch Schleiermacher wird sich hinsichtlich ihrer Fortschrittlichkeit leider selbst nie wieder übertreffen. Anders als Schlegel, der die Liebesgeschichte zwischen Lucinde und Julius nicht explizit als Ehe versteht, vielmehr losgelöst von institutioneller als universales Phänomen der Liebe untersucht, verknüpft der Theologe Schleiermacher Liebe mit Ehe zu einem Plädoyer für eine Liebesehe: „4) Merke auf den Sabbath deines Herzens, daß du ihn feyerst, und wenn sie dich halten, so mache dich frey oder gehe zu Grunde. [...] 7) Du sollst keine Ehe schließen, die gebrochen werden müßte."[22]

Wird im Moment gelebter Freundschaft eine individuelle Vereinzelung und charakterliche Einseitigkeit des Menschen partiell aufgehoben,[23] so gelangt er in der Liebe, die eine spielerische Vermischung und Überblendung geschlechts-

---

Äußerlichkeit des menschlichen Daseins [...]. In der Tat sind die Männlichkeit und die Weiblichkeit, so wie sie gewöhnlich genommen und getrieben werden, die gefährlichsten Hindernisse der Menschlichkeit [...]." Vgl. auch Schlegels Kritik am Roman *Woldemar*, in der Schlegel Jacobi auch wegen seines „egoistischen" Liebesbegriffs attackierte, der eben keine wechselseitige Bildung der Liebenden vertrat, nicht auf „Wechselbegeisterung", sondern auf einseitigem Egoismus des Mannes beruht (Schlegel, KFSA II: *[Jacobis Woldemar]*, 63).

21 Schleiermacher, KGA I/2: *[Fragmente]*, 154.
22 Ebd., 153.
23 Freundschaft und Liebe unterscheiden sich dabei für Schlegel nur in der Vollendung durch körperliche Liebe. Vgl. dazu Schlegel, KFSA XVIII: *Philosophische Lehrjahre*, 126, Nr. 42: „Freundschaft ist abstracte Verbindung, π [poetisch] ϕ [philosophisch] $\eta\vartheta$ [ethisch]. Liebe ist universelle individuelle μ [mythische] $\phi\upsilon$ [physische] Hist[orische] Verbindung." Sowie ebd., 126, Nr. 49: „Liebe ist universelle Freundschaft, und Freundschaft ist abstracte Liebe, partiale Ehe. —"

spezifischer Rollenverhältnisse (Mutter/Vater, Tochter/Sohn, Schwester/Bruder, Mann/Frau, Geliebter/Geliebte) miteinschließt, zu einer emphatisch erlebten Ergänzung, zu einem „Du"[24], die geschlechtliche Differenz zu einer Einheit.[25] Gemessen an diesem Ideal der Liebe und dem momenthaften Einheitserlebnis im Geschlechtsakt als „absolute Verschmelzung des Bewußtseins, in welchem die Differenz aufgehoben wird und die entgegengesezten Factoren sich saturiren"[26], ist jedes Liebeverhältnis jedoch immer im Werden und insofern immer auch ein Scheitern-Können und Unerfüllt-Bleiben. Ja, sie befähigt gerade darum zur menschlichen Bildung, weil die Differenz der Liebenden als notwendiges Moment der Dynamik noch nicht vermittelt ist.

Grundlegend für dieses Modell der Wechselwirkung der Geschlechter ist eine Gleich*wertigkeit* beider in ihrer historischen Gestalt auftretenden Geschlechtscharaktere. Dieser Auf*wertung* des Weiblichen entspricht der Aufwertung des Sinnlichen, des Gefühls, der Phantasie, die, als weibliche apostrophiert, mit dem Geschlechtsdiskurs verknüpft werden und auf erkenntnistheoretischer Ebene eine egalitären Komplementarität zwischen Sinnlichkeit und Verstand, individuellem Symbolisieren und allgemeinen Symbolisieren, zwischen Gefühl und Denken etablieren.[27]

In seiner als Briefroman verfassten Rezension von Friedrich Schlegels Briefroman *Lucinde* bringt Schleiermacher nicht nur Unterstützung, sondern auch einige Kritikpunkte zum Ausdruck,[28] die interessanterweise von den weiblichen Briefpartnerinnen des männlichen fiktiven Autors vorgetragen werden und zu ihm in einem je anderen Verhältnis stehen. Während der Briefeschreiber zu Karoline eine Art väterliche Beziehung unterhält, ist Ernestine eine geistige Schwester.

---

24 Vgl. Schlegel, KFSA V: [*Lucinde*], 61: „Nur in der Antwort seines Du kann jedes Ich seine unendliche Einheit ganz fühlen."
25 Auf Platons berühmtes Kugelmenschen-Gleichnis wird von Schlegel als Bild angespielt, vgl. Schlegel, KFSA VIII: *Über die Philosophie*, 45.
26 Friedrich Schleiermacher, Werke (W) II: *Entwürfe zu einem System der Sittenlehre*, hg v. Otto Braun, Aalen 1981, 132.
27 Vgl. KGA I/4: *Schriften aus der Stolper Zeit 1802–1804*, 287 ff.
28 Diese Kritikpunkte decken sich zum Teil mit der gegenwärtigen Kritik von Barbara Becker-Cantarino: „‚Feminismus' und ‚Emanzipation'? Zum Geschlechterdiskurs der deutschen Romantik am Beispiel der *Lucinde* und ihrer Rezeption", in: *Salons der Romantik. Beiträge eines Wiepersdorfer Kolloquiums zur Theorie und Geschichte des Salons*, hg.v. Hartwig Schultz, Berlin/New York: de Gruyter 1997, 21–44, hier 29: „Schlegels Diskussionsbeitrag zum ‚Weiblichen', der in der Theorie zunächst emanzipatorisch gemeint war, wurde in der Praxis, in dem Erlebnis sowie in der künstlerischen Gestaltung in der ‚Lucinde', zu einem Befreiungsversuch aus den engen gesellschaftlichen und unbefriedigenden menschlichen Bindungen für das *männliche* Mitglied der Gesellschaft allein, nicht für den Menschen der Romantik."

Eleonore – Namensvetterin der Geliebten im Leben – ist auch in diesem literarischen Briefwechsel die Geliebte des Protagonisten. Die drei Frauen fordern eine Anerkennung der Andersheit des oder der Geliebten, der mit „Schamhaftigkeit" zu begegnen sei (Karoline), Weltoffenheit der Liebe (Ernestine) und das Recht auf der dem Mann bereits zugestandenen „Lehrjahre der Liebe" (Eleonore) für die Frau. Mit der Forderung nach „Weltoffenheit" ist eine Kritik an den beiden Liebenden Julius und Lucinde verbunden, die ihre Liebe gegen die Welt abschirmen, obgleich jedes Individuum sich doch auch erst in der Öffnung zur und in der Auseinandersetzung mit der Welt zu dem bilden kann, was es ist.[29] Mindestens ebenso provokant wie die Unten-Oben-Thematik in Schlegels Roman sind die von Eleonore in Schleiermachers literarischer Rezension eingeklagten „Lehrjahren der Frau". Liebe – im sexuellen wie im emotionalen Sinne verstanden – bedarf auch bei Frauen einer Entwicklung und einer Erfahrung, was Reinheits- und Unbeflecktheitsvorstellungen diametral entgegensteht. Caroline Michaelis, spätere Böhmer, Schlegel und Schelling oder Dorothea Mendelssohn, spätere Veit und Schlegel verkörperten solche „Lehrjahre der Liebe". Insofern Schleiermacher auch gerne Eleonore Grunows erste Ehejahre unter „Lehrjahren der Liebe" subsumiert hätte, werden die Briefe auch zu einem theoretischen Legitimationsstück mit dem Schleiermacher versuchte, seine Werbung um die Frau seines Kollegen August Christian Wilhelm Grunow zu rechtfertigen.

Die von der Briefpartnerin Karoline angemahnte „Schamhaftigkeit" ist durchaus ambivalent, insofern sie auf den ersten Blick eine individuelle, aber auch eine geschlechtlich bedingte Differenz zwischen den Liebenden konstatiert und zu verteidigen scheint. Prangert der Protagonist Julius in Schlegels Roman die körperliche Zurückhaltung von Frauen und Mädchen als Angst vor dem Unerlaubten an, von der es sich zu befreien gelte, so deklariert Karoline diese fordernde Haltung als Geschlechtsdespotismus. In dem kleinen Aufsatz „Versuch über die Schamhaftigkeit", einem theoretischen „Herzstück" der *Briefe*, tritt Schleiermacher via Karoline nun für eine grundsätzliche Anerkennung der An-

---

29 Vgl. F. Schleiermacher, KGA I/3: *Schriften aus der Berliner Zeit 1800–1802* [*Vertraute Briefe über Friedrich Schlegels Lucinde*], hg.v. Günter Meckenstock, New York/Berlin: de Gruyter 1988, 162f.: „Geht nicht die Liebe in dem Buche bei aller Vollständigkeit der Darstellung doch ein wenig gar zu sehr in sich selbst zurück? Ich wollte sie ginge auch hinauswärts in die Welt und richtete da etwas tüchtiges aus. [...] Mir ist es schon recht, daß etwas geschieht gegen die moralisch sein wollende Weichlichkeit, die die Liebe immer nur auf der Oberfläche spielen läßt, aber man muß nicht in eine andere Weichlichkeit gerathen, die eben so arg ist, daß man Alles in sich zehren läßt, weil man nichts damit zu machen weiß, oder es sich nicht getraut." Vgl. auch ebd., 164: „Mir scheint Liebe und Welt eben so unzertrennlich zu sein als Mensch und Welt im Leben und in der Darstellung, und wer sie in der letzten von einander scheiden will, versündigt sich."

dersartigkeit von Innenwelt und Gemütslage seines Partners als Tugend der „Schamhaftigkeit" ein, die eine „Schonung" der Freiheit des Anderen ebenso wie die Fähigkeit zum Perspektivenwechsel beinhaltet.[30]

> Nur ein Mehr und Weniger kann dazwischen Statt finden, und die allgemeine Aufgabe der Schamhaftigkeit bleibt also, jeden Menschen, in jeder Stimmung die einem eigen oder mehreren gemeinschaftlich ist, kennen zu lernen, um zu wissen, wo seine Freiheit am unbefestigtsten und verwundbarsten ist, um sie dort zu schonen.[31]

Schleiermachers *Vertraute Briefe über Schlegels Lucinde* treten für eine wechselseitige Bildung zweier Menschen durch Liebe ein, die als Unternehmen verstanden wird, das der Übung bedarf und sich aus seinem konkreten Lebenszusammenhang und dem gesellschaftlichen Kontext nicht isolieren lässt. Mit der Tugend der Schamhaftigkeit wird die Dualität und Differenz zur Voraussetzung einer progressiv zu erreichenden Einheit. Denn nicht in der despotischen Negation der Differenz, sondern erst in ihrer Anerkennung kann eine wechselseitige Bildung erfolgen.[32] In diesem Sinne wird die Differenz der Geschlechterrollen zu dem notwendigen Moment einer Dynamik, die ihre Auflösung zum Ziel hat.

3 Schleiermacher als Doppelgänger und die wahre Liebe als Schmetterlingslarve – Aktualisierung und Modifikation eines romantischen Liebesideals

Diese kurze Skizze des frühromantischen Liebesbegriffs vor Augen erscheint der umfassende Briefwechsel von Friedrich Schleiermacher mit seiner Braut tatsächlich wie ein Sich-Hineinschreiben in einen semantischen Code, der durch die Schriftkultur der Epochen sowie durch Schleiermachers eigene Schriften Prägung erfahren hat: Liebe ist selbstreferentiell und bedarf keiner anderen Begründung als das Lieben selbst, ihre körperlich-sexuelle Komponente wird aufgewertet, sie gehört unbedingt dazu und darf auch thematisiert werden; Liebe ist ein Bil-

---

30 Vgl. Schleiermacher, KGA I/3: [*Vertraute Briefe*], 172: „Dasjenige, worauf sie [die Schamhaftigkeit, S. Sch.] dringt, ist eigentlich Achtung für den Gemüthszustand eines Andern, die uns hindern soll, ihn nicht gleichsam gewaltsamerweise zu unterbrechen [...]".
31 Vgl. ebd.
32 Die Einsicht findet sich trotz der vermeintlichen Opposition der *Vertrauten Briefe* zu Schlegel auch deutlich bei Schlegel, vgl. Rehme-Iffert, *Skepsis und Enthusiasmus* 2001 (Anm. 17), 92.

dungsprozess zur wechselseitigen Vollendung und Einheit, für den Lehrjahre der Liebe auf beiden Seiten zugestanden werden und der nur in der wechselseitigen Achtung der Andersheit des anderen funktioniert; sie besteht nicht in der Abschottung, sondern im offenen Weltbezug und findet ihre Vollendung in der Ehe.

Ist dies das theoretische Fadenkreuz innerhalb dessen sich die Dialoge zwischen den Brautleuten entspannen, so birgt die Anwendung auf ihre spezifische persönliche und biographische Konstellation einige Herausforderungen. Zu der spezifischen biographischen Konstellation der Brautleute Schleiermacher gehört z. B. ihre große Altersdifferenz von 20 Jahren (der eine Bildungsdiskrepanz einhergeht) und ihr vormals väter-töchterliches Verhältnis, das es nun umzudeuten gilt, aber auch die Tatsache, dass beide um die jeweilige Liebes-Vorgeschichte des zukünftigen Ehepartners wissen. Schleiermacher wird dabei nicht nur Gatte, sondern auch Stiefvater, und seine Liebe zu den Kindern des verstorbenen Freundes steht auf dem Prüfstand. Diese Problemlage wird im Paradigma der Offenheit und des persönlichen Geständnisses reflektiert und findet am Ende der Verlobungszeit zu einer Interpretation, die sich mit dem romantischen Liebesideal zu decken scheint – zuweilen jedoch auch wie eine Schablone wirkt, „hinter" oder „unter" der anderes verhandelt wird.

Da sich Friedrich Schleiermacher und Henriette von Willich auch vor ihrer überraschenden Verlobung freundschaftlich sehr nahestanden, nahmen sie auch am Liebesleben des anderen Anteil. Henriette wusste um Schleiermachers aufreibende Liebesgeschichte mit der Pastorenfrau Eleonore Grunow, die trotz konkreter Scheidungspläne schließlich doch zu ihrem Mann zurückkehrte.[33] Schleiermacher stand der jungen Ehe seines Freundes Ehrenfried von Willich mit Henriette beratend und begleitend zur Seite.[34] Diese „Lehrjahre der Liebe" werden in den Briefen mit einer bemerkenswerten Ausführlichkeit für die Gegenwart

---

33 1798 verliebte sich Schleiermacher in die Frau des Pastors Grunow, Eleonore Grunow und gab ihr 1799 ein Eheversprechen, sollte sie sich von ihrem Mann trennen. Die Zuneigung war beidseitig, führte sogar 1805 zum Arrangement einer Scheidung, die jedoch von Eleonore im letzten Moment zurückgezogen wurde (vgl. Brief 2071 Schleiermachers an Gaß vom 16.11.1805, KGA V/8: *Briefwechsel 1804–1806*, hg.v. Andreas Arndt und Simon Gerber, Berlin/New York: de Gruyter 2008, 367 f.), was zugleich auch das Verhältnis beider beendete. Schleiermachers Werben um die verheiratete Frau führte zu Irritationen und Zerwürfnissen im Freundes- und Bekanntenkreis. Unterstützung und Zuspruch bekam er neben den Schlegels u. a. auch von dem Ehepaar Ehrenfried und Henriette von Willich, also von seiner späteren Frau.
34 Zwischen 1804 und 1807 wechselten das Ehepaar von Willich und Schleiermacher über 70 Briefe, in denen die Liebe und Ehe der Willichs und die Liebe Schleiermachers zu Eleonore Grunow konstante Themen darstellten.

ausgewertet[35] und nehmen streckenweise insbesondere von Henriettes Seite aus die Form einer Seelenbeichte an. Nicht nur Stärken, sondern auch Schwächen werden sich so wechselseitig offenbart,[36] und Schleiermacher nimmt die Rolle des Beichtvaters sehr gerne an, nicht ohne deren Freiwilligkeit zu betonen. Dem Wunsch einer größtmöglichen Nähe durch seelische Innenschau steht ganz im Sinne der *Vertrauten Briefe* eine „Schamhaftigkeit" zur Seite, eine Angst, dem anderen zu nahe getreten zu sein.[37]

Setzt die Idee der „Lehrjahre der Liebe" eine Steigerung hin zur Vollendung voraus, so stellt sich jedoch die Aufgabe, die jeweiligen Vorgeschichten als Geschichte eines Bildungsprozesses hin zur wahren Liebe zu verstehen.[38] Schleiermachers Beziehung zu Eleonore, die ja noch lebt und insofern eine potentielle Konkurrentin darstellen könnte, findet relativ schnell eine Einordnung als eine minder vollkommene Stufe der Liebe. Auf Nachfrage degradiert Schleiermacher Eleonore aufgrund ihrer mangelnden „Weiblichkeit", deren progressive Aufhebung ja eigentlich zum frühromantischen Programm gehören sollte.[39] Diese Ein-

---

35 In einem Brief am 2.11.1808 an seine Braut bekräftigt Schleiermacher noch einmal die Bedeutung dieser Rückschau für das gemeinsame Leben: „Es ist eine recht schöne heilige Vorbereitung auf unser künftiges Leben liebste Jette daß Du das vergangene noch einmal so ganz besonders ins Auge fassen recht viel Erinnerungen sammeln und sinnlich erneuern, und ein vollständiges Bild davon niederlegen kannst in Deiner Seele. Ich wollte ich könnte es mit dir? wenigstens sollst du recht vieles davon für mich auch gethan haben und mir mittheilen gelegentlich jezt oder später." (KGA V/10, Brief 2904, 349, Z. 60–66).
36 Vgl. z. B. Brief Schleiermachers vom 10.8.1808 an H. v. Willich: „Dann aber auch damit Du mich nicht besser siehst als ich bin, und damit Dir die Schwäche in meinem Charakter nicht entgehe die darin liegt. Oder kommt es Dir nicht auch so vor als sei ich doch nicht brav genug gewesen, nicht Mann genug um stark durchzugreifen durch ein leeres Fantom. Sollte ich es nicht wenigstens mit dir überlegt haben beinah ob die wahren und wesentlichen Schwierigkeiten wirklich so groß wären? – Und nun liebste Jette will ich mich aus dieser Sehnsucht und diesem Kummer heraus versuchen in den Schlaf zu wiegen und morgen sage ich dir noch ein Paar Worte." (KGA V/10, Brief 2783, 183, Z. 49–57).
37 Vgl. den Brief H. von Willich an F. Schleiermacher vom 7.10.1808: „O lieber Ernst ich bitte Dich vergieb es mir doch daß ich so deine Gefühle habe aufdecken wollen sage mir daß Du mir vergiebst mich reut es sonst gar zu sehr […]." (KGA V/10, Brief 2860, 289, Z. 92–94).
38 Die offensive Nachfrage nach dieser Vorgeschichte unter dem Vorzeichen einer noch innigeren Kenntnis des Geliebten bezieht sich nicht nur auf Eleonore sondern auch auf andere Eposiden der „Lehrjahre". So kommentiert Henriette von Willich Friedrich Schleiermachers Begegnung mit einer alten Bekannten aus Landsberg, der er auf seiner Reise nach Königsberg wieder beggenete am 4.9.1808: „Du kannst denken daß ich mich sehr für die Frau interessire da sie Dich geliebt hat und begierig bin mehr von ihr zu wissen." (KGA V/10, Brief 2815, 219, Z. 57–59).
39 „Liebste Jette mit Eleonoren ist es doch gar nicht so wie Du denkst. Das kann mir gar nicht einfallen daß ich mit ihr auch nur im mindesten so glüklich hätte sein können im vollen Sinne des Worts wie mit Dir. […] Auch hat sie in ihrem äußern Wesen etwas unangenehmes und unweib-

schätzung stimmt zumindest mit einer über August Varnhagen überlieferten, etwas gehässigen Beschreibung von Henriette Herz überein, die die Liebe zu Eleonore Grunow vormals weniger empathisch verfolgte als das Ehepaar Willich.[40] Henriette Herz lebte in der Verlobungszeit auf Rügen als Erzieherin bei Charlotte von Kathen, einer Schwester Henriette von Willichs. Die beiden „Jettes" sahen sich oft, lasen sich vice versa die von Schleiermacher erhaltenen Briefe vor und tauschten sich, wie die Briefe dokumentieren, auch rege über Schleiermachers Berliner Leben und Vorleben aus. Interessant ist nun, dass Schleiermacher, der seine Lehrjahre mit Eleonore so herunterspielt, immerhin 1809 in seinem Tageskalender noch das zehnjährige Kennenlernen Eleonores notiert.[41]

Allerdings hat Schleiermacher seiner ehemaligen Geliebten mit der Namensvetterin Eleonore in den *Vertrauten Briefen* ein literarisches Denkmal gesetzt; redegewandt und gebildet erscheint es der jungen Verlobten, die selbst immer wieder die Angst formuliert, dem 20 Jahre älteren Professor und seinem intellektuellen Berliner Freundeskreis geistig nicht gewachsen zu sein.[42] Literarisch in ihrer Eigenart von ihrem Gatten verewigt zu sein, würde nicht nur ihr Selbstwertgefühl heben, sondern ihr auch eine Möglichkeit geben, mehr an der

---

liches was in der Gesellschaft auch mich selbst immer störte, und nur ich, wie ich ihre tiefe innere Weiblichkeit kannte, hoffte durch das Zusammenleben mit mir und Jette es zu überwinden. An Dir mein süßes einziges Herz stört mich aber nichts und ich kann Dir auch ohnerachtet aller Deiner Bitten gar nichts sagen was mir fatal wäre, und wie sind alle unsere Freund glüklich über unsern Verein! [...] Du bist der herrlichste Segen Gottes über mich, und Deine Liebe ist die rechte einzige wahre." (Brief F. Schleiermachers an H. von Willich am 19.10.1808, KGA V/10, Brief 2882, 321, Z. 42–72).
40 Vgl. KGA V/3, *Briefwechsel 1799–1800*, hg.v. Andreas Arndt und Wolfgang Virmond, Berlin/New York: de Gruyter 1992, LXXVII.
41 Die Tageskalender Schleiermachers liegen im Archiv der Berlin-Brandenburgischen Akademie der Wissenschaften (SN 437–454) und werden sukzessive elektronisch veröffentlicht, vgl. Friedrich Schleiermacher, *Tageskalender 1808–1834*, hg. von Wolfgang Virmond, Elisabeth Blumrich u. Christiane Hackel unter Mitarbeit von Holden Kelm, online unter: http://schleiermacher-in-berlin.bbaw.de/tageskalender/index.xql, zuletzt aufgerufen August 2017.
42 „Aber o Ernst wie sind die Briefe von Eleonore, schön wie eigenthümlich – wie ist mir ganz eigen zu Muthe gewesen beim lesen derselben mein süßer Ernst – kannst Du es wohl nachfühlen? ordentlich niedergedrükt hat es mich auch das Anschauen ihres innern Reichthums – diesen hohen freien Schwung des Geistes, diese wie sie sich hier ausspricht, vollendete Liebe – diese Fülle diese Eigenthümlichkeit des Gedankens mir war als könne ich gar nicht wieder, und über nichts, mich gegen Dich aussprechen, und überhaupt – ich mag es nicht so mit Worten all sagen wie mirs war." (Brief H. von Willichs an Schleiermacher vom 8.2.1809, KGA V/11: *Briefwechsel 1809–1810*, hg.v. Simon Gerber und Sarah Schmidt, Berlin/Boston: de Gruyter 2015, Brief 3070, 79, Z. 56–63).

Produktion seiner Schriften Anteil zu nehmen, als es ihr in der Philosophie möglich wäre:

> Ob ich mein Lieber wohl wünschte auch so dargestellt zu werden? wenn ich wircklich was Eigenes hätte weshalb ich Interesse erregen könnte wie würde ich es denn nicht recht schön finden. Das mußt Du nun besser wißen als ich was ich darüber glaube weißt Du längst. Aber eine große Freude würde es mir sein wenn Du einmahl ein solches Werk schriebest das ich dem ganzen Gehalt nach von seiner Entstehung an inniger mit Dir theilen könnte als Deine philosophischen Werke. Ein recht außerordentlicher Genuß könnte mir das sein.[43]

Schleiermacher, der in vielen Briefen die Angst der Minderwertigkeit geduldig auszuräumen versucht, weist auf die idealisierende Darstellung Eleonores hin und konstatiert, dass sie (Henriette) als Mutter doch gar keiner literarischen Verewigung bedarf.[44] Den Umstand vor Augen, dass ausgerechnet die Schwester seiner Braut – Charlotte von Kathen – in der Erzählung *Die Weihnachtsfeier* eine Verewigung als sorgende Mutter fand, klingt seine Erklärung wenig überzeugend. Immerhin scheint Henriette so überzeugt von Schleiermachers Darstellung seiner zur „eigentlichen" Liebe aufsteigenden „Lehrjahre", dass sie ausgesprochen frei mit Schleiermacher seine Eleonore-Träume[45] diskutiert und schließlich sogar phantasiert, Eleonore Grunow könnte sich nach dem Tod ihres Mannes sogar freundschaftlich enger an sie (als Paar) anschließen.[46]

Wesentlich schwieriger als die Einordnung Eleonores erscheint jedoch die Wertung der ersten Ehe Henriette von Willichs im Schema der „Lehrjahre der Liebe". Als Freund des jungen Paares hatte Schleiermacher selbst diese Ehe als Ausdruck vollkommener Liebe gewürdigt und in Briefen beschworen,[47] die Lie-

---

43 Brief 3123 vom 5.3.1809, KGA V/11, 130, Z. 50–57.
44 An H. von Willich am 21.2.1809: „[...] ich wünsche es mir wol und in einem selbständigen Werke an Frische soll es mir auch dazu nicht fehlen, wenn ich nur Ruhe dazu sähe und Zeit. Aber es soll mir auch nichts wesentliches fehlen wenn es nicht so kommt. Du bist Mutter süßes Herz und darum bedarf es gar nicht für Dich einer solchen Darstellung." (KGA V/11, Brief 3097, 106, Z. 87–92).
45 Im Anschluss an die Schilderung seines Traumes schreibt F. Schleiermacher an Henriette von Willich am 9.1.1809: „Ich würde gar nicht verlegen sein Eleonore zu sehn aber ohne irgend eine innere Bewegung, ganz gleichgültig, außer in wie fern sie eben eine sehr interessante Frau ist, ich würde es aber immer wenn es geschähe sehr unpassend finden. Erschiene sie mir aber jemals leidend, dann könnte ich sie gewiß mit der innigsten Theilnahme behandeln, aber eben so gewiß auch ohne die leiseste Spur der alten Empfindung." (KGA V/11, Brief 3034, 23, Z. 137–143).
46 Schleiermacher antwortet am 21.2.1809: „Daß sie jemals sollte in unser Leben gehören kann ich mir gar nicht vorstellen." (KGA V/11, Brief 3097, 105, Z. 79f.).
47 Schleiermacher stilisiert sich in seinem Brief zum Hochzeitstag sogar als „Brautvater", der Ehrenfried von Willich seine Tochter als Braut zuführt und verweist hinsichtlich des zu realisie-

be(n)swürdigkeit des Verstorbenen ließ sich nachträglich nicht einfach in Frage stellen. Der Tod Ehrenfried von Willichs war erst ein Jahr her und Henriette schwankt zwischen Trauer um die verstorbene und Sehnsucht nach der neuen Liebe hin und her, nicht ohne schlechtes Gewissen. Schleiermacher selbst tritt zunächst in der Funktion eines Geistlichen auf, der die Trauer begleitet, dem Verstorbenen immer wieder Respekt zollt und seinen eigenen Verlust betont.[48] Eine offene Konkurrenz mit Ehrenfried um die „wahre" Liebe Henriettes wird in einer zweifachen Strategie umgangen:

Zum einen rückt Ehrenfried von einem sterblichen Ehemann auf eine quasi religiöse Stufe und wird von beiden als ihr „Schutzheiliger"[49] ernannt. Mit dieser ‚Beförderung' kann ihn Henriette weiterhin lieben, sogar zweifach lieben, denn für Schleiermacher kann eine solche ‚heilige' Liebe nicht gefährlich werden und auch Ehrenfried darf qua Funktion nichts anderes als (vom Himmel aus) diese neue Liebe gutheißen und beschützen.[50]

Zum anderen entwerfen beide Brautleute eine bemerkenswerte Überblendung zwischen Ehrenfried und Ernst und zwar derart, dass sie wie ein und dieselbe Person in unterschiedlichen Phasen erscheinen. Auf der rein materiellen Ebene manifestiert sich diese Überblendung in der Übernahme hinterlassener Kleider des ersten Ehemannes sowie in Schleiermachers Idee, auch die Bettstätte der Willichs nach Berlin umzuziehen, ungeachtet der dunklen Erinnerungen Henriettes an den sterbenden Ehrenfried in diesem Bett[51]. Dieses In-die-Kleider-

---

renden idealen Liebesbegriffs ausdrücklich auf seine *Monologen*, vgl. Brief F. Schleiermachers an H. und E. von Willich am 5.9.1804, F. Schleiermacher, KGA V/7: *Briefwechsel 1803–1804*, hg.v. Andreas Arndt und Wolfgang Virmond, Berlin/New York: de Gruyter 2005, Brief 1820, 450f.
48 Schleiermacher geht noch auf der Rückreise von Rügen an Ehrenfrieds Grab vorbei und schreibt am 7.8.1808 an seine Braut: „In Stralsund war ich noch an Ehrenfrieds Grabe und reichte ihm in schöner Zuversicht in die andere Welt hinein die brüderliche Hand zum neuen Bunde; sein Geist ist gewiß mit uns." (KGA V/10, Brief 2782, 181, Z. 61–63).
49 Vgl. u. a. Brief H. von Willichs an F. Schleiermacher vom 4.–5.9.1808 (KGA V/10, Brief 2815, 218–221) sowie F. Schleiermacher am 29.8.1808 an seine Braut, er habe „das herrliche Gefühl seines [Ehrenfrieds, S. Sch.] Beifalls und seines Segens" (KGA V/10, Brief 2808, 208, Z. 59f.).
50 Henriette bekräftigt am Vorabend des gemeinsamen Hochzeitstag die Liebe zu Ehrenfried am 4.9.1808: „Ich habe mich wieder fast noch inniger an Ehrenfried geschlossen ich habe tief gefühlt wie ich es niemals missen könnte sein Bild in mir heilig zu halten, sein Andenken immer wieder in mir zu erfrischen – ja wie sehr es die erste Bedingung meiner Glückseeligkeit ist daß ich seiner Liebe und seiner Zufriedenheit gewiß bin." (Vgl. KGA V/10, Brief 2815, 218, Z. 29–34). Schleiermacher seinerseits gedenkt unaufgefordert des „heiligen Tages" (Vgl. KGA V/11, Brief 3101, 109, Z. 23).
51 F. Schleiermacher antwortet auf H. von Willichs Bedenken am 4.11.1808 mit einem Hinweis auf die hohe symbolische Bedeutung der Weiterverwendung: „Sollten die uns nicht auch dienen? sollten sie nicht ein Symbol sein von dem freundschaftlichen Zusammenhang zwischen Deiner

des-Verstorbenen-Schlüpfen – mag es aus ökonomischen Gründen auch üblich und sinnvoll sein – wird im Kontext eines sich im Briefwechsel stetig fortsetzenden Stellvertreterdiskurses zu einer auffälligen, sinntragenden Geste. So schlüpft Schleiermacher nicht nur als Mann, sondern auch als Vater der verwaisten Kinder in die Fußstapfen seines Freundes und dies nicht nur, weil Henriette unmissverständlich deutlich macht, dass Schleiermachers Zuneigung zu den Kindern eine Voraussetzung ihrer Ehe ist.[52] Sich dem toten Ehrenfried annähernd, hört er ihn durch die Kinder zu ihm „reden" und mit den Kindern „durch" ihn, er konstatiert sogar eine Ähnlichkeit im Umgang mit den Kindern zwischen sich und dem Verstorbenen,[53] und versteht seine Liebe zu den Kindern als Fortsetzung und Vervollkommnung der Vaterliebe des leiblichen Vaters.[54] Henriette geht auf dieses Interpretationsangebot ein („ja wohl hast Du Ähnlichkeit in Deinem Wesen mit Ehrenfried"[55]) und bringt ihren Kinder schon vor der Hochzeit und in Schleiermachers Abwesenheit das Vater-Sagen bei.[56] Durch den Kunstgriff der Ebenentrennung – Ehrenfried als Schutzheiliger, Ernst als Wie-

neuen Ehe und deiner ersten von meinem Verhältniß zu Ehrenfried in Beziehung auf Dich? Ach ja liebes süßes Herz, die laß immer mitkommen." (KGA V/10, Brief 2910, 360, Z. 58–62).
52 H. von Willich an F. Schleiermacher am 22.8.1808: „Meine süßen Kinder lege ich Dir ans Herz Jette versichert mich oft daß sie Schlei sehr nieb habe, und frägt mich ‚Mutter hast Du denn Sch. auch sehr nieb?'" (KGA V/10, Brief 2801, 200, Z. 101–103).
53 Vgl. F. Schleiermachers an H. von Willich vom 18.8.1808: „Findest Du es auch wie daß ich Ehrenfried ähnlich bin in meinem Wesen mit den Kindern? ich glaube kaum daß es anders sein kann; er redet zu mir durch die Kinder und zu ihnen durch mich, und wenn ich nicht so wäre daß ich ihnen grade ihn ersezen könnte so könnte ich doch auch nicht recht ihr Vater sein." (KGA V/10, Brief 2791, 191 f., Z. 108–112).
54 F. Schleiermacher an H. von Willich am 6.10.1808: „Ich weiß nicht süße Jette ob Du eine rechte Vorstellung davon hast wie mein ganzes Herz an unsern Kindern hängt. Du hast es wol vorzüglich was klein Jettchen betrifft gewissermaßen sehen können, aber ich zweifle doch daß Du es recht gründlich weißt, und überhaupt daß es sich ein Anderer so denken kann wie es ist denn ich glaube kaum daß der natürliche Vater einen so magischen Zug fühlen kann zu seinen Entsprossenen, und ich möchte sagen daß sich Ehrenfrieds ganze ursprüngliche Vaterliebe in mein Herz gesenkt hätte. Hätte ich nun nur die lieben Wesen erst ganz unter meiner väterlichen Obhut; ich sehne mich danach eben wie nach Dir selbst, und ist nicht auch beides Eins und Dasselbe?" (KGA V/10, Brief 2856, 282, Z. 14–24).
55 Brief 2815 vom 4.9.1808, KGA V/10, 219, Z. 50–51.
56 Vgl. dazu Schleiermachers Aufforderung in einem Brief vom 3.11.1808: „Die Post ist da und ich habe wieder nichts Du kleine böse Jette. Warte nur ich werde es der kleinsten Henriette auftragen daß sie dich schelten soll daß du ihren lieben Schleiermacher so sizen läßt. Also den ganzen Namen sagt die kleine Dirne heraus? das ist wirklich zuviel; und wenn Du Dich auf die Zeit freust wo sie wird Vater sagen so sehe ich nicht ein warum Du ihr nicht das jezt schon ganz in der Stille demonstrirst und einlernst daß sie wenigstens wenn sie mit dir allein spricht Vater sagt." (KGA V/10, Brief 2904, 350, Z. 103–109).

dergänger Ehrenfrieds in der Rolle des weltlichen Liebhaber und Ehemannes[57] – werden die beiden Lieben der Henriette von Willich miteinander verschmolzen.[58]

An dieser Stelle erfolgt nun eine überraschende Seelenbeichte, in der Henriette beide Lieben dann doch der Logik der „Lehrjahre der Liebe" folgend, wertend in Relation zueinander bringt. Am 3.10.1808 gesteht sie Schleiermacher, dass die Liebe zu Ehrenfried in gewisser Weise unvollkommen gewesen sei, eine Liebe, die gewollt war (also kein jenseits des eigenen Willens zwingendes Gefühl), und sie erst mit Ernst erfahren habe, was Liebe alles sein kann, sodass Steigerung und Vollendung erst mit Schleiermacher in Aussicht gestellt wird.[59]

---

57 Brief F. Schleiermachers an H. von Willich vom 18.8.1808: „Des Schmerzes bedarfst Du jezt nicht mehr, Ehrenfried soll Dir nun nicht mehr fehlen; wie wir unseres Glückes sicher sind so sind wir auch seiner Freude sicher, und seine Freude muß ja Deinen Schmerz vertreiben. Aber wenn wir je aufhören könnten mit ihm zu leben, ihn in und mit uns leben zu lassen, dann wären wir nicht wir, und könnten auch uns nicht mehr lieben mit dieser selbigen Liebe. Das kann also nicht geschehn, und so werden auch diese Schwankungen die jezt so natürlich sind Dir immer mehr verschwinden, und das Vergangene und Gegenwärtige wird immer mehr Eins werden in Dir." (KGA V/10, Brief 2791, 191, Z. 75–84).

58 Eine Verwebung von Ehrenfried und Ernst mit ihr und den Kindern zu einer Einheit drückt sich auch in Schleiermachers Vorsatz aus, den gemeinsamen Sohn Heinrich Herrmann Ehrenfried zu nennen (vgl. den Brief vom 18.8.1808, KGA V/10, Brief 2791, 192, Z. 116) und in einer aus heutiger Perspektive sehr eigentümlichen Bestellung, die Henriette für ihre Schwägerin Sophie in Auftrag gibt: „Lieber Ernst schicke mir von Deinen Haaren Philippine macht schöne Arbeit von geschnittnen Haaren, sie will mir für Sophie eine kleine Landschaft machen von der Kindern, von Ehrenfrieds von Deinen und meinen Haaren. Das soll mein Weinachten an Sophie sein, es wird ihr große Freude machen". (Brief vom 14.11.1808, KGA V/10, Brief 2921, 376, Z. 130–134).

59 „Ich glaube daß ich jezt weiß wie es war; nothwendig wenn ich so sagen darf war meine Liebe zu Ehrenfried nicht, ich liebte das Gute das Vortreffliche in ihm das ich mir immer sehr klar vorhielt, aber seine Eigenthümlichkeit war nicht die mich am meisten anziehende und ergänzende. Ich hätte ihn nicht geliebt wenn ich es nicht gewollt hätte. Als ich aber in das nahe Verhältniß mit ihm so plötzlich und eigentlich unbewußt, auf einmahl mich befand war kein abwägen kein prüfen mehr möglich; ich war nun drin und kam nun mit dem heißesten Flehen täglich und stündlich zu Gott um Liebe für ihn dessen herrliche Seele ich ganz erkannte. Und freute mich wenn mein Gefühl es zuließ seine Herzlichkeit recht warm zu erwiedern und litt unaussprechliche Quaal wenn ich bei einem tiefen Blicke in mein Herz zu entdecken glaubte es lebe in einer selbsterzeugten Spannung und sei im Grunde lau. Ja ich habe mit der Verzweiflung gerungen. – Und dann ward mein Schmerz wieder gestillt durch die ruhige Fassung die er mir bewies durch die tröstende Versicherung daß ihm meine Liebe genüge. [...] Unsere Ehe war sehr schön wie ich hier nirgends eine kenne. Dennoch fühlte ich daß es noch eine schönere geben könne, ich suchte dies in meiner Unvollkommenheit worin es auch lag und die mir oft die heißesten Thränen gekostet, und dennoch wollte es mir nicht gelingen mich zu reinigen wie ich wünschte. [...] Durch den großen Schmerz erst fühlte ich mich recht gereift zu einer vollkommenen Ehe – o Gott mit welchem Jammer fühlte ich dies und die ganze Frische meines Lebens und die Fülle von Liebe in meinem Herzen und dachte doch auf immer das alles in mich verschliessen

Überblickt man die ausführliche und sehr herzliche Korrespondenz, die die beiden Brautleute schon lange vor ihrer Verlobung miteinander führten, stellt sich dem Leser die Frage, wie lange sich beide schon „sehr, sehr gut" waren und die Frage, wann der Beginn ihrer Liebe zu verzeichnen wäre, drängt sich auch den Brautleuten auf. Interessant ist in diesem Kontext nun die häufig auftauchende Metapher einer „verpuppten" Larve, die sich erst zu einem späteren Zeitpunkt in einen Schmetterling verwandelt (und so auch die Ehe zu Ehrenfried in diesem „Larvenstadium" nicht hat gefährden können).[60] Parallel zu dieser sich entpuppenden Liebe wandelt sich auch ihr Rollenverhältnis von einer Vater-Tochter-Beziehung zu einer Mann-Frau-Liebe. Auf der Suche nach dem „Keim" ihrer Liebe in frühen Jahren erinnert sich Schleiermacher an seine aufwallenden Gefühle während einer Berlin-Reise des Ehepaars Willichs. Henriette war schwanger, Schleiermacher spürte, die junge Frau umarmend, die Kindsbewegungen und drückte sie im festen Glauben an seine rein väterlichen Gefühle noch fester an sich.[61] Fast zeitgleich, ohne den Brief ihres Bräutigams in den Händen zu halten,

---

zu müssen. O mein Ernst bin ich Dir auch noch eben so lieb nach allen Bekentnissen?" (KGA V/10, Brief 2852, 274 f., Z. 33 – 73). In Schleiermachers Antwort findet sich wiederum eine Überblendung mit Ehrenfried: „Liebste Jette ich muß leider plözlich abbrechen. Ob Du mir noch so lieb bist nach Deinen Bekentnissen? O ich kann Dir gar nicht sagen wie mich Dein Brief gefreut hat, wie auch ich immer beruhigter werde über Alles und immer gewisser. Meine erste Zuneigung zu Dir war etwas ganz persönlich auf Dich gerichtetes, ich versenkte mich so tief ich konnte in Ehrenfrieds Liebe zu Dir, und grade so wie Du bist nahm ich Dich auf eine ganze eigne Weise in mein Herz auf, und mein Gefühl wurde alles was es werden konnte. Und nun hat es sich ganz entwikkelt." (Brief vom 10.10.1808, KGA V/10, Brief 2866, 298, Z. 55 – 62).

60 So schreibt F. Schleiermacher am 18.9.1808: „Es kommt mir vor wie bei den Schmetterlingen die lezte Entwicklung so schnell geschieht daß das Auge sie kaum verfolgen kann so war auch die lezte Entwicklung unserer Liebe so augenbliklich daß sie allem Reden entging; sie war nun auf einmal ganz da nachdem sie so lange verpuppt gewesen. Heute sind es grade zwei Monat das ist mir schon den ganzen Tag ein Fest gewesen und Morgen sind es neun Wochen das ist wieder ein Fest" (KGA V/10, Brief 2837, 252, Z. 112 – 119). Vgl. auch den Brief F. Schleiermachers vom 18.8.1808 an H. von Willich: „Und so siehst Du wol daß ich Dir immer alles offenbart habe, was in jedes wie es in mir war, und daß die ganze volle Liebe in mir und in Dir schon vorher war, aber nur allmählig recht ins Bewußtsein kommen konnte." (KGA V/10, Brief 2791, 190, Z. 58 – 61).

61 „Könnte ich Dir doch recht sagen wie mir zu Muthe war als ich Dich zuerst sah in Klein Götemiz und als wir auf Stubbenkammer zusammen am Rande des Ufers herumliefen", schreibt Friedrich Schleiermacher an Henriette am 11.9.1808. „Ich liebte Dich und Deine Liebe zu Ehrenfried so innig daß mein ganzes Wesen darin aufgelöset war; ich hing an Dir auf eine ganz eigne Weise, mit einem bestimmten Gefühl daß Du mir eigentlich auch ganz angehörtest nur auf eine andere Weise als Ehrenfrieden; es war die höchste Zärtlichkeit mit der ich Dir zugethan war, rein väterlich und freundschaftlich *aber ich wäre nicht fähig gewesen irgend eine andere Liebe stärker zu empfinden als diese* [Hervorhebung S. Sch]. Und als ich Dich in Berlin umarmte da klein Jettchen unter deinem Herzen ruhte so daß ich das Leben des süßen Kindes hatte fühlen können wie

reflektiert Henriette am 13.9.1808 über ihre „Liebkosungen", die man „wohl ein starkes Entgegen kommen nennen könte wenn nicht mein Verhältniß zu Dir als Töchterchen mir ein Recht gegeben".

Legt das Bild des geschlüpften Schmetterlings eine Transformation ihrer Rollenstruktur nahe, so bringen die Briefe jedoch eher eine Multiplikation ihrer Rollenverhältnisse zum Ausdruck, die auch offensiv gegenüber Dritten verkündet wird: Das Verhältnis von „Väterchen" und seiner „zärtlich geliebten Tochter" bleibt neben dem von Mann und Frau erhalten und wird von Schleiermachers Schwester Charlotte sogar scherzend aufgenommen, die sich als Tante und Schwester angesprochen fühlt.[62]

Ein spielerischer Umgang mit unterschiedlichen Rollen entspricht durchaus der romantischen Vorstellung einer progressiven Einheit der Liebenden, die sich einander „alles" sein sollen.[63]

Angesichts der hohen Altersdifferenz wirkt dieses Rollenspiel jedoch weniger spielerisch, und die „wahre" Liebe zwischen der jungen Witwe und dem junggesellingen 40jährigen Professor muss sich daher auch im körperlichen Begehren „beweisen".

In seinem ersten Vorstoß war Friedrich Schleiermacher offenbar so unsicher und selbst noch so verankert in seiner Vater-Rolle, dass er seinen Heiratsantrag mit dem Angebot einer Verzichtserklärung auf das eheliche Bett verband.[64] Kör-

---

ich Dich dicht umschlang und recht aus dem Grunde des Herzens die Frucht Deines Leibes und deine ganz heilige Ehe und alle Deine Mutterfreuden segnete war mir eben so zu Muthe, und immer wenn meine Liebe zu Dir am innigsten hervorbrach war immer auch Deine Stärke und Dein Muth unter dem was ich am lebendigsten fühlte, und woran ich mich so recht innig erfreute." (KGA V/10, Brief 2825, 234, Z. 17–33).

62 Auch der enge Familienkreis wird in diese Rollenduplizität mit eingebunden. So schreibt Schleiermacher über seine Schwester Charlotte am 20.8.1808 an Henriette: „Aufs schwesterlichste begrüßt sie Dich und findet sich vortrefflich in die Einheit von Tochter und Braut in Dir – so wirst Du auch gewiß eine Schwester und eine Tante in ihr finden." (KGA V/10, Brief 2795, 195f., Z. 35–38).

63 Schleiermacher hatte dieses Ideal sogar dem Hochzeitspaar Willich mit auf den Weg gegeben: „Du [Ehrenfried, S. Sch.] wirst ihr Alles sein, wie ich Eleonore Alles bin, Vater Bruder Sohn Freund Geliebter [...]" (Friedrich Schleiermacher, KGA V/7, Brief 1820, 450, Z. 26f).

64 So schreibt er am 18.8.1808 an Henriette von Willich: „Und als ich Dich bat Du solltest nur meine Frau heißen wollen, wenn Du da dies ausdrüklich und bestimmt aufgefaßt hättest und gesagt, sein im vollen Sinne des Wortes könntest Du es nicht: so würde ich doch eben so froh und sicher eingeschlagen haben und gewußt daß ich alles Gute und Schöne gefunden hätte was mir werden könnte. Ich würde mir freilich den Wunsch vorbehalten haben daß eine Zeit kommen möchte wo Du es auch sein wolltest; aber der wäre ja eben nur der volle Ausdruk davon gewesen daß ich lebendig und mit voller Klarheit fühlte und wüßte wie ich nur an Dich, an Dich allein gewiesen bin." (Brief F. Schleiermachers an H. von Willich, KGA V/10, Brief 2791, 191, Z. 49–58).

perliches Begehren, insbesondere von Seiten der jungen Frau, wird nun zum Indikator für die „wahre" Liebe und die reale Umwandlung der Vater-Tochter-Beziehung,[65] auch wenn die körperliche Liebe der seelischen oder geistigen Liebe nachgeordnet bleibt.

Ganz im Einklang mit Schlegels Lucinde spricht sich Henriette gegen eine falsche Vorstellung weiblicher „Delikatesse"[66] aus, denn das Begehren sei etwas Natürliches, auf das die liebende Frau nicht verzichten müsse.[67] Zugleich geschieht all dies anfänglich mit einer leichten Schambekundung, sodass sich ohne Vorwurf der Frivolität und im Modus des reinen Geständnisses über Begehren (ein „innres Glühen durch und durch"[68]) sprechen lässt. Henriettes Angst, die Verlobung selbst zu sehr forciert und sich ihrem Ernst sozusagen als Frau aufge-

---

Henriette nimmt dieses Thema einige Tage später wieder auf und insistiert auf der „Reinheit" und „Unschuld" ihrer Absichten, vgl. auch einen Brief einige Tage später am 4.9.1808: „Höre lieber Ernst mir ist nachher eingefallen daß es ja fast so ist als habe ich mich Dir zur wircklichen Frau aufgedrungen, da ich Dir nicht bestimt darauf antwortete als Du mich batest nur so zu heißen und Du bald nachher so ausgemacht annahmest das ich es sein würde. Lieber Ernst mochte ich gleich nicht weiter darüber sprechen so nahm ich doch an grade was Du mir botest, wußte aber zugleich daß ich dir immer alles würde sein wollen was du selbst wünschtest, daß ich Dir dem Reinen Frommen in keinem Augenblicke entgegen stehn könne, daß immer reiner Einklang in uns sein müße. Und so ließ ich es ganz dahin gestellt sein wie es kommen würde. Vom ersten Anbegin unseres neuen Verhältnisses war es durchaus mein Gefühl Alles recht gehn zu lassen wie Gott es fügen werde und mir nicht einmahl einen Wunsch zu erlauben" (KGA V/10, Brief 2815, 219 f., Z. 68–79).

65 Dem entsprechen auch Schleiermachers theoretische Reflexionen in seinen Ethik-Vorlesungen, vgl. seine Aufzeichnungen zur „Tugendlehre von 1804/05", W II: *Sittenlehre*, 53: „Daher auch die höhere Geschlechtsliebe mit Recht vorzugsweise Liebe heißt, weil sie, wo sie ist, nur ursprünglich sein kann. Daher die große moralische Beweiskraft einer wahren Ehe."
66 Vgl. KGA V/10, Brief 2998, 484, Z. 40–52.
67 Vgl. H. von Willich an F. Schleiermacher am 03.11.1808, KGA V/10, Brief 2907, 355, Z. 32–39: „ – süßer Ernst Du kannst doch ganz einzig hold küssen so zart und doch so innig innig – Du hast einen gar zu lieben Mund. Himmel! wenn je ein Mensch meine Briefe läse wo sollte ich bleiben vor Schamröthe daß ich Dir das alles so schreibe aber es ist mir ganz einzig mit Dir ich könnte mit Dir über alles alles reden. Du bist mir gar nicht wie ein Mann sondern wie eine zarte reine Jungfrau so unschuldig wie ein Kind und das giebt mir ein so köstliches Gefühl. – Mein Herzensmann wie habe ich Dich doch ganz außerordentlich lieb!"
68 Vgl. H. von Willich an F. Schleiermacher vom 13.09.1808: „Nur eines Augenblicks erinnere ich mich in welchem mir zu Muthe ward ich werde es nie vergessen ich weiß es nicht anders zu beschreiben als ein innres Glühen durch und durch. Wir saßen auf der Reise nach Hittensee im Boote dicht beisammen Du fragtest mich etwas leise ich glaubte deutlich zu verstehen ob ich Dir gut sei ich antwortete Dir in sehr innigem Tone ja sehr sehr gut. Nun hattest Du mich ganz etwas andres gleichgültiges gefragt und achtetest hierauf weiter gar nicht. Ich dachte ich müsse in die Erde sinken." (KGA V/10, Brief 2828, 239, Z. 38–45).

drängt zu haben,⁶⁹ befreit Schleiermacher nun – das „vollständige" geistig-körperliche Liebesgeständnis seiner Braut in der Tasche – von seiner Zurückhaltung. Er, der sexuell unerfahrene Junggeselle, denkt laut darüber nach, wie er sich als „Lehrling" von ihr als erfahrene „Meisterin" einweisen lassen wird: „ [...] es wäre mir gar zu süß bei Dir in die Schule zu gehn und mich von Dir einlernen und abrichten zu lassen."⁷⁰

Mehr und mehr finden nach diesen anfänglichen Schritten sinnliche Zärtlichkeit und Begehren einen Platz im Briefwechsel⁷¹ und werden auch theoretisch mit dem „heiligen" oder höchsten Gefühls der Liebe verbunden, in dem sich die seelisch-sinnlichen Elemente der Liebe wechselseitig verstärken.⁷²

Mit der Frage nach der Zimmeraufteilung in der für das Paar neu einzurichtenden Pfarrerswohnung in der Kanonierstraße möchte Schleiermacher dann doch noch einmal schwarz auf weiß festhalten, wer wo schläft⁷³ und dass seine anfängliche Zurückhaltung nicht mehr geboten ist:

---

69 „Mit Lächeln mußte ich doch anfangen als ich in Deinem Briefe an die Stelle kam vom Aufdringen; es klingt gar zu komisch Du liebes Herz." (F. Schleiermacher an H. von Willich, 18.9.1808, KGA V/10, Brief 2837, 252, Z. 106f.) Henriette antwortet am 9.10.1808 „Meinst Du denn nicht Du lieber böser Mensch daß ich auch mit Lächeln angefangen bei jener Stelle vom Aufdringen? aber es ist doch arg daß Du mir das so trocken sagst Du habest mich ausgelacht." (KGA V/10, Brief 2863, 294, Z. 23–26).
70 Brief F. Schleiermachers an H. von Willich vom 21.12.1808, KGA V/10, Brief 3002, 490, Z. 85f.
71 „Du Süßer ich denke ich werde es mir schon gefallen lassen wie Du's Küssen treiben wirst. Ist doch dein liebkosen so recht nach meinem Herzen so warm so lebendig so zart" (KGA V/ 11, Brief 3121, 129, Z. 23–25).
72 H. von Willich an F. Schleiermacher am 7.10.1808: „Aber nein ich kann da gar nicht so entgegen setzen und trennen. Hoher Ernst ist mir in den Momenten inniger Liebkosung und in solchem Augenblick wo ein inniger Kuß die ganze Vereinigung unserer Seelen aussprach welch ein Gefühl der Heiligkeit der Liebe durchströmte mich da – ich kann Dir gar nicht sagen wie ich fühle daß dann das Heiligste und Größte die höchste Anbetung deren ich fähig bin, in mir lebendig ist, eine wahrhaft religiöse Stimmung in mir wohnt. Aber Lieber ist es Dir auch unlieb daß ich aussprechen will was eigentlich nicht zum aussprechen ist?" (KGA V/10, Brief 2860, 287, Z. 19–28) Vgl. auch F. Schlegel, KFSA V: [*Lucinde*], 35: „Es ist alles in der Liebe: Freundschaft, schöner Umgang, Sinnlichkeit und auch Leidenschaft; und es muß alles darin sein, und eins das andre verstärken und lindern, beleben und erhöhn."
73 Schläft die junge Ehefrau in der Kinderstube, in der, so sicher sie dem unerfahrenen Vater zu, doch so einiges Unangenehme geschehe, was er sich noch nicht so recht vorstellen kann, oder aber im ehelichen Schlafzimmer, das Schleiermacher in weiser Voraussicht gleich zum Kinderzimmer erklärt? Vgl. F. Schleiermacher an H. von Willich 21.11.1808: „Aber höre mein liebes Herz dagegen protestire ich doch daß Du den Grundsaz von den kleinen Kindern nicht zu weit ausdehnst. Ueberlege Dir nur im Kanonierhause giebt es nun gar keine Kinderstube sondern die Kinder wohnen mit uns zusammen. Wenn Du nun Henriette und Ehrenfried immer noch als kleine Kinder ansiehst und keins von Dir geben willst und meinst ich dürfte das auch nicht mit haben so

> Aber das verstehst Du doch auch, süße Jette, daß wenn Du mir nun auf einmal sagen wolltest, Du wolltest nur meine Frau heißen süße Jette, ich mich schwer mehr würde darin finden können. Nein Du bist und mußt ganz mein sein; [...] – Ich darf Dir auch sagen daß mich danach verlangt denn ich verlasse mich darauf daß Du weißt wie heilig das in mir ist, und daß auch es in Worten zu sehn, wiewol es für die Worte nicht gehört dir keine Schamröthe sondern nur die schöne Röthe der heiligsten Liebe hervorbringen kann.[74]

Die große Diskrepanz ihrer Lebensläufe, ihrer alltäglichen Beschäftigung und ihrer Bildung – Friedrich der bekannte Theologe, aufgehend in den intellektuellen Zirkeln der Großstadt, Henriette in jungen Jahren bereits zweifache Mutter, auf dem Land lebend und mit wesentlich weniger Möglichkeiten sich auszutauschen und fortzubilden – generiert auf ihrer Seite eine große Unsicherheit und das Gefühl einer intellektuellen Minderwertigkeit, die sich wie Leitmotive durch den Briefwechsel ziehen:

> Klar schwebt mir vor wie die sein müßte die werth wäre Deine Gattin zu heißen, aber ach wie fühle ich mich nicht allein von diesem Bilde fern noch wie ist mir manches so durchaus versagt daß es ein ganz vergebens und unrechtes Streben wäre wenn ich danach ringen wollte[.][75]

Derartigen Äußerungen, die sie selbstkritisch als Hang zur „Selbsterniedrigung"[76] reflektiert und die mit einer Idealisierung Schleiermachers und Dankbarkeitsbekundungen[77] begleitet werden, versucht Schleiermacher mal mit Mahnung, mal

---

käme ich dann gar zu kurz, und Du würdest mich am Ende wollen in meine Kammer verweisen. – Doch das bereden wir noch." (KGA V/10, Brief 2933, 399, Z. 166–174).
74 Brief Schleiermachers vom 27.10.1808 an seine Braut, KGA V/10, Brief 2893, S, 335, Z. 70–77.
75 Brief vom 24.8.1808, KGA V/10, Brief 2803, 201, Z. 18–21.
76 Vgl. Brief H. von Willich an F. Schleiermacher vom 8.2.1809, KGA V/11, Brief 3070; 79, Z. 65ff.
77 Brief vom 5.8.1808 an F. Schleiermacher: „Magst Du es denn wohl öfter wieder hören wie ich Dich unsäglich lieb habe wie ich so unendlich glücklich bin? Könnte ich es Dir nur einmahl recht aussprechen – wie die tiefste Verehrung die innigste Danckbarkeit die kindlichste Liebe nun zu einem Gefühl verschmolzen sind, das nun voll und klar und rein in mir lebt – die Sehnsucht ganz für Dich zu leben – ein so ungemäßigter Wunsch Dich glücklich zu sehn daß ich mit Freude mich aufopfern könte wenn Dich das glücklich machen würde, o Gott mir ist oft als könne ich es kaum tragen daß ich es bin der Du Dein Leben Deine heilige Liebe weihen willst – wann ich Deine Liebe recht empfand – o Ernst ich weiß es nicht anders zu nennen als es war Anbetung was ich dann fühlte –" (KGA V/10, Brief 2776, 173, Z. 4–14). Wenig später schreibt sie: „Ach ich danke Dir mit dem wärmsten Dank meines Herzens daß du meinen Kindern willst Vater sein –" (KGA V/10, Brief 2776, 174, Z. 45f.) und am 4.9.1808: „O Ernst glaube nur ich fühle ganz das Schöne darin das unser Schicksal in so nahem Zusammenhange mit dem Ganzen steht, ich fühle mich groß in Dir mein ganzes Wesen gehoben durch Dich – o Lieber wie stolz bin ich oft auf Dich." (KGA V/10, Brief 2815, 218, Z. 12–15) Am 18.8.1808 schreibt F. Schleiermacher an H. von Willich: „Weißt Du wol wenn ich

mit Ironie[78] zu begegnen, denn Anbetung und Idealisierung seien gerade kontraindikativ für die wahre Liebe.[79]

Bezeichnend ist eine Art „Beweisführung", in der Schleiermacher Henriette von Willichs exklusive Eignung zur Anteilnahme an seinem Leben eben aus ihrer Liebe ableitet und nicht die Liebe aus einer offensichtlichen wechselseitigen Eignung füreinander[80] und somit die nach Luhmann für die Epoche charakteristische Selbstreferentialität von Liebe unterstreicht.

Dir alles sagen soll was mir nicht lieb ist an Dir so möchte ich mit dieser anfangen. Du meinst gewiß etwas recht schönes wiewol ich nicht recht weiß was; aber sieh es Dir nur recht an und nenne es nicht so. Denn Dankbarkeit weiset auf Wohlthat zurük und so etwas kann es doch gar nicht geben zwischen uns. [...] Ueber die Verehrung schäme ich mich ein wenig. Aber das laß gut sein! Jeder von uns hat etwas voraus was ihn dem andern ehrwürdig machen muß, und ich will Dich dann auch schon gehörig verehren von meiner Seite." (KGA V/10, Brief 2791, 189, Z. 15–28).

78 Vgl. den Brief von F. Schleiermacher am 31.1.1809 (KGA V/11, Brief 3054, 58 f., Z. 91–114): „Du weißt wie das ist, man kann sich manchmal nicht recht besinnen bei großen Veränderungen. Aber ich will lieber gleich damit anfangen ehrlich wie wir immer gegen einander gewesen sind Dir zu gestehen daß Dein Brief doch einen sonderbaren Eindruck auf mich gemacht hat. Daß Du auch nicht einen Funken geistreich bist! es ist doch recht fatal. Tiefes Gefühls ermangelst Du auch, das ist schon die alte Geschichte die gepriesene Stärke ist auch nicht die wahre! Ich weiß nicht wie bin ich doch darauf gekommen Dich zu lieben und heirathen zu wollen? Deine Schönheit ist doch so groß wahrhaftig nicht, und das bischen was du etwa hast manchst du nicht einmal geltend weil Du Dich leidlich krumm hältst. Es ist als ob der Nebel mir von den Augen fiele, und es scheint mir eine verdrießliche Geschichte von der ich suchen sollte auf gute Art wieder los zu kommen. Wahrhaftig wenn ich daran denke wie noch gestern Abend die geistreiche Wilhelmine Schede neben mir saß, mich streichelnd und einen freundlichen Kuß nicht verweigernd noch auch bloß nehmen lassend, soll mir nicht einfallen daß der Tausch doch gar nicht so übel wäre? Geschwind einzige Jette komm falle mir um den Hals verbirg Dein Gesicht an meiner Brust, laß mich die holden Augen aufküssen, vergib mir den einfältigen Spaß der mir so in die Feder kam, und sieh mir dann recht tief durch die Augen in das Herz und lies darin wie wir einander angehören und wie ich dich gar nicht anders will als du bist und wie ich am Ende am besten wissen muß, besser als du wie geistreich und wie gefühlvoll und wie stark du bist."
79 Vgl. dazu das zweite „Gebot" aus dem *Katechismus der Vernunft für edle Frauen*, KGA I/2: *Schriften aus der Berliner Zeit 1796–1799*, 153.
80 Vgl. Brief F. Schleiermachers vom 18.8.1808 an H. von Willich: „Mit dem Nichtverstehn kann es auch für das was Dir das wesentliche sein muß keine Noth haben. Es ist nichts in meinem Leben, in allen meinen Bestrebungen wovon Du nicht den Geist richtig auffassen könntest, sonst könntest Du ja auch mich selbst nich verstehn, nicht mein sein. Vielmehr wirst Du, das liegt ja in der Natur der Sache, in diesem Verstehen immer die erste sein, weil sich ja Dir am nächsten und unmittelbarsten mein ganzes Leben und Sein offenbart; und am Willen dazu wird es Dir nicht fehlen, dafür kenne ich Dich. Auch würde es mir weh thun, wenn es irgend etwas mir wichtiges gäbe was auch seinem innern Wesen nach kein Interesse für Dich hätte. Was aber das Einzelne, das Materielle betrifft da mögen nun Andere vor Dir stehn, und Deine Muße Deine Neigung, die Richtung Deines Talents wird Dich führen und beschränken" (KGA V/10, Brief 2791, 192, Z. 122–134).

Das Gefühl einer intellektuellen Minderwertigkeit Henriette von Willichs bleibt jedoch zwischen den Zeilen trotz Schleiermachers Beweisführung erhalten und äußert sich auch in ihrer Sorge, sich in den Aufgaben eines großen Pfarrhaushaltes, dem sie vorstehen wird, zu verlieren.[81] Schleiermacher, der ihr auf fast alle ihrer Äußerungen antwortet, ist nicht bemüht, ihr *diese* Sorge zu nehmen. Sein Duktus bleibt der des Lehrers, der nicht vorhat, die Rolle der geistigen Führung aufzugeben.[82] „Laß dich gelüsten nach der Männer Bildung, Kunst, Weisheit und Ehre"[83] – formuliert Schleiermacher im *Katechismus der Vernunft für edle Frauen*. „Liebe süße wo Du bist ist Unschuld und Liebe und frisches Leben, und wenn ich noch den Baum des Erkenntnisses hineinbringe so ist ja das Paradies fertig."[84] – lautet sein Kommentar im Brief vom 11.8.1808. Eine progressive Aufhebung der geschlechtlichen Komplementarität ist nicht in Sicht.

Der Liebebegriff, wie er in Friedrich Schleiermachers und Friedrich Schlegels frühromantischen Schriften zum Ausdruck kommt, erfährt in der „Anwendung" auf die spezifische biographische Situation der beiden Brautleute unter der Hand einige Verschiebungen: Um die eigene Vorgeschichte als Lehrjahre der Liebe im Sinne einer Steigerung hin zur vollkommenen oder wahren Liebe zu interpretieren, entwerfen beide Eheleute die Figur der Überblendung, des Stellvertreters oder Mediums, in der Schleiermacher das von Ehrenfried Begonnene fortführen kann, ohne den Freund und dessen Liebe zu seiner künftigen Braut abzuwerten. Die offensiv verhandelte Gleichzeitigkeit einer Vater-Tochter- und Mann-Frau Beziehung fügt sich ein in die Idee einer auf Wechselwirkung angelegten Rollenpluralität, ohne tatsächlich als Rollenwechsel angelegt zu sein. In Henriette von Willichs fortbestehender Angst, dem Gelehrten intellektuell nicht zu genügen, und in Schleiermachers belehrendem Duktus deutet sich auf unterschiedliche Weise bereits die Schwierigkeit an, Bildung zur Liebe als Bildung zur Einheit auch in die Tat umzusetzen.

---

81 Vgl. Brief H. von Willichs an F. Schleiermacher vom 24.1.1809, KGA V/10, Brief 3050, 54, Z. 143–162.
82 Beispielhaft sei hier auf den Brief vom 1.10.1808, F. Schleiermacher an H. von Willich verweisen: „Das eine ist die Frage ob Du mich nicht doch mehr liebst als ich dich? Das glaubt ihr Weiber am Ende immer, und ich antworte Dir vorläufig nur, daß es nicht so ist, aber daß es sehr natürlich so scheint. Das andere ist warum du bisweilen unser jeziges Verhältniß in seiner Schnelligkeit als ein kleines Unrecht fühlst? Glaube nur daß auch das recht gut ist und schön und es würde mir gar nicht recht sein wenn es Dir nicht bisweilen käme in dieser Zeit. Laß Dich das also ja nicht stören und irren. Ich will es Dir schon befriedigend erklären, recht aus der Fülle und Tiefe meiner Ansicht von Liebe und Ehe." (KGA V/10, Brief 2850, 266, Z. 80–88).
83 Vgl. F. Schleiermacher, *Katechismus der Vernunft für edle Frauen*, KGA I/2: *Schriften aus der Berliner Zeit 1796–1799*, 154.
84 KGA V/10, Brief 2783, 184, Z. 91–94.

4 Die Dynamik der Geschlechterdifferenz kommt zum Erliegen

Ob das immerhin 25 Jahre andauernde Eheleben der Schleiermachers glücklich war oder nicht, lässt sich schwer beurteilen. Die briefliche Korrespondenz umfasst nach der kurzen und intensiven Brautbriefphase noch über 130 Briefe, die Schleiermacher und seine Frau während der getrennt vorgenommenen Reisen miteinander gewechselt haben. Als Prüfungen beschreibt Schleiermacher die Affäre seiner Frau 1812, also bereits einige Jahre nach der Hochzeit, mit dem preußischen Offizier und Schleiermacher Schüler Alexander von der Marwitz, in der er offenbar sein Werben um Eleonore Grunow gespiegelt sah und die erst durch den Tod des Liebhabers im Feld 1814 ihr Ende fand.[85] Schleiermacher war wissend,[86] litt mit „Christus Liebe, Engelsgüte"[87] ausgestattet und suchte mit Vernunft und Offenheit sogar das Gespräch mit Marwitz. So schreibt Schleiermacher an Henriette, die wegen der Kriegsgefahr mit den Kindern in Schlesien weilte:

> Ueberhaupt hat er [Alexander von der Marwitz, S.Sch.] sich auch hier ganz seiner würdig genommen; nicht zerknirscht oder Spuren von Betrübniß, still und, wie mir schien, getroffen hat er es aufgenommen, als ich ihm, was eigentlich sein Unrecht sei, vorgehalten, gegen mich war er sehr bald ganz unbefangen. Ich habe ihm gesagt, in Dir hätte sich der leidenschaftliche Zustand zuerst entwickelt, auch das hat er stillschweigend bejaht. Auf deinem Sofa haben wir es abgesprochen. Ich möchte nur wissen, wie ich ihm in der ganzen Sache vorkomme, ob er mich auch recht und gründlich versteht; ich hoffe es, es wäre sehr schlimm,

---

85 Vgl. dazu den Briefwechsel zwischen Henriette Schleiermacher und Rahel Varnhagen, z. B. den Brief vom 10. Juni 1814, in: *Nachrichten aus dem Kösel-Verlag. Auf frischen kleinen abstrakten Wegen: Unbekanntes und Unveröffentlichtes aus Rahels Freundeskreis*, München: Kösel-Verlag 1967, 11: „[...] o mein Gott! Sie waren göttlich schön die wenigen Stunden, das einzige was die Nacht meines Lebens erhellt der wunderbar süße Herzensschatz, der durch tausend heiße Tränen hindurchglänzt. Liebe Rahel, die Wonne und das Weh des ganzen Daseins wie in leuchtende Pünktchen zusammengezogen und in wenig Augenblicken ausgekostet – Was soll ich Ihnen jetzt von mir sagen, seit ich ihn hatte war er mein Leben, das Grundgefühl zu jeder Lebensregung, was bleibt nun? Welche Beziehung läßt der Tod noch übrig?"
86 Vgl. dazu den Bericht Karl August Varnhagens aus dem Nachlass von Varnhagen von Ense, abgedruckt in: Ebd., 7: Schleiermacher, dem Henriette als „ihrem edelsten Freunde, ihrem Herzensvertrauten, den sie weder hintergehen konnte über ihre innersten Gefühle, noch entbehren in ihrem Glück u. in ihrer Verwirrung", alles mitteilte, habe besonnen reagiert, sei gleichwohl tief getroffen gewesen, habe das Essen verweigert und daran gedacht, aus dem Leben zu scheiden.
87 Ebd., 8. Marwitz selbst gestand frei, nicht verliebt, aber durch ihre Liebe sehr angezogen worden zu sein. Dass beide diese Anziehung auch lebten, lässt sich aus dem oben gegebenen Ausschnitt aus Henriette Schleiermachers Briefen an Rahel Varnhagen vermuten (vgl. ebd.).

wenn es nicht wäre. Nun sein Brief an Dich wird das wohl besagen. Wo schläfst Du nur, geliebte Seele?"[88]

Eine weitere jahrelange Prüfung sah Schleiermacher in der Hinwendung seiner Frau zur Hellseherin Karoline Fischer, die bald den ganzen Haushalt regierte und deren Bruder – ein 40jähriger Mann – die 18 jährige Tochter Gertrud heiraten sollte. Eine Parallelität zu seinem eigenen Leben, die Schleiermacher in seinem empörten Brief an den Freund Gaß jedoch selbst nicht weiter auffiel.[89]

Dass sich Henriette Schleiermacher, Frau des großen Theologen und Professors ausgerechnet eine Hellseherin als Verbündete aussuchte, erscheint schon

---

[88] F. Schleiermacher an seine Frau am 24. Juni 1813, *Schleiermacher als Mensch. Sein Werden und Wirken*, Bd. II, hg.v. Heinrich Meisner, Stuttgart: Perthes 1923, 199 f. Dass der Briefwechsel aus dieser Zeit nicht vollständig überliefert und womöglich einer Sichtung nach Schleiermachers Tod zum Opfer gefallen ist, lässt sich u. a. daraus mutmaßen, dass einzelne Blätter der überlieferten Briefe abgerissen sind. Um auch Henriettes Stimme an Schleiermacher aus dieser Zeit zu Wort kommen zu lassen, sei ein kurzer Ausschnitt aus einem noch nicht veröffentlichten Brief vom 20. Juni wiedergegeben: „Meine Sehnsucht nach dir überwindet jede Furcht, ist aber auch gar kein Grund da zu irgend einer. Ich muß mich mit Gewalt zurükhalten daß ich nicht ohngeachtet der Gerüchte mich auf den Weg mache. Leb wohl mein theurer lieber ich hoffe bald bei dir zu sein." (Archiv der BBAW, Schleiermacher-Nachlass: SN 425/1, Bl. 8).

[89] Vgl. dazu den Brief F. Schleiermachers an J. C. Gaß am 30.5.1829 anlässlich der bevorstehenden Hochzeit seiner Tochter mit einem Bruder von K. Fischer, wobei er unter anderem die Altersdifferenz von 20 Jahren negativ vermerkt: „Ich wurde mit dieser Entdeckung, ich weiß nicht, ob ich nicht lieber sagen müßte erschreckt, als nur überrascht. Gertrud ist noch nicht 18 und ihr Bräutigam ist 40. Ich weiß nicht, ob du ihn jemals bei uns gesehen hast. Denn wie wohl der Bruder der Fischer ist er doch sehr wenig in unserer Familie gewesen, ehrlich gesagt (versteht sich aber, daß dies alles ganz unter uns bleibt), weil er mir persönlich niemals recht zusagen wollte! Du kannst also denken, wie herzlich sauer es mir angeht, ein so geliebtes Kind einem Mann zu geben, mit dem ich niemals werde ein näheres Verhältniß haben können. Die Mädchen haben ihn fast von Kindesbeinen viel bei der Fischer gesehn, und er hat sich immer viel mit ihnen abgegeben. Das wußte ich und hatte nichts dagegen, weil er ein durchaus braver und recht verständiger Mann ist. Daß sich aber so etwas daraus entspinnen würde, wäre mir um so weniger jemals eingefallen, als ich ihn für einen entschiedenen Hagestolz hielt. Wenn ich nur irgend sagen könnte, daß Gertrud nicht ihren vollen Verstand entwickelt habe, so würde ich zwischengetreten sein – nun aber halt ich mich nicht berechtigt, nachdem ich ihr alles vorgestellt, was sich dagegen sagen ließ. Denn ich habe sehr mäßige Vorstellungen von der väterlichen Gewalt in diesen Dingen, und konnte mich viel schwerer verantwortlich machen durch mein Nein als durch mein so gegebenes Ja. Wie ich aber den Schmerz verwinden soll, das weiß ich nicht. Meine Frau empfindet natürlich anders und hat schon immer noch Vorzüge in ihm geahndet, die aber bis jetzt nicht haben zum Vorschein kommen wollen. Womit er es dem Mädchen angethan hat, ist mir durchaus unbegreiflich. – Nun aber genug von dieser schweren Herzensangelegenheit." (Friedrich Schleiermacher: „Briefe Schleiermachers an Wilhelmine und Joachim Christian Gaß", in: *Zeitschrift für Kirchengeschichte* 47 [1928], 250–278, hier 269).

fast als Subversion.⁹⁰ Dass Sie selbst nicht so an der geistigen und literarischen Produktion ihres Mannes Anteil hatte, wie sie es sich in den Brautbriefen wünschte, ist deutlich. Ob sie es selbst als Enttäuschung erlebte, oder ob sie in ihrer Rolle als Hausvorstand und Mutter aufging, lässt sich aus den überlieferten Zeugnissen schwer eruieren, denn es liegen zu wenig Quellen aus ihrer Perspektive vor, die eine Ausgewogenheit der Rekonstruktion möglich machten.⁹¹

Die sich im Briefwechsel mit seiner Braut entspinnende Idee einer Vorlesung für Frauen – Schleiermacher sah sich selbstironisch dozierend in einem Kreis der ihn bewundernden Frauen – wurde sogar realisiert. So zumindest dokumentieren es zweiwöchentlich ab Sommer bis Ende des Jahres 1809 die Einträge in Schleiermachers Tageskalender: „ethische Vorlesung für Frauen".⁹² In Briefen finden diese Lesungen allerdings kein Echo, ebensowenig wie diese Veranstaltung eine Fortsetzung findet.

In den 1813/14 begonnenen Pädagogik-Vorlesungen untersucht Schleiermacher insbesonder im Vorlesungsjahr 1820/21 die Frage inwieweit die Erziehung dieselbe sei für beide Geschlechter.⁹³ Eine Bildung von Frauen über die Volksschule hinaus in Realschule, Gymnasium und Universität kommt dort für ihn nicht in Frage. Die Notwendigkeit einer geschlechtsspezifischen Erziehung ergibt sich dabei aus der Zuweisung einer für beide unterschiedlichen, festgesetzten und nicht verhandelbaren Wirkungssphäre: Der Wirkungskreis der Frau, für den sie Bildung beanspruchen darf, ist der der Familie, der Wirkungskreis des Mannes Wissenschaft und Staat. Weder im Staat noch in der Kirche kämen so der Frauen leitende Positionen zu.⁹⁴

---

90 Ähnlich vermutet es auch Hartlieb, *Geschlechterdifferenz* 2006 (Anm. 14), 78 f, FN 52.
91 Der Theologe Nowak interpretiert Schleiermacher zum „Unbeirrbare(n) Gatten, der mit seiner Liebe einen bitteren Kelch trank" (Kurt Nowak, *Schleiermacher: Leben, Werk und Wirkung*, Göttingen: Vandenhoeck & Ruprecht 2001, 374). E. Hartlieb, *Geschlechterdifferenz* 2006 (Anm. 14), 76, stellt zumindest die Frage: „Aus der Distanz ist sehr viel schärfer zu fragen, ob Schleiermacher nach dem Scheitern der Beziehung mit Eleonore Grunow nicht auf das Ideal der Freundschaftsehe verzichtet und dem Arrangement der bürgerlichen Ehe nachgegeben hat." Dem erhaltenen Briefwechsel zwischen den Eheleuten nach zu urteilen, setzt Schleiermacher jedoch zumindest während der Zeit der Liebe seiner Frau zu Marwitz gerade eben auf ihre offene Freundschaft.
92 Vgl. F. Schleiermacher, *Tageskalender 1808–1834* (Anm. 41).
93 Friedrich Schleiermacher, KGA II/12: *Vorlesungen über die Pädagogik und amtliche Voten zum öffentlichen Unterricht [11. Vorlesung]*, hg.v. Jens Beljan, Christiane Ehrhardt, Dorothea Meier u. a., Boston/Berlin: de Gruyter 2017, 376–379.
94 Vgl. auch KGA II/12: *Vorlesungen über die Pädagogik und amtliche Voten [Einleitung 1826]*, 594–597.

Ähnlich insistieren auch die erst 1818 begonnen Vorlesungen zur Psychologie,[95] die als philosophische Anthropologie angelegt sind, auf der Differenz der Geschlechter.[96] Als status quo der Geschlechterdifferenz, so, „wie die Sache uns geschichtlich vorliegt"[97], bestimmt Schleiermacher ein altbekanntes Schema: Der Mann ist das gesellschaftlich bestimmende, geistig dominante Geschlecht, dem eine vorzüglich fühlende Frau, die in ihrem Gefühl und ihrem Sinn für Religiosität dem Mann übersteigt, gegenübersteht. Gleichberechtigung wird hier nicht als potentieller Rollentausch, sondern als gleichwertige Komplementarität gedacht.[98] Insofern sie als Ehefrau und Mutter Einfluss auf den Mann nimmt, wirke sie vermittelt auch in die Gesellschaft hinein.

In den frühromantischen Schriften und frühen ethischen Entwürfen war eine Dynamik und Geschichtlichkeit dieser egalitären Komplementarität der Geschlechter angelegt, die sich – freilich im Unendlichen – zu einer nicht mehr in Rollen diversifizierten Menschheit „reinigen" sollte. Mit dieser gesellschaftlichen Zielvorstellung (Frauen bleiben am Herd, der Mann geht jagen), die selbst nicht mehr verhandelbar ist, gleichwohl einer philosophischen Begründung entbehrt, kommt in den Pädagogik- und Psychologie-Vorlesungen, den späteren Ethik-Vorlesungen und nicht zuletzt dogmatisch untermauert in der Theologie[99] die

---

[95] Schleiermachers Psychologie-Vorlesungen nehmen in seinem philosophischen Werk eine Sonderstellung ein, insofern ihr Ort im systematischen Ganzen problematisch ist, vgl. E. Herms, „Die Bedeutung der ‚Psychologie' für die Konzeption des Wissenschaftssystems beim späten Schleiermacher", in: *Schleiermacher und die wissenschaftliche Kultur des Christentums*, hg.v. G. Meckenstock, Berlin/New York: de Gruyter 1991, 369–401 und Andreas Arndt, „Kommentar, 3.1.7. Zur Psychologie", in: *Schleiermacher Schriften*, hg.v. Andreas Arndt, Frankfurt a. M.: Deutscher Klassiker Verlag 1996, 1261–1269, hier 1263 ff. Dies mag ein Grund für das auffällige Forschungsdesiderat sein, das zur Psychologie-Vorlesung Schleiermachers in der Sekundärliteratur nach wie vor besteht. Schleiermacher las die als Pneumatologie oder „Seelenlehre" entworfene Psychologie insgesamt viermal, zuerst im Jahr 1818, zuletzt in seinem Todesjahr 1834.
[96] In den Schleiermacher'schen Manuskripten wird diese am ausführlichsten 1818 thematisiert, 1830 lediglich skizziert und in komprimierter Form 1830 noch einmal ausgeführt. Eine argumentative Darstellung findet sich in der von George in den Mittelpunkt gestellten Vorlesungsnachschrift von 1830, vgl. Friedrich Schleiermacher, Sämtliche Werke (SW) III/6: *Zur Psychologie*, hg.v. Ludwig George, Berlin: Reimer 1862.
[97] Ebd., 293.
[98] Eine ganz ähnliche Sachlage findet sich in den bereits 1813/14 begonnenen Pädagogik-Vorlesungen. Auch hier wird in der professionalisierten oder institutionalisierten Bildung nicht die progressive Aufhebung der Geschlechterdifferenz, sondern ihre Komplementarität unterstrichen. Mann und Frau gilt es auf die Funktion innerhalb der für sie prädestinierten gesellschaftlichen Sphären vorzubereiten (öffentlicher versus privater Raum).
[99] So wird z.B. in den 1818 gehaltenen zwei sogenannten Ehepredigten (also im selben Jahr in dem Schleiermacher auch seine Psychologie-Vorlesungen beginnt), diese Beschränkung der Frau auf den familiären Raum zementiert, die komplementäre Egalität steht im Dienste des Mannes:

Dynamik der Geschlechterkomplementarität zum Erliegen. Der nach wie vor propagierten grundsätzlich menschlichen oder ethischen Gleichwertigkeit steht keine Gleichrechtlichkeit beiseite.

Eine große Skepsis gegenüber der politischen Gleichheit der Frau findet sich allerdings bereits in Schleiermachers frühen Gedankenheften;[100] und auch in den späteren Psychologie- und Pädagogik-Vorlesungen finden sich Stellen, in denen er ein Unwohlsein an dieser Festschreibung formuliert, so, als sei ihm die Diskrepanz zu seiner frühen Aufbruchsstimmung in eine umgestaltete, umzugestaltende Gesellschaft durchaus bewusst.

So konstatiert Schleiermacher in der Pädagogik von 1826 die historische Entwicklung einer sklavischen Ungleichheit bis hin zu einer Werteglechheit wie sie sich im Ideal egalitärer Komplementarität auszusprechen scheint. Die Frage, welcher Endbestimmung diese Entwicklung entgegenläuft, lässt er zunächst offen, begrenzt sie jedoch durch die weibliche Natur selbst, eine „Naturbasis" des Weiblichen, die der Entwicklung ihre Grenzen setzen würde und die Frau von allen höheren Funktionen in Staat und Kirche ausschließen muss.[101] Zugleich lässt Schleiermacher eine Hintertür offen und will die Erziehung von Frauen so einrichten:

> daß *auf der einen Seite* nichts geschieht was durch die Natur*bestimmung des weiblichen Geschlechts* vergeblich gemacht wird, *und* daß der anderen Seite dem weiblichen Geschlechte so viel Vorschub geleistet wird als zur Verbesserung seiner Stellung und seiner Einwirkung auf die künftige Generation nothwendig ist, damit, *wenn* es im Ganzen der Dinge läge daß die Ungleichheit noch weiter abnimmt, die Erziehung nicht entgegenwirke.[102]

Schleiermachers Auseinandersetzung mit der Frage, ob die gegenwärtig zu konstatierende Geschlechterdifferenz als ursprünglich zu gelten hat oder lediglich auf

---

Hartlieb resümiert: „So kommt der der Frau zugestandenen Machtfülle vor allem die Aufgabe zu, den Bereich des Privaten als Kompensationsraum für Verluste und Überforderungen des Ehemannes in der öffentlichen Sphäre bereitzustellen." (Hartlieb, *Geschlechterdifferenz* 2006 [Anm. 14], 219).

100 „Wenn die Weiber eine politische Existenz bekämen wäre nicht nur zu besorgen, daß die Liebe und mit ihr der intelligible Despotismus und die formlose Gewalt zu deren Darstellung die Weiber von Natur bestimt sind verloren gehen würden." (KGA I/2: [*Gedanken I*], 15, Nr. 38).

101 „Solange daher die Cultur fortschreitet, müssen wir es natürlich und nothwendig finden,, daß die Ungleichheit und das Zurücktreten des weiblichen Geschlechtes im Abnehmen sein werde. Wir können keine andere nothwendige Grenze sezen, als die von der Natur selbst bestimmte." (SW III/9: *Zur Erziehungslehre*, hg. v. Ludwig George, Berlin: Reimer 1849, 99 f.).

102 Ebd., 100.

unterschiedlicher Chancengleichheit in Erziehung und fehlender Mittelgleichstellung beruht,[103] mündet schließlich in eine biologistische Begründung.[104]

Von einer gegenwärtigen Diskussion um geschlechtliche Identität – lassen wir die rechtspopulistischen Rollenzuschreibungen von AfD & Co einmal beiseite – scheint Schleiermacher in dieser etablierten Phase seiner geistigen Entwicklung weit entfernt. Die in dem Modell einer Komplementarität zementierte Bi-Geschlechtlichkeit ist nicht nur einer Pluralität geschlechtlicher Identitäten gewichen, sondern wird seit 2013 mit dem Eintrag x als Möglichkeit eines dritten Geschlechts im deutschen Personalausweis auch gesetzlich überschritten.[105] Zu der von Schleiermacher als Keimzelle der Gesellschaft bestimmten traditionellen Familie gesellen sich Patchwork-Konstruktionen und gleichgeschlechtliche Familienmodelle. Die in den späten Vorlesungen angedeutete „Naturbasis"[106] des Geschlechts, zu der Schleiermacher argumentativ Zuflucht nimmt, ist ein ad acta gelegter Essentialismus, der spätestens seit Judith Butlers *gender trouble* (1990)[107] auch nicht mehr für das vermeintlich natürlichste des Natürlichen, den Körper, in Anschlag gebracht werden kann.

Das Fragwürdig-Werden der Unterscheidung von sex und gender – einem biologischen und einem kulturell bestimmten Geschlecht – eine Unterscheidung die für die *grande dame* des Feminismus, Simone de Beauvoir in *Le deuxième sex* (1949)[108] zentral war und von Judith Butler demontiert wurde, ließe sich jedoch

---

103 Vgl. Schleiermacher, SW III/6: *Zur Psychologie*, 290: „Es ist immer ein Streit gewesen, ob in Beziehung auf das physische Gebiet eine Differenz des Geschlechts zuzugeben sei und ob sie sich nicht bloß beschränke auf die organische Differenz und auf die verschiedene Erziehung." Ein Erziehungsexperiment „daß man das Verhältnis ganz und gar umkehrte und das weibliche Geschlecht erzöge wie das männliche und das männliche wie das weibliche" (ebd., 291), das Aufschluss über diese Frage geben könnte, hält Schleiermacher für nicht realisierbar. Die Frage einer physischen oder sittlichen Determination des Geschlechterunterschiedes beschäftigt Schleiermacher bereits in den frühen Ethik-Vorlesungen. Sie wird dort jedoch nicht zugunsten einer biologistischen Argumentation entschieden und ist eben in eine Theorie der Wechselwirkung integriert, vgl. F. Schleiermacher, W II: *Sittenlehre*, 131 f.
104 Dies besagt jedoch nicht, dass man von Schleiermachers Vorlesungen zur philosophischen Ethik und dem in ihm ausgeführten Wechselverhältnis von Organ und Symbol sowie die darin enthaltene Einsicht in die symbolische Konstruktion des Körperlichen ausgehend, diese biologistische Argumentation nicht auch aushebeln könnte.
105 In Deutschland leben schätzungsweise ca. 80.000 intersexuelle Personen, die sich medizinisch nicht eindeutig einem Geschlecht zuordnen lassen, und die bisher gewöhnlich von Geburt an einen Prozess der (gewaltvollen) Zuschreibung durchlaufen haben.
106 Vgl. Schleiermacher, KGA II/12: [*Vorlesung 1826*], 596.
107 Judith Butler, *Das Unbehagen der Geschlechter*, Frankfurt a. M.: Suhrkamp 1991.
108 Simone de Beauvoir, *Das zweite Geschlecht. Sitte und Sexus der Frau*, Bd. 1–2, Hamburg: Rowohlt 1951/1968.

durchaus – und mit dieser Anmerkung, kehre ich wieder zurück zu Schleiermacher – mit Schleiermachers Kulturphilosophie vereinbaren.

Denn eine natürliche Natur, unberührt und ursprünglich, deren harte Fakten sich ein für alle Mal theoretisch sichern ließen, kann es nach Schleiermacher nicht geben. Natur ist ein Grenzbegriff purer Materialität, und als gestaltete Natur ist sie immer schon auch ein Kulturprodukt. Davon ist der menschliche Körper, nach Schleiermacher erster Gegenstand menschlicher Kultivierungsbestrebungen, nicht ausgenommen. Auch die erkennende Erfassung der Natur geht nicht von ersten und einfachsten Wahrnehmungen aus, sie ist immer schon diskursiv kontaminiert, oder, mit Schleiermachers Worten: Wissenskonstruktion (die Ebene der Aussagen) und Wissenskombination (die Ebene der Diskurszusammenhänge) sind wechselseitig aufeinander verwiesen.[109] Die „Naturbasis", die Schleiermacher argumentativ in den Psychologie- und Pädagogik-Vorlesungen bemüht, um eine Rollenzuschreibung zu fixieren, ließe sich also durchaus ausgehend von Schleiermachers Dialektik- und Ethik-Vorlesungen als Produkt einer unaufhörlich weiter schreitenden kulturellen Praxis demontieren.

---

109 Vgl. Schmidt 2005, 173–177 (Anm. 17).

2 Universität und Bildungsreform

Zachary Purvis
Schleiermacher, Theology, and the Modern University

Few institutions have had as much enduring significance for modern Christian theology and higher education together as the University of Berlin, founded in 1810. Taking shape in the wake of the Enlightenment, in the midst of the Prussian Reform Era (1807–15), and during the heyday of German Idealism, the University of Berlin was envisioned as a new type of institution, one singular and monumental—not only for Prussia or the German lands but all of Europe. And, indeed, it soon established itself as a landmark in the history of the Western university and of higher education broadly for promoting a handful of grand, „new ideals" in profound, new ways: the nourishment of individual character (*Bildung*), freedom in teaching and learning (*Lehr-* und *Lernfreiheit*), and above all, rigorous scholarly enquiry summed up in the turn-of-the-century buzzword „science" (*Wissenschaft*), though of course the movement of such ideals into practice did not always follow an easy or uncomplicated path.[1]

In this context, among the many figures with a share in Berlin's founding story—not least Wilhelm von Humboldt (1767–1835), whose name has graced the institution since 1949—perhaps none deserves as prominent a position as the „Church Father" of the nineteenth century, Friedrich Schleiermacher (1768–1834).[2] Schleiermacher's achievements in forging the character of the institution and setting the trajectory for modern university theology found both practical and theoretical expression: the former chiefly in his labours as a Prussian academic bureaucrat and dean of Berlin's first faculty of theology; the latter principally in his ground-breaking treatise on the inner structure of academic theology, the

---
1 See, for example, R. C. Schwinges (Hg.), *Humboldt International. Der Export des deutschen Universitätsmodells im 19. und 20. Jahrhundert*, Basel: Schwabe 2001; Christophe Charle, „Patterns", in: Walter Rüegg (Hg.), *A History of the University in Europe, Bd. 3*, Cambridge 2004, 33–80; John Roberts, „The Diffusion of European Models Outside Europe", ebd., 163–230.
2 Wilhelm Weischedel, *Idee und Wirklichkeit einer Universität*, Gedenkschrift der Freien Universität Berlin zur 150. Wiederkehr des Gründungsjahres der Friedrich-Wilhelms-Universität zu Berlin 1, Berlin / New York: de Gruyter 1960, XXIV. Though, see also Rüdiger vom Bruch, „A Slow Farewell to Humboldt? Stages in the Development of German Universities, 1810–1945", in Michael G. Ash (Hg.), *German Universities: Past and Future*, Providence: Berghahn 1997, 3–27; Sylvia Paletschek, „The Invention of Humboldt and the Impact of National Socialism: The German University Idea in the First Half of the Twentieth Century", in Margit Szöllösi-Janze (Hg.), *Science in the Third Reich*, Oxford: Berg 2001, 37–58.

Kurze Darstellung des theologischen Studiums (1811; 2nd edn. 1830), and in his specific contribution to the intellectual debate surrounding the foundation of the University of Berlin, the *Gelegentliche Gedanken über Universitäten in deutschem Sinn* (1808), which in fact came to function ultimately as the university's real „intellectual charter".[3] In this paper, I shall highlight just a few aspects of these last two texts, for the most part leaving aside the complex political developments.[4]

Across Europe, the Enlightenment, the French Revolution, and the Napoleonic era had subjected universities—and theological faculties in particular—to an unrelenting onslaught of hostility. As the armies of the French Revolution moved from one place to another, they seized university endowments for the state and suppressed theological and other faculties in favour of professional and technical academies. Universities as institutions appeared on the brink of collapse, subject to the same overall fate as the fading *ancien régime*.

In the judgement of Enlightenment champions and *philosophes* like the French thinker Denis Diderot—who had once intended to enter the clergy—theological faculties generated only „controversy" and „fanaticism", not piety. Degree-holders had become „the most useless, intractable, and dangerous subjects of the state", Diderot wrote in a political memorandum on education drafted for Empress Catherine the Great of Russia.[5] Immanuel Kant's well-known work, *Der Streit der Fakultäten* (1798), argued that theology had long lost its „royal dignity"; the philosophy faculty, in turn, stood poised to divest it of its crown in the realm of science.[6] Kant celebrated „the philosophy faculty's right to sit as an opposition bench against the theological faculty".[7]

Critics, even within theological circles, pointed frequently towards theological faculties for perpetuating the lives of antiquated ideas, trading in a regressive

---

[3] Friedrich Schleiermacher, *Kurze Darstellung des theologischen Studiums zum Behuf einleitender Vorlesungen* [1811], KGA I/6, Berlin / New York: de Gruyter 1998, 243–315, and *Kurze Darstellung des theologischen Studiums zum Behuf einleitender Vorlesungen, 2. Aufl.* [1830], KGA I/6, 317–446; Friedrich Schleiermacher, *Gelegentliche Gedanken über Universitäten im deutschen Sinn, nebst einem Anhang über eine neu zu errichtende* [1808], KGA I/6, 15–100. See also Friedrich Paulsen, *The German University and University Study*, übers. v. Frank Thilly und William E. Elwang, New York: Charles Scribner's Sons 1906, 50.

[4] The following is developed in much greater detail in Zachary Purvis, *Theology and the University in Nineteenth-Century Germany*, Oxford: Oxford University Press 2016.

[5] Denis Diderot, „Plan d'une université pour le gouvernement de Russie" [1775/76], in: Diderot, *Œuvres complètes, Bd. 3*, hg. v. J. Assézat und M. Tourneux, Paris: Garnier 1875, 438.

[6] Immanuel Kant, *Der Streit der Fakultäten* [1798], in: *Kants gesammelte Schriften, Bd. 7*, hg. v. der Königlich Preussischen Akademie der Wissenschaften, Berlin: Reimer 1917.

[7] Immanuel Kant, *Briefwechsel, Bd. 1*, ed. Otto Schöndörffer, Leipzig: Meiner 1924, 688.

„guild theology" divorced from the enlightened improvement of human society.[8] Many sympathized with Baron d'Holbach, who sneered in 1772, the „science of theology [...] is a continual insult to human reason".[9] Prominent educational advisers, such as Joachim Heinrich Campe, began to see university education as a path which hindered rather than furthered the development of art, culture, science, and the general improvement of humanity.[10] Others disparaged theological faculties as entirely at odds with modern reason, and made the case for expelling them from universities altogether.[11]

The University of Berlin was established in 1810 in this calamitous context. The educational reforms that define the period began shortly after Prussia's disastrous loss to Napoleon at Jena (1806). Humiliated by the loss and shorn of its major university at Halle, Friedrich Wilhelm III and his ministers decided that reform necessitated the establishment of a new, prestigious university in Prussia's capital. As his ministers and others broached the idea, the king is reported to have responded: „That is right, that is good! The state must replace intellectually what it has lost physically".[12]

The initiative attracted numerous proposals from the likes of Humboldt, Schleiermacher, Johann Gottlieb Fichte (1762–1814), and others, each indebted to concepts in German Idealism and Romanticism, which addressed the structure and ethos of a new university and the proper balance between the free pursuit of knowledge and the interests of the state.[13] Facing a great crisis, said Henrik Steffens, „just at the time when the country seemed half-ruined ... and a sorrowful future seemed to await the whole land, an effort was put forth that even after ten years of perfect peace would seem incredible.... At that moment Fichte stepped forward ... Schleiermacher, too..... Everyone looked with confidence to the foun-

---

8 Karl Schwarz, *Gotthold Ephraim Lessing als Theologe*, Halle: Pfeffer 1854, 63.
9 Paul Henri Thiry d'Holbach, *Le Bon Sens, ou Idées naturelles opposées aux idées surnaturelles* [1772], hg.v. J. Deprun, Paris: Éditions Rationalistes 1971, 9.
10 Johann Heinrich Campe, „Von den Universitäten", in: *Allgemeine Revision der gesammten Schul- und Erziehungswesen 16* (1792), 145–220.
11 Johann Benjamin Erhard, *Ueber die Einrichtung und den Zweck der höhern Lehranstalten*, Berlin: Braun 1802.
12 Rudolf Köpke, *Die Gründung der königlichen Friedrich-Wilhelms-Universität zu Berlin*, Berlin: Schade 1860, 37.
13 The main memoranda are reproduced in Ernst Anrich, *Die Idee der deutschen Universität. Die fünf Grundschriften aus der Zeit der ihrer Neubegründung durch klassichen Idealismus und romantischen Realismus*, Darmstadt: Wissenschaftliche Buchgesellschaft 1956.

ding of the new University of Berlin ... the centre of the brightest hopes for Germany. The founding of the university was a grand event."[14]

One of the „new ideals" to receive top billing in the proposals has come to be called the modern research imperative, in which professorial identity rests on the publication of original research.[15] The professoriate, the scholars of the university, could no longer be thought of as an erudite caste of *Gelehrten* in the eighteenth-century sense; those who diligently mastered inherited wisdom and transmitted it faithfully to students. The old view was summed up in works such as Daniel Georg Morhof's *Polyhistor* (1688–92), a book that celebrated an obscure, mythical scholar who „knew all arts and sciences, played—and built—all the musical instruments, and embroidered more deftly than any woman".[16] Rather, in the new dispensation, one must be a *Wissenschaftler*, someone who finds or creates new knowledge in their field and publishes their findings in scientific journals. Increasing „new and better" knowledge is the professor's primary duty, a view that Max Weber would reflect on in his celebrated address „Wissenschaft als Beruf" from 1917.[17]

Critics and reformers alike were armed with a novel conception of *Wissenschaft*, rooted in Enlightenment and Idealist thought that stressed both the unitary and progressive character of human knowledge. It was, if not the origin, then clearly the flowering of a new *Wissenschaftsideologie*, or the modern research imperative. This notion of *Wissenschaft* was more than a simple conservation of classical views. Rather, it was a combination of the Aristotelian tradition of philosophy as paradigmatic knowledge with more recent ideas of a systematic ordering of knowledge within each discipline and within science as a whole. This idea had been pioneered at the eighteenth-century reform University of Göttingen (founded in 1737), which had introduced, in each faculty, lectures in „encyclopaedia" to cover the systematic unity and coherence of the subject. This idea of scientific encyclopaedia loomed large in German academic self-reflection throughout the nineteenth century, responsible for much of the structural and con-

---

[14] Henrik Steffens, *Was ich erlebte. Aus der Erinnerung niedergeschrieben*, Bd. 4, Breslau: Max 1841, 136–137. 140–142.
[15] See, for example, R. Steven Turner, *The Prussian Universities and the Research Imperative, 1806 to 1848* (Ph.D. diss.), Princeton University 1973, among other accounts of the *Wissenschaftsideologie* and modern research imperative.
[16] Anthony Grafton, „The World of the Polyhistors: Humanism and Encyclopedism", in: *Central European History 18* (1985), 31–47, hier 37. 41. Cf. Daniel Georg Morhof, *Polyhistor literarius, philosophicus et practicus*, 4. Aufl., Lübeck: Böckmann 1747, I. 2.
[17] Max Weber, *From Max Weber: Essays in Sociology*, übers. und hg.v. H. H. Gerth und C. Wright Mills, New York: Oxford University Press 1946, 129–56.

ceptual transformations across the „higher" faculties of theology, law, and medicine as well as the „lower" faculty of philosophy.

Before turning to the debate over higher education reform in the Prussian capital, it is insightful to consider briefly a slightly earlier manifestation of it at the University of Jena in Saxe-Weimar. In 1789, with revolutionary events starting already to shake France, hundreds of students in Jena listened with excitement to the young Friedrich Schiller (1759 – 1805). Just beginning his brief academic career through Goethe's arrangement, Schiller delivered a series of lectures ostensibly on the subject of universal history, but in point of fact covering much more. He began by painting two contrasting student portraits or types, namely the „bread-scholar" (*Brotgelehrte*) and the „philosophical mind" (*philosophische Kopf*), and asked his eager audience which one they would rather resemble. The first kind he characterized as narrow-minded, lacking curiosity, and fixated above all on career prospects and earning potential. The second he described as imaginative, creative, and dedicated to the pursuit of knowledge if for no other reason than a deep-rooted love of truth. Where the vibrant philosophical mind seeks to organize knowledge „into a harmonious whole", in keeping with new notions of *Wissenschaft*, the ironically anaemic bread-scholar wilts before the task, and „holds up the progress of useful revolutions in the realm of knowledge".[18]

Schiller's basic theme captured the mood. Indeed, Fichte employed the same general distinction when, five years later, he gave his own lectures series in Jena on the subject of „the duties of scholars" (*Über die Bestimmung des Gelehrten*). A „true scholar", he declared, dedicates one's life the acquisition of knowledge; and the „true vocation of the scholarly class (*Gelehrtenstand*) is the supreme supervision of the actual progress of the human race ... and the unceasing promotion of this progress".[19]

The Jena discussions culminated, however, in 1802 – 3 with Friedrich Wilhelm Joseph Schelling's „lectures on the method of academic study" (*Vorlesungen über die Methode des akademischen Studiums*). Over the course of fourteen lectures, which probed the „organic unity of knowledge" and outlined the function of the so-called „positive sciences" that more or less resembled the higher faculties, Schelling would, in fact, develop much of the intellectual framework for the

---

18 Friedrich Schiller, „Was heißt und zu welchem Ende studiert man Universalgeschichte?" [1789], in: Schiller, *Nationalausgabe, Bd. 17 = V/1*, hg.v. Karl-Heinz Hahn, Weimar: Böhlau 1970, 359 – 376.
19 Johann Gottlieb Fichte, *Über die Bestimmung des Gelehrten* [1794], in Fichte, *Gesamtausgabe der Bayerischen Akademie der Wissenschaften, Bd. I/3*, hg.v. Reinhard Lauth u.a., Stuttgart: Frommann-Holzboog 1966, 25 – 68.

establishment of Prussia's University of Berlin, as Friedrich Wilhelm III called for in 1807 at the Peace of Tilsit.[20]

In Schelling's view, the positive sciences, administered in part by the state, had practical ends. The state had a legitimate interest in the positive sciences, because the common good depended on clergy, lawyers, and doctors. In order to promote the common good to the highest degree, though, the state had to support disinterested knowledge, giving students the opportunity to acquire genuine *Wissenschaft* freed from all coercive measures. „The usual view of the universities", Schelling held, „is that they should produce servants of the state, perfect instruments for its purposes. But surely such instruments should be formed by science. Thus, to achieve such an aim through education, science is required. But science ceases to be science the moment it is degraded to a mere means, rather than furthered for its own sake."[21] Whereas philosophy as absolute *Wissenschaft* pursued knowledge as a means in itself, the positive and professional fields, though related to absolute *Wissenschaft* and sharing concerns for rigorous scientific methods, attempted to fulfil humanity's basic needs.

As new research increasingly indicates, Schelling's *Vorlesungen* proved remarkably influential. They elicited a lengthy review from Schleiermacher, at the time in Stolp (Pomerania); and formidable academic theologians, not least Ferdinand Christian Baur (1792–1860), among many others, found in them a deep well from which to draw for their own accounts of the Christian religion.[22]

The Prussian reform memoranda on higher education fundamentally shared the assumption that *Wissenschaft* embodied the true sense of philosophy, the discipline responsible for the organization of knowledge. Philosophy as „the science of science", they agreed, occupies the core of the ideal university and justifies the organic unity of knowledge amidst the diversity of scientific fields. Each text was drafted in the midst of French challenges not only to the university's continued existence, but also to the idea of a distinctly German „national" institution of education. In December 1807, for instance, only two months after finishing his own memorandum, Fichte delivered the first of his fourteen lectures in

---

20 Friedrich Wilhelm Joseph Schelling, *Über die Methode des akademischen Studiums* [1803], in: Schelling: *Werke*, Bd. 4, hg.v. Manfred Schröter, München: Beck 1933, 377–394.
21 Schelling 1933, 251 (Anm. 20).
22 Friedrich Schleiermacher, „Rezension von Friedrich Wilhelm Joseph Schelling. Vorlesungen über die Methode des akademischen Studiums" [1804], in KGA I/4, 461–484. See also Hg. Christian Danz, *Schelling und die historische Theologie des 19. Jahrhunderts*, Tübingen: Mohr Siebeck 2013; Paul Ziche und Gian Franco Frigo (Hg.), „*Die bessere Richtung der Wissenschaften". Schellings „Vorlesungen über die Methode des akademischen Studiums" als Wissenschafts- und Universitätsprogramm*, Stuttgart: Frommann-Holzboog 2011.

the amphitheatre of Berlin's *Akademie der Wissenschaften*, beginning his famous *Reden an die deutsche Nation*. Similarly, Schleiermacher intended to highlight, he said, „the contrast between the German universities and French special schools".[23]

Theology's right to a seat in the new university, however, sparked debate. Fichte's proposal, the most radical, followed arguments set forth previously by Schelling for training students in the organic unity of the sciences before advancing towards specialization, but curtailed drastically the list of subjects in which one might specialize, leaving only the „philosophical academy". Theology, law, and medicine had no place in Fichte's model because, he reasoned, they had emerged as historical accidents. The existence of these practical disciplines stemmed only from the state's need to train clergy, lawyers, and physicians. Students might still train for a career in a practical discipline, he granted, but that education would have to occur outside of the university in vocational schools or „other self-contained institutions".[24]

Schleiermacher's argument, by contrast, developed in detail in his *Gelegentliche Gedanken*, exhibited more conservative features. Traditionally, he said, the Christian Church had founded theological faculties „in order to preserve the wisdom of the Fathers, not to lose for the future what in the past had been achieved in discerning truth from error; to provide a historical basis, a sure and certain direction and a common spirit to the further development of doctrine and church". Moreover, „as the state came to be bound more and more closely with the church, it also had to sanction these institutions and place them under its care".[25] Faculties of medicine and law had similar origins, formed by the respective needs to treat ailments of the human body and to adjudicate socio-political disputes. Borrowing from Schelling's important *Vorlesungen*, Schleiermacher stated that these „positive faculties each arose from the need to establish an indispensable praxis securely in theory and the tradition of knowledge".[26] Such practical requirements continued to justify the presence of theology in an institution of science. Ultimately, Schleiermacher's vision held sway, and the university duly incorporated faculties of philosophy, law, medicine, and theology. Indeed,

---

23 Johann Gottlieb Fichte, *Reden an die deutsche Nation*, Berlin: Realschulbuchhandlung 1808; Schleiermacher, Brief 2650 an Karl Gustav von Brinckmann (KGA V/10, 66–69).
24 Johann Gottlieb Fichte, „Deduzierter Plan einer zu Berlin zu errichtenden höhren Lehranstalt, die in gehöriger Verbindung mit einer Akademie der Wissenschaften stehe" [1807], in Anrich 1956, 125–217 (Anm. 13).
25 Friedrich Schleiermacher, *Gelegentliche Gedanken über Universitäten in deutschem Sinn, nebst einem Anhang über eine neu zu errichtende* [1808], in KGA I/6, 54.
26 Anrich 1956, 257–258 (Anm. 13).

„Schleiermacher's model university structure became the basic organizational pattern for all German universities up to the present time".[27]

But not all was settled. Theology's institutionalization in the modern research university and the need to classify it in an overall system of scientific knowledge opened up a number of related quandaries: To what extent do the four traditional subdivisions of theology—exegetical, historical, systematic, and practical—form a harmonious ensemble? What unites them to one another, and how do they relate to other subjects in the university like philosophy, history, linguistics, or even the natural sciences? How does theology as a discipline integrate its conceptually and methodologically distinct subfields? In the German tradition, these queries bear the collective name of „theological encyclopaedia" (*theologische Enzyklopädie*).

Schleiermacher's answer came in his *Kurze Darstellung des theologischen Studiums*. More than any other work, this text proved monumental in setting the trajectory for modern academic theology—attempting to renew Protestantism, pursue *Wissenschaft*, and claim the spirit of modernity.[28] Accordingly, the title page of the first edition of the *Kurze Darstellung* introduced Schleiermacher in superlative terms, far beyond any other self-description or publisher's advertisement.

> Friedrich Schleiermacher, der Gottesgelahrtheit Doctor;
>
> öffentlicher, ordentlicher Lehrer an der Universität zu Berlin;
>
> evangelisch-reformierte Prediger an der Dreifaltigkeitskirche daselbst;
>
> ordentlicher Mitglied der Königlichen Preußischen und Korrespondent der Königlichen Bairischen Akademie der Wissenschaften.[29]

The point could not be missed: in his first publication at the University of Berlin, he would establish his scholarly legitimacy as the new chair or dean of the theological faculty (and his own discipline's scholarly legitimacy) in the first modern research university.

Though most works in the genre of theological encyclopaedia tended towards a fourfold curricular pattern of exegesis, church history, dogmatics, and practical theology, Schleiermacher organized the theological sciences according to an idiosyncratic, threefold scheme of philosophical, historical, and practical theo-

---

27 Daniel Fallon, *The German University: A Heroic Ideal in Conflict with the Modern World*, Boulder: Colorado Associated University Press 1980, 36.
28 Schleiermacher 1811 (Anm. 3), KGA I/6, 247.
29 Schleiermacher 1811 (Anm. 3), KGA I/6, 245.

logy.³⁰ The first branch promoted the philosophy of religion, where the empirical and historical nature of a given expression of Christianity might be compared through speculative and historical reasoning with an „ideal" Christianity.³¹ The second branch of study, historical theology, included exegesis, the history of the church, and, in a somewhat radical move, dogmatics.³² The final branch secured theology to the needs of the religious community.³³

As a „positive science", theology for Schleiermacher did not possess the same intrinsic academic legitimacy as philosophy. Without a vital connection to the ecclesiastical community—the Christian Church—knowledge of theology „ceases to be theological and devolves to those sciences to which it belongs according to its varied content".³⁴ Biblical studies might as well be undertaken entirely within philological or archaeological disciplines if divorced from the religious community.³⁵ Church leadership (*Kirchenleitung*), then, served as the goal of all theological study. But a focus on practical theology alone could not grant the theologian entry into the modern university. Though academic theology's coherency would disintegrate without the practical purpose of church government, the theologian must, nevertheless, be grounded in the philosophy faculty and the study of pure science (*Wissenschaft*). In his famous formulation: „If one should imagine both a religious interest and a scientific spirit united in the highest degree and with the finest balance for the purpose of theoretical and practical activity alike, that would be the idea of the 'prince of the church.'"³⁶ Schleiermacher allowed that theology must redefine its methods along *wissenschaftliche* and historical lines to find a place in the modern university, but nevertheless attempted to preserve a modified form of the „traditional" focus on the church. In the end, the purpose of theology determined theology's definition, not theology's content.

Much of the unity of pre-Enlightenment theological education had roots in an understanding of theology as a *habitus* or *scientia practica*, combining piety and learning. Schleiermacher's work was a watershed in the history of theology, incorporating a new organic, Idealist sense of science—understood primarily in historical and critical terms—directly into theology's very definition. Later, Al-

---

30 Schleiermacher ²1830 (Anm. 3), §31, KGA I/6, 337.
31 Schleiermacher ²1830 (Anm. 3), §32–68, KGA I/6, 338–52.
32 Schleiermacher ²1830 (Anm. 3), §69–256, KGA I/6, 353–416.
33 Schleiermacher ²1830 (Anm. 3), §257–338, KGA I/6, 417–46.
34 Schleiermacher ²1830 (Anm. 3), §1. 5, KGA I/6, 326. 328.
35 Schleiermacher ²1830 (Anm. 3), §6, KGA I/6, 328.
36 Schleiermacher ²1830 (Anm. 3), §9, KGA I/6, 329.

brecht Ritschl (1822–89) went so far as to call Schleiermacher's *Kurze Darstellung* the „lawgiver" in modern theology.[37]

These results, of course, would provoke new dilemmas across the modern period. Similarly, towards the century's end, the crisis of the university and of theological faculties would be staged in a series of new acts and with new members of cast. If these later episodes cannot be considered simply as recapitulations of the debates at the beginning of the century, they also cannot be divorced from them; those inclined should refrain from reading the features of one directly into the other—but permit one reference here anyway.

Turning to his illustrious predecessor at Berlin, Adolf von Harnack (1851–1930)—then in the midst of his own defence of theology's *wissenschaftliche* ambitions—called attention to Schleiermacher and his influential labours in the early nineteenth century. Of all Schleiermacher's many accomplishments, Harnack said, none warranted more attention than his primary activity as „as the organizer of theology, the human sciences, the university, and the academy" in the Prussian Reform Era. „Without exaggeration one may say that the internal reconstruction of the human sciences, and the reconstruction of the ... German universities, were essentially the service of this professor of theology."[38] In the words of Steffens, „Schleiermacher was above all a man of the university".[39]

---

[37] Albrecht Ritschl, *Die christliche Lehre von der Rechtfertigung und Versöhnung*, 3. Aufl., Bd. 1, Bonn: Marcus 1888, 487.

[38] Adolf von Harnack, „Die Bedeutung der theologischen Fakultäten", in: *Preußische Jahrbücher* 175 (1919), 362–374, hier 365. Cf. ders., *Geschichte der Königlich Preußischen Akademie der Wissenschaften zu Berlin*, Bd. I,1–III, Berlin: Reichsdruckerei 1900.

[39] August Twesten, *Zur Erinnerung an Friedrich Daniel Ernst Schleiermacher. Vortrag gehalten in der Königlichen Friedrich-Wilhelms-Universität zu Berlin am 21. November 1868*, Berlin: Vogt 1869, 33.

Christiane Ehrhardt
Schleiermacher und die Schulreform – mit einem Ausflug von Berlin nach Hessen

Für Karl Justus, den Schwälmer

„[D]enn die Schule steht in der Mitte zwischen dem häuslichen Leben und dem Staate",[1] bestimmte Schleiermacher in seiner Berliner Pädagogik-Vorlesung des Wintersemesters 1820/21 den systematischen Ort der Schule. Sehr wohl wollte er den öffentlichen Schulunterricht als „Theil des politischen Lebens"[2] verstanden wissen, doch artikulierte er dabei ein Verständnis von Öffentlichkeit, das zwischen öffentlicher und staatlicher Erziehung unterschied. Sorgfältig hielt er auseinander, ob der Mensch für sein Volk oder für seinen Staat gebildet werden solle. Inmitten der im Zuge der preußischen Reformen geführten Debatten um politische Interessen, etwa am Geschichts- und Geographieunterricht oder am Deutschunterricht und Religionsunterricht, forderte Schleiermacher einen zweckfreien, „bildenden Unterricht", der seinen Namen verdiene, wenn es um die „Erziehung des Menschen für das Erkennen"[3] gehe.

Schleiermachers strenge Abgrenzung der Religion von der Moral wie auch der Bildung von der Moral und vor allem seine nicht-hierarchische Verhältnisbestimmung dieser Begriffe scheint im Blick auf jüngere bildungspolitische Forderungen vergessen. So sah sich nach der Ermordung der Berlinerin Hatun Sürücü durch ihre Brüder im Februar 2005 die SPD unter Handlungsdruck, da Lehrer berichtet hätten, dass ihre Schüler den „Ehrenmord" rechtfertigten. Schon zwei Monate nach Sürücüs Beerdigung beschloss der SPD-Parteitag ein Pflichtfach zur Werteerziehung. Die Kirchen forderten stattdessen einen Fächerverbund, in dem die Schülerinnen und Schüler die Wahl zwischen „Ethik" und „Religion" behielten. Aber der angestrebte Volksentscheid „Pro Reli" scheiterte im Jahr 2009, so dass alle Berliner Schülerinnen und Schüler der Mittelstufe, also der Klassen 7 bis 10, den Ethik-Unterricht besuchen müssen und an einem Religionsunterricht zusätzlich teilnehmen können. Wobei inzwischen die einzelnen Schulen – abgesichert durch das Schulgesetz – unterschiedliche Formen der Kooperation zwischen den werteorientierenden Fächern praktizieren. Doch erneut dringen politische Forderungen in die Schulen, wenn im Jahr 2017 festgestellt wird:

---

1 Friedrich Schleiermacher, *Vorlesungen über die Pädagogik im Winter 1820/21*, KGA II/12, Berlin / New York 2017, 420.
2 Schleiermacher, *Pädagogik 1820/21*, KGA II/12, 535.
3 Schleiermacher, *Pädagogik 1820/21*, KGA II/12, 524.

„Angesichts der aktuellen politischen, ökonomischen und sozialen Entwicklungen auf nationaler, europäischer und globaler Ebene (unter anderem Populismus, Terrorismus, Nato-Krise, IS) müssen der Geschichts- und Politikunterricht nachhaltig gestärkt werden."[4] Der rot-rot-grüne Berliner Senat beabsichtigt nun, ein eigenständiges Schulfach „Politik" einzuführen. Im Fokus stehen wiederum die Klassenstufen 7 bis 10 – es ist zu erwarten, dass dem bislang zweistündigen Fach „Ethik" eine Unterrichtsstunde zugunsten von „Politik" gekürzt wird. Die Zukunft eines einstündigen Unterrichtsfaches „Ethik" in der Schule ist ungewiss. Werden die Berliner Heranwachsenden mithilfe des geplanten Schulfaches „Politik" einen respektvollen Umgang mit Geflüchteten erlernen können?

Der Ruf nach politischer Bildung in der Schule wurde schon einmal im letzten Jahrhundert laut, und zwar im Bundesland Hessen. Vor der Darstellung von Schleiermachers Beitrag zur preußischen Schulreform sei daher ein kurzer Ausflug nach Hessen gestattet, dessen Reformbemühungen in den späten sechziger und frühen siebziger Jahren des 20. Jahrhunderts Beispiel geben für alle Hoffnung und Anstrengung, mit einer Veränderung von Schule eine Veränderung der Gesellschaft herbeiführen zu können. Denn dieser „Reformprozess war ursprünglich getragen von der Idee, die Revision von Curricula so in die Wege leiten zu können, dass über die Beteiligung der Betroffenen am Reformprozess zuerst das Bildungssystem, dann die Gesellschaft sich ändern könnten und würden"[5].

1 Schulreform in Hessen

Ludwig von Friedeburg, Kultusminister in Hessen von 1969 bis 1974, beschrieb seine Startchancen für den persönlichen Bildungsweg folgendermaßen:

> „Ich erinnere mich an meine eigene Schulzeit und den Unterschied zwischen Berechtigungswesen und Leistungsgerechtigkeit oder Bewährung, wie immer wir das auch nennen wollen. Am besten ist, ich werde sehr anschaulich. Ich bin 1936 in Berlin auf ein humanistisches Gymnasium gegangen, dessen Schüler an den Eröffnungsveranstaltungen der

---

4 Erklärung des Verbandes deutscher Geschichtslehrer, online unter: http://www.tagesspiegel.de/berlin/schule/debatte-ueber-bildung-in-berlin-was-der-geschichtslehrerverband-fordert/19924284-3.html, zuletzt aufgerufen am 01.11.2017. Vgl. auch die *Berliner Erklärung zur Stärkung der politischen Bildung an Berliner Schulen*, online unter: https://www.change.org/p/berliner-erkl%C3%A4rung-zur-st%C3%A4rkung-der-politischen-bildung-an-berliner-schulen, zuletzt aufgerufen am 01.11.2017.
5 Waltraud Schreiber, *Schulreform in Hessen zwischen 1967 und 1982, Die curriculare Reform der Sekundarstufe I, Schwerpunkt: Geschichte in der Gesellschaftslehre*, Bayerische Studien zur Geschichtsdidaktik 10, Neuried 2005, 15.

Olympiade teilnahmen. Zum Einstudieren sind wir drei Wochen mit Bussen zum Olympiafeld gefahren worden. Wer Karten bekam, und meine Eltern hatten Karten, der brauchte auch während der Olympiade nicht zur Schule zu gehen. Dann kamen die Sommerferien, mein Vater wurde nach Kiel versetzt, dort besuchte ich die Kieler Gelehrtenschule. Meine Leistungen in Latein und Griechisch waren inzwischen ganz am Boden. Aber mein Lateinlehrer war im Weltkrieg Artillerist gewesen und mein Großvater Artilleriegeneral, das heißt, es war von vornherein klar, der gehört hierhin – während wir dauernd im Unterricht über andere belehrt wurden: ‚Du gehörst hier nicht hin!' Dieses klare Verständnis der Gymnasiallehrer, wer in das Gymnasium gehört und wer nicht, hat meine ganze Gymnasialzeit begleitet. Deswegen erhielt ich die nächsten eineinhalb Jahre Zeit, um das nachzuholen, was ich aus ganz sachfremden Gründen, die mit der Schule nichts zu tun haben, versäumt hatte. Und damit sind wir bei dem Problem. Daß die Vorstellung, wer wohin gehört, das deutsche Bildungswesen in hohem Maße bestimmt hat, das nenne ich Berechtigungswesen, vor allem beim Erwerb des Abiturs. Unser katholisches Landmädchen aus dem Bayerischen Wald hat inzwischen wirklich sehr viel bessere Chancen, obwohl sie noch bessere Chancen hätte in Bayern, wenn auch dort auf dem Land mehr Gesamtschulen wären."[6]

Das hier geschilderte Problem, „daß offensichtlich bestimmte Gruppen der Heranwachsenden andere Chancen haben, ihren Hals zu strecken, nämlich dann, wenn sie schon zu Hause durch den Umgang mit ihren Eltern und deren Bücherschränken längere Hälse bekommen als die anderen"[7], verdeutlichte, dass hier eine Hilfestellung der Schule gefragt war, „daß Begabung entfaltet werden muß und dazu andere Schulstrukturen und andere Lehrinhalte erforderlich sind"[8]. Die Forderung nach „Chancengleichheit" bestimmte die Bemühungen um Veränderung der Bildungseinrichtungen. Wesentliche Aspekte der Reform waren: die Auflösung des dreigliedrigen Schulsystems in Gesamtschulen, die Umwandlung der 5. und 6. Klassen in schulformübergreifende Förderstufen, die Neufassung der Lehrpläne insbesondere für Deutsch und Gesellschaftskunde und schließlich die 1972/73 vorgelegten Hessischen Rahmenrichtlinien für die Grund- und Mittelstufe und die Gymnasien, die als die tiefgreifendsten Veränderungen in Bezug auf alle Bundesländer galten.

---

6 Ludwig von Friedeburg, in: *Bildungsreform im Rückblick. Ein Dialog zwischen Professor Dr. von Friedeburg und Professor Dr. Hans Maier am 17. Oktober 1994 im Dominikanerkloster zu Frankfurt am Main*, Manuskript der Gesellschaft zur Förderung Pädagogischer Forschung, Frankfurt am Main 1995, 17.
7 Friedeburg 1995, 15 (Anm. 6).
8 Friedeburg 1995, 15 (Anm. 6).

1.1 Hessische Rahmenrichtlinien

Während etwa in Bayern das gegliederte Schulsystem fort galt, wurden in Hessen alle neue Sekundarschulen als Gesamtschulen geplant. So sah der 1970 verabschiedete Schulentwicklungsplan vor, dass in Hessen keine neuen Gymnasien, sondern stattdessen Förderstufen und Gesamtschulen gebaut und eingerichtet werden sollten. Der Anteil der Schülerinnen und Schüler, die im 5. und 6. Schuljahr Förderstufen besuchten, verdoppelte sich in kurzer Zeit. In verschiedenen Landkreisen ersetzten die Förderstufen verpflichtend die beiden Anfangsklassen der weiterführenden Schulen. Das Bundesverfassungsgericht bestätigte im Dezember 1972 die Rechtslage; der Staat sei nicht nur für den organisatorischen Aufbau des Schulwesens, sondern auch für die Bildungsgänge und Unterrichtsziele zuständig. Für die Neuordnung der Lehrerausbildung schuf die Hochschulreform die Grundlage. An der Neugestaltung der Lehrerbildung suchte das Hessische Kultusministerium die Öffentlichkeit zu beteiligen, insbesondere interessierte Lehrerinnen und Lehrer. „Denn Planung in einer demokratischen Gesellschaft wurde als Prozeß verstanden, der die an ihrer Verwirklichung beteiligten Gruppen in den Diskurs über ihren Ansatz und ihre Realisierung einbezog."[9] Das Ministerium gab in seinen *bildungspolitischen informationen* einen „Diskussionsentwurf zur Neuordnung der Lehrerbildung" heraus, der unterschiedliche Modelle erörterte und einen Überblick über die Stellungnahmen zur Neuorganisation gab. Nach dem Schulentwicklungsplan handelte es sich hierbei um die zweite größere Arbeit der neu eingerichteten Planungsgruppe im Kultusministerium.

Von Friedeburg war überzeugt, dass ohne eine wirksame Planungsabteilung weder die Erstellung von Entwicklungsplänen für Schule und Hochschule zu leisten wäre noch deren Umsetzung.[10] Bei der Einrichtung einer Planungsabteilung ging er so vor, dass er alle „organisatorischen und inhaltlichen Reformplanungen für Schule und Hochschule einschließlich der Ressourcen [...] aus den Verwaltungsabteilungen" ausgliederte und neu zusammenfasste.[11] Leiter der

---

9 Ludwig von Friedeburg, *Bildungsreform in Deutschland, Geschichte und gesellschaftlicher Widerspruch,* Frankfurt am Main 1989, 448.
10 Zur Entstehung dieser „Planungsabteilung" vgl. Schreiber 2005, 345–349 (Anm. 5).
11 Vgl. Ingrid Haller, *Schulplanung als Surrogat für eine neue Schulpraxis, Zur Funktion der hessischen Curriculumentwicklung 1970–1975. Eine Fallstudie,* Frankfurt/Main 1976, 44.

Abteilung Schulplanung wurde der bisherige Referent der Gymnasialabteilung Karl Ehrhardt.[12]

Im Anschluss an das Studium der Germanistik und der Geschichte in Marburg an der Lahn und der Promotion in Geschichte hatte Ehrhardt am Gymnasium Philippinum in Marburg u.a. das Fach Sozialkunde[13] unterrichtet. Nachdem er Erfahrungen als Schulleiter am Freiherr-vom-Stein-Gymnasium in Frankfurt am Main hatte gewinnen können, wurde er 1963 in das hessische Kultusministerium berufen. Die Neukonzeption der politischen Bildung, insbesondere an den hessischen Gymnasien, wurde zu einem Schwerpunkt seiner Tätigkeit. Geprägt durch das Studium der Zeitgeschichte bei Wolfgang Abendroth („Weimar, Parteiengeschichte, Staatsrecht und Widerstand"[14]) und der Erfahrung des persönlich hart erkämpften Abiturs (ohne Großvater als Artilleriegeneral, aber mit couragierter Großmutter und Tante fast ohne finanzielle Mittel), sah er – ähnlich wie von Friedeburg – in der Umverteilung von Sozialchancen durch Bildung den Beitrag der zweiten deutschen Republik zur Demokratisierung. Indes lautete seine Forderung nie „Chancengleichheit", sondern „Startchancengleichheit", dies erschien ihm ehrlicher: „Was der einzelne daraus macht, ist seine Sache; der Aufsteiger muß notwendig mehr leisten, weil er keine Protektion hat".[15]

Seine Zielsetzung für politische Bildung formulierte Ehrhardt folgendermaßen: „Jugendliche sollen in die Lage versetzt werden, ihre Position in der Gesellschaft zu finden."[16] Um dieses Ziel zu erreichen, unterstützte er zum einen die Einführung des Gemeinschaftskundeunterrichts und zum anderen die Etablierung der politischen Bildung als Unterrichtsprinzip für alle Fächer.[17] Anzusetzen

---

12 Zu Ehrhardts Besetzung der Mitarbeiterstellen in der Planungsabteilung (so holte er z.B. Ingrid Haller für die Curriculumsrevision) und seiner Einschätzung der Spannungen zwischen der Planungsgruppe und den traditionellen Referaten vgl. Schreiber 2005, 348–349 (Anm. 5).
13 Mein Vater erzählte mir, dass er in dieser Zeit (der 1950er Jahre) von einem älteren Kollegen provokativ gefragt wurde: „Sagen Sie mal, Herr Kollege, ist die Sozialkunde denn auch ein Fach?" Worauf mein Vater erwidert habe: „Genauso wie die Biologie zu Ihrer Zeit, Herr Kollege!" Vgl. auch den *Nachruf auf Ehrhardt* in: Chronika, Gymnasium Philippinum 6. Folge, Nr. 8, April 2001, 400–402, 441 und: http://ehemalige.phille.de/koedukation-ein-muehsamer-beginn-die-ersten-maedchen-am-philippinum, zuletzt aufgerufen am 01.11.2017.
14 „Die normale Historikerausbildung hörte mit dem 1. Weltkrieg auf." Aus einem Gespräch mit Ehrhardt, zitiert nach: Schreiber 2005, 374 (Anm. 5).
15 Aus einem Gespräch mit Ehrhardt, zitiert nach: Schreiber 2005, 375 (Anm. 5).
16 Aus einem Gespräch mit Ehrhardt, zitiert nach: Schreiber 2005, 375 (Anm. 5).
17 Karl Ehrhardt, *Lebenslauf 1960* (Privatarchiv): „Nach wie vor steht für mich die Politische Bildung im Mittelpunkt meiner Arbeit. So ist mir bereits bei der Ausbildung der Referendare klar geworden, daß über die Sozialkunde hinaus auch die anderen Schulfächer ihren Teil zur Politischen Bildung beitragen müssen. Hierbei soll es sich nicht um eine Politisierung der jeweiligen Fächer handeln, sondern lediglich um ein Bemühen der Fachlehrer, die ihren Fächern inne-

war, so Ehrhardts Position, an der Ausbildung der Lehrer. Da es kaum Lehrkräfte mit der Lehrberechtigung für Geschichte und für Politik gab, galt es, Historikern die Möglichkeit zu bieten, die Facultas für Politik nachzuholen. Das Fach Gemeinschaftskunde sollte die Fächer Geschichte, Politik und auch Geographie zusammenführen.[18] Für die Arbeit an einem Lehrplan setzte Ehrhardt die Lehrplankommission mit je zwei Fachleitern der drei Fächer zusammen und initiierte zugleich die Erstellung von Handreichungen für den konkreten Unterricht in Gemeinschaftskunde.[19] Aufgrund seiner Erfahrung mit der Einführung von Gemeinschaftskunde wurde Ehrhardt auch mit der der Revision der Deutschlehrpläne für das Gymnasium betraut. Dabei versuchte er, eine Zusammenarbeit zwischen Wissenschaft, Verwaltungsbehörde und Schule auf den Weg zu bringen.

Das Kultusministerium informierte die Öffentlichkeit in einem in hoher Auflage verbreiteten Heft seiner *bildungspolitischen informationen* im Sommer 1972 über das Vorhaben der groß angelegten Curriculumrevision[20], bevor im Herbst die ersten Entwürfe der neuen Richtlinien die Schulen erreichten. Neu war die Orientierung an Lernzielen und nicht an Stoffkatalogen und der Bezug auf Jahrgangsgruppen, nicht auf Klassen verschiedener Schulformen. In den Schulen fanden die Rahmenrichtlinienentwürfe reges Interesse. Nahezu in allen Fächern bewiesen sich die Vorschläge für die neuen Lehrpläne als fruchtbare Arbeitsgrundlage. „Symptomatische Ausnahmen"[21] stellten die Rahmenrichtlinien für Deutsch und Gesellschaftslehre dar. An ihnen entzündete sich eine heftige Auseinandersetzung. „Zum ersten Mal wurde in der Bundesrepublik in öffentlicher Debatte um Inhalte des Schulunterrichts gerungen"[22]. Stein des Anstoßes war die sozialwissenschaftliche Prägung beider Entwürfe. So sollte insbesondere der Deutschunterricht dazu beitragen, Sprachbarrieren abzubauen und die Kommunikationsfähigkeit der Schülerinnen und Schüler zu fördern, um Chancenungerechtigkeit auszugleichen. Die vorgegebenen drei Arbeitsbereiche „Sprachliche Übungen", „Umgang mit Texten" und „Reflexion über Sprache" brachten eine

---

wohnenden politischen Bildungsmöglichkeiten voll auszuschöpfen. Diese ‚Sozialkunde als Prinzip' ist zwar als theoretische Forderung bekannt, wird aber in der Schulpraxis leider noch viel zu wenig geübt."

18 Zu Ehrhardts Einführung der „Wildunger Lehrgänge", mit denen parallel zur Tätigkeit in der Schule in zwei Jahren die Lehrbefähigung für Gemeinschaftskunde erworben werden konnte und zu deren inhaltlicher Planung Ehrhardt eng mit den Politikwissenschaftlern Wolfgang Abendroth, Iring Fetscher und Eugen Kogon zusammenarbeitete, vgl. Schreiber 2005, 376–377 (Anm. 5).
19 Vgl. Schreiber 2005, 379–380 (Anm. 5).
20 Zu den Beiträgen von Saul. B. Robinson und Wolfgang Klafki vgl. Friedeburg 1989, 449–450 (Anm. 9) und Schreiber 2005, 108–203 (Anm. 5).
21 Friedeburg 1989, 452 (Anm. 9).
22 Friedeburg 1989, 452 (Anm. 9).

Veränderung der Rolle der Literatur mit sich. Die Behandlung des Hochdeutschen als „Hochsprache" im Interessenkonflikt der gesellschaftlichen Schichten und die Absage an einen Literaturunterricht waren Gegenstände massiver Kritik. Der Entwurf wurde schließlich zurückgezogen.

Die Rahmenrichtlinien für Gesellschaftslehre sollten nicht nur die Schulformen, sondern – wie die Gemeinschaftskunde in der Oberstufe – auch einzelne Fächer übergreifen (Geschichte, Sozialkunde, Geographie). Vier Lernfelder wurden vorgeschlagen: Sozialisation, Wirtschaft, öffentliche Aufgaben und intergesellschaftliche Konflikte, internationale Beziehungen und Friedenssicherung. Anhand dieser Lernfelder sollten die Schülerinnen und Schüler die Gesellschaft und ihre Geschichte kennenlernen und auf ihre eigenen Fähigkeiten und Möglichkeiten zur Selbst- und Mitbestimmung beziehen: „Die Befähigung zur Selbst- und Mitbestimmung war das oberste Ziel des Curriculums. Es sollte für alle Schüler gleichermaßen gelten und war daher mit der Utopie der Aufhebung ungleicher Lebenschancen verknüpft."[23] Die Verbände der Historiker und Geographen fürchteten um die Position ihrer Fächer, und besonders umstritten waren in der öffentlichen Debatte die Unterrichtsbeispiele zu Problemen im Familienleben oder in der Arbeitswelt, die gesellschaftliche Konflikte als Lerngegenstand thematisierten. In einem zweiten Entwurf (1973) sollten Verbesserungen Missverständnissen entgegenwirken. Doch die Positionen blieben kontrovers, und die Gegner standen sich zunehmend unversöhnlich gegenüber. Hinzu kam, „dass die grundsätzliche Reformbereitschaft der späten 1960er und frühen 1970er Jahre schrittweise umschlug. Begriffe wie ‚Reform', ‚Demokratisierung', ‚Konfliktbereitschaft' wurden zunehmend negativ konnotiert."[24] So wurden die Rahmenrichtlinien für Gesellschaftslehre mehrfach umgeschrieben, bis es im Juni 1982 zu einer achten und letzten Fassung kam, deren Darstellung Waltraud Schreiber in ihrer über 900 Seiten starken Habilitationsschrift mit der Kapitelüberschrift: „Sieg der Pragmatik oder: Das Ende eines ehrgeizigen Projekts" versehen hat.[25]

1.2 Hessen und Preußen

„Der Umschlag von Reformeuphorie in Restauration hat in Deutschland eine lange Tradition", bemerkt Ludwig von Friedeburg und betont: „In einer heute

---

[23] Friedeburg, 1989, 455 (Anm. 9).
[24] Schreiber 2005, 825 (Anm. 5).
[25] Schreiber 2005, 806–812 (eingeschlossen das Kapitel: „Protest ohne Resonanz – Zustimmung ohne Diskussion").

kaum mehr verständlichen Weise ist die Bildungsreform in der Bundesrepublik, jedenfalls im großen Aufschwung der späten sechziger und frühen siebziger Jahre, ohne Kenntnis ihrer eigenen Geschichte betrieben worden."²⁶ Von Friedeburg erinnert an Wilhelm von Humboldt, der zu Beginn des 19. Jahrhunderts auf Vorschlag des Freiherrn vom Stein mit der Leitung der Unterrichtsabteilung als Chef der neu eingerichteten Sektion für den Kultus und öffentlichen Unterricht im ebenfalls neu organisierten Innenministerium betraut worden war. Die neue Sektion plante die Reform des gesamten Bildungswesens. Mit Wilhelm von Humboldts bildungstheoretischem Grundsatz einer allgemeinen Menschenbildung wurde eine gemeinsame gestufte Schule in den Blick genommen, nicht ein geteiltes Bildungssystem etwa mit der Abspaltung beruflicher Schulformen: „Alle Schulen aber, deren sich nicht ein einzelner Stand, sondern die ganze Nation, oder der Staat für diese annimmt, müssen nur allgemeine Menschenbildung bezwekken."²⁷ Weiter heißt es bei Humboldt: „Was das Bedürfnis des Lebens oder eines einzelnen seiner Gewerbe erheischt, muss abgesondert, und nach vollendetem allgemeinen Unterricht erworben werden. Wird beides vermischt, so wird die Bildung unrein, und man erhält weder vollständige Menschen, noch vollständige Bürger einzelner Klassen."²⁸ Von Friedeburg zog den *Bericht der Sektion des Kultus und Unterrichts an den König* vom Dezember 1809 heran, in dem Wilhelm von Humboldt über die Ideen der Sektion schrieb:

> „Sie berechnet ihren allgemeine Schulplan auf die ganze Masse der Nation und sucht diejenige Entwickelung der menschlichen Kräfte zu befördern, welche allen Ständen gleich nothwendig ist und an welche die zu jedem einzelnen Beruf nöthigen Fertigkeiten und Kenntnisse leicht angeknüpft werden können. [...] Jeder ist offenbar nur dann ein guter Handwerker, Kaufmann, Soldat und Geschäftsmann, wenn er an sich und ohne Hinsicht auf einen besondern Beruf ein guter, anständiger, seinem Stande nach aufgeklärter Mensch und Bürger ist. Giebt ihm der Schulunterricht, was hiezu erforderlich ist, so erwirbt er die besondere Fähigkeit seines Berufs nachher sehr leicht und behält immer die Freiheit, wie im Leben so oft geschiehet, von einem zum andern überzugehen. Fängt man aber von dem besonderen Berufe an, so macht man ihn einseitig, und er erlangt nie die Geschicklichkeit und Freiheit, die nothwendig ist, um auch in seinem Berufe allein nicht bloss mechanisch, was Andere vor ihm gethan, nachzuahmen, sondern selbst Erweiterungen und Verbesserungen vorzunehmen. Der Mensch verliert dadurch an Kraft und Selbständigkeit [...] Es tritt endlich die Schwierigkeit ein, dass sich der künftige Beruf oft nur sehr spät richtig bei einem

---

26 Friedeburg 1989, 9 (Anm. 9).
27 Wilhelm von Humboldt, *Der Königsberger und der Litauische Schulplan*, in: Wilhelm von Humboldt, Werke in fünf Bänden, Bd. IV, hg.v. Andreas Flitner und Klaus Giel, Darmstadt ⁶2002, 188.
28 Humboldt, *Der Königsberger und der Litauische Schulplan*, in: Humboldt ⁶2002, 188 (Anm. 27).

Kinde oder jungen Menschen bestimmen lässt und dass sein natürliches Talent, das ihn vielleicht einem anderen widmen würde, bald nicht erkannt, bald erstickt wird."[29]

Es ist von Friedeburg nachzusehen, dass er hier – ungebrochen begeistert von der Idee der integrierten Gesamtschule – einen direkten Verbindungsweg zwischen Hessen und dem Preußen der Reform erblickte: „Überzeugender lässt sich die Idee der Gesamtschule kaum formulieren, die Humboldt und seine Mitarbeiter zum wegweisenden Programm erhoben."[30] In seiner Rezeption der Humboldtschen Bildungstheorie gelangt der Berliner Allgemeine Erziehungswissenschaftler Dietrich Benner bei seiner Analyse der Wechselwirkung zwischen Mensch und Welt zwar auch zu der Einschätzung: „Solche Wechselwirkung ist auf ein Überschreiten herkunftsbedingter- und bezogener Lernprozesse angewiesen und angelegt."[31] Doch sieht Benner den Horizont allgemeiner Menschenbildung weiter gesteckt als denjenigen eines Chancenungerechtigkeit ausgleichenden Gesamtschulunterrichts: „Richtig verstanden ist allgemeinbildender Schulunterricht nur möglich, wenn wir eingestehen, daß wir um die Bestimmung des Menschen nicht wissen".[32]

Benner weist mit Wilhelm von Humboldt auf die Vermittlungsproblematik von Mensch und Bürger hin, die im allgemeinbildenden Unterricht eine andere sei als im berufsbildenden Unterricht: „Beide stehen freilich vor der gemeinsamen Aufgabe, den Menschen ‚nicht dem Bürger zu opfern', sondern Selbstbestimmungsprozesse in bürgerlicher Öffentlichkeit zu unterstützen, die auf keine Identität von Mensch und Bürger und auch nicht auf einen Dualismus von Mensch und Bürger finalisiert sind, sondern die Vermittlungsproblematik von Mensch und Bürger als eine doppelte, als eine menschliche und als eine bürgerliche, ausweisen."[33]

Genau diese „Selbstbestimmungsprozesse in bürgerlicher Öffentlichkeit" sollte die Institution Schule ermöglichen. Dies war das zentrale Anliegen der Reformer, die sich um 1810 in der „Wissenschaftlichen Deputation" in Berlin unter dem Direktorat Schleiermachers mit der Neugestaltung der Schule und ihrem Unterricht befassten und dazu einen Lehrplanentwurf zur allgemeinen Einrichtung der gelehrten Schulen vorlegten. Dieser Lehrplanentwurf erfuhr zwar nicht

---

29 Wilhelm von Humboldt, *Bericht der Sektion des Kultus und Unterrichts an den König vom Dezember 1809*, in: Humboldt ⁶2002, 217–219 (Anm. 27).
30 Friedeburg 1989, 65 (Anm. 9).
31 Dietrich Benner, *Wilhelm von Humboldts Bildungstheorie, Eine problemgeschichtliche Studie zum Begründungszusammenhang neuzeitlicher Bildungsreform*, Weinheim und München ²1995, 217.
32 Benner ²1995, 219 (Anm. 31).
33 Benner ²1995, 220 (Anm. 31).

ganz so viele Überarbeitungen wie die Hessischen Rahmenrichtlinien, doch entfernten sich die späteren Fassungen genau wie in Hessen immer weiter von den ursprünglichen Zielen. Insbesondere die mit der neu konzipierten Schule intendierten „Selbstbestimmungsprozesse in bürgerlicher Öffentlichkeit" waren der Reaktion – verkörpert durch Humboldts Nachfolger Kaspar Friedrich von Schuckmann – ein Dorn im Auge, so dass sich an dieser Stelle der Kreis schließt, den von Friedeburg ausgehend von den Ereignissen um die Hessischen Rahmenrichtlinien im Rückgriff auf die preußische Bildungsreform zu zeichnen begann: „Der Umschlag von Reformeuphorie in Restauration hat in Deutschland eine lange Tradition"[34].

2 Schulreform in Berlin um 1810

„Dohna", schrieb Schleiermacher am 26. Januar 1809 an Henriette von Willich, seine damalige Verlobte, „nimmt sich so viel ich erfahren kann vortrefflich. [...] Mich sezt er in rasende Bewegung; er möchte posttäglich die ausführlichsten Briefe von mir haben, und ich kann auch kaum anders als willfahren da ich ihm über Gegenstände der innern Verwaltung schreiben kann die für mich von dem höchsten Interesse sind."[35] Dieses Interesse, das unter anderem schon seine Reformvorschläge zur Kirchenverfassung mit ihren Anregungen zur Umgestaltung der Staatsverwaltung verrieten,[36] konnte Schleiermacher ab 1810 in die preußischen Verwaltungsbehörden einbringen, die sich mit der Erziehungsreform befassten.

Wilhelm von Humboldt hatte sich seit seiner Leitung der Unterrichtsabteilung als Chef der Sektion für den Kultus und öffentlichen Unterricht um die Konsolidierung von Schleiermachers Arbeitsbedingungen in Berlin bemüht. Am 26. März 1810 übertrug er Schleiermacher – zunächst interimistisch – das Direktorat der Wissenschaftlichen Deputation für den öffentlichen Unterricht. „Die unterzeichnete Section", heißt es in Humboldts amtlicher Benachrichtigung an Schleier-

---

34 Friedeburg 1989, 9 (Anm. 9).
35 KGA V/11, Berlin / New York 2015, Nr. 3045, 43. Friedrich Ferdinand Alexander Burggraf und Graf zu Dohna-Schlobitten (1771–1831) war auf Empfehlung Steins 1808 vom König zum Innenminister berufen worden. Dieses Amt übte er bis zum November 1810 aus (als Hardenberg Staatskanzler wurde, nahm Dohna aus Protest gegen dessen autoritären Führungsstil seinen Abschied). Er war der älteste Sohn des Schlobittener Hausherrn Friedrich Alexander, bei dem Schleiermacher 1790–1793 als Hauslehrer tätig war.
36 Vgl. Friedrich Schleiermacher, *Vorschlag zu einer neuen Verfassung der protestantischen Kirche für den preußischen Staat vom 18. November 1808*, KGA I/9, Berlin / New York 2000, 1–27.

macher, „ladet nunmehr Ew. Hochwürden und die wissenschaftliche Deputation dringend ein, sich mit Eifer Ihren Geschäften zu unterziehen, und freuet sich im Voraus, in Ihnen und in der übrigen Deputation eine kräftige Mitwirkung in ihrer Tätigkeit zu finden. Sie wird sich beeifern der Deputation bald Aufträge zu geben, die wesentlich in das Innere des Schulwesens eingreifen und sieht mit Vergnügen auch unaufgefordert erfolgenden Vorschlägen dieser Art von Seiten der Deputation entgegen."[37]

Das wichtigste Arbeitsergebnis der Berliner Wissenschaftlichen Deputation – der erste große Lehrplanentwurf vom September 1810 – zeugt von der Bedeutung, welche diese der Einbeziehung der Bürger in die Vorhaben der Staatsverwaltung beimaß. Die Deputation brachte mit ihrem Entwurf zum Ausdruck, dass sie ihre Rolle darin sah, den Austausch zwischen den Lehrern und Direktoren der einzelnen Schulen und den verantwortlichen Gremien des preußischen Staates zu befördern. Einwände und Verbesserungsvorschläge zur Schulgestaltung waren ausdrücklich erwünscht – ja konnten den vorgelegten Plan „recht bald [...] überholen und unzulänglich machen". Die Deputation wünschte, nur den Grund gelegt zu haben „zu einer allgemeinen Einigung über die Sache".[38]

Die Aufgabenverteilung zwischen Deputation und Sektion zeigt, dass wissenschaftliche Reflexion und staatliches Handeln kritisch aufeinander bezogen gedacht waren. So bestand der Zweck der Deputation in Folgendem: „Sie hält die allgemeinen wissenschaftlichen Grundsätze, aus welchen die einzelnen Verwaltungs-Maximen herfliessen, und nach denen sie beurtheilt werden müssen, unverrückt gegenwärtig, und dient daher der Section, ihr Verfahren im Einzelnen immer nach seinen allgemeinen Richtungen übersehen und gehörig würdigen zu können."[39] Die allgemeinen Richtungen, die es im Blick zu halten galt, waren die Zielsetzungen der Erziehungsreform: die Beförderung der allgemeinen Menschenbildung, deren Erwerb in den allgemeinen, „keinem einzelnen Zweck" gewidmeten Schulen beabsichtigt wurde.[40] Die Deputation musste dementsprechend bemüht sein, „dasjenige, was für Unterricht und Erziehung in jedem einzelnen Theile geschehen sollte, immer gegenwärtig zu haben, und mit dem, was wirklich geschieht, zu vergleichen". Ob Verbesserungen wirklich ausführbar waren, gehörte nicht in ihre Entscheidungskompetenz. Doch hatte sie der Sektion unverzüglich ihre Bedenken vorzulegen, sobald sie bemerkte, dass wichtigen

---

37 *Votum Nr. 2*, KGA II/12, 6–7.
38 *Votum Nr. 32*, KGA II/12, 109–110.
39 Wilhelm von Humboldt, *Ideen zu einer Instruktion für die wissenschaftliche Deputation bei der Sektion des öffentlichen Unterrichts*, in: Humboldt [6]2002, 201 (Anm. 27).
40 Vgl. Humboldt, *Ideen*, in: Humboldt [6]2002, 202 (Anm. 27).

wissenschaftlichen Maximen entgegen gehandelt werde.⁴¹ Wichtige wissenschaftliche Maximen konkretisierten sich für die Deputation vordringlich in erziehungstheoretischen Grundsätzen. Diese legten den Einzelnen auf keinen bestimmten Zweck fest, weil der Erzieher sich nicht herausnehmen dürfe, über die künftige besondere Bestimmung seines Zöglings zu entscheiden.⁴² Für die Deputation galt: „Die Maxime also welche jeden Menschen unbeschadet seiner Neigung durch die allgemeine Bildung durchgehen läßt, ist allein die welche den Zögling selbst, seine Bildung zum Menschen zum Zwekk hat."⁴³

In dieser bildungstheoretischen Perspektive vermochte die Deputation alles Geschehen im Unterrichts- und Erziehungsbereich des preußischen Staates kritisch zu begleiten und Verbesserungsvorschläge zu entwickeln. So beleuchtete sie Unterrichtsmethoden und Erziehungssysteme, entwarf Lehrpläne, wählte Lehrbücher aus und konzipierte neue. So beurteilte sie Schriften, welche bei der Sektion eingesandt wurden. Sie gab Empfehlungen für Stellenbesetzungen in Schule und Universität. Sie stellte Prüfungsordnungen auf und führte Prüfungen durch mit allen, die in der Schule tätig sein wollten.

Am 26. April 1810 wurde Schleiermacher definitiv zum ersten Direktor der Berliner Wissenschaftlichen Deputation für den öffentlichen Unterricht ernannt.⁴⁴ Nur drei Tage später reichte Humboldt sein Entlassungsgesuch ein.⁴⁵ Im Juni 1810 kehrte Humboldt in den diplomatischen Dienst zurück – Schleiermacher befand sich gerade auf dem Höhepunkt seiner Beschäftigung mit dem Lehrplan.

Dieser Lehrplan in seiner ersten Entwurfsfassung vom September 1810 diente weiteren schulreformerischen Vorhaben als Grundlage. Ein Überblick über Schleiermachers vielfältige Projekte für die Schulreform, die er in seiner Verantwortung für die Wissenschaftliche Deputation initiierte und begleitete, und über seine Arbeiten, die er als Mitglied der Unterrichtsabteilung der Sektion leistete, ist meiner Historischen Einführung in den Band der Kritischen Gesamtausgabe mit Schleiermachers Vorlesungen über die Pädagogik und amtlichen Voten zum öffentlichen Unterricht zu entnehmen.⁴⁶

---

41 Vgl. Humboldt, *Ideen*, in: Humboldt ⁶2002, 205 (Anm. 27).
42 Vgl. Friedrich Schleiermacher, „Rezension von Johann Friedrich Zöllner: Ideen über Nationalerziehung" [1805], KGA I/5, Berlin / New York 1995, 9.
43 Friedrich Schleiermacher, *Vorlesungen über die Pädagogik im Winter 1813/14*, KGA II/12, 285.
44 Vgl. *Votum Nr. 12*, KGA II/12, 38.
45 Vgl. Wilhelm von Humboldt, *Entlassungsgesuch*, in: Humboldt ⁶2002, 247–254 (Anm. 27). Zu den Hintergründen von Humboldts Entlassungswunsch vgl. meine Anmerkung 26 in der Historischen Einführung in KGA II/12, XXIV–XXV.
46 KGA II/12, XXVII–XXXIV.

2.1 Die Berliner „Rahmenrichtlinien" 1810 und das Abitur

Am letzten Tag des Jahres 1810, das Schleiermacher in besonders hohem Maße der Schulreform gewidmet hatte, schrieb er seinem Freund Joachim Christian Gaß zum vollendeten ersten Lehrplanentwurf: „Ich gehe mit dem Gedanken um meinen Plan drukken zu lassen aber mit Erläuterungen wodurch sich alles begründet; noch kann ich nur nicht dazu kommen."[47] Zu den geplanten Erläuterungen kam Schleiermacher wohl nicht mehr, zumindest ist nichts dergleichen überliefert, doch konnte sein Plan im Jahr 2017 endlich gedruckt werden.[48] Dieser Plan trägt den Titel: „Entwurf der wissenschaftlichen Deputation zur allgemeinen Einrichtung der gelehrten Schulen". Der Entwurf präsentiert nicht etwa einen Stoffverteilungsplan für einzelne Fächer, sondern einen Vorschlag für eine veränderte Schulstruktur. In einem dialogischen Prozess, der vom Juni bis zum September 1810 andauerte, entwarf die Wissenschaftliche Deputation unter Schleiermachers Leitung eine Neuordnung der Schulfächer, zusammengefasst in „Sprachen" und „Wissenschaften". Erstmals wurde ein mathematischer und ein naturwissenschaftlicher Unterricht verpflichtend. Der Geschichts- und Geographieunterricht, der Unterricht in einer modernen Fremdsprache und der Deutschunterricht erhielten ebenfalls erstmalig gesicherte Positionen im Curriculum. Griechisch wurde im Pflichtkanon des Gymnasiums verankert, die Stundenzahl des Lateinunterrichts jedoch reduziert. Ein Religionsunterricht nach Maßgabe von Schleiermachers „Allgemeinem Entwurf"[49] gehörte genau wie der Mathematikunterricht zur „wissenschaftlichen Bildung" in der neuen gelehrten Schule dazu.

Die Wissenschaftliche Deputation kam überein, dass die gelehrte Schule in der Regel sechs Klassen umfasse, wobei die Anzahl der Klassen nicht identisch mit der Anzahl der Schuljahre gedacht war. Für einen vollständigen Gymnasialkursus waren zehn Jahre vorgesehen – vom achten bis zum achtzehnten Lebensjahr des Heranwachsenden. Der untersten Bildungsstufe sollten zwei, der nächst höheren drei und der höchsten fünf Jahre zugewiesen werden. Dabei habe sich die Lehrplankommission mit der entscheidenden Frage auseinandergesetzt, ob „jeder Schüler in jedem Lehrgegenstande in einer und derselben Klasse sitzen muß, oder ob umgekehrt jeder in jeder nach Maasgabe seiner Fortschritte in einer eigenen soll sitzen können". Man entschied sich für die Eingruppierung nach Jahrgängen. Zwar sollte es einem Schüler ermöglicht werden, in einem Fach un-

---

[47] KGA V/11, Nr. 3556, 68–71.
[48] *Votum Nr. 32*, KGA II/12, 108–173.
[49] *Votum Nr. 21*, KGA II/12, 75–78.

terschiedliche Leistungsklassen zu besuchen, jedoch immer nur innerhalb einer Bildungsstufe. Erst wenn er in *jedem* „Lehrobject vollkommen geleistet hat, was auf seiner bisherigen Stufe zu leisten war", könne er in die nächst höhere Bildungsstufe versetzt werden.[50] Eine unharmonische Ausbildung und Einseitigkeit durch zu rasches Voraneilen in einem oder mehreren Lieblingsfächern des jungen Menschen hätte dem Zweck der gelehrten Schule widersprochen, nämlich allgemeine Bildung vermitteln zu wollen. Die Wissenschaftliche Deputation vertrat hier die Auffassung, dass eine gewisse Gleichmäßigkeit und Harmonie der individuellen Entwicklung erst das Resultat einer bestimmten vorgegebenen Rahmung des pädagogischen Prozesses sei, in der die Jahrgangsgruppe als soziale Gemeinschaft eine wesentliche Rolle spielte. Im Unterschied zum aufklärerischen Fachklassensystem war es also nach dem Modell der drei Bildungsstufen nicht möglich, in einzelnen Fächern verschiedenen Bildungsstufen anzugehören, bzw. sich partiell in die nächsthöhere Bildungsstufe versetzen zu lassen, obwohl Differenzierung innerhalb der Stufen möglich und erwünscht war. Mit diesem Strukturmodell wurde eine nachhaltig wirksame organisatorische Form für die Durchsetzung der Allgemeinbildung geschaffen.

Auf der Grundlage dieser Überlegungen setzten sich die Berliner Schulreformer mit den Schulabschlüssen auseinander und beschäftigten sich insbesondere mit einer neuen Abiturordnung. Hatten sie doch von Wilhelm von Humboldt nicht nur den Auftrag erhalten, sich der „Ausarbeitung eines allgemeinen Schulplans für die gelehrten Schulen des Staats" zu widmen, sondern auch der Konzeption eines „*daran sich schließenden* [Hervorh. d. Verf.] neuen Reglements für die Abiturienten-Prüfungen".[51] Schleiermacher erklärte in einem Gutachten zu den Schulabschlussprüfungen, dass deren Stufung und unterschiedliche Leistungsanforderungen aus den Grundätzen des Lehrplans hergeleitet seien.[52]

Die Wissenschaftliche Deputation führte eine von Schleiermacher strukturierte Diskussion über Zielsetzungen, Sinn und Zweck von Abschlussprüfungen der gelehrten Schule und entwarf dabei eine neue Abiturordnung. Schleiermacher steuerte diesen Diskussionsprozess zunächst durch vier von ihm aufgeworfene Fragen zum Schulabschluss, die alle Deputationsmitglieder schriftlich zu beantworten hatten.[53] Dann sorgte er dafür, dass sich in der Deputation jeder mit der Position des anderen auseinandersetzte und verfasste daraufhin am 10. Dezember

---

50 *Votum Nr. 32*, KGA II/12, 114.
51 *Votum Nr. 13*, KGA II/12, 40.
52 Vgl. *Votum Nr. 40*, KGA II/12, 200.
53 *Votum Nr. 35*, KGA II/12, 179.

1810 ein abschließendes Gutachten über die Schulabschlussprüfungen mit dem Schwerpunkt der Abiturprüfungen.[54]

Die erste Frage Schleiermachers an seine Kollegen, ob die Abiturprüfungen überhaupt beibehalten werden sollen, wurde mit einem unbedenklichen „Ja" beantwortet, zumal Schleiermacher in seinem Rundschreiben darauf hingewiesen hatte: „Diese Frage haben wir aber eigentlich schon vorläufig bejaht indem wir auf jeder unserer drei Stufen ein ähnliches angeordnet haben."[55] Das „Ja" zu dieser Frage ergab sich also konsequent aus den Vorgaben des Lehrplans. Dieser sah drei „Abgänge" während des gesamten Bildungsgangs der höheren Schule vor – beim Thema Schulabschluss war also ausdrücklich nicht nur das Abitur im Blick. Jeder Abgang war mit Prüfungen verbunden, denn es sei die „That der Schule", sich davon zu überzeugen, ob die Ziele einer Bildungsstufe erreicht wurden, um dann gegebenenfalls in die nächst höhere zu entlassen. Unter „Abgang" wurde hier zum einen das Verlassen der vollendeten Bildungsstufe verstanden, damit auf einer höheren das Lernen fortgesetzt werden konnte, und zum anderen der Austritt aus der Schule und der damit verbundene Wechsel „zu einer andern Lebensweise".[56]

Im Gutachten der Wissenschaftlichen Deputation zu Berlin über die Abiturientenprüfungen ist in Korrelation mit dem Lehrplan von drei Zeitpunkten die Rede, zu welchen Schüler die höhere Schule verlassen: „Am frühesten diejenigen welche sich für die niedern bürgerlichen Gewerbe bestimmen, späterhin die welche die Beschäftigungen des höheren Bürgerstandes ergreifen und zulezt die welche eine wissenschaftliche Bildung auf der Universität vollenden wollen."[57] Prüfungen und darüber auszustellende Zeugnisse waren für alle „Abgänger" vorgesehen, und zwar „sowol für die welche das Gymnasium verlassen als für die welche eine höhere Hauptstufe auf demselben betreten".[58]

---

54 *Votum Nr. 40*, KGA II/12, 200–205. Die in der Gutachtenanlage beigefügten umfangreichen Zeugnismuster (für ein Zeugnis der Reife und für ein Zeugnis der Unreife) und Kriterien für die Notenfindung geben Aufschluss über die Erziehungsziele der Deputation. Vgl. z. B die Diskussion zwischen Bernhardi und Spalding über die Beurteilung des Moralischen, bei der Spalding zu bedenken gab, „[...] ob eine zu genaue Schilderung des Moralischen in einem jungen Menschen nicht a.) eine nicht allgemein zu hoffende Scharfsichtigkeit bei den beurtheilenden Schullehrern voraussetze? b.) dennoch den größten Misgriffen ausgesezt bleibe? Ob der Jüngling gutmüthig und gesezt sei, kann leicht beobachtet werden, und das scheint mir genug für das moralische Urtheil." *Anhang 2 zu Votum Nr. 35*, KGA II/12, 182.
55 *Votum Nr. 35*, KGA II/12, 179.
56 Vgl. *Votum Nr. 32*, KGA II/12, 168–169.
57 *Votum Nr. 40*, KGA II/12, 201.
58 *Votum Nr. 40*, KGA II/12, 201.

Verantwortung und Zuständigkeiten im Erziehungsprozess von den Eltern auf der einen Seite und von der Schule auf der anderen wurden in diesem Kontext deutlich voneinander abgegrenzt – auch wenn die neu konzipierte höhere Schule auf das Miteinander von Eltern und Schule angewiesen war; konnte doch die angestrebte Kooperation bei der Erziehung des Kindes mit einer klaren Aufgabenverteilung zwischen Erziehungsberechtigten und Schule besser gelingen. Zwar bliebe es letztlich den Eltern und Vormündern überlassen, wann sie das Kind von der Schule nehmen, doch entscheide allein die Schule darüber, wann und ob ein Kind die Voraussetzungen zum Übergang auf eine nächst höhere Bildungsstufe erfülle. Eltern neigten dazu, ihre Kinder übereilt von der Schule zu nehmen, damit diese schnell in den Beruf gelangen. Dabei täuschten sich die Eltern oftmals in ihrer Einschätzung des Entwicklungsstands und der Leistungen ihrer Kinder. Es sei daher die genuine Aufgabe der Schule, klar zu attestieren, „ob der Zögling das geworden ist, was er auf der jeweiligen Bildungsstufe werden soll".[59] Das diesbezügliche „Urtheil" der Schule sei von besonderer Bedeutung bei einem beabsichtigten Übergang zur Universität. Auch wenn Landeskindern neuerdings der Zugang zu fremden Universitäten ohne Schulabschlussprüfung offen stünde, so biete doch gerade das Abitur die beste Möglichkeit, „das so lange zwischen den Lehranstalten und den Eltern der Zöglinge bestandene Verhältniß auf eine redliche und würdige Art aufzulösen", indem nämlich die Eltern von der Schule mit dem Abiturzeugnis eine „unverhohlene" Information über die Lernerfolge ihres Nachwuchses erhielten.[60]

Mit der Ausstellung von Zeugnissen erhob die Schule ihre Stimme in der Öffentlichkeit. Nicht nur die Eltern erhielten Mitteilung über die Lernerfolge ihres Kindes, sondern darüber hinaus ein größeres Publikum, indem nämlich die Zeugnistexte in den Fest- und Programmschriften der Schule veröffentlicht wurden. Das Zeugnis bekam damit „die größte Publicität, welche ihm eine Schule geben kann".[61] Ohne schulisches Abschlusszeugnis gab es keinen Nachweis und keinerlei Kontrolle über den Bildungsgang eines jungen Menschen, der sich beispielsweise für die Universität bewerben wollte. Es sei die Frage, wie man wenigstens in Bezug auf die in Gründung begriffene Berliner Universität verhindern könne, „daß nicht einer vor der Prüfung abgeht, sich als einer der Privatunterricht genossen immatriculiren läßt und dann doch zu den Beneficien concurrirt".[62] So sollten wenigstens alle, die Privatunterricht genossen haben, oder nach Einschätzung der Wissenschaftlichen Deputation „genossen zu haben vorgeben",

---

59 Vgl. *Votum Nr. 32*, KGA II/12, 169.
60 Vgl. *Votum Nr. 40*, KGA II/12, 201.
61 *Votum Nr. 32*, KGA II/12, 169.
62 *Votum Nr. 40*, KGA II/12, 205.

sich den Abiturprüfungen an einer Schule stellen und ihr Zeugnis vorweisen müssen, wenn sie beabsichtigten zu studieren und besonders, wenn sie ein staatliches Stipendium erhalten wollten. Die Schule sollte hier nicht auf ihren Einfluss verzichten, mit ihrem Abgangszeugnis die Grundlage für die Entscheidung zu bereiten, wer in den Genuss eines öffentlichen Stipendiums gelangte. Verstand sich die Schule als Bestandteil einer zu gestaltenden Öffentlichkeit, so musste sie sich hier zu Wort melden. Zumal die Nachfrage nach einem Abschlusszeugnis die Bedeutung des Schulbesuchs steigerte. Die mit dem Schulbesuch einhergehende Möglichkeit, ein zunehmend gefragtes Testat über den Ausbildungsgang zu erwerben, gab der öffentlichen Schule den Vorrang vor dem Privatunterricht.

Schleiermachers auf den ersten Blick schlichte Frage nach dem Einfluss des Abiturzeugnisses auf die Erteilung eines Stipendiums eröffnete den Horizont, vor dem die Wissenschaftliche Deputation über schulische Abschlüsse und Abgangszeugnisse beriet: die Auseinandersetzung mit der Bedeutung und Anerkennung der Schule in der Öffentlichkeit und mit ihrem Verhältnis zum Staat. Der Staat möge das Ergebnis, zu dem die Schule über die Leistungen eines jungen Menschen gelangt sei, respektieren und sich bei der Vergabe der Stipendien daran orientieren. Jemand, der nicht das Ziel der höheren Schule erreicht habe, das Zeugnis der Reife, könne auch kein Stipendium erhalten, um zu studieren. In den Vorgutachten bedachten einzelne Deputationsmitglieder, ob diese Entscheidung nicht denjenigen den Werdegang erschwere, die erst spät, vielleicht erst auf der Universität, zu guten Leistungen gelangten. Doch bei näherer Überlegung kam die Deputation darin überein, dass die Universität damit überfordert sei, „von der Beßerung eines Einzelnen genaue Kentniß zu bekommen".[63] Diese Aufgabe falle eindeutig in den Zuständigkeitsbereich der Schule, die mit ihrem Zeugnis Auskunft über den Lernerfolg des Einzelnen gebe. So wünschte die Deputation, „daß der Staat seine Unterstüzungen nur denen, welche das beste Zeugniß davon tragen, zuwenden möge".[64]

Mit dem Abiturzeugnis wurde das, was auf der Schule gelernt worden war, die Arbeit, die die Schule geleistet hatte, für die Öffentlichkeit transparent. Das Zeugnis war ein Dokument, das gleichsam die Schulmauern überwand und mit dem Zögling den Weg hinaus in die Welt nahm. Was sollte und was durfte es über den jungen Menschen aussagen, dessen Schullaufbahn es bezeugte? Insbesondere angesichts des Interesses des Staats, schon frühzeitig ein Bild von denjeni-

---

63 *Anhang 4 zu Votum Nr. 35*, KGA II/12, 185.
64 Vgl. *Votum Nr. 40*, KGA II/12, 205.

gen zu gewinnen, „welche ihm zu höheren Werkzeugen dienen sollen",[65] war sorgfältig abzuwägen, worüber ein solches Dokument Aufschluss erteilte. Zur Diskussion stand die Frage, welchen Charakter das Abiturzeugnis annehmen sollte und was überhaupt Gegenstand einer Beurteilung sein durfte, die zum Beispiel an den Staat gelangte und an „den neuen Kreis, in den sich die ehemaligen Zöglinge begeben".[66]

2.2 Zeugnis der Reife

Um die Ergebnisse ihrer Diskussion zu präzisieren, präsentierte die Wissenschaftliche Deputation nicht nur ein abschließendes Gutachten zur Abiturkonzeption, sondern darüber hinaus – im Anhang zu ihrem Gutachten – konkrete Beispiele zur Gestaltung von Zeugnissen. Diese Zeugnismuster geben Aufschluss über die Erziehungsziele der Deputation. Im Zentrum der zwischen den einzelnen Mitgliedern durchaus kontrovers geführten Diskussion stand die Frage nach der Beurteilung „des Moralischen in einem jungen Menschen".[67]

In seiner schriftlichen Auseinandersetzung mit Schleiermachers Fragen zum Abitur sprach sich August Ferdinand Bernhardi (1769–1820) dafür aus, dass das von der Schule auszustellende Zeugnis das Betragen des Zöglings während seiner Schulzeit schildern und dabei diejenigen Seiten des Charakters besonders hervorheben müsse, die Einfluss auf die anzutretende Karriere haben können.[68] Die Auffassung Bernhardis wurde dadurch noch erhärtet, dass er zwar einräumte, dass auch die „intellektuale Bildung" Gegenstand der Beurteilung zu sein habe. Doch böte sich hierbei die Gelegenheit, „versteckter Weise" die „natürlichen Anlagen" des jungen Menschen zu schildern, um endlich „diejenige Disciplin zu welcher er neigt vorzüglich heraus[zuhe]ben".[69] Der Widerspruch zu den im Lehrplan dargelegten Zielen, dem Zögling eine Bildung zukommen zu lassen, die es ihm nicht abnahm, seine Bestimmung selber erarbeiten zu müssen, war hiermit eröffnet, wenn gleichsam zu guter Letzt doch die Schule die Richtung vorgeben sollte.

Ein solches Signal über die sittlichen Eignungen eines Schulabgängers – in einem für die Öffentlichkeit bestimmten Dokument – rief unter anderem bei Georg Ludwig Spalding (1762–1811) tiefgreifende Bedenken hervor. Er gab zu bedenken,

---

65 *Votum Nr. 40*, KGA II/12, 201.
66 Vgl. *Votum Nr. 32*, KGA II/12, 169.
67 *Anhang 2 zu Votum Nr. 35*, KGA II/12, 182.
68 Vgl. *Anhang 1 zu Votum Nr. 35*, KGA II/12, 180–181.
69 *Anhang 1 zu Votum Nr. 35*, KGA II/12, 181.

ob eine detaillierte Aussage über die Moral eines jungen Menschen nicht „eine nicht allgemein zu hoffende Scharfsichtigkeit bei den beurtheilenden Schullehrern voraussetze". Dieser Einwand wurde nicht nur im Hinblick auf schulische Realitäten formuliert, sondern vielmehr mit dem Blick auf die Grenzen dessen, was einer Schule überhaupt zur Beurteilung anstünde. Eine „zu genaue Schilderung des Moralischen in einem jungen Menschen" bleibe den größten Missgriffen ausgesetzt, warnte Spalding. Ob der Jüngling „gutmüthig" und „gesetzt" sei, könne hingegen leicht beobachtet werden, „und das scheint mir genug für das moralische Urtheil", erklärte er.[70] Sein Einspruch wehrte nicht nur überzogene und für den Bereich der Schule geradewegs falsche Ansprüche ab, sondern rückte vor allem die Aufgabe schulischer Erziehung zurecht. So sei diese nicht darauf gerichtet, Heranwachsende von früh an zur Tugend zu führen. Tugend stelle sich erst im späteren Leben ein und sei kein Werk der Erziehung noch ein Resultat ethischer Unterweisung. Ethik wurde hier nicht als etwas Fertiges, sondern als in der Entwicklung begriffen. Die neue gelehrte Schule war an der Urteilsbildung ihrer Zöglinge interessiert und nicht an einer Moralisierung. In dieser Schule wurde zwischen Bildung und Moral getrennt. Von diesem Grundsatz ging auch Johann Gottfried Woltmann (1778–1822) aus, der ebenso wie Spalding Berhardis Standpunkt, dass das Abiturzeugnis den Charakter des Zöglings beschreiben solle, entschieden zurückwies. Woltmann erklärte unmissverständlich, dass es weder im „Berufe" noch im „Vermögen" der Schule liege, die Reife oder die Unreife des Charakters zu bestimmen.[71]

Wie sollte unter diesen Vorgaben das Abiturzeugnis beschaffen sein? Die Deputation schlug in ihrem Gutachten vor, dass jeder Abiturient im Anschluss an die Prüfung eine zweifache Zeugnis-Ausfertigung erhalten solle. Die eine – ausführlichere – Fassung sei ausschließlich für die Eltern und Vormünder bestimmt; sie wurde als „Censur" bezeichnet, auch wenn sie keine Ziffernzensuren aufwies, sondern ein Wortgutachten war. Die Angehörigen sollten darin von der „Ansicht" unterrichtet werden, „welche die Lehrer von einem Jüngling haben fassen müssen". Hier sei mit einer gewissen Ausführlichkeit von des Zöglings Charakter zu reden sowie von seinen Talenten und Fortschritten.[72] Die zweite vorgesehene Zeugnisversion, bezeichnet als das „eigentliche Prüfungszeugniß" sollte – weniger ausführlich – für das Auge der zukünftigen akademischen Lehrer des Zöglings und für die öffentlichen Behörden bestimmt sein.

---

70 *Anhang 2 zu Votum Nr. 35*, KGA II/12, 182.
71 Vgl. *Anhang 4 zu Votum Nr. 35*, KGA II/12, 185.
72 Vgl. *Votum Nr. 40*, KGA II/12, 203.

Die Öffentlichkeit sollte beispielsweise nicht erfahren, dass ein Zögling sich während des Unterrichts lieber seinen Träumereien überließ.[73] Eine solche Beobachtung fehlte im „Prüfungszeugniß"; nur die Eltern erhielten in dem für sie bestimmten Zeugnis davon Mitteilung. Sie erfuhren auch, dass die Französisch-Kenntnisse ihres Filius' sich dessen „Neigung in Gesellschaften zu glänzen und den Weltmann zu spielen" verdankten, während die übrige Öffentlichkeit in der für sie bestimmten Zeugnisfassung zu lesen bekam, dass ihm die französische Sprache geläufig sei.[74] Nur die Eltern wurden über Details der „Aufführung" ihres Sohnes informiert: „er wurde dreimahl degradirt, mußte achtmal nacharbeiten und erlitt zweimal Arrest, das ihm wegen unregelmäßig abgelieferter und flüchtig angefertigter Arbeit diktirte Strafgeld beträgt 1 Rth 12 g."[75] Die kürzere, für die Öffentlichkeit bestimmte, Version lautete, dass die „Aufführung" hinsichtlich der Regelmäßigkeit der Ablieferung der Arbeiten „sehr zu tadeln und durch keine Mittel zu verbeßern gewesen" sei.[76] Über den Fleiß hieß es in der Kurzfassung: „Durchaus tumultuarisch und willkührlich immer durch Launen und Neigung bestimmt und daher im höchsten Grade unregelmäßig".[77] Die Eltern mussten sich hingegen mit einer anderen Darstellung desselben Sachverhalts auseinandersetzen: „Er hat also auf alle Weise die Hoffnungen seiner Lehrer getäuscht die sie bei seiner Versetzung nach Prima von ihm faßten, indem er im letzten Vierteljahre durch einen sehr geregelten, dabei aber übertriebenen und tumultuarischen Fleiß worunter seine Gesundheit damals beträchtlich litt und noch die Spuren an sich trägt, sich die nothwendigen Kenntniße erwarb, welche er nachher durch unterlaßene Uebung, durch Trägheit und Schlaffheit wieder vergessen hat".[78] Der Hang zu Träumereien, die Neigung, den Weltmann zu spielen, Trägheit und Schlaffheit, diese Beschreibungen waren Charakterisierungen des Zöglings, die nicht an die Adresse seiner späteren Förderer und Arbeitgeber gerichtet sein sollten. Wie sah das Zeugnis aus, dass diese vorgelegt bekamen?

Auch dieses Zeugnis sollte keine Ziffernzensuren enthalten, sondern dreistufig gegliedert („reif oder gut, mittelmäßig und unreif oder schlecht") Aussagen über Sitten und Charakter sowie über Talente und Fortschritte des Absolventen treffen. Als Kriterien für die Beurteilung der Reife des Charakters wurden angeführt die „Selbstständigkeit" des Zöglings und die „Reinheit seines Betragens".[79]

---

73 Vgl. *Anhang zu Votum Nr. 40*, KGA II/12, 210.
74 Vgl. *Anhang zu Votum Nr. 40*, KGA II/12, 209.
75 *Anhang zu Votum Nr. 40*, KGA II/12, 209.
76 Vgl. *Anhang zu Votum Nr. 40*, KGA II/12, 208.
77 *Anhang zu Votum Nr. 40*, KGA II/12, 208.
78 *Anhang zu Votum Nr. 40*, KGA II/12, 210.
79 *Votum Nr. 40*, KGA II/12, 203.

Diese Kriterien unterschieden sich grundlegend von festgelegten Tugenderwartungen, wie sie zum Beispiel Bernhardi als Programm der Schule proklamierte: Die Kardinaltugend des Schülers war für ihn der Gehorsam; die beiden Tugenden Fleiß und Artigkeit ordnete er dieser Grundtugend unter.[80] Demgegenüber war die „Reinheit" des Betragens keine inhaltlich festgelegte Tugenderwartung, sie ließ verschiedenen Verhaltensweisen und Eigenheiten der Heranwachsenden Raum. So durfte erst recht die „Selbstständigkeit" geradezu als Gegenbegriff zu dem von Bernhardi erwarteten „Gehorsam" verstanden werden. Wenn eine Schule als Kriterium der Reife „Selbstständigkeit" verlangte, so schloss dies den reflektierenden Umgang mit Moralvorstellungen ein. Indem ein Zögling sich mit den an ihn herangetragenen, möglicherweise unterschiedlichen und einander widerstreitenden Moralen auseinandersetzte, gewann er seine Selbstständigkeit im Urteilen und Handeln. Ein solcher Erfahrungsspielraum, der ausdrücklich auch negative (moralische) Erfahrungen zuließ, setzte voraus, dass schulische Erziehung und Bildung nicht von einer einzigen, feststehenden Moral ausgingen, an die es den Heranwachsenden positiv zu gewöhnen galt, sondern dass das Nicht-Wissen um das Gute eingestanden wurde. Die Ethik war hier nicht vorgegeben, sondern musste sich erst entwickeln und war dabei auf Vielstimmigkeit angewiesen. So verabschiedete die Wissenschaftliche Deputation mit ihrem Verständnis von Reife traditionelle Konzepte einer positiven Moralisierung und verwandelte diese in das Konzept eines kritischen Umgangs mit Moralität.

„Reif" war nach einem solchen Konzept, wessen Leistungen und Fähigkeiten zu erkennen gaben, dass hier ein junger Mensch „eine sehr bestimmte Eigenthümlichkeit" entwickeln werde.[81] Dazu musste er in seinem Denken und Handeln Unabhängigkeit erlangt haben und den Mut aufbringen, eigenständige Positionen zu ergreifen. War er hingegen überwiegend beeinflussbar und verführbar, so sprach das für seine Unreife.[82] Sein eigener Wille musste sich herausbilden. Habe bei einem Zögling „angehender ernster guter Wille noch zu wenig Herrschaft erworben", so könne er nur als mittelmäßig reif beurteilt werden.[83] Gaben seine Prüfungsleistungen im Abitur indes zu erkennen, dass „Freiheit und Klarheit" in seinen Gedanken herrschten und dass sich zudem „Anschaulichkeit und Beweglichkeit seines Gefühls und seiner Phantasie" zeigten, so durfte ihm ein

---

80 Vgl. August Ferdinand Bernhardi, *Ueber die ersten Grundsätze der Disciplin in einem Gymnasium. Programm von 1811*, in: Ders, *Ansichten über die Organisation der gelehrten Schulen*, Jena 1818, 135–214.
81 Vgl. *Anhang zu Votum Nr. 40*, KGA II/12, 207.
82 Vgl. *Votum Nr. 40*, KGA II/12, 203–204.
83 *Votum Nr. 40*, KGA II/12, 204.

Zeugnis der Reife zuerkannt werden.[84] War doch davon auszugehen, dass dieser Abiturient zu lebendigster und freiester „Einsicht" gelangt sei. Das von Schleiermacher im Kontext seines Gutachtens zum Religionsunterricht formulierte Ziel schulischer Bildung, „Einsicht" zu gewinnen, war hier im Zeugnismuster für ein Zeugnis der Reife wiederzufinden. Ebenso war das polare Begriffspaar Bildung des Verstandes und der Fantasie aufgenommen, das Schleiermachers Gutachten zum Deutschunterricht entstammte.[85]

Die Analyse des Musters für ein Zeugnis der Reife zeigt weiter, dass gut entwickelte intellektuelle Fähigkeiten allein noch nicht ausreichten, um einen jungen Menschen als reif bezeichnen zu können. Sein Verhältnis zur Welt, seine Befähigung und Bereitschaft, nicht nur die Welt in sich aufzunehmen, sondern sich zugleich in der Welt darzustellen, waren ebenso Gegenstand der Beurteilung seiner Reife. Wer zwar rasch zu denken und zu kombinieren vermöge und dabei doch „den freien Verknüpfungen seiner Einbildungskraft vertrauend eine falsche Unabhängigkeit von der äußern Welt" habe, der sei lediglich einseitig ausgebildet. Ihm fehle die universelle Seite seiner Erziehung, um mit Schleiermacher zu sprechen, die auf die Partizipation am sittlichen Leben gerichtet war. Wer nicht sich selbst bildend zugleich weltbildend tätig wurde, der hatte das Ziel der Schule verfehlt und konnte dementsprechend nicht für reif erklärt werden. Denken und Handeln galt es im Reifeprozess gleichermaßen zu entwickeln, und es bleibe zu hoffen, so der Schluss des Zeugnismusters, dass, wer sich unabhängig von der äußeren Welt wähne, durch Irrtümer belehrt „zur Einstimmung der äußern und innern Welt kommen wird".[86]

Voraussetzung für die Entwicklung eines solchen Gleichgewichts war, dass in der Schule streng darauf geachtet wurde, dass sich der Zögling nicht nur seinen Neigungen und Talenten überließ, sondern gerade auch in denjenigen Bereichen gefordert wurde, die ihm weniger zu liegen schienen. Dementsprechend müsse im Abiturzeugnis ausdrücklich Erwähnung finden, „wie viel der Jüngling in demjenigen was seinen Neigungen und Fähigkeiten nicht analog ist geleistet habe und wie ausgezeichnet er in dem sei, wo ihm die Natur vorzüglich zu Hülfe gekommen ist". Die Ausbildung eines einseitigen Talents, wie hervorragend ein junger Mensch in dieser Einseitigkeit auch sein mochte, könne doch immer nur mit einem „Mittelmäßig" beurteilt werden, denn „nie darf die Schule die Disharmonie und das Talent einseitig gebildet durchschlüpfen laßen".[87]

---

[84] *Anhang zu Votum Nr. 40*, KGA II/12, 207.
[85] Vgl. *Votum Nr. 22*, KGA II/12, 79–81.
[86] *Anhang zu Votum Nr. 40*, KGA II/12, 207.
[87] *Anhang 1 zu Votum Nr. 35*, KGA II/12, 181.

Die Diskussion um die Abiturzeugnisse rückte die Zielsetzung der neuen gelehrten Schule ins Licht. Das Ziel schulischer Bildung sei erreicht, wenn „ein genügender Grad allgemeiner Bildung" vorhanden sei. Unter dieser Bedingung könne man von der Reife eines jungen Menschen sprechen, während ein einseitiges Talent und bedeutende Fortschritte in einem Fach nur für eine „allgemeine Unbildung" sprächen und demzufolge nicht mit dem Zeugnis der Reife honoriert werden könnten.[88]

3 „Chancengleichheit" 1810?

Indem die Berliner Wissenschaftliche Deputation den Aspekt der universellen oder allgemeinen Bildung in den Vordergrund stellte, überwand sie bei ihrer Konzeption der Schule deren ständische Zersplitterung und die Rücksichtnahme auf spezielle berufliche Ausbildungsinteressen. Die Schule müsse im Hinblick auf die von ihr zu behandelnden Gegenstände „ganz universell" sein, hieß es.[89] In seinen „Gelegentlichen Gedanken über Universitäten" hatte sich Schleiermacher gegen eine „verderbliche Einseitigkeit" der Schulen ausgesprochen.[90] So forderte er beispielsweise die Schließung der Garnisonsschulen, weil diese einzig auf den Stand des Militärs vorbereiteten.[91] Die Deputation kam in ihrem Lehrplan zu dem Schluss: „Aus den gelehrten Schulen muß alles entfernt werden, was ihnen den Anschein geben könnte Specialschulen für einen oder den andern einzelnen Stand zu seyn."[92]

Diese Position hatte Auswirkungen auf die Gliederung der Schulen sowie auf deren „Wahl der Lehrobjecte", wie es Schleiermacher in seinem Vorschlag zur Struktur des Lehrplans formulierte.[93] So plädierte er beispielsweise für die Abschaffung des Hebräischunterrichts am Gymnasium, da dieses nicht länger als Spezialschule zur Vorbereitung für Theologen gelten dürfe: „Das Hebräische muß wohl aus dem Gebiet der Schulen ganz verwiesen werden. Es ist unentbehrlich für

---

88 Vgl. *Votum Nr. 40*, KGA II/12, 204.
89 *Votum Nr. 32*, KGA II/12, 112.
90 Vgl. Friedrich Schleiermacher, *Gelegentliche Gedanken über Universitäten im deutschen Sinn* [1808], KGA I/6, Berlin / New York 1998, 32.
91 Vgl. Schleiermacher 1805 (Anm. 42), KGA I/5, 14 und 9. Vgl. auch Schleiermachers *Pädagogik 1813/14*, KGA II/12, 291: „Die lezte Ansicht, daß Schulen bloß Unterrichtsanstalten (Kenntnißfabriken) wären, Supplement auf der einen Seite, Vorbereitung möglichst bestimmt für den persönlichen Kreis auf der anderen, hat lange geherrscht und den Verfall der Schulen bewirkt."
92 *Votum Nr. 32*, KGA II/12, 112.
93 Vgl. *Votum Nr. 26*, KGA II/12, 87.

den Theologen, aber in so fern gehört es in seine SpecialSchule die am besten mit der Universität verbunden ist. Es ist auch als Repräsentant der orientalischen Sprachen von großer Wichtigkeit für den eigentlichen Philologen, aber es gehört in so fern auch zu seinem besondern Studio, welches erst auf und nach der Universität beginnt. Zu der allgemeinen wissenschaftlichen Bildung zu gehören hat es gar keinen besondern Anspruch."[94]

Der allgemeine Teil des Lehrplans unterbreitete die Idee eines organischen Schulaufbaus. Analog zu der mit den drei Bildungsstufen innerhalb des Gymnasiums entworfenen curricularen Struktur war vorgesehen, die höheren Elementar- und Stadtschulen als parallele Einrichtungen dergestalt zu konstituieren, dass Übergänge von den Elementarschulen in die untere und von den Stadtschulen in die mittlere gymnasiale Bildungsstufe möglich würden. Hier war von einem „Ineinandersein" der höheren Elementarschule, der höheren Stadtschule und der eigentlichen gelehrten Schule die Rede.[95] Jede einzelne Stufe der neuen gelehrten Schule habe ihre eigene Daseinsberechtigung und ihren eigenen Wert und bilde zugleich mit den anderen Stufen zusammengenommen eine Einheit. Der Zögling müsse aus einer jeden Stufe in ein „ausübendes Leben" übergehen können.[96]

Bei der Einteilung der Abgänge von der Schule zeigte sich folgendes Denken: Die Schüler, die aus der unteren Stufe abgingen, gelangten in den „niedern Bürgerstand", diejenigen aus der mittleren in den „Handelsstand, den Stand der Künstler und alle nicht durchaus wissenschaftliche Zweige des Staatsdienstes", aus der höchsten gingen sie in das „UniversitätsLeben" über. In ihrem neuen Lebensabschnitt sollten die jungen Menschen „zwar noch Fertigkeiten erwerben aber nicht mehr neue geistige Kräfte entwickeln"[97], denn dafür war die allgemein bildende Schule zuständig. Dieser Grundsatz entsprach Wilhelm von Humboldts Bestimmung der Schule, die „diejenige Entwickelung der menschlichen Kräfte zu befördern [habe], welche allen Ständen gleich nothwendig ist und an welche die zu jedem einzelnen Beruf nöthigen Fertigkeiten und Kenntnisse leicht angeknüpft werden können".[98] Die Schulabgänger hatten also im besten Falle eine allgemeine Menschenbildung erhalten, die keine Berufsspezialisierung vorwegnahm, dennoch gingen sie – der Hierarchie der drei Bildungsstufen entsprechend – in einen der drei festgelegten Bereiche des „ausübende[n] Leben[s]" über. Die Gliederung entsprach zwar nicht mehr der Ständeordnung, doch dachte die Deputation

---

94 *Votum Nr. 32*, KGA II/12, 117.
95 Vgl. *Votum Nr. 32*, KGA II/12, 113.
96 Vgl. *Votum Nr. 32*, KGA II/12, 113.
97 *Votum Nr. 32*, KGA II/12, 113.
98 Vgl. oben Anm. 29.

weiter an drei gesellschaftliche Gruppen (niederer Bürgerstand, Handelsstand, Gelehrtenstand), in die ihre Schule die jungen Menschen entließe. Die auf den ersten Blick so zweckfrei konzipierten Bildungsstufen waren also jede für sich in Korrelation mit einer bestimmten gesellschaftlichen Berufsgruppe gedacht. So war es nicht vorgesehen, dass ein Absolvent der höchsten Bildungsstufe beispielsweise in den „Stand der Künstler" überging.

Schleiermachers Entwurf zum Deutschunterricht[99], den er im Vorfeld des Lehrplans geschrieben hatte, sah die Abgänge von der Schule auch aus der fünften und vierten Klasse vor (aus Quinta und Quarta), aus der dritten und zweiten (Tertia und Secunda) sowie aus Prima. Damit folgten die von ihm skizzierten Übergänge ins Leben nicht streng der Aufteilung in drei Bildungsstufen, sondern plädierten für größere Flexibilität. Demnach könnten diejenigen Knaben, die ein Handwerk erlernen wollten oder im Kleinhandel ihre Beschäftigung suchten, die Schule nach der fünften oder auch erst nach der vierten Klasse verlassen. Die künftigen Künstler, kleineren Beamten, Militärs und Kaufleute sollten die Möglichkeit erhalten, schon nach der dritten oder erst nach der zweiten Klasse abzugehen. Doch ging auch Schleiermacher davon aus, dass die Mehrzahl derjenigen, die den ganzen Gymnasialkurs vollendeten, die „höchste wissenschaftliche Bildung" anstrebten.

Bald zweihundert Jahre später kritisierten die hessischen Bildungsreformer die Koppelung des Bildungssystems an das „Beschäftigungssystem", sahen sie doch in den eingefahrenen deutschen historischen Strukturen eine Befestigung „unseres Berechtigungssystems"[100]. Man erhalte durch Schulbildung bestimmte Berechtigungen, und damit werde man zur nächsten Stufe zugelassen:

„Unsere Examen sind im Prinzip nicht Belege für Leistungen, die man erbracht hat, sondern Reifevermerke. Deswegen ist das ‚ausreichend' bei uns so entscheidend. Man muß nur ein ‚ausreichender' Jurist sein, um damit in die nächste Stufe, in den höheren öffentlichen Dienst zu kommen. Und wenn man dann noch aus der richtigen Familie stammt, dann kann man mit ‚ausreichend' Regierungspräsident werden. Man muß sich nur an die Adeligen unter den Landräten im 19. Jahrhundert erinnern, um zu sehen, wie das funktioniert hat. Die Koppelung des Bildungssystems an das Beschäftigungssystem, so wie es vorher war, [...] gehört zu der Struktur konservativer deutscher Staatsorganisation".[101]

Von „Knaben" (mittlere Bildungsstufe) und „Jünglingen" (höhere Bildungsstufe) ist um das Jahr 1810 in Berlin die Rede. Den Begriff „Mädchen" sucht man

---

99 Vgl. *Votum Nr. 22*, KGA II/12, 79–81.
100 Friedeburg 1995, 15–16 (Anm. 6).
101 Friedeburg 1995, 17 (Anm. 6).

im gesamten Teil der in Band II/12 der KGA veröffentlichten Voten zum öffentlichen Unterricht vergebens. Das von Ludwig von Friedeburg viel zitierte „katholische Landmädchen aus dem Bayerischen Wald", das gleichsam alle Defizite der deutschen Kultur- und Sozialgeschichte in sich vereinte, hatte nicht nur die hessische Gesamtschule verpasst, sondern zuvor schon die preußische Schulreform.[102]

3.1 Was bleibt?

Was würden die hessischen Reformer dazu sagen, dass noch immer die soziale Herkunft für den Bildungserfolg entscheidend ist? Zwar unternahmen die einzelnen Bundesländer nach dem Schock der Pisa-Studie 2000 einiges, um ihre Schulen „leistungsstärker und chancengerechter" zu machen, heißt es im „Chancenspiegel" 2017 der Bertelsmann-Stiftung, doch noch immer bleibt der Schulerfolg der Schülerinnen und Schüler stark an ihre soziale Herkunft gebunden.[103]

Welche Spuren haben die Aufbrüche der „zornigen alten Männer"[104] hinterlassen? Was bleibt zu ihnen zum Abschied zu sagen? Ludwig von Friedeburg sei dafür gedankt, dass er inmitten der tagesaktuellen Auseinandersetzungen als hessischer Kultusminister an die fortschrittlichen Ideen der preußischen Reformer anknüpfte und somit die Tradition deutscher Bildungsreform lebendig werden ließ. Dabei kam er zu dem Schluss: „Doch die Geschichte der Bildungsreform zeigt, daß über ihren Fortgang nicht pädagogische Einsichten und organisatorische Konzepte, sondern gesellschaftliche Machtverhältnisse entscheiden. Sie sorgten durch die Jahrhunderte in den deutschen Ländern für die außerordentliche Beständigkeit der Strukturen öffentlicher Bildung und damit für eine unvergleichliche Kontinuität der Probleme und Polarisierungen."[105] Auch Wolfgang

---

102 Insbesondere in seiner Pädagogik-Vorlesung von 1820/21 widmete sich Schleiermacher dem Thema „Mädchenbildung" in mehreren Vorlesungsstunden. Eine ausführlichere Auseinandersetzung mit dem Thema Mädchenbildung ist dem Beitrag zu entnehmen, der die Veröffentlichung dieser Vorlesung ankündigt: Christiane Ehrhardt / Wolfgang Virmond, *Schleiermachers Pädagogik-Vorlesung von 1820/21, Ein Aschenputtel im neuen Licht*, in: Vierteljahrsschrift für wissenschaftliche Pädagogik *83*, 2007, 345–359.
103 http://www.tagesspiegel.de/wissen/chancenspiegel-der-bertelsmann-stiftung-bildungschancen-eine-frage-der-herkunft/19456196.html, zuletzt aufgerufen am 01.11.2017.
104 Vgl. unten Anm. 106.
105 Friedeburg 1989, 476 (Anm. 9).

Abendroth warnte vor dem „Verlust der Dimension Geschichte" und befand, dass es sicher nicht ganz ohne Nutzen sei, „wenn wir noch da sind":

> „Denn es geht nun einmal nicht ohne Geschichte. Sonst müsste jede Generation, die sich durchschlägt, *alle* Fehler wiederholen, die die gemacht haben, die vor ihr existierten – sehr *viele* davon macht sie ohnedies. Sonst könnte keine Generation die Bedingungen durchschauen, unter denen sie lebt und kämpft; auch wieder gleichgültig, ob es um die Politik einer Gesellschaft oder um deren Kultur und Wissenschaft (welchen Zweiges auch immer) geht. Denn die Voraussetzungen der alten Generation sind nun einmal allesamt „historisch" geworden. Geschichte vermittelt sich dem Bewußtsein der heute aktiven Generationen nicht ohne den Kontakt und nicht ohne die Auseinandersetzung mit der Generation vorher. Sie wird nicht bereits mit der positivistischen Aufarbeitung von abstrakten Resultaten der Wissenschaft begriffen, so sehr es deren bedarf."[106]

Wolfgang Abendroth schildert die bedrückenden Bedingungen der Verdrängung der jüngsten Vergangenheit, unter denen er, dem „das Zuchthaus noch sehr in den Knochen steckte"[107], im Jahr 1951 seine Arbeit als Professor für die Wissenschaft von der Politik an der Philipps-Universität in Marburg an der Lahn aufnahm. So sollte beispielsweise die erste von ihm betreute Dissertation über den religiösen Sozialismus in der Weimarer Republik abgelehnt werden und konnte schließlich nur mit knapper Mehrheit in der Fakultät durchgebracht werden. „Daß dies gelungen ist, lag daran, daß damals auch die Naturwissenschaftler in der philosophischen Fakultät saßen, die in mancherlei Hinsicht weniger vorurteilsbestimmt und rationalen Argumenten eher zugänglich waren als die Geisteswissenschaftler."[108] Abendroths Student Karl Justus Ehrhardt, der sein Abitur in kanadischer Kriegsgefangenschaft erworben hatte, sog im Wintersemester 1951/52 die Lehrveranstaltung „Verfassungsgeschichte der Weimarer Republik" in sich auf und fertigte im Sommersemester 1952 eine schriftliche Hausarbeit zu Abendroths Seminar „Die Geschichte der Arbeiterbewegung". Die grundlegenden Anregungen seines Lehrers begleiteten Ehrhardt bei seiner späteren Tätigkeit für die politische Bildung, sei es als Prüfer für Politik beim Wissenschaftlichen Prüfungsamt für das Lehramt an Höheren Schulen an der Universität Marburg, als Fachleiter für Sozialkunde am Studienseminar Marburg und schließlich als Leiter der Schulplanung im Hessischen Kultusministerium.

---

106 Wolfgang Abendroth, *Haben wir ‚Alten' noch etwas zu sagen? Sind wir ‚zornig'?*, in: Axel Eggebrecht (Hg.), *Die zornigen alten Männer, Gedanken über Deutschland seit 1945*, Hamburg 1982, 143–164, hier 144–145.
107 Vgl. Abendroth 1982, 144 (Anm. 106).
108 Wolfgang Abendroth, *Ein Leben in der Arbeiterbewegung, Gespräche*, aufgezeichnet und hg. v. Barbara Dietrich und Joachim Perels, Frankfurt am Main 1981, 215.

Abendroth versah ein Exemplar seiner Monographie zur Grundlegung der wissenschaftlichen Politik[109] am 1. Juni 1967 mit der handschriftlichen Widmung: „Oberschulrat Dr. Ehrhardt mit herzlichem Dank für seine intensive Förderung der politikwissenschaftlichen Ausbildung der Studienräte".

„Geschichte vermittelt sich dem Bewußtsein der heute aktiven Generationen nicht ohne den Kontakt und nicht ohne die Auseinandersetzung mit der Generation vorher"[110], hatte Abendroth befunden und damit die Frage aufgeworfen: Was will eigentlich die jüngere Generation mit der älteren? „Wer in einem spätern Geschlecht geboren wird, steht nun an und für sich auch auf demselben Puncte, wie der, dessen Leben in ein früheres Geschlecht fällt. Er soll nun aber alles durchmachen, was alle frühern Generationen erworben haben"[111], überlegte schon Schleiermacher und gelangte zu der Frage: „Was will eigentlich die ältere Generation mit der jüngeren?"[112]

Diese Frage kann – als analytische Frage verstanden – auch heute von Nutzen sein. Stellt doch das Generationenverhältnis keineswegs ein positives Ausgangsdatum der Theorie bei Schleiermacher dar. Er hatte mit diesem Begriff zwar den Gegenstand seiner Untersuchung identifiziert, erkannte aber hierin das Problem, das durch Reflexion und pädagogisches Handeln historisch und gesellschaftlich jeweils neu gefasst werden musste. Der Rückgriff auf das Generationenverhältnis als eines analytischen Prinzips begleitet seine Pädagogik-Vorlesungen, weil es immer wieder hilft, die möglichen Konsequenzen von Erziehung für den Fortschritt der Gattung zu diskutieren. Erziehung darf mit Schleiermacher nicht bewirken, dass die jüngere Generation ein Abbild der Älteren wird, sondern muss so eingerichtet werden, dass die jüngere Generation selbst bestimmt, wie sie ihre Gegenwart und die Zukunft gestaltet; sie ist nicht an die Gesellschaft einfach abzuliefern, sondern soll die Möglichkeit haben, frei in diese einzutreten.

Der Erziehungswissenschaftler Dietrich Benner – in wohlüberlegter Distanz zu studentenbewegten Aufregungen und Fehden um „Chancengleichheit" – reflektiert, dass Traditionen, um Bestand zu haben, immer wieder der Tradierung bedürfen. Für Prozesse der Tradierung gelte: „Nur bildsame Wesen können Traditionen tradieren; und Traditionen können nur von bildsamen Wesen angeeignet werden. In diesem Sinne sind Traditionen auf eine lernende Aneignung und kulturelle Weitergabe angewiesen und können bildsame Wesen sich nur bilden,

---

109 Wolfgang Abendroth, *Antagonistische Gesellschaft und politische Demokratie, Aufsätze zur politischen Soziologie*, Soziologische Texte 47, Neuwied und Berlin 1967.
110 Abendroth 1982, 144–145 (Anm. 106).
111 Friedrich Schleiermacher, *Vorlesungen über die Pädagogik im Sommer 1826*, KGA II/12, 437.
112 Schleiermacher, *Pädagogik 1826*, KGA II/12, 547.

indem sie in einen bildenden Umgang mit Traditionen eintreten."[113] Der Schule wird hierbei eine wichtige Rolle zugesprochen. Denn in modernen Gesellschaften können nachwachsende Generationen nicht mehr einfach vorausgegangene Aneignungsprozesse älterer Generationen nachahmen, sondern es werden überkommene Traditionen, die selbst im Wandel begriffen sind, im Kontext einer sich verändernden Welt tradiert.[114] Benner stellt fest: „Wie das Zusammenleben der Menschen vor der Industrialisierung verlief, kann unter den Bedingungen einer verwissenschaftlichen Zivilisation nicht mehr im praktischen Zirkel von Leben und Lernen erinnert werden, sondern lässt sich an nachwachsende Generationen nur mit Unterstützung durch schulisch institutionalisierte Lehr-Lernprozesse weitergeben."[115] Religiöse Bildung und Erziehung angesichts einer unterbrochenen, abgerissenen Überlieferung in spätmodernen Gesellschaften finden in Benners Überlegungen besondere Berücksichtigung. Dabei reflektiert er Bildung und Religion stets in ihrem problematischen Verhältnis und zeigt sie in ihrer Nicht-Hierarchizität.[116]

Schleiermachers Grundsatz: „die religiösen Gefühle sollen wie eine heilige Musik alles Thun des Menschen begleiten; er soll alles mit Religion thun, nichts aus Religion"[117], hat genau diese nicht-hierarchische und nicht-teleologische Verhältnisbestimmung zum Thema, die auch für die anzustrebende Nicht-Hierarchizität zwischen den Religionen heute bedeutsam ist. Diesen Grundsatz Schleiermachers möchte ich insbesondere den neuen Lehrerinnen und Lehrern mit auf ihren Weg geben. Haben es die Berliner Schulen doch zunehmend mit „Quereinsteigern"[118] zu tun, denen die Debatten um Ethik, Religion und politische Bildung noch fremd sind, die sich aber vor dem Horizont ihrer aus anderen Be-

---

[113] Dietrich Benner, „Erziehung und Tradierung, Grundprobleme einer innovatorischen Theorie und Praxis der Überlieferung", in: Ders., *Bildung und Religion, Nur einem bildsamen Wesen kann ein Gott sich offenbaren*, Religionspädagogik in Pluraler Gesellschaft 18, Paderborn 2014, 60–78, hier 60.
[114] Vgl. Benner 2014, 61 (Anm. 113).
[115] Benner 2014, 61 (Anm. 113).
[116] Dietrich Benner, „Bildung und Religion, Überlegungen zu ihrem problematischen Verhältnis und zu den Aufgaben eines öffentlichen Religionsunterrichts heute", in: Brenner 2014, 81–97 (Anm. 113).
[117] Friedrich Schleiermacher, *Über die Religion. Reden an die Gebildeten unter ihren Verächtern* [1799], KGA I/2, Berlin / New York 1984, 219.
[118] http://www.tagesspiegel.de/berlin/neues-schuljahr-in-berlin-mehr-ungelernte-lehrer-als-je-zuvor/20242822.html, zuletzt aufgerufen am 01.11.2017.

reichen der beruflichen Biographie mitgebrachten hohen Qualifikationen mit Sympathie und großer Neugier dem unbekannten Planeten Schule nähern.[119]

---

[119] Stellvertretend für die zahlreichen „Quereinsteiger*innen" sei Björn Pecina gedankt, der in diesem Schuljahr 2017/18 den Weg in den evangelischen Religionsunterricht der Schule fand (Björn Pecina, *Mendelssohns diskrete Religion*, Beiträge zur historischen Theologie 181, Tübingen 2016, Habilitationsschrift).

3 **Antikenrezeption und Übersetzungen**

Piotr de Bończa Bukowski
Zur Übersetzungstheorie bei Friedrich Daniel Ernst Schleiermacher und Friedrich Schlegel in der Zeit ihrer Zusammenarbeit

1 Vorbemerkungen

Der Titel dieses Beitrags vermittelt die These, dass Friedrich Schleiermacher und Friedrich Schlegel Übersetzungstheorien erarbeitet haben, und zwar solche, die sich aufeinander beziehen lassen. Ob wir es in diesem Fall wirklich mit zwei Übersetzungstheorien zu tun haben, kann als fraglich erscheinen. Wenn wir mit Radegundis Stolze, der Autorin des Standardwerks *Übersetzungstheorien*, „Theorie" streng wissenschaftlich als einen „Versuch die vielfältigen Strukturen und Zusammenhänge eines konkreten Sachverhalts in einem abstrakten Modell darzustellen"[1], verstehen, ist es zweifelhaft, ob etwa Schleiermacher, Schlegel oder Humboldt als Übersetzungstheoretiker neben zum Beispiel Eugene Nida oder Hans Vermeer gestellt werden können. Deshalb zieht es Werner Koller in seiner *Einführung in die Übersetzungswissenschaft* vor, vorsichtig über „theoretische Reflexionen" der Übersetzer zu sprechen, welche „als vorwissenschaftliche Beschäftigung mit der Übersetzungsproblematik gelten können"[2]. Eben in diesem Zusammenhang präsentiert Koller Schleiermachers Rede „Über die verschiedenen Methoden des Übersetzens", die neben Luthers *Sendbrief vom Dolmetschen* unter der Kategorie „Rechenschaftsberichte", also Selbstrechtfertigungen, subsumiert wird.[3]

Weder Schleiermacher noch Friedrich Schlegel haben sich, wie es scheint, als Übersetzungs*wissenschaftler* verstanden. Zwar wurde 1993 im Rahmen des Berliner Forschungsseminars ein Schleiermacher-Kolloquium zur Translationswissenschaft veranstaltet, auf dem der Theologe als „der Wissenschaftler, von dem [...] der Ruf nach einer Übersetzungswissenschaft als eigenständiger Wissenschaftsdisziplin ausging"[4] gefeiert wurde, doch es erwies sich, dass die Schlei-

---
[1] Radegundis Stolze, *Übersetzungstheorien. Eine Einführung*, Tübingen: Narr 2008 (5. Aufl.), 9.
[2] Werner Koller, *Einführung in die Übersetzungswissenschaft*, Heidelberg/Wiesbaden: Quelle & Meyer 1992 (4. Aufl.), 34.
[3] Ebd., 39.
[4] Heidemarie Salevsky, „Schleiermacher-Kolloquium 1993", *TEXTconTEXT* 9 (1994), 159.

ermacher zugeschriebene früheste Forderung nach einer „vollständig durchgeführten Theorie der Übersetzungen" von Karl Heinrich Pudor formuliert wurde.[5] Schleiermacher, die Gebrüder Schlegel, Novalis und andere deutsche Romantiker haben in der Tat mit Translationswissenschaftlern aus der deutschen Schule wenig gemein. Ich möchte aber die These wagen, dass sie sich doch als Theoretiker der Übersetzung verstanden haben und zwar in der von den alten Griechen vermittelten Bedeutung des Wortes „Theorie": als Betrachtung eines Gegenstandes und sich auf ihn beziehende philosophische Spekulation.[6] In diesem Sinne waren auch Goethe, Herder, Novalis, August Wilhelm und Friedrich Schlegel wichtige Übersetzungstheoretiker, die zur Neuentdeckung und Aufwertung der Übersetzung in der Sturm-und-Drang-Periode und im Zeitalter der Romantik beigetragen haben.

In meiner vergleichenden Darstellung werde ich mich auf die Zeit von Schleiermachers und Schlegels Freundschaft und Zusammenarbeit konzentrieren und die übersetzungstheoretischen Gedanken der beiden Gelehrten besprechen, welche hauptsächlich im Zusammenhang mit ihren gemeinsamen Unternehmen formuliert wurden, also mit dem *Athenäum*-Projekt und dem Platon-Vorhaben. Der dritte Teilband des zweiten Bandes der Platon-Übersetzung erschien 1809, der dritte Band im Jahre 1828; insofern wird meine Darstellung an die Zeitperiode des preußischen Reformprozesses anknüpfen.

Sowohl Schlegels als auch Schleiermachers Übersetzungstheorie ist zeitlich und intellektuell in der frühromantischen Periode verankert. Die von Übersetzungswissenschaftlern so oft zitierte und besprochene Akademie-Rede aus dem Jahre 1813 (*Ueber die verschiedenen Methoden des Uebersetzens*), die Schleiermacher selbst als „ziemlich triviales Zeug" bezeichnet hat[7], ist – in meinen Augen – eine Konsequenz oder, metaphorisch ausgedrückt, eine späte Frucht der frühromantischen Übersetzungstheorie, welche von den *Athenäums*-Entwürfen und Diskussionen, der literarischen Übersetzungskritik und der Platon-Übersetzung entscheidend geprägt worden ist.[8] An dieser Stelle werde ich unter anderem

---

5 Vgl. Klaus Schubert, „‚so gewiß muß es auch eine Uebersetzungswissenschaft geben'. Erweiterte Recherchen zur ersten Forderung nach einer wissenschaftlichen Beschäftigung mit dem Übersetzen", *trans-kom* 8 [2] (2015), 560–617.

6 Angelica Nuzzo, „Theorie", in: *Enzyklopädie Philosophie*, Bd. 2, hg.v. Hans Jörg Sandkühler, Hamburg: Meiner 1999, 1621.

7 Brief Schleiermachers an seine Frau vom 21.6.1913, Friedrich Schleiermacher, *Kritische Gesamtausgabe* (KGA) I/11: *Akademievorträge*, hg.v. Martin Rössler, unter Mitw. v. Lars Emersleben, Berlin: de Gruyter 2011, XXXIII.

8 In diesem Zusammenhang vgl. Adam Schnitzer, „A History in Translation: Schleiermacher, Plato, and the University of Berlin", in: *The Germanic Review: Literature, Culture, Theory* 75:1

die Vorgeschichte und damit auch die Voraussetzungen der Akademie-Rede rekonstruieren. Sie wird in meinen Ausführungen nicht analysiert, sondern angesprochen oder, präziser gesagt, durch die Figur der Prolepse hervorgerufen.

2 Schlegels Einfluss

Im zweiten Band des *Lebens Schleiermachers*, die „Entwicklung seiner Methode zur philologischen Kunst" verfolgend, kommt Wilhelm Dilthey auf Friedrich Schlegel zu sprechen. Er bezeichnet den Autor von *Lucinde* als einen „Führer der Romantik" und einen Mann, dessen Bedeutung gerade im Bereich der „philologischen Kunst" läge.[9] So habe Schlegels ausgebildete Methode der ästhetischen Auslegung Schleiermachers hermeneutische Kunst und Theorie direkt beeinflusst.[10]

Dilthey bemerkt Schlegels Größe und Verhängnis:

> Aus einer unendlichen Beweglichkeit und Leichtigkeit der Kombination erwuchs ihm ein merkwürdiger Blick für die Metalladern, die unter der Decke der handwerkmäßigen wissenschaftlichen Produktion sich durchziehen. Aber diese Naturgabe und literarische Stellung war verhängnisvoll; sie schloss zugleich jene konsequente Vertiefung aus, die allein fähig ist, das entdeckte Metall auszubeuten.[11]

Das mag sein, aber um Schlegels Denken und Einfluss richtig zu verstehen, ist zu berücksichtigen, dass sein Projekt nicht auf das Ausbeuten der tiefsten „Metalladern" des Wissens gerichtet war. Ziel war die Progression selbst, Schlegel vertraute auf die „vorantreibende Kraft des Werdens"[12] und lehnte beinahe alles ab, was die Dynamik des Denkens hemmt und in Stagnation versetzt. Diese Einstellung geht Hand in Hand mit einer erkenntnistheoretischer Skepsis: Schlegel rezipiert mehr als er erschafft, und das, was er erschafft, oft kühne Ideen und Konzepte, betrachtet er mit Skepsis. Er zeigt stets viel Demut im Hinblick auf das

---

(2000), 53–71. Der Verfasser versucht Schleiermachers Platon-Übersetzung, seine Akademie-Rede (1813) und die preußischen Universitätsreformen auf kontroverse Weise zu verknüpfen.
9 Wilhelm Dilthey, *Leben Schleiermachers. Zweiter Band: Schleiermachers System als Philosophie und Theologie, Gesammelte Schriften*, Bd. XIV., 2. Halbband, Göttingen: Vandenhoeck & Ruprecht 1966, 670.
10 Zu Diltheys Darstellung vgl. Manuel Bauer, *Schlegel und Schleiermacher. Frühromantische Kunstkritik und Hermeneutik*, Paderborn u.a.: Schöningh 2011, 26 f.
11 Dilthey 1966 (Anm. 9), 671.
12 Berbeli Wanning, *Friedrich Schlegel. Eine Einführung*, Wiesbaden: Panorama 2000, 9. Vgl. auch Jure Zovko, *Verstehen und Nichtverstehen bei Friedrich Schlegel. Zur Entstehung und Bedeutung seiner hermeneutischen Kritik*, Stuttgart-Bad Cannstatt: Frommann-Holzboog 1990, 145.

Begreifen der von Widersprüchlichkeit gekennzeichneten Welt, was auch in seinen hermeneutischen Einsichten zutage kommt.

Friedrich Schlegels hermeneutische Ideen wurden schon vielfach mit Schleiermachers Entwürfen verglichen und unter genetischen und typologischen Aspekten untersucht.[13] Die Untersuchungen unterstreichen dabei in der Regel Schlegels Bedeutung in der Geschichte der Hermeneutik – insbesondere den Einfluss seiner Verstehenskonzepte in den Notizen zu einer geplanten „Philosophie der Philologie" auf Schleiermachers Projekt einer allgemeinen Hermeneutik[14] –, erkennen jedoch Schleiermacher als denjenigen, dank welchem die Kunst des Verstehens „eine universelle Reichweite gewann"[15].

Nun lässt sich aus Schlegels aufgezeichneten Ideen und Einfällen, die von einem „unaufhörlichen heuristischen Prozess" zeugen, wahrscheinlich keine kohärente hermeneutische Theorie (re-)konstruieren.[16] Allerdings ging es dem Verfasser von *Lucinde* nicht „um die Entwicklung einer hermeneutischen Theorie wie Schleiermacher, sondern um die kritische Bestimmung des Verhältnisses von Philosophie und Philologie, für welches das Problem der Hermeneutik nur ein untergeordnetes Thema zu sein scheint"[17]. In Schlegels Reflexionen kehren indessen immer wieder Themen zurück, die sowohl für die „allgemeine" Hermeneutik als auch für die hermeneutische Übersetzungstheorie von wesentlicher Bedeutung sind: das gründliche (Text-)Verstehen, das Nichtverstehen, das Besserverstehen, das Nachkonstruieren, das Wiedererzeugen.

Schleiermacher hat in mancher Hinsicht Schlegels Ideen zur Hermeneutik „systematisiert und ausgeführt"[18], gleichzeitig aber sichtlich umgedeutet. Der wohl wichtigste Bezugspunkt seiner umdeutenden Reflexion ist das Konzept einer mit Hermeneutik korrelierten Dialektik, welche in der Auseinandersetzung mit Schlegels philosophischer Dialektik entstand und sich nicht auf das bedingte, sondern auf das reine Denken richtete.[19]

---

13 Vgl. besonders die gründliche Studie von Hermann Patsch, „Friedrich Schlegels ‚Philosophie der Philologie' und Schleiermachers frühe Entwürfe zur Hermeneutik", in: *Zeitschrift für Theologie und Kirche* 63/4 (1966), 434–472.
14 Der Umfang dieses Einflusses ist umstritten; vgl. dazu Andreas Arndt, *Friedrich Schleiermacher als Philosoph*, Berlin/Boston: de Gruyter 2013, 299.
15 Jean Grondin, *Hermeneutik*, aus d. Franz. v. Ulrike Bleech, Göttingen: Vandenoeck & Ruprecht 2009, 2.
16 Vgl. Patsch 1966 (Anm. 13), 444 und Bauer 2011 (Anm. 10), 33.
17 Patsch 1966 (Anm. 13), 445.
18 Ebd., 464.
19 Siehe vor allem Arndt 2013 (Anm. 14), 312–313 und 322–323, aber auch Ingolf Hübner, *Wissenschaftsbegriff und Theologieverständnis: Eine Untersuchung zu Schleiermachers Dialektik*, Berlin/New York: de Gruyter 1997, 22f.

Schlegels Hermeneutik – die als eine hermeneutische Kritik konzipiert wurde[20] – scheint von Ambivalenz gezeichnet zu sein: das Nichtverstehen wird „positiviert"[21] und in einen ironischen Zusammenhang gestellt, das Besserverstehen als eine perspektivische Annäherung zu einem konfusen, zwischen Individuum und Unendlichem schwebenden Sinn konstituiert.[22] Wenn Schleiermacher eine allgemeine Theorie des Verstehens konstruiert, die eine auf Rationalität und Gemeinschaft des Denkens basierende Untersuchung des Verstehens voraussetzt, wobei der Ausgangspunkt das negative Phänomen des Nichtverstehens ist,[23] behauptet Schlegel, dass das Verstehen Unbewusstes und Konfuses einbeziehe und im Grunde eine Sache der Magie sei („Das ein Mensch den anderen versteht, ist philosophisch unbegreiflich, wohl aber magisch"[24]), mit welcher sich der menschliche Verstand messen müsse. Die Basis des Verstehens ist hier die Divination, das kreative Analogiedenken und die Allegorese, nicht die rationale Analyse. Die Hermeneutik nähert sich der Hermetik. Diese Nähe könnte die überaus merkwürdigen übersetzungstheoretischen Entwürfe von Friedrich Schlegel erklären, zum Beispiel die Pariser Notizen zur Theosophie und Übersetzung (1802).[25] Der spezifische Charakter von Schlegels Denken, welcher sich in seinen Aussagen zum Problem des Verstehens spiegelt, macht auch Differenzen zwischen Schleiermachers und Schlegels Behandlung des Übersetzungsproblems begreiflicher.

Sehr treffend unterstreicht Dilthey die Wichtigkeit des holistischen Prinzips in Schlegels hermeneutischem Diskurs. „Die erste Bedingung alles Verständnisses", so schreibt Schlegel in *Lessings Geist*, „und also auch das Verständnis eines Kunstwerks ist die Anschauung des Ganzen"[26]. Es geht um das Nachkonstruieren des Denkens eines Anderen, „bis in die feinere Eigentümlichkeit seines Gan-

---

20 Vgl. Friedrich Schlegel [1797–1804], Hefte *Zur Philologie*, hg. v. Samuel Müller, Paderborn u. a.: Schöningh 2015, 124.
21 Harald Schnur, *Schleiermachers Hermeneutik und ihre Vorgeschichte im 18. Jahrhundert. Studien zur Bibelauslegung, zu Hamann, Herder und F. Schlegel*, Stuttgart/Weimar: Metzler 1994, 149.
22 Zovko 1990 (Anm. 12), 144.
23 Diese „negative" Formulierung der Aufgabe der Hermeneutik erkläre, laut Zovko, Schleiermachers konstruktive Umdeutung von Schlegels Idee des Nichtverstehens und der Divination, vgl. Zovko 1990 (Anm. 12), 164.
24 Friedrich Schlegel, *Kritische Friedrich Schlegel Ausgabe* (KFSA) XVIII: *Philosophische Lehrjahre 1796–1806 [1799]*, hg. v. Ernst Behler, Paderborn: Schöningh 1963, 297. Vgl. dazu Reinhold Rieger, *Interpretation und Wissen. Zur philosophischen Begründung der Hermeneutik bei Friedrich Schleiermacher und ihrem geschichtlichen Hintergrund*, Berlin/New York: de Gruyter 1988, 119.
25 Siehe z. B. KFSA XVIII: *Philosophische Lehrjahre*, 452.
26 Dilthey 1966 (Anm. 9), 672; F. Schlegel, KFSA III, *Charakteristiken und Kritiken II. 1802–1829*, hg. v. Ernst Behler, Paderborn u. a.: Schöningh 1975, 56.

zen"[27]. Das Wesen des Ganzen besteht in seiner Form, deshalb interessieren Schlegel die in Bewegung bleibenden Formen des Denkens. Die abstrakte Vorstellung von dynamischen Formen des Denkens kann, wie es scheint, nur in die Symbolsprache von Raumbildern übersetzt werden: So ist es im Falle Lessings und Platons. Was hier Dilthey als Keim des „schematischen Spielens" auf dem Feld der Philosophie bezeichnet[28], ist die Grundlage von Schlegels konzeptuell angelegter Übersetzungstheorie, welche den Denker Schlegel zur Äußerung bemerkenswerter Ideen und Urteilte bewegte, die den ganzen *Athenäum*-Kreis beeinflussten – insbesondere Friedrich Schleiermacher.

3 Das Neuerfinden der Übersetzung – Schlegel, das *Athenäum* und die Werkstatt der Ideen

1796, während seines Aufenthaltes in Jena, erwarb Schlegel Notizhefte, um darin Gedanken zu Literatur und Philosophie festzuhalten.[29] Von Chamfort inspiriert, experimentierte er mit einer offenen, fragmentarischen Form, in welcher sich das Bewusstsein der Unzulänglichkeit und des präliminären Charakters der Ideen und Entwürfe spiegelt, welche aber auch das Endliche, Begrenzte in einer Gestalt präsentiert, die das Unbegrenzte, Unendliche erahnen lässt. Es ist eine Vorgeschichte des *Athenäum*-Projekts, zugleich aber nimmt hier die Geschichte des romantischen Fragments, als einer besonderen Denk- und Kunstform ihren Anfang. Sie wird das romantische Denken einerseits stimulieren und zu kühnsten Experimenten und Entwürfen anregen, andererseits, in der Praxis, die Entwicklung der Ideen hemmen, die allzu oft im Keim und in kryptischen unentwickelten Formen verblieben. Dies lässt sich auch anhand der frühromantischen Reflexion zur Übersetzung feststellen.

Die erste Sammlung von Schlegels Fragmenten, welche im Titel als „kritisch" bezeichnet wurden, erschien 1797 in der Zeitschrift *Lyceum der schönen Künste*. Darunter sind auch wichtige Äußerungen zur Übersetzung zu finden. „Wir wissen eigentlich noch gar nicht was eine *Uebersetzung* sey"[30] – diese zum Nachdenken anregende Notiz aus den gleichzeitigen Aufzeichnungen zur *Philosophie der Philologie* kann als Motto von seinen Überlegungen gelten. Dabei wird das

---

[27] Schlegel KFSA III, *Charakteristiken und Kritiken II*, 60.
[28] Dilthey 1966 (Anm. 9), 674.
[29] Vgl. Anmerkungen zu „Kritische Fragmente", in: Friedrich Schlegel, *Werke in zwei Bänden. Erster Band*, Berlin/Weimar: Aufbau Verlag 1980, 335.
[30] Schlegel 2015 (Anm. 20), 97.

Übersetzen als „eine durchaus φλ [philologische] Kunst"³¹ betrachtet, welche man mit den Adjektiven „produktiv", „kritisch" und „progressiv" bezeichnen kann. Eine produktive Übersetzung beginnt für Friedrich Schlegel, wie es Ellena Polledri treffend bemerkt, mit dem Anerkennen „des Verstehens als Herausforderung philologischer Erkenntnis"³².

Schlegels Reflexion ist im Grunde in der hermeneutischen Tradition verankert: Er spekuliert über das Verstehen und Übersetzen der „klassischen Schriften", macht jedoch sogleich eine dialektische Kehre, die charakteristisch für seine ironische Haltung ist: „eine klassische Schrift muss nie ganz verstanden werden können"³³. Gerade in ihrer Unverständlichkeit, Ungewöhnlichkeit, ihrer Fremdheit erscheinen klassische Schriften als unerschöpfliche Quellen der Weisheit. So wendet sich Schlegel gegen die historische Kritik der Aufklärung, die auf den Axiomen der Gemeinheit und der Gewöhnlichkeit beruht. Diese versucht, das Ungemeine, Außergewöhnliche und das Fremde auszutilgen (nach dem Motto: „wie es bei uns und um uns ist, so muss es überall gewesen sein"³⁴). Solche Kritik schließt die fundamentale „Distanz zwischen Eigenem und Fremden" aus, nimmt die Nichtidentität zwischen Original und Übersetzung nicht zur Kenntnis und lehnt somit eine kreative, *wiederschaffende* Art der Übersetzung ab, welche Friedrich Schlegel und später auch Schleiermacher vorschwebte.³⁵

Was aber ist das Wesen der Übersetzung? Wahre Übersetzungen seien, laut Schlegel, weder „mythisch" (idealistisch) noch „mystisch" (unhistorisch und unkritisch), sondern „mimisch", denn sie erscheinen als „philologische Mimen".³⁶ Wohlgemerkt, es ist eine Metapher, welche das Analogiedenken der Frühromantiker gut exemplifiziert. Denn eine Analogie ist *selbst* Übersetzung. Die meisten Forscher verknüpfen diese konkrete Analogie mit dem Konzept der Übersetzung als einer philologisch fundierten kritischen Tätigkeit (so etwa An-

---

31 Ebd., 132.
32 Elena Polledri, „‚Übersetzungen sind φλ [philologische] *Mimen*'. Friedrich Schlegels Philologie und die Übersetzungen von Johann Diedrich Gries", in: *Friedrich Schlegel und die Philologie*, hg.v. Ulrich Breuer, Remigius Bunia, Armin Erlinghagen, Paderborn u. a.: Schöningh, 2013, 165 – 190, hier 167 und 168.
33 Schlegel, KFSA II: *Charakteristiken und Kritiken I. 1796–1801*, hg.v. Ernst Behler, Paderborn u. a.: Schöningh 1967, 371.
34 Ebd., 149. Vgl. dazu Peter L. Oesterreich, *Spielarten der Selbstfindung. Die Kunst des romantischen Philosophierens bei Fichte, F. Schlegel und Schelling*, Berlin/New York: de Gruyter 2011, 79.
35 Polledri 2013 (Anm. 32), 171 und 168.
36 Schlegel 2015 (Anm. 20), 97.

toine Berman)³⁷. Doch was die Translation mit den von Schlegel miterwähnten „Noten" verbindet,³⁸ ist die Tatsache, dass sie eine Kunstgattung ist, welche einen eigenen Modus der Repräsentation realisiert, den Friedmar Apel als „improvisiertes Spiel" bezeichnet.³⁹ Es ist ein Wiedergeben, das im Grunde ein *Nachspielen* ist – eine kreative, kritische Wiedergabe, die ein In-Bewegung-Setzen des Textes bedeutet.

In seinen *Kritischen Fragmenten* nimmt Friedrich Schlegel die Kunst des Übersetzens ernst, problematisiert er doch die Translation im gleichen Maße wie andere Kunstarten, die er mit Philosophie verknüpft (oder gar: zur Philosophie transfiguriert), um diese gleichzeitig als Kunst zu offenbaren. Schlegel versucht, das Übersetzen kritisch zu befragen, mit Metaphern zu beschreiben, mit Analogien auf eine philosophische Formel zu bringen. In diesem Sinne *theoretisiert* er die Übersetzung. Dabei ist er sich der Unzulänglichkeit seiner Reflexion bewusst, denn: „Jede Übersetzung ist eine unbestimmte, unendliche Aufgabe"⁴⁰. Sie braucht maximale Freiheit, auch um ihre eigene Möglichkeit zu befragen.

Friedrich Schleiermacher lernte Friedrich Schlegel kennen, als dieser im Sommer 1797 in Berlin eintraf. Und sogleich, wie es Kurt Nowak poetisch ausdrückt, „schlug der Blitz einer intellektuellen Empathie ein"⁴¹. „Er ist ein junger Mann von 25 Jahren, von so ausgebreiteten Kenntnissen, dass man nicht begreifen kann, wie es möglich ist bei solcher Jugend so viel zu wissen", schrieb Schleiermacher an die Schwester Charlotte, und verkündete gleich: „für mein Daseyn in der philosophischen und literarischen Welt geht seit meiner nähern Bekanntschaft mit ihm gleichsam eine neue Periode an."⁴² Dieser Brief kündigt eine „literarische Ehe" an, welche mit einer Wohn- und Denkgemeinschaft beginnen und mit einer schmerzlichen Entzweiung enden sollte.⁴³

---

37 Antoine Berman, *The Experience of the Foreign. Culture and Translation in Romantic Germany*, übers. v. S. Heyvaert, Albany: State University of New York Press 1992, 106 f.
38 Vgl. dazu KFSA II, *Charakteristiken und Kritiken I*, 156: „Noten sind philologische Epigramme; Übersetzungen philologische Mimen [...]".
39 Friedmar Apel, „Virtuose in der historischen Form. Philologie und Übersetzung bei Friedrich Schlegel", in: *Übersetzung antiker Literatur. Funktionen und Konzeptionen im 19. und 20 Jahrhundert*, hg. v. Martin Harbsmeier, Josefine Kitzbichler u. a., Berlin/New York: de Gruyter, 2008, 22.
40 Schlegel 2015 (Anm. 20), 122.
41 Kurt Nowak, *Schleiermacher: Leben, Werk und Wirkung*, Göttingen: Vandenhoeck & Ruprecht, 2001, 83.
42 Brief F. Schleiermachers an Charlotte Schleiermacher, KGA V/2: *Briefwechsel 1796–1798*, hg. v. Andreas Arndt und Wolfgang Virmond, Berlin/New York: de Gruyter 1988, 177.
43 Vgl. besonders Arndt 2013 (Anm. 14), 31–41. Schlegels Übertritt zum Katholizismus war für Schleiermacher das endgültige Zeichen der Trennung, d. h. der Auflösung einer langjährigen Denkgemeinschaft (vgl. dazu Schleiermachers Brief an F. Schlegel vom 24.2.1809, KGA V/11:

Ende 1797 gründete Friedrich Schlegel die Zeitschrift *Athenäum*. Von 1798 bis 1800 erschienen drei Jahrgänge (6 Hefte) der Zeitschrift, die sich schnell zu einer Institution entwickelte, welche die kühnsten Ideen der Frühromantiker vermittelte und verwirklichte. Das eigentliche Medium dieser Ideen waren Fragmente, die zuerst als Schlegels eigener Beitrag gedacht waren, dann schließlich als Früchte des „Symphilosophierens" publiziert wurden. „Je *mehr* Fragmente gegeben werden, desto weniger Monotonie und je mehr Popularität", schrieb Friedrich an Caroline und August Wilhelm Schlegel.[44] Um Einseitigkeit und Monotonie entgegenzuwirken, lud er Schleiermacher, Novalis und selbstredend seinen Bruder zur Mitarbeit ein.[45] Aus unserer Perspektive ist es wichtig, dass Schlegel in den *Athenäums*-Fragmenten seine Analyse des Übersetzungsproblems erweitert, ohne die hermeneutische Dimension dieser Frage außer Sicht zu lassen.

„Nicht selten ist das Auslegen ein Einlegen des Erwünschten oder des Zweckmäßigen",[46] schreibt Schlegel im Fragment Nr. 25. In diesem Sinne weiterdenkend, kann man so auch die Tätigkeit des Übersetzers beschreiben – er legt aus, das Erwünschte und Zweckmäßige einlegend. Die hermeneutische Übersetzungstheorie, deren „Vaterschaft" zu Unrecht oft Schleiermacher zugeschrieben wird, erwächst ja auf dem Grund der Reflexion über die Eigenart der übersetzerischen Interpretation. „Der beste Übersetzer muss auch der beste Erklärer sein",[47] behauptete Herder, wohingegen Schlegel diese Behauptung übernahm und problematisierte. Die hermeneutische Kompetenz ist, aus Schlegels Sicht, für Übersetzer die wichtigste. Dabei umfasst das Verstehen sowohl das literarische System der Zielsprache als auch das System, in dem der Ausgangstext funktioniert. Die historische Distanz zwischen den Systemen erschwert indessen die Aufgabe des Übersetzers. „Um aus dem Alten ins Moderne vollkommen übersetzen zu können, müßte der Übersetzer desselben so mächtig sein, daß er allenfalls alles Moderne machen könnte; zugleich aber das Antike so verstehn, dass er's nicht bloß nachmachen, sondern allenfalls wiederschaffen könnte",[48] lesen wir im *Athenäums*-Fragment Nr. 393. Übersetzung als „Wiederschaffung" ist ein künstlerischer

---

Briefwechsel 1809–1810, hg.v. Simon Gerber und Sarah Schmidt, Berlin/Boston: de Gruyter 2015, 291–293).
44 Zitiert nach den Anmerkungen zu „Kritische Fragmente", in: Schlegel 1980 (Anm. 29), 338.
45 Vgl. Nowak, 2001 (Anm. 41), 90.
46 Schlegel, KFSA II, *Charakteristiken und Kritiken I*, 169.
47 Johann Gottfried von Herder, *Sämmtliche Werke. Zweiter Theil: Fragmente zur deutschen Literatur. Zweite Sammlung*, Tübingen: Cotta 1805, 41. Die Problematisierung der Auslegung in Schlegels Fragment Nr. 25 fasst Bauer als Kritik der „naiven" Hermeneutik auf, vgl. Bauer 2011 (Anm. 10), 136–137.
48 Schlegel, KFSA II, *Charakteristiken und Kritiken I*, 239.

Akt, der sich auf tiefes Verstehen gründet. Verstehen ist auch die Voraussetzung jeder schöpferischen Rekonstruktion des literarischen Kunstwerkes in einer andern Sprache. Dabei ist „jede Übersetzung [...] eigentlich eine Sprachschöpfung" wie Schlegel woanders bemerkt.[49] „Nur Übersetzer sind Sprachkünstler" erklärt er gleich, und es ist klar, dass das verstandene Fremde in der Form einer potenzierten Dichtung zum Ausdruck kommen sollte. Nur Übersetzung erscheint als die wahre Sprachkunst, weil sie die „Dichtung der Dichtung" ist. Die hermeneutische Kompetenz und dichterische Kunst des Übersetzers ermöglichen die Wiedererschaffung des Originals, die Wiederbelebung seines Geistes in der neuen Sprache der Gegenwart. Diese Spur führt uns zu den theoretischen Prinzipien der Platon-Übersetzung, welche wir etwas später erörtern werden.

Das Verstehen ist aber kein leichtes Spiel. Der Übersetzer muss das paradoxe Wesen des Verstehens akzeptieren und es zu seinen Zwecken nutzen. Sowohl das Nichtverstehen als auch das Besserverstehen können als extreme Momente der hermeneutischen Bewegung betrachtet werden.[50] Der Deuter oszilliert zwischen dem Selbstverständnis der Worte (die sich oft „besser verstehen als diejenigen, von denen sie gebraucht werden"[51]) und dem Selbstverständnis des Sprechenden.[52] Im *Athenäums*-Fragment Nr. 401 lesen wir dazu: „Um jemand zu verstehn, der sich nur halb versteht, muss man ihn erst ganz und besser als er selbst, dann aber auch nur halb und gerade so gut wie er selbst verstehn."[53] Die wahrscheinlich auf Kants Platon-Deutung anspielende ironische Denkfigur, welche Schlegels holistischen Modus der Erkenntnis zum Ausdruck bringt, hallt in Schleiermachers Hermeneutik-Entwurf von 1805 nach; es heißt dort: „Man muß so gut verstehn und besser verstehn als der Schriftsteller".[54] Und in der Darstellung von 1819 lesen wir: „Die Aufgabe ist auch so auszudrücken: ,die Rede zuerst eben so gut und dann besser zu verstehen als ihr Urheber'".[55] „Schleiermachers Aufnahme des Besserverstehen-Theorems in die Hermeneutik unterscheidet sich von Schlegels in dem entscheidenden Punkt, daß bei ihm das Genau-so-gut-Verstehen dem überbietenden Verstehen vorangeht", meint dazu Harald Schnur.[56]

---

49 Schlegel, KFSA XVIII, *Philosophische Lehrjahre*, 71.
50 Siehe George Steiner, *After Babel. Aspects of Language and Translation*. Third Edition, Oxford/New York: Oxford University Press 1998, 312–435.
51 Schlegel, KFSA II: *Charakteristiken und Kritiken I [Über die Unverständlichkeit]*, 364.
52 Vgl. hier auch Hermann Patsch über die Unterscheidung von *intentio auctoris* und *intentio operis* bei Schlegel; Patsch 1966 (Anm. 13), 456f.
53 Schlegel, KFSA II: *Charakteristiken und Kritiken I*, 241.
54 Schleiermacher, KGA II/4: *Vorlesungen zur Hermeneutik und Kritik*, hg. v. Wolfgang Virmond, u. Mitw. v. Hermann Patsch, Berlin/Boston: de Gruyter 2012, 39.
55 Ebd., 128.
56 Schnur 1994 (Anm. 21), 151.

Dieses Verstehen vermag das zum Bewusstsein zu bringen, was dem Urheber unbewusst bleiben konnte.[57] Doch wichtiger noch in diesem Kontext ist der von Schleiermacher vorgezeichnete Weg der Rationalisierung: „Das ‚Besserverstehen' Schleiermachers führt durch die Vermittlung der ‚Rede' und des ‚Verstehens' der Rede von der Individualität des ursprünglich Gedachten zurück in die Allgemeinheit."[58]

Vereinfachend ließe sich sagen, dass wir es hier mit zwei Denkweisen über das Problem des Verstehens zu tun haben: einer mit Analogien spielenden, holistischen, synthetischen (im Sinne einer höheren Synthese von Bewusstem und Unbewusstem, Klarem und Konfusem, Geist und Buchstabe) und einer methodischen, systematisierenden, rationalisierenden, auf Vermittlung fokussierten Denkweise. Diese Differenz wird auch in Schlegels und Schleiermachers Versuchen, die Übersetzung zu theoretisieren manifest. Beachtenswert ist in diesem Zusammenhang Bauers These, Schleiermacher gehe „immer von einer vermittelnden Instanz aus" und begreife „Hermeneutik als Akt der Übersetzung", wohingegen Schlegel einen „dolmetschenden Vermittler" nicht brauche.[59]

Schlegel formuliert Fragen und reflektiert über Aporien, um auf grundlegende Probleme der Übersetzungstheorie und -praxis hinzuweisen und nicht etwa eine wissenschaftlich untermauerte, axiomatische, kohärente Translationstheorie aufzubauen. Als Beispiel sei das *Athenäums*-Fragment Nr. 402 angeführt: „Bei der Frage von der Möglichkeit, die alten Dichter zu übersetzen, kommts eigentlich darauf an, ob das treu aber ins reinste Deutsch übersetzte nicht etwa immer noch griechisch sei."[60] Das von der Leserschaft formulierte Postulat der Treue und der sprachlichen Reinheit wird hier in Frage gestellt. Führt es zum Verstehen oder gerade zum Nichtverstehen des fremden Werkes? Oder: ist ein „absoluter" Übersetzer (wie etwa Voß) einer, der das Original zunichte macht?[61] Mit solchen Fragen befasst sich die von Schlegel entworfene philologische Kritik, „deren Stoff nur das Klassische und schlechthin Ewige sein kann, was nie verstanden werden mag"[62]. Das Klassische und Ewige entflieht ständig dem Verstehen, was der Übersetzung einen immer präliminären, unabgeschlossenen und von Unzulänglichkeit geprägten Charakter gibt. Das Pathos der Fremdheit und Distanz, in Hölderlins

---

57 Schleiermacher, KGA II/4: *Vorlesungen zur Hermeneutik und Kritik*, 128. Vgl. dazu Sarah Schmidt, *Die Konstruktion des Endlichen. Schleiermachers Philosophie der Wechselwirkung*, Berlin/New York: Walter de Gruyter 2005, 250.
58 Zovko 1990 (Anm. 12), 162.
59 Bauer 2011 (Anm. 10), 342.
60 Schlegel: KFSA II: *Charakteristiken und Kritiken I*, 241.
61 Vgl. Schlegel 2015 (Anm. 20), 163.
62 Schlegel, KFSA II: *Charakteristiken und Kritiken I*, 241.

Sophokles-Übersetzung aufs Radikalste versinnbildlicht, wirft seinen Schatten auf die hermeneutische Übersetzungstheorie.

Schlegel weitet den Begriff der Übersetzung aus, sodass dieser sich in sein transdisziplinäres Projekt einfügt.[63] Er lässt zu, dass „musikalische Kompositionen" als „Übersetzungen des Gedichts in Sprache der Musik" betrachtet sein können.[64] Auch das „Copieren d[er] Maler", „Componieren d[er] Musiker" und „Declamieren d[es] Schauspielers" bringt er in Zusammenhang mit der Übersetzung,[65] ebenso das „Charakterisieren" („kritischer Mimus") und das „Erklären".[66] Aus dieser Perspektive erscheint die Translation als eine semiotische Praxis, bei der man verschiedene Weisen der Zeichen-Interpretation unterscheiden kann – durch Zeichen desselben sprachlichen Systems, eines anderen sprachlichen Systems und eines nicht-sprachlichen Zeichensystems, etwa der Musik oder der bildenden Kunst.[67] Dieses Konzept hat, wie es scheint, Schleiermacher beeinflusst. In seiner Akademie-Rede wird er Erscheinungsformen der intralingualen Übersetzung im Lichte seiner Hermeneutik untersuchen.[68] Aber auch die intersemiotische Translation wird ihn beschäftigen, und zwar sehr bald – kurz nach dem Erscheinen des zweiten Heftes des *Athenäums*. Ich glaube, dass es lohnenswert ist, diesen Denkpfad zu verfolgen.

In einem Brief aus Stolp an Henriette Herz vom 9. Juli 1803 schreibt Schleiermacher:

> [...] und ich wünschte unter anderen, Du verglichest den Aufsatz „die Gemälde" im Athenäum und die dahin gehörigen Sonette, und berichtetest mir, ob Du einige Aehnlichkeit findest im Character und im Eindruck mit den Gemälden selbst. Mir ist diese Art von Uebersetzung eine Hauptsache für meine Theorie und ich möchte wohl wissen, wie es damit gelungen ist. Auch Friedrich's Gedanken über die Malerei in Europa, besonders über Raphael und Correggio studiere ich recht durch. Hernach will ich sehen, ob ich meine Gedanken über die Sache etwas in's Klare bringen und mittheilen kann.[69]

---

63 Vgl. Marike Finlay, *The Romantic Irony of Semiotics. Friedrich Schlegel and the Crisis of Representation*, Berlin u.a.: de Gruyter 1988, 209.
64 Schlegel, KFSA II: *Charakteristiken und Kritiken I [Athenäum-Fragmente]*, 239.
65 Schlegel, KFSA XVIII: *[Philosophische Fragmente]*, 262.
66 Ebd., 386.
67 Siehe Roman Jakobson, „On Linguistic Aspects of Translation", in: *The Translation Studies Reader*, hg.v. Lawrence Venuti, New York/London: Routledge 2005 (2. Aufl.), 138–143.
68 Schleiermacher, KGA I/11: *Akademievorträge [Ueber die verschiedenen Methoden des Uebersetzens]*, 67.
69 Brief F. Schleiermachers an Henriette Herz vom 9.7.1803, KGA V/6, *Briefwechsel 1802–1803*, hg.v. Andreas Arndt und Wolfgang Virmond, Berlin/Boston: de Gruyter 2012, 409.

Schleiermacher meint hier den von August Wilhelm Schlegel und Caroline Schlegel unterschriebenen Text *Die Gemählde. Gespräch*, welcher 1799 im ersten Stück des zweiten Bandes des *Athenäums* erschien. Seine Entstehung verdankt er den Kunstexkursionen der Frühromantiker, die im Sommer 1789 die Dresdner Gemäldegalerie gemeinschaftlich besucht haben.[70] Am Gespräch nehmen fiktive Gestalten teil: der Wortkünstler Waller, der Zeichner Reinhold und die Kunstliebhaberin Louise. Die Rede ist von dem Verhältnis der Künste zueinander, von ihrem Stoff und Modus der Nachahmung. Sehr einfallsreich sind die von Louise im Laufe der Diskussion angestellten Vergleiche und Analogieschlüsse. Der Künstler-Kopist, der antike Skulpturen zeichnet, wird mit dem Übersetzer von Pindar und Sophokles verglichen.[71] So, wie der Übersetzer die Werke der griechischen Dichter mit dem Stoff der deutschen Sprache nachbildet, muss auch der Zeichner die Form der Skulptur mit schwarz-weiß Kontrasten auf einer Fläche wiedergeben. In beiden Fällen werden Kunstwerke in einer ihnen fremden Form repräsentiert.

In dem Dialog werden künstlerische Erfahrungen verglichen und auf einen gemeinsamen Nenner gebracht. Dieser Nenner ist der Begriff der Übersetzung, welcher zu einer vertieften Reflexion über das Wesen der verschiedenen Repräsentationssysteme führt. Louise zum Beispiel reflektiert über das Zur-Sprache-Kommen ihrer ästhetischen Erfahrungen, und berührt damit das Problem der Versprachlichung, das heißt – wie sie sagt – der Übersetzung der Eindrücke beziehungsweise Gefühle in Diskurs[72] – eine Frage also, die Schleiermacher rege interessiert hat. Dieser Frage, die wohlgemerkt in das Feld der hermeneutischen Reflexion führt, ging Schleiermacher in seinen 1805/6 entstandenen Notizen zu den Ethik-Vorlesungen nach, in den Erörterungen zu Sprache, Denken und Gefühl.[73] Dort charakterisiert er unter anderem das sich aus dem Prinzip der Eigentümlichkeit des Gefühls ableitende Konzept der Unübertragbarkeit. Das Eigentümliche bedarf jedoch der darstellenden Übertragung, um mitteilbar zu

---

[70] Siehe Lothar Müller, „Nachwort", in: August Wilhelm Schlegel [1799], *Die Gemählde. Gespräch*, hg.v. Lothar Müller, Amsterdam/Dresden: Verlag der Kunst 1996, 175 ff.
[71] A. W. Schlegel [1996] (Anm. 70), 15. Ich beziehe mich an dieser Stelle auf meine ausführliche Darstellung in: Piotr de Bończa Bukowski, „Zwischen Platon und christlicher Kunst. Zu Friedrich Schleiermachers Verständnis der Übersetzung in seinen frühen Jahren", in: *Odysseen des Humanen. Antike, Judentum und Christentum in der deutschsprachigen Literatur. Festschrift für Prof. Dr. Maria Kłańska zum 65. Geburtstag*, hg.v. Katarzyna Jaśtal, Paweł Zarychta und Anna Dąbrowska, Frankfurt a. M.: Lang 2016, 195–204, hier 198.
[72] Schlegel [1996] (Anm. 70), 17 f.
[73] Siehe Friedrich Daniel Ernst Schleiermacher, *Brouillon zur Ethik (1805/06)*, hg.v. Hans-Joachim Birkner, Hamburg: Meiner 1981, 21–26.

werden (daher die Kommunikation des unübertragbaren Gefühls in der Kunst),⁷⁴ ähnlich wie die in der Akademie-Rede vom 24. Juni 1813 thematisierte fremde und fremd gewordene eigene Rede einer Übersetzung bedarf, um zu einem sinnvollen sprachlichen Ausdruck zu gelangen und den Zustand der Nichtidentität aufzuheben.⁷⁵

In einem anderen Teil des Gesprächs, den Schleiermacher in seinem Brief direkt anspricht, ist über „das Verhältnis der bildenden Künste zur Poesie" die Rede. Waller präsentiert „die Verwandlung von Gemälden in Gedichte",⁷⁶ welche sich in sieben Sonetten verwirklicht, die Meisterwerke der christlichen Malerei beschreiben. Die schriftliche Darstellung von Kunst, also die Ekphrasis, mit welcher wir es hier zu tun haben, kann natürlich als eine Art von Übersetzung definiert werden.⁷⁷ August Wilhelm Schlegel sprach ja in seinem *Athenäum*-Essay über den Künstler John Flaxman vom „Dolmetschen" der „reizenden Sprache der Linien und Formen" in des Dichters „Mundart".⁷⁸

Ekphrasen hat auch Friedrich Schlegel verfasst. Die Besuche in Dresden und zahlreiche Gespräche über Malerei mit Ludwig Tieck und Philipp Otto Runge regten ihn zu einer Kunstessayistik an, welche das Betrachten der Bilder zum Gegenstand der Reflexion machte. Während seines Aufenthaltes in Paris besuchte Schlegel unter anderem den Louvre und stellte ausgewählte Meisterwerke aus dieser Sammlung in Charakteristiken dar, in denen er versuchte – wie es Wanning konstatiert – „das Gesehene in Sprache [zu] übersetzen und so für den Leser vor dem geistigen Auge wieder sichtbar [zu] machen".⁷⁹ Das hermeneutische Anliegen solcher Übersetzungen darf nicht übersehen werden: Schlegel beschreibt die Werke der alten Meister, um sie zu *verstehen*.⁸⁰ Er publizierte diese Texte in seiner neugegründeten Zeitschrift *Europa*, in der Schleiermacher „Friedrichs Gedanken über die Malerei" mit höchstem Interesse verfolgte.

---

74 Ebd., 22. Zum Begriff der Unübertragbarkeit in diesem Zusammenhang siehe: de Bończa Bukowski 2016 (Anm. 71), 200 ff. Vgl. auch Michael Moxter „Arbeit am Unübertragbaren: Schleiermachers Bestimmung des Ästhetischen", in: *Schleiermacher und Kierkegaard. Subjektivität und Wahrheit*, hg. v. Nils Jørgen Cappelørn u. a., Berlin/New York: de Gruyter 2006, 53–72.
75 Schleiermacher, KGA I/11: [*Ueber die verschiedenen Methoden des Uebersezens*], 67.
76 A. W. Schlegel 1996 (Anm. 70), 108 ff.
77 Vgl. z. B. Lawrence Venuti, „Ekphrasis, Translation, Critique", in: *Art in Translation* 2/2 (2010), 131–152.
78 August Wilhelm Schlegel, „Über Zeichnungen zu Gedichten und John Flaxman's Umrisse", in: *Athenaeum. Zweiten Bandes Zweites Stück* (1799), 203.
79 Wanning 2000 (Anm. 12), 103.
80 Vgl. Schlegel, KFSA IV, *Ansichten und Ideen von der christlichen Kunst* [*Nachricht von den Gemälden in Paris*], hg. v. Ernst Behler, Paderborn u. a.: Schöningh 1959, 21 f.

Es ist also nicht schwierig nachzuweisen, welche „Art von Übersetzung" Schleiermacher 1803 inspirierte. Doch die Frage nach der genauen Gestalt der „Theorie", die sich auf die „Art von Übersetzung" stützt, die Bilder in Worte umsetzt, ist nicht leicht zu beantworten, denn sie kann zu verschiedenen Hypothesen führen. Ich werde ihr an dieser Stelle nicht nachgehen, sie wird in einer geplanten Studie zu Schleiermachers Ästhetik näher erörtert.[81]

4 Das Projekt „Platon"

Die im Endeffekt gescheiterte Zusammenarbeit von Schleiermacher und Friedrich Schlegel an dem Übersetzungsprojekt „Platon" wurde schon mehrmals untersucht und kritisch durchleuchtet.[82] Ebenso Schleiermachers enorme übersetzerische Leistung: ihre Grundlagen, ihre Ausführung und schließlich auch ihre Nachwirkung.[83] Deshalb werde ich mich hier nur auf einige übersetzungstheoretische Aspekte dieses Projektes konzentrieren.

In einem Brief an August Boeckh (1808) hat Schleiermacher – verbittert durch Schlegels Anklagen, er habe im deutschen Platon Schlegel'sche Ideen benutzt – die Geschichte seiner Zusammenarbeit mit dem Autor von *Lucinde* aus eigener Perspektive erzählt, wobei er ihre meritorischen Meinungsverschiedenheiten hervorhob (insbesondere über die Anordnung der Dialoge). Rhetorisch gewandt beginnt Schleiermacher seine Narration:

> Es muss schon anno 1798 gewesen sein, als Friedrich Schlegel in unseren philosophierenden Unterhaltungen, in denen Plato nicht selten vorkam, zuerst ganz flüchtig den Gedanken äußerte, dass es notwendig wäre, in dem damaligen Zustande der Philosophie den Platon recht geltend zu machen, und ihn deshalb vollständig zu übersetzen.[84]

---

81 Anhaltspunkte dazu in de Bończa Bukowski 2016 (Anm. 74), 203 f.
82 Vgl. dazu z. B. Wilhelm Dilthey, *Leben Schleiermachers*, 1. Bd., hg. v. Hermann Mulert, Berlin/Leipzig: de Gruyter 1922, 645–687; Nowak 2001 (Anm. 41), 131–138; Jan Rohls, „Schleiermachers Platon", in: *Schleiermacher und Kierkegaard* 2006 (Anm. 74), 709–732; Christoph Asmuth, *Interpretation – Transformation. Das Platonbild bei Fichte, Schelling, Hegel, Schleiermacher und Schopenhauer und das Legitimationsproblem in der Philosophiegeschichte*, Göttingen: Vandenhoeck & Ruprecht 2006, 187–244; Arndt 2013 (Anm. 14), 263–274.
83 Vgl. z. B. Jörg Jantzen, „Zu Schleiermachers Platon-Übersetzung und seinen Anmerkungen dazu", in: Friedrich Schleiermacher, *Über Philosophie Platons*, hg. und eingeleitet v. Andreas Arndt und Jörg Jantzen, Hamburg: Meiner 1996, XLV–LVIII.
84 Brief F. Schleiermachers an August Boeckh, Berlin, wohl Ende April bis zum 16.08.1808, KGA V/10: *Briefwechsel 1808*, hg v. Simon Gerber und Sarah Schmidt, Berlin/Boston: de Gruyter 2015, 116 f.

Dennoch hat Andreas Arndt überzeugend belegt, dass Schleiermacher sich vor der „symphilosopischen" Gemeinschaft mit Friedrich Schlegel nicht mit Platon eingehend befasst hatte.[85] Man kann in diesem Kontext wohl sagen, dass Schlegel den jungen Theologen in den Bann seiner Platon-Faszination gezogen und zum „gemeinsamen Denken" (so Schleiermacher) bewegt hat.

Im Falle Friedrich Schlegel haben wir es mit einer zugleich philosophischen und literarischen Platon-Faszination zu tun. Er bewunderte Platons Schreibweise, die literarische Sprache des Philosophen, und wies auf die poetologische Dominante dieser Werke hin: die „dithyrambische Art", wo Platon „am meisten Plato" sei.[86] Sogar „eine Sprache in der Sprache" vermutete Schlegel in den Dialogen des Philosophen, eine an sich esoterische, „von Enthusiasmus beseelte" Rede.[87] Hier zeigt sich wieder Schlegels dynamische Denkweise: Er neigt dazu – wie später die Strukturalisten –, die Bedeutung *in statu nascendi*, als offenen *Bedeutungsprozess* zu beschreiben.[88] Und gerade in der Progression des Denkens, in dem „Gange" der Ideen, dem „Werden, Bilden und Entwickeln" bestehe „die eigentliche Einheit der Platonischen Dialoge".[89]

In Schlegels Augen hat Platons „politische Kunstlehre" romantische Züge. „Die Universalität macht es", erklärt er in seinen *Philosophischen Fragmenten*, das heißt der Bezug auf das Universum also das Unendliche.[90] Als romantisch kann auch Platons „Räsonnement" bezeichnet werden: Er „gründet sich immer auf die Analogie; geht aus von Datis und deutet auf Mystik"[91]. Schlegel sah auch Übereinstimmungen zwischen seinem Verständnis der Philosophie und Platons Stellung zur Transzendenz. Das Unendliche und Göttliche werde in den Dialogen in Sinnbildern und Mythen angedeutet. Seine Platon-Faszination ließ Schlegel auch Übersetzungspläne schmieden. Laut Dilthey hat er noch vor 1799 „den *Lysis* zu übersetzen begonnen und an eine Übertragung der *Gesetze* gedacht"[92].

In den um 1800 entstandenen *Grundsätzen zum Werk Platons* notierte Schlegel: „Es ist ein Faden zwischen mehreren, ja den meisten Gesprächen

---

85 Arndt 2013 (Anm. 14), 263 ff.
86 Schlegel KFSA II: *Charakteristiken und Kritiken I*, 119.
87 Ebd., 184.
88 Siehe Peter V. Zima, *Literarische Ästhetik. Methoden und Modelle der Literaturwissenschaft*, Tübingen/Basel: Francke 1995 (2. Aufl.), 275.
89 So in seiner „Charakteristik des Plato" in der Geschichte der europäischen Literatur (1803– 1804), Schlegel, KFSA XI: *Wissenschaft der europäischen Literatur: Vorlesungen, Aufsätze und Fragmente aus der Zeit von 1795–1804*, hg. v. Ernst Behler, Paderborn u. a.: Schöningh 1958, 118, 119 und 120.
90 Schlegel, KFSA XVIII: *Philosophische Lehrjahre*, 284.
91 Ebd., 285.
92 Dilthey 1922 (Anm. 82), 652.

sichtbar, eine ursprüngl[iche] absichtliche Beziehung".[93] Das führt uns direkt zu Schlegels These von der Einheit von Platons Werk, welche Schleiermacher im Grundsatz übernimmt. Es wird jedoch im Laufe seiner Korrespondenz mit Schleiermacher klar, dass Schlegel die Einheit durch radikale Ausschließung erreicht.[94] Die als „nicht von Plato" stammenden Dialoge werden ausgeschlossen, damit „die übrig gebliebenen", wie Schlegel im Brief vom 25. Februar 1802 bemerkt, „sich desto fester einander [schließen]"[95].

Für einen Übersetzungswissenschaftler ist auch Schleiermachers Manuskript *Zum Platon* eine interessante Lektüre. Es beinhaltet Überlegungen zum Übersetzungsprojekt – sowohl konzeptuelle (im Sinne Schlegels) als auch sachliche, das heißt solche, die sich auf konkrete Textstellen beziehen.[96] Philologische Textkritik erscheint hier zugleich als eine übersetzungsrelevante Textanalyse, die analytische Arbeit mit Metakontexten der Übersetzung voraussetzt. Doch die schwerste und riskanteste Aufgabe bezieht sich in diesem Fall auf das Original, denn dieses muss erst (nach)konstruiert, also durch das genaue Lesen, Vergleichen der Ausgaben und Bestimmen der Leseweisen entworfen und neu hergestellt werden.

Um aus der „Unordnung" des *Corpus Platonicum* eine „natürliche Folge der Platonischen Werke" schaffen zu können, muss, wie Schleiermacher in seiner Einleitung zu Platon unterstreicht, „vorher entschieden sein, welche Schriften wirklich des Platons sind, und welche nicht"[97]. Erst daraufhin folgt die Wiedergabe, die Re-Expression der durch den Ausgangstext vermittelten Gedanken. Dabei ist es für Schleiermacher wichtig, eine modernisierende „philosophische Übersetzung" Platons zu vermeiden. Die Interpretation der Gedanken muss, wie er in seiner Rezension von Friedrich Asts *De Phaedro* deutlich unterstreicht, „Uebersetzung bleiben, ohne daß ein fremder Sinn in die übersetzten Stellen hineingetragen werde"[98]. So kann schließlich, wie es Jörg Jantzen treffend be-

---

93 Schlegel, KFSA XVIII: *Philosophische Lehrjahre*, 526.
94 Vgl. Friedrich Schlegel [1804/05], „Philosophie des Plato", in: *Schriften zur kritischen Philosophie 1795–1805*, hg.v. Andreas Arndt und Jure Zovko, Hamburg Meiner 2007, 208.
95 Brief F. Schlegels an F. Schleiermacher vom 25.2.1802, KGA V/5: *Briefwechsel 1801–1802*, hg.v. Andreas Arndt und Wolfgang Virmond, Berlin/New York: de Gruyter 1999, 333. Über die Ordnung der Dialoge siehe Rohls 2006 (Anm. 82), 714.
96 Siehe Günter Meckenstock, „Einleitung", in: Schleiermacher, KGA I/3: *Schriften aus der Berliner Zeit 1800–1802*, hg.v. Ders., Berlin: de Gruyter 1988, XCVII.
97 Friedrich Schleiermacher, „Einleitung", in: *Platons Werke. Ersten Theiles erster Band*, Berlin: Reimer 1855 (3. Aufl.), 22.
98 Schleiermacher, KGA I/3: *Schriften aus der Berliner Zeit*, 474. Vgl. auch Rohls 2006 (Anm. 82), 715 und Julia A. Lamm, „The Art of Interpreting Plato", in: *The Cambridge Companion to Friedrich Schleiermacher*, hg.v. Jacqueline Mariña, Cambridge: Cambridge University Press 2005, 95.

merkt, „die deutsche Zweitschrift des urschriftlich griechisch ausgedrückten Gedankens"[99] entstehen.

In den Notizen *Zum Platon* kommt die Überzeugung zum Ausdruck, dass ein so umfassendes und philologisch anspruchsvolles Projekt eine Grundsatzerklärung, das heißt eine übersetzungstheoretische Rechtfertigung verlangt. Schleiermacher notiert: „In der Vorrede muss etwas kommen über den Grundsatz der Übertragung einzelner Wörter und den Unterschied, den es macht, ob sie Hauptwörter sind und in einer bestimmten Terminologie stehen oder nicht".[100] Den Übersetzer interessieren Wörter, ihre Funktion, Bedeutung und Positionierung in einem Begriffssystem (die Terminologie).

Auch Schlegel versprach seinen Lesern in einer hastig verfassten Ankündigung des Werkes eine informative Vorrede, natürlich von seiner eigenen Feder. Dem Konzept nach sollte diese jedoch die deutsche Platon-Ausgabe wissenschaftlich rechtfertigen; übersetzungstheoretische Kommentare wurden nicht in Aussicht gestellt. Zu der Übertragung selbst äußerte sich Schlegel doch sehr knapp und natürlich optimistisch: „diese schwere Aufgabe der Übersetzungskunst" erscheine „auf dem Punkte der Ausbildung, welche sich die deutsche Sprache jetzt zu nähern anfange" als lösbar.[101] Eben diese Vorstellung von der nach Vollkommenheit strebenden Ausbildung der deutschen Sprache hat den romantischen Übersetzungseifer angespornt.

Die Behauptung, dass Schlegel nur Konzeptuelles zu dem Platon-Projekt beigetragen habe und keine übersetzungsrelevante Textanalyse versuchte, ist nicht richtig. In seinen *Grundsätzen* wies er z. B. auf Platons Lieblingsgedanken hin, welche „oft mit derselben Wendung kommen".[102] Von seinem Interesse an Übersetzungsanalyse zeugt zum Beispiel auch ein Kommentar zum verdeutschten *Phaidros* in dem Brief an Schleiermacher vom 1. Mai 1801: „Ich finde Sprache und Nachbildung gut und vortrefflich", schreibt Schlegel, „bin ganz in Deinen Grundsätzen, und bin fast nur bei den Wortspielen angestoßen. Das mit Wahn- und Wahrsagkunst ist freilich sehr hart. Mit Τυφων das hätte ich allenfalls versuchen mögen noch anders nachzubilden, aber der Sinn hätte eine etwas verschiedene Nüançe bekommen als er bei Dir hat".[103] „Platons Sprachspielerei ist wohl ein ächt dialogisches Ingrediens und müßte würdig nachgeahmt werden, wo

---

99 Jantzen 1996 (Anm. 83) LI.
100 KGA I/3: *Schriften aus der Berliner Zeit*, 344.
101 Zitiert nach: Dilthey 1922 (Anm. 82), 674.
102 Schlegel, KFSA XVIII: *Philosophische Lehrjahre*, 529.
103 Brief F. Schlegels an F. Schleiermacher vom 1.5.1801, KGA V/5, 111f. Zu den im Brief genannten Nachbildungen (*Phaidros* 244c und 230a) siehe die Anmerkungen der Bandherausgeber (111f.).

nemlich durch die Spielerei der Begriff deutlich gemacht wird", notierte seinerseits Schleiermacher in Berlin; und hier waren sich die Freunde einig.[104]

Man sollte dabei bemerken, dass Schlegels Ansichten über Platons Sprache und Stil, welche er in seiner Vorlesung *Philosophie des Plato* (1804/5) darlegte, im engen Zusammenhang mit seiner Übersetzungsanalyse standen. In dieser Schrift behauptet er, dass das „reine Denken und Erkennen des *Höchsten, Unendlichen*" – also das Wesen der Philosophie – nie adäquat dargestellt, also in eine gleichwertige „Form und Sprache" übertragen werden kann. Weil „das Höchste" sich nur in einer Verkleidung darstellen kann, hat sich Platons Denken die Sprache und die Terminologie jeder „damals bestehende[r]r Kunst und Wissenschaft" angeeignet.[105] Deshalb eben sind Platons Dialoge nicht nur als vielstimmig, sondern auch als vielsprachig zu bezeichnen.[106] Seine philosophische Sprache bestehe aus „Ausdrücke[n], Wendungen und Worte[n]", die aus allen „Gattungen und Zweigen des menschlichen Wissens" stammen, mehr noch: sie ändere ihre Form, von der rhetorischen zu dialektischen, von der politischen zu poetisch-physikalischen.[107] Aus diesem Prinzip der „relativen Undarstellbarkeit" und auch Unübersetzbarkeit des Höchsten und Unendlichen erwachsen also zahlreiche konkrete linguistische Übersetzungsprobleme.

Schlegels und Schleiermachers Notizen zur Platon-Übersetzung und ihr Briefwechsel zeugen davon, dass ihre Reflexionen zu diesem Thema weitgehend parallel verliefen – sie haben zum Teil gleiche Probleme in Angriff genommen. Die Differenzen machten sich natürlich in der Frage der Echtheit, der „Anordnung" der Dialoge und in den konkreten Deutungsvorschlägen sichtbar; die letzten erwuchsen aber vor allem aus Schlegels mangelndem Willen, sich auf die praktische Ausführung des Projektes zu beziehen, auf das Übersetzen selbst: „Das Übersetzen ist wohl nicht meine Stärke. Ich habe keine rechte Neigung dazu". Diese Entschuldigung aus dem Pariser Brief an Schleiermacher vom 5. Mai 1803 wird in diesem Zusammenhang oft zitiert. Seltener aber die anschließende Erklärung: „ich sehe dies besonders daraus, dass es besonders die Schwierigkeit und auch die Rücksicht auf einen materialen Sach-Commentar ist, was sie be-

---

104 Schleiermacher, KGA I/3: *Schriften aus der Berliner Zeit*, 293.
105 Schlegel 2007 (Anm. 94), 209 f. Vgl. auch Schlegel, KFSA XI: *Wissenschaft der europäischen Literatur*, 124.
106 Vgl. Michail M. Bachtin, „Aus der Vorgeschichte des Romanwortes", in: Ders., *Die Ästhetik des Wortes*, hg.v. Rainer Grübel, übers. v. Rainer Grübel und Sabine Reese, Frankfurt a. M.: Suhrkamp 1979, 301–337 und Julia Kristeva, „Word, Dialogue and Novel", in: Kristeva, *The Kristeva Reader*, hg.v. Toril Moi, New York: Columbia University Press 1986, 51 f.
107 Schlegel 2007 (Anm. 94), 210.

stimmt."[108] Man kann diese Worte so verstehen, dass für Schlegel die Platon-Übersetzung zu eng mit der (ehrgeizig angelegten) Platon-Kritik verbunden war,[109] um ungebunden in die Praxis, das Nach-Schaffen, umgesetzt zu werden. Natürlich können auch solche Aussagen als Ausreden gedeutet werden, denn Schlegel war sich damals bereits dessen bewusst, dass er nicht im Stande ist, seine Arbeit auch in kleinstem Teil fertigzustellen. Doch in dem mit Rettungsversuchen und -vorschlägen überladenen Pariser Platon-Brief sind auch Gedenken zu finden, die Schlegels Verhältnis zur Praxis des Übersetzens treffend charakterisieren. So stellt er fest, dass Schleiermachers und seine eigene „Art zu Übersetzen" „verschieden genug" seien, was „ein neues Experiment" mit seinen eigenen Übersetzungen von *Parmenides*, *Kratylos*, *Timaios* und *Kritias* berechtige.[110] Etwas weiter schreibt er: „Mit meiner Übersetzung des *Phaedon* bin ich so ganz unzufrieden, dass ich sie schon mehrmal habe wieder wegwerfen wollen".[111]

Es scheint nun, dass Schlegel, die frühromantische Kritik praktizierend,[112] eine synthetische Übersetzung erstrebt, die seine „kritisch-systematische Gesamtschau Platons"[113] ausdrückt und dabei Platons Texte wiedererschaffend in Bewegung setzt. Denn nur in der mimischen Übersetzung, die kreativ, kritisch und dynamisch-progressiv ist, können die Dialoge ihr Bildungspotenzial realisieren.[114] Doch eine solche Übersetzung ist eigentlich nur als Experiment, Entwurf, eine präliminäre und unzulängliche Erweiterung des Kommentars möglich.

Trotz seines Hanges zur Spekulation war Schlegel jedoch nicht bereit, sich auf eine übersetzungstheoretische Diskussion einzulassen. Im Brief vom 20. Oktober 1800 teilt Schleiermacher seinem Freund mit: „dann haben wir noch viel über die Übersetzungstheorie miteinander abzumachen, und dann erst könnte ich anfangen zu übersetzen."[115] Alles weist darauf hin, dass konkrete „Abmachungen" dieser Art ausblieben.

---

108 Brief F. Schlegels an F. Schleiermacher vom 5.5.1803, KGA V/6, 363.
109 Eine „Kritik des Plato" wollte Schlegel als „einzelne Schrift herausgeben" (ebd.).
110 Ebd., 363f.
111 Ebd., 365.
112 Vgl. Bauer 2011 (Anm. 10), 345.
113 Hermann Patsch, „Friedrich Asts Eutyphrion-Übersetzung im Nachlass Friedrich Schlegels. Ein Beitrag zur Platon-Rezeption in der Frühromantik", in: *Jahrbuch des Freien Deutschen Hochstifts*, 1988, 112–127, hier 123.
114 Eine unterschiedliche Sichtweise bei Schleiermacher unterstreicht Andrea Follak in der Dissertation *Der ‚Ausblick zur Idee'. Eine vergleichende Studie zur Platonischen Pädagogik bei Friedrich Schleiermacher, Paul Natorp und Werner Jaeger*, Göttingen: Vandenhoeck & Ruprecht 2005, 49.
115 Brief Schleiermachers an F. Schlegel vom 20.10.1800, KGA V/4: *Briefwechsel 1800*, hg.v. Andreas Arndt und Wolfgang Virmond, Berlin: de Gruyter 1994, 299f.

So hat weder Schlegel, der ja bekanntlich das Projekt schließlich aufgegeben hat, noch Schleiermacher die Grundsätze der neuen Platon-Übersetzung genauer expliziert. Der nunmehr allein für die Ausgabe verantwortliche Schleiermacher hat in seiner Vorerinnerung zum ersten Band der Übersetzung die Angelegenheit eigentlich mit einem rhetorisch gewandten Satz geklärt: „Die Grundsätze, nach denen diese Übersetzung gearbeitet ist, wird jeder leicht erkennen; sie zu verteidigen würde teils überflüssig sein, teils vergeblich".[116] Auch in darauf folgenden Vorreden zu den einzelnen Dialogen gibt Schleiermacher grundsätzlich keine Auskünfte zu theoretischen Fragen der Übersetzung.

Doch er reflektiert in einigen Vorreden und vielen Anmerkungen über Möglichkeiten und Unmöglichkeiten einer treuen Translation, wobei er seine Leser in diese Überlegungen mit einbezieht. Nicht selten kommt hier das Bewusstsein der Relativität beziehungsweise – wie es Schleiermacher selbst ausdrückt – der „Irrationalität" der Sprachen zum Vorschein, also „daß keinem einzigen Wort in einer Sprache eins in einer andern genau entspricht, keine Beugungsweise der einen genau dieselbe Mannigfaltigkeit von Verhältnißfällen zusammenfaßt, wie irgend eine in einer andern." So äußert sich Schleiermacher später in dem Akademie-Vortrag *Über die verschiedenen Methoden des Übersezens*, in welchem er anschließend exklamiert: „Denn wie unendlich schwer und verwickelt wird hier das Geschäft! welche genaue Kenntniß und welche Beherrschung beider Sprachen setzt es voraus! und wie oft, bei der gemeinschaftlichen Ueberzeugung, daß ein gleichgeltender Ausdruck gar nicht zu finden sey, gehen die Sachkundigsten und Sprachgelehrtesten bedeutend auseinander, wenn sie angeben wollen, welches denn nun der am nächsten kommende sey."[117] Das gelte sowohl für „malerische Ausdrücke dichterischer Werke" als auch für „das innerste und allgemeinste der Dinge bezeichnenden der höchsten Wissenschaft". Es ist wohl klar, dass Schleiermacher hier seine Erfahrungen als Platon-Übersetzer zur Sprache bringt.

Trotz der sprachsystematisch bedingten Schwierigkeiten bemüht sich Schleiermacher sehr um eine „angemessene" Übersetzung der „hellenischen" Ausdrücke in die deutsche Sprache, insbesondere philosophischer Schlüsselbegriffe, wie zum Beispiel *Sophrosyne* (*Besonnenheit*) in *Charmides*.[118] Seine Kommentare zeugen von hoher philologischer Kompetenz. Man muss hier Dilthey

---

116 Friedrich Schleiermacher, „Vorerinnerung", in: *Platons Werke* 1855 (Anm. 97), V.
117 Schleiermacher, KGA I/11: *Akademievorträge*, 70 f.
118 Friedrich Schleiermacher, „Einleitung zu *Charmides*", in: *Platons Werke. Ersten Theiles zweiter Band*, Berlin: Reimer ³1855, 6.

recht geben: „durch die innige Arbeitsgemeinschaft mit Heindorf bildete er sich zum strengen Philologen aus".[119]

Die Angemessenheit, als Übersetzungsprinzip oder Übersetzungsziel verstanden, bezieht sich auch auf die Fremdheit. In der Vorrede zu *Kratylos* schreibt Schleiermacher über den „etymologischen Teil" des Dialogs: „Dieser [...] ist nun das Kreutz des Übersetzers geworden, und es hat ihm lange zu schaffen gemacht, einen Ausweg zu finden".[120] Was war das eigentliche Problem? „Überall die griechischen Wörter hineinzubringen", so Schleiermacher, „schien unerträglich, und besser, den einmal deutsch redenden Sokrates deutsches deutsch Ableiten zu lassen. Dagegen war dies mit den Eigennamen nicht möglich zu machen, sondern hier musste die Ursprache beibehalten werden, und indem nun beide Verfahrensarten neben einander stehen, wird der Leser wenigstens Gelegenheit haben sich zu freuen, dass nicht irgend eine ausschliessend durch das Ganze hindurchgeht".[121] Der Übersetzer bezieht sich hier auf das Problem der Verfremdung und Einbürgerung. Er appliziert keine radikale Theorie der Verfremdung (wo durch konsequent fremdes Deutsch die Fremdheit des Originals evoziert wird, wie zum Beispiel in Friedrich Hölderlins Übersetzungen), sondern orientiert sich an Rezipienten der Translation.[122] Deshalb das genaue „Abwiegen" des Fremden in dem verdeutschten Text. Dabei spricht er von „Verfahrungsarten" des Übersetzers und artikuliert klar eine *pragmatische* Strategie der Übersetzung. Die so erfasste Einstellung kann als Ausgangspunkt des Diskurses über translatorische „Verfahrungsweisen" und die „fremde Ähnlichkeit" in der Akademie-Rede von 1813 betrachtet werden.[123]

Auf die schwierigen Stellen in *Kratylos* hat sich übrigens auch Schlegel in einem Brief an Schleiermacher bezogen. Als mögliche Lösung der von Sokrates angeführten Ableitungen schlug er „deutsche Wortableitungen" vor, welche zu einer „Unübereinstimmung" führten. Doch im Grunde ging es, so Schlegel, nicht um die Äquivalenz, sondern es kam darauf an, „ein Bild von dem Werke zu ge-

---

119 Dilthey 1922 (Anm. 82), 660.
120 Friedrich Schleiermacher, „Einleitung zu *Kratylos*", in: *Platons Werke. Zweiten Theiles zweiter Band* (3. Aufl.), Berlin: Reimer 1857, 15.
121 Ebd.
122 Über die Zielrezipienten der Platon-Ausgabe siehe Hermann Patsch, „Schleiermacher und die philologische Bibelübersetzung", in: *Übersetzung – Translation – Traduction. Ein internationales Handbuch zur Übersetzungsforschung*, Teilbd. 3, hg.v. Harald Kittel u. a., Berlin/Boston: de Gruyter 2011, 2401.
123 Schleiermacher, KGA I/11: *Akademievorträge*, 81. Vgl. dazu die Analyse der poetischen Nachbildungen in Schleiermachers Platon-Übersetzung in: Hermann Patsch, *Alle Menschen sind Künstler. Friedrich Schleiermachers poetische Versuche*, Berlin/New York: de Gruyter 1986, 68–76.

ben".¹²⁴ Nichtsdestotrotz riet er: „Bei den Ableitungen aus dem Skythischen [richtig: aus der Sprache der Phrygern – PdBB] [...] müssen auch die hellenischen Worte selbst beibehalten werden".¹²⁵ Schleiermacher hat sich aber für eine verdeutschende Übersetzung entschieden.¹²⁶

Aus der Sicht der Translationswissenschaft bleibt anzumerken, dass Schleiermacher hier klar einen übersetzungstheoretischen Funktionalismus appliziert und gleichzeitig empirisch und rezeptionsästhetisch orientierte Theorien der Verfremdung vorwegnimmt. In der Akademie-Rede *Über die verschiedenen Methoden des Übersetzens* stellt er das Problem der übersetzerischen Textvermittlung folgendermaßen dar: „Aber nun der eigentliche Ueberseзer, der diese beiden ganz getrennten Personen, seinen Schriftsteller und seinen Leser, wirklich einander zuführen, und dem letzten, ohne ihn jedoch aus dem Kreise seiner Muttersprache heraus zu nöthigen, zu einem möglichst richtigen und vollständigen Verständniß und Genuß des ersten verhelfen will, was für Wege kann er hierzu einschlagen?"¹²⁷ In dieser Problemstellung sah Hans J. Vermeer, der wichtigste Vertreter des deutschen Funktionalismus in der Übersetzungswissenschaft, die Bestätigung seiner pragmatischen, zieltextorientierten Übersetzungstheorie: „Auch die Verfremdung, das Den-Leser-Zum-Autor-Bringen, ist eine solche innerhalb einer Kultur. Der Rezipient tritt gar nicht aus seiner Kultur heraus (...). Er gibt seine Kultur nicht auf; der Translator hat sie für ihn ausgeweitet."¹²⁸ Schleiermacher erweist sich somit als ein Vordenker des kreativen, „kultursensitiven" translatorischen Handelns, das eine effektive Kulturmittlung zum Ziel hat.¹²⁹

Hier zeigt sich auch ein wichtiger Unterschied zwischen Schleiermachers und Schlegels Verständnis der Übersetzung. Der Erste neigt zu prozess- oder transferorientierten Auffassungen, welche auf die Praxis bezogen sind¹³⁰. Der Zweite dagegen zieht es vor, die Übersetzung in ihrer Potenz zu erfassen, als Modus der Erkenntnis, der philologischen Kritik, der diskursiven Darstellung, der Potenzierung des Originals, als Bild, Metapher, Erfindung der Einheit in Heterogenem und schließlich als Dichtung, das Schaffen selbst. Deshalb hat André Lefevere

---

124 Brief F. Schlegels vom 12.4.1802 an F. Schleiermacher, KGA V/5, 375.
125 Ebd.
126 Vgl. Friedrich Schleiermacher, *Kratylos*, in: *Platons Werke* 1857 (Anm. 120), 48.
127 Schleiermacher, KGA I/11: *Akademievorträge*, 74.
128 Hans J. Vermeer, „Hermeneutik und Übersetzung(swissenschaft)", in: *TEXTconTEXT* 9 (1994), 174.
129 Vgl ebd., 173.
130 Schleiermacher, meint Asmuth, „äußert Schlegel gegenüber immer wieder das Erfordernis einer praxisbezogenen Theorie der Übersetzung sowie einer klaren Vorstellung von der Platonischen Entwicklung, um vor deren Hintergrund, die Übersetzung in Angriff zu nehmen." Asmuth 2006 (Anm. 82), 199.

grundsätzlich recht, wenn er zu Schlegels Übersetzungstheorie bemerkt: „Friedrich Schlegel most radically conceives of translation as a category of thought rather as an activity connected with language or literature only".[131]

Ein prägnanter Unterschied zwischen Schleiermachers und Schlegels Zielen kann auch auf der hermeneutischen Ebene des Platon-Projektes bemerkt werden. Beide wollten, wie es scheint, in der Übersetzung ihr Verstehen der Philosophie Platons festhalten und verbreiten, aber auch umgekehrt – durch das Übersetzungsvorhaben zu einem vollen Verstehen von Platon gelangen. Doch während Schlegel sich hauptsächlich auf synthetisierende Verfahren konzentrierte, welche die „excentrische Eigenart des Ganzen"[132] offenlegten (und das Unabgeschlossene in Platons Denken ans Licht brachten), arbeitete sich Schleiermacher, geleitet von der Idee des einheitsstiftenden „Keimentwurfs", in dem schwierigen Stoff analytisch voran, seine hermeneutischen Werkzeuge perfektionierend (vor allem den hermeneutischen Zirkel). Deshalb konnte er schon im September 1803 schlussfolgern: „Es ist nicht nur am Plato selbst gar vieles aufzuklären, sondern der Plato ist auch der rechte Schriftsteller, um überhaupt das Verstehen anschaulich zu machen."[133]

Schleiermachers philosophische Gemeinschaft mit Friedrich Schlegel besprechend weist Andreas Arndt darauf hin, dass drei für Schleiermachers philosophischen Diskurs wichtige Konzeptionen – „in Stichworten: Platon, Hermeneutik, Dialektik – von Schlegel im unmittelbaren Umkreis der Begegnung mit Schleiermacher ausgearbeitet worden waren"[134]. Dank dieser Begegnung konnte auch konzeptuelle und praktische Arbeit im Bereich der Übersetzung verrichtet werden, die im Zusammenhang mit der Hermeneutik und der Dialektik realisiert wurde. Der Einfluss dieser Arbeit ist im späteren Denken Schleiermachers sichtbar, nicht zuletzt in seinen Gedanken zur Dialektik, zum Beispiel dort, wo er das Problem des „Sprachkreises" und der zur Unübersetzbarkeit und zum Scheitern der Verständigung führenden Sprachunterschiede diskutiert.[135] Er macht sich

---

131 André Lefevere, *Translating Literature: The German Tradition*, Assen: Van Gorcum 1977, 58.
132 Schlegel, KFSA II: *Charakteristiken und Kritiken I* [*Grundsätze zum Werk Platons*], 530.
133 Brief Schleiermachers an Georg Andreas Reimer, KGA V/7: *Briefwechsel 1803–1804*, hg.v. Andreas Arndt und Wolfgang Virmond, Berlin: de Gruyter 2005, 393.
134 Arndt 2013 (Anm. 14), 40.
135 Siehe *Einleitung (Reinschrift)* in: Schleiermacher, KGA II/10: *Vorlesungen über die Dialektik*, Teilbd. 1, hg.v. Andreas Arndt, Berlin: de Gruyter 2002, 404–408. Zum Begriff des Sprachkreises vgl. Sarah Schmidt, „Wahrnehmung und Schema: Zur zentralen Bedeutung des bildlichen Denkens in Schleiermachers *Dialektik*", in: *Schleiermacher und Kierkegaard 2006* (Anm. 74), 73–91, hier 78 f.

aber auch in Schleiermachers Ästhetik sehr deutlich bemerkbar.[136] Man kann hier sehr wohl von einem lebenslangen Einfluss sprechen.

---

[136] Siehe Friedrich Schleiermacher, „Ästhetik (1819/25)", in: Schleiermacher, *Ästhetik. Über den Begriff Kunst,* hg.v. Thomas Lehnerer, Hamburg: Meiner 1984, 143f. Vgl. auch Patsch 1986 (Anm. 123), 76.

Christiane Hackel
Schleiermacher und Aristoteles. Schleiermacher als Initiator der von der Königlich-Preußischen Akademie der Wissenschaften zu Berlin herausgegebenen Aristoteles-Edition (1831–1870)

> [...] Sie wissen wohl, daß dieser Gedanke, daß die Akademie den Aristoteles bearbeiten solle, ursprünglich der meinige ist und mir gar sehr am Herzen liegt. [...] Ich wollte, ich könnte Ihnen das lebhafteste Interesse für diese große Arbeit einflössen, die eines der Hauptwerke ist, welche die Kritik noch zu vollbringen hat.[1]

Dass Schleiermachers Name eng mit dem Werk Platons verbunden ist, wird im Allgemeinen gewusst – werden doch seine Platon-Übersetzungen noch immer nachgedruckt. Dass Schleiermacher sich um die Philosophie des Aristoteles ebenfalls große Verdienste erworben hat, ist hingegen weitestgehend in Vergessenheit geraten und daher heute kaum noch präsent. Dazu beizutragen, dass sich das ändert, ist das Ziel des vorliegenden Aufsatzes. In diesem soll die Rolle, die Schleiermacher beim Zustandekommen der bahnbrechenden Akademie-Edition des *Corpus Aristotelicum* gespielt hat, näher beleuchtet werden.

Im Jahr 1831, dem Todesjahr Hegels, erschienen nach einer Vorbereitungszeit von fast 15 Jahren im Berliner Verlag des mit Schleiermacher befreundeten Georg Andreas Reimer die ersten drei der insgesamt fünf Quartbände umfassenden Akademie-Edition des *Corpus Aristotelicum*.[2] Die ersten beiden Bände bieten den (von Immanuel Bekker auf der Grundlage eines Vergleichs der wichtigsten griechischen Codices erstellten) griechischen Text aller aristotelischen Werke, der dritte Band eine lateinische Übersetzung.[3]

Das Neue an dieser Edition war, dass hinter ihr die historisch-kritische Maxime stand, dass man zu den Handschriften zurückkehren muss und dass man nur auf der Basis eines kritischen Vergleichs der wichtigsten überlieferten Aristoteles-Codices einen verlässlichen Text konstituieren kann. Diese Edition hat

---

1 Schleiermacher an Immanuel Bekker am 16.5.1818; Heinrich Meisner (Hg.), *Briefwechsel Schleiermachers mit August Boeckh und Immanuel Bekker 1806–1820* (Mitteilungen aus dem Litteraturarchive in Berlin, Neue Folge 11), Berlin 1916, 83.
2 Aristoteles, *Opera*, Berlin 1831–1870.
3 *Aristoteles Graece*. Ex Recensione Immanuelis Bekkeri [Bd. 1–2], *Aristoteles latine interpretibus variis* [Bd. 3], edidit Academia Regia Borussica, Berlin 1831.

somit für die damalige Zeit vollkommen neue Standards gesetzt und dadurch eine unumkehrbare Zeitenwende in der Aristoteles-Forschung eingeleitet.

Adolf Harnack teilt in seiner *Geschichte der Königlich Preussischen Akademie der Wissenschaften zu Berlin* mit: „die Akademie beschloss auf Anregung Schleiermacher's, eine kritische Ausgabe des Aristoteles herzustellen und die Vorbereitung derselben [Immanuel, C.H.] Bekker anzuvertrauen".[4] Diese Information ist sehr vage. Denn was meint hier: „auf Anregung Schleiermacher's"? Wie muss man sich diese vorstellen, das heißt, welchen Anteil hatte Schleiermacher tatsächlich am Zustandekommen der Akademie-Edition, die das Studium der aristotelischen Philosophie auf eine ganz neue Grundlage gestellt und die wie ein Katalysator gewirkt hat, indem sie eine Vielzahl von sowohl philologischen als auch philosophischen Studien zum Werk des Aristoteles angeregt hat? Und wie ist Schleiermacher überhaupt zu der Einsicht gelangt, dass die bisherigen Editionen unzureichend sind? Hegel, der sich viel intensiver als Schleiermacher mit der aristotelischen Philosophie auseinandergesetzt und dadurch wesentlich dazu beigetragen hat, dass diese wieder Eingang in den zeitgenössischen philosophischen Diskurs gefunden hat, war sich im Gegensatz zu Schleiermacher dieses Mangels nämlich überhaupt nicht bewusst.[5]

Für eine Beantwortung dieser Fragen sind zwei vorbereitende Schritte notwendig. Der erste besteht in einer Vorstellung der wichtigsten Stationen der Editionsgeschichte des *Corpus Aristotelicum* bis zu Beginn des 19. Jahrhunderts. Denn erst vor dieser Folie lässt sich die Bedeutung der Akademie-Ausgabe angemessen würdigen. Im zweiten Schritt wird ein Überblick über Schleiermachers Aristoteles-Studien gegeben. Dieser hat das Ziel zu verdeutlichen, wo Schleiermachers Problembewusstsein herrührte, das heißt seine Einsicht, dass es einer historisch-kritisch erarbeiteten Aristoteles-Ausgabe bedarf. Im Mittelpunkt des dritten Kapitels steht dann das Akademievorhaben und Schleiermachers Anteil daran.

---

[4] Adolf Harnack, *Geschichte der Königlich Preussischen Akademie der Wissenschaften zu Berlin*, Bd. 1.2, Berlin 1900, 675. Harnacks Quelle für diese Information ist höchstwahrscheinlich die Antrittsrede von Hermann Diels von 1882, die er in einer Fußnote zitiert; Harnack 1900, Bd. 1.2, 676 Anm. 1. Diels hatte in seiner Antrittsrede in der Akademie geäußert: „Wenn auf Schleiermachers Anregung in die Mitte dieser Unternehmung [der methodischen Erforschung der griechischen Philosophie durch die Akademie, C.H.] Aristoteles gestellt worden ist, so hätte nicht leicht etwas förderlicheres geschehen können." Vgl. *Sitzungsberichte der Königlich Preussischen Akademie der Wissenschaften zu Berlin. Jahrgang 1882*, Berlin 1882, 719.

[5] Vgl. hierzu das Hegel gewidmete Kapitel in meiner im Juni 2018 an der Philosophischen Fakultät der Humboldt-Universität zu Berlin eingereichten Dissertation: „Aristoteles-Rezeption in der ‚Historik' Johann Gustav Droysens" (Kapitel 1.3.2.3).

1 Die neuzeitliche Editionsgeschichte des *Corpus Aristotelicum* bis zu Beginn 19. Jahrhunderts

Der folgende Überblick beschränkt sich auf die fünf bedeutendsten Werkausgaben.[6] Die ältesten uns überlieferten Aristoteles-Handschriften stammen aus dem 9. Jahrhundert. Ihre Inventarisierung und Erforschung, vor allem auch die ihrer Abhängigkeiten untereinander, ist bis heute nicht abgeschlossen. Die neuzeitliche Editionsgeschichte des *Corpus Aristotelicum* beginnt nur knapp 50 Jahre nach der Erfindung des modernen Buchdrucks durch Gutenberg und zwar mit der sogenannten Aldina, die zwischen 1495–1498 in Venedig erschienen ist. Diese von Aldus Manutius herausgegebene *editio princeps* umfasst fünf Bände und basiert auf nur zwei (oder drei) jungen Aristoteles-Codices.[7]

Die nächste bedeutende, weil sehr verbreitete, Edition verdanken wir Erasmus von Rotterdam. Sie erschien 1531 in Basel (und 1550 in einem Nachdruck) und umfasste zwei Bände. Sie fand bis ins 19. Jahrhundert hinein Verwendung, was u. a. daran ersichtlich ist, dass Hegel ein Exemplar der Ausgabe von 1531 besaß.[8]

1590 erschien dann in Lyon die erste zweisprachige Ausgabe des aristotelischen Gesamtwerkes, die in zweispaltigem Satz den griechischen Text zusammen mit einer lateinischen Übersetzung bot. Der Herausgeber dieser Edition war Isaac Casaubon, der laut einem späteren Rezensenten „ausser den vorhergehenden

---

6 Zur neuzeitlichen Editionsgeschichte der aristotelischen Werke vgl. den Aufsatz von Myriam Hecquet-Devienne, „Les éditions d'Aristote", in: *Aristote au XIXe siècle*, hg.v. Denis Thouard, Villeneuve d'Ascq 2004, 415–441. Hecquet-Devienne bietet auch einen relativ vollständigen Überblick über die wichtigsten Gesamtausgaben. Vgl. ferner die Bibliographie von Marie-Dominique Philippe, *Aristoteles* (Bibliographische Einführungen in das Studium der Philosophie 8), Bern 1948. Vgl. aber auch ältere Auflistungen bzw. Nachschlagewerke, wie z. B. Samuel Friedrich Wilhelm Hoffmann, *Bibliographisches Lexicon der gesammten Literatur der Griechen*, Theil 1: A – D, Leipzig ²1838. [Auch als Reprint: Amsterdam 1961], 271–375 u. 612f. oder Wilhelm Engelmann (Hg.), *Bibliotheca scriptorum classicorum. Erste Abtheilung: Scriptores Graeci*, neu bearbeitet v. Emil Preuss, Leipzig ⁸1880, 188f., der allerdings nur die ab 1700 erschienenen Editionen verzeichnet.

7 Wilt Aden Schröder, „Immanuel Bekker – der unermüdliche Herausgeber vornehmlich griechischer Texte", in: *Die modernen Väter der Antike. Die Entwicklung der Altertumswissenschaften an Akademie und Universität im Berlin des 19. Jahrhunderts* (Transformationen der Antike 3), hg.v. Annette M. Baertschi und Colin G. King, Berlin 2009, 329–368, 351. Zur Aldina vgl. ferner Hecquet-Devienne 2004, 417 (Anm. 6).

8 Vgl. Manuela Köppe (Hg.), Katalog der Bibliothek Georg Wilhelm Friedrich Hegels, Hegel, Gesammelte Werke, Bd. 31,1–2, Hamburg 2017, 426–444. Hier sind alle Ausgaben aristotelischer Werke, die Hegel besessen hat, verzeichnet. Die Edition von Erasmus ist unter KHB 471 (ebd. 437) verzeichnet.

Ausgaben, auch Handschriften zu Rathe gezogen, aus beiden die Abweichungen bemerket und eigene Verbesserungen gemachet"[9] hat. Diese zweibändige Werkausgabe hat bis ins 19. Jahrhundert hinein Verwendung gefunden, so war sie zum Beispiel Bestandteil von Schleiermachers persönlicher Bibliothek.[10]

Für die letzte große Renaissance-Ausgabe, die sowohl den griechischen Text als auch eine lateinische Übersetzung bietet, zeichnet Guillaume Du Val verantwortlich. Seine Edition erschien zuerst 1619 und in überarbeiteter Form letztmalig 1654 in Paris. Die Leistung Du Vals wurde in der Vergangenheit unterschiedlich bewertet. So schreibt Hamberger 1756: „Die Verdienste des Du Val um den Text sind so groß nicht. Er hat bloß einen Abdruck der Casaubonischen Ausgabe geliefert, nur bloß mit den Lesarten, die am Rande derselben stehen, und er gedenket auch mit keinem Worte, daß er etwas neues geleistet habe."[11] Ein anderer Autor hingegen urteilt knapp einhundert Jahre später, dass Du Val die Ausgabe Casaubons „mit Vermehrungen und Verbesserungen herausgegeben"[12] habe. Welcher Meinung der Vorzug zu geben ist, muss hier offen bleiben. Unabhängig von diesen Einschätzungen ist die Ausgabe von Du Val hier aus zwei Gründen zu erwähnen: Einmal, weil es sich bei ihr um die für längere Zeit letzte Gesamtausgabe des *Corpus Aristotelicum* handelt und zweitens, weil der nächste Versuch einer Gesamtausgabe am Ende des 18. Jahrhunderts den von ihr gebotenen Text zu Grunde legt.

Die auf Du Val folgende knapp 150-jährige Pause in der Editionstätigkeit des aristotelischen Gesamtwerkes wird gemeinhin damit erklärt, dass man sich nach 1650 mehr auf die Herausgabe einzelner Werke des Aristoteles und die Kommentierung seiner Texte konzentriert habe.[13] Dazu beigetragen hat allerdings höchstwahrscheinlich auch eine kritische Abwendung von der Philosophie Aristoteles im 17. und 18. Jahrhundert und die Bevorzugung Platons, welche dazu

---

9 Aristoteles, *Opera*, ed. Isaac Casaubon, 2 Bde., Lugdunum [Lyon] 1590. (Da die lateinische Bezeichnung für Leiden *Lugdunum Batavorum* ist, wird der Verlagsort manchmal fälschlicherweise mit Leiden wieder gegeben.) Das Zitat stammt aus: Georg Christoph Hamberger, *Zuverlässige Nachrichten von den vornehmsten Schriftstellern vom Anfange der Welt bis 1500*, Bd. 1, Lemgo 1756, 274.
10 Vgl. Günter Meckenstock, *Schleiermachers Bibliothek* (Schleiermacher-Archiv, Bd. 10), Berlin/New York 1993, 136 f. Hier sind unter den Nummern 74 bis 87 alle die Titel und Ausgaben von Aristoteles verzeichnet, die Schleiermacher besessen hat, die Ausgabe von Casaubon ist unter der Nummer 74 zu finden.
11 Hamberger 1756, 274 f. (Anm. 9). In eben diesem Sinne vermerkt Hoffmann 1838, 276 (Anm. 6): „Du Val gab nur den Text des Casaubonus, obgl. er auf d. Tit. Verbess. verspricht."
12 Friedrich Wilhelm Wagner, *Grundriss der classischen Bibliographie. Ein Handbuch für Philologen*, Breslau 1840, 82.
13 Hecquet-Devienne 2004, 418 (Anm. 6).

geführt hat, dass eben nicht nur das philosophische, sondern auch das philologische Interesse an den Texten des Aristoteles nachgelassen hat.[14]

Daher gehört die Werkausgabe, die Johann Gottlieb Buhle (1763–1821) auf Anregung seines Göttinger Lehrers Christian Gottlob Heyne (1729–1812) zwischen 1791 und 1800 herauszugeben begonnen hat, zu den Zeichen, die den Beginn eines sich in der Folge vollziehenden Wandels ankündigen. Buhle, der in Personalunion Philologe, Philosoph und Philosophiehistoriker gewesen ist und dessen Auseinandersetzung mit der Philosophie des Aristoteles sich neben der Werkausgabe auch in anderen Publikationen niedergeschlagen hat,[15] hat für seine Ausgabe den Text von Du Val zu Grunde gelegt und diesen mit den Lesarten anderer Editionen verglichen.[16] Meines Erachtens sollte die Bedeutung der von Buhle begonnenen Edition nicht unterschätzt werden, auch wenn sie ein Torso geblieben ist und trotz der ihr unzweifelhaft anhaftenden Mängel: Denn, dass ein Einzelner an dem Anspruch, eine Edition des gesamten *Corpus Aristotelicum* vorzulegen, scheitern muss, ist aus heutiger Perspektive nur allzu offensichtlich und spricht nicht gegen Buhle. Zudem muss man bedenken, dass die Edition nicht nur den griechischen Text, sondern zugleich (jeweils auf der unteren Seitenhälfte) auch eine lateinische Übersetzung bietet, die von Buhle selbst stammt, wie dem Titel seiner Edition zu entnehmen ist. Und wahrscheinlich hat sein „Scheitern" letztendlich mit dazu beigetragen, der unumgänglichen Einsicht den Weg zu ebnen, dass ein Projekt dieser Größenordnung eine andere, nämlich eine kollektive Herangehensweise benötigt. Für Buhle spricht ferner sein Bewusstsein für die Problematik der Überlieferungsgeschichte der aristotelischen Texte. Dieses äußert sich darin, dass man im ersten Band seiner Werkausgabe neben anderen Materialien auch ein von ihm zusammengestelltes Verzeichnis der Codices und

---

14 Vgl. hierzu auch Peter Petersen, *Geschichte der Aristotelischen Philosophie im Protestantischen Deutschland*, Leipzig 1921, 426 f.
15 *Aristotelis Opera omnia Graece ad optimorum exemplarium fidem recensuit, annotationem criticam, librorum argumenta, et novam versionem Latinam adiecit* Io[annis] Theophilus Buhle, 5 Bde., Zweibrücken (Bd. 5 Straßburg) 1791–1800 („Editio Bipontina"). Sowohl Schleiermacher als auch Hegel haben auch diese Werkausgabe besessen; vgl. Meckenstock 1993, 136 (Anm. 10). Hier verzeichnet unter der Nummer 75. Zu Hegel vgl. Köppe 2017, 434–437 (Anm. 8). Hier verzeichnet unter KHB 466–470. Vgl. ferner die Auflistung der Werke Buhles auf den Internetseiten des Teuchos-Zentrums („Teuchos – Zentrum für Handschriften und Textforschung") in Hamburg: http://www.teuchos.uni-hamburg.de/resolver?Buhle.Johann.Gottlieb, zuletzt aufgerufen am 28.08.2017, die allerdings nicht ganz vollständig ist. Vgl. daher zusätzlich Engelmann 1880, 201 (Anm. 6).
16 Vgl. Wagner 1840, 82 (Anm. 12) sowie Petersen 1921, 432 (Anm. 14).

der Editionen der aristotelischen Werke findet.[17] Diese Tatsache spricht dafür, dass es ihm, wenngleich er für seine Edition nicht auf die handschriftliche Überlieferung zurückgegriffen hat, dennoch bewusst gewesen zu sein scheint, dass es eigentlich wünschenswert gewesen wäre.

2 Schleiermachers Aristoteles-Studien[18]

Der folgende Überblick bietet eine Bestandsaufnahme von Schleiermachers Beschäftigung mit der aristotelischen Philosophie in chronologischer Reihenfolge. Eine inhaltliche Auseinandersetzung, die eine Analyse der Art und Weise von Schleiermachers Aristoteles-Studien anstrebt oder die Frage aufwirft, ob und auf welche Weise aristotelische Theorieelemente in Schleiermachers eigene Philosophie Eingang gefunden haben, kann hier nicht geleistet werden. Diese erfordert eine eigene Studie.

Schon sehr früh, nämlich bereits 1788 während seines Studiums in Halle, mit 20 bzw. 21 Jahren, hat Schleiermacher begonnen, sich für Aristoteles zu interessieren – also lange vor seiner Beschäftigung mit Platon. Angeregt dazu hatte ihn sein Lehrer Johann August Eberhard (1739–1809), der seit 1778 Professor der Philosophie an der Universität Halle war. Die Auseinandersetzung mit der aristotelischen Philosophie zieht sich von da an wie ein Ariadnefaden durch Schleiermachers gesamtes Leben – und zwar obwohl Aristoteles für ihn gar nicht der Philosoph erster Wahl gewesen ist und er dessen Philosophie wiederholt mit kritischen Worten bedacht hat. Wie zum Beispiel in einem Notat von 1803 zu *De anima*, wo es heißt: Aristoteles sei „der Anfang des Verderbens in der Philosophie"[19] – oder in seiner kritisch distanzierten Darstellung der Philosophie des Aristoteles im Rahmen seiner philosophiegeschichtlichen Vorlesungen.[20]

---

17 Johann Gottlieb Buhle, „Elenchus Codicum et Editionum Librorum Aristotelis", in: *Aristotelis Opera omnia Graece*, Bd. 1, Zweibrücken 1791, 155–274. Zu der im ersten Band gegebenen Auflistung der bisherigen Editionen folgen in Bd. 3, 699f. noch ergänzende Angaben.
18 Vgl. hierzu die chronologische Auflistung im Anhang des vorliegenden Aufsatzes. In dieser sind die Manuskripte, Vorträge und Publikationen Schleiermachers, in denen er sich aristotelischen Themen widmet oder sich mit der Philosophie des Aristoteles auseinandersetzt, verzeichnet.
19 Friedrich Schleiermacher, Kritische Gesamtausgabe (KGA) I/3: *Gedanken V (1800–1803)*, hg.v. Günter Meckenstock, Berlin/New York 1988, 281–340, hier 335: „[205.] Man kann vom Aristoteles sagen daß er den Wald vor Bäumen nicht sieht, – das Allgemeine nicht vor dem Besonderen, das Absolute nicht vor dem Einzelnen, das Innere nicht vor dem Aeußeren. So wenigstens sind die Bücher de anima. So ist Er der Anfang des Verderbens in der Philosophie."

Das Werk, das 1788 am Beginn von Schleiermachers Beschäftigung mit Aristoteles stand, war die *Nikomachische Ethik*. Diese ist zugleich das aristotelische Werk, mit dem er sich insgesamt betrachtet am intensivsten befasst hat. Diese Auseinandersetzung ist durch verschiedene Manuskripte Schleiermachers nachweisbar. Durch weitere Exzerpte oder Notate ist ferner eine Rezeption folgender aristotelischer Werke belegt: der *Metaphysik*, der *Politik*, von *De anima* und der *Physik*, sowie der *Magna Moralia* und der *Eudemischen Ethik*.

Hinsichtlich der *Nikomachischen Ethik* deuten verschiedene briefliche Mitteilungen Schleiermachers darauf hin, dass er 1789/1790 neben anderen literarischen Plänen auch an einer Übersetzung dieses Werkes gearbeitet hat – von der ein Teil überliefert und mittlerweile ediert ist.[21] Dann sind ihm aber andere zuvor gekommen: So erschien 1790 in dem von Schleiermachers Lehrer Johann August Eberhard herausgegebenen „Philosophischen Magazin" der „Versuch einer deutschen Uebersetzung des achten Buches der [Nikomachischen, C.H.] Ethik des Aristoteles" von einem Schüler Eberhards.[22] Und 1791 publizierte Daniel Jenisch (1762–1804) in einem Danziger Verlag die erste vollständige deutsche Übersetzung der *Nikomachischen Ethik*.[23] Nur wenige Jahre später, 1798 und 1801, erschien dann die zweibändige Übersetzung der *Nikomachischen Ethik* von Christian Garve (1742–1898) in einem Breslauer Verlag.[24] Höchstwahrscheinlich hat Schleiermacher sein Übersetzungsvorhaben bereits nach Erscheinen der Publikation von Daniel Jenisch ad acta gelegt.

Mit seinen Übersetzungsplänen folgte Schleiermacher einem Trend der damaligen Zeit. Das belegen im Grunde genommen auch die zeitgleich angefertigten Übersetzungen Jenischs und Garves. Bis dato las man Aristoteles im griechischen Original (wie Schleiermacher und Hegel) oder man las ihn in lateinischer Übersetzung (wie zum Beispiel Goethe). Übersetzungen aristotelischer Werke ins

---

[20] Friedrich Schleiermacher, Sämmtliche Werke III/4,1: *Geschichte der Philosophie*, hg.v. Heinrich Ritter, Berlin 1839, 113–121.
[21] Vgl. Günter Meckenstock, „Einleitung des Bandherausgebers" zu: Friedrich Schleiermacher, KGA I/1: *Jugendschriften 1787–1796*, Berlin/New York 1983, XVII–LXXXIX, hier XXXVIII.
[22] G. Dellbrück, „Versuch einer deutschen Uebersetzung des achten Buches der Ethik des Aristoteles", *Philosophisches Magazin* 1788–1792, 3. Bd.,1. St., 1790, 217–235 u. 304–332; vgl. KGA I/1, XXXIX (Anm. 21).
[23] *Die Ethik des Aristoteles, in zehn Büchern*. Aus dem Griechischen mit Anmerkungen und Abhandlungen von Dan[iel] Jenisch, Danzig 1791.
[24] *Die Ethik des Aristoteles* übersetzt und erläutert von Christian Garve, 2 Bde., Breslau 1798–1801. Schleiermacher selbst hat ein Exemplar dieser Übersetzung besessen; vgl. Meckenstock 1993, 137 (Anm. 10), hier verzeichnet unter der Nummer 85. Schleiermacher streift auch diese Publikation Garves kurz in seiner vernichtenden Sammelrezension *Garves letzte noch von ihm selbst herausgegebene Schriften* [1800], KGA I/3, 63–72 (Anm. 19).

Deutsche findet man überhaupt erst ab 1750. Und das sind bis 1800 so wenige, dass sie sich hier schnell aufzählen lassen: 1753 erschien eine Übersetzung der *Poetik*, darauf folgte 1791 die bereits genannte Übersetzung der *Nikomachischen Ethik* von Daniel Jenisch, 1794 folgten Übersetzungen von *De Anima* und der *Kategorienschrift*, 1798 und 1801 erschienen die beiden Bände von Garves Übersetzung der *Nikomachischen Ethik* und 1799 und 1802 postum Garves Übersetzung der *Politik*, herausgegeben von Gustav Fülleborn.[25] Damit sind wir auch schon im 19. Jahrhundert, in dem dann das Übersetzen antiker Autoren und Werke so richtig Fahrt aufgenommen hat. Aber nicht nur das Übersetzen wird jetzt zu einer gängigen Übung – insbesondere bei angehenden Philologen, die sich damit ersten (wissenschaftlichen) Ruhm, aber vor allem auch ein Zubrot zu ihrem Lebensunterhalt verdienen wollen – sondern auch die Erarbeitung kritischer Werkausgaben. Denn der Übersetzungsproblematik vorgängig ist immer die Frage der vorliegenden Textgrundlage. Um übersetzen zu können, braucht man zunächst einen verlässlichen Text. Schleiermacher und die nachfolgenden Philologen-Generationen werden als einen solchen fortan nur noch einen kritisch edierten Text ansehen.

Aus dem bisher Gesagten geht hervor, dass Schleiermachers erste Schritte als Übersetzer einem Werk des Aristoteles gegolten haben. Und zwar schon knapp zehn Jahre bevor Friedrich Schlegel 1798 oder 1799[26] das Projekt einer gemeinsamen Übersetzung der Werke Platons an ihn herangetragen hat, das Schleiermacher dann aufgrund der nicht voranschreitenden Arbeit F. Schlegels zu seinem alleinigen gemacht hat.[27] Die ersten fünf Bände der ersten Auflage seiner Platon-Übersetzung erschienen zwischen 1804 und 1809. Grundlage dieser Übersetzung bildete eine kritische Rezension der platonischen Texte, die der mit Schleiermacher befreundete Klassische Philologe Ludwig Friedrich Heindorf (1774–1816) zeitgleich publiziert hat (1802–1810) und an der Schleiermacher maßgeblich beteiligt gewesen ist.[28]

Obwohl Schleiermacher sich also ab 1799 Platon zugewandt hat, reißt seine Auseinandersetzung mit Aristoteles, insbesondere mit dessen Ethik(en) nicht ab. Das ist aus den ersten fünf, den Zeitraum von 1796 bis 1803 umfassenden, von

---

[25] Vgl. (auch zum Folgenden) Gisela Rhode, *Bibliographie der deutschen Aristoteles-Übersetzungen vom Beginn des Buchdrucks bis 1964*, Frankfurt a.M. 1967, IV f., 33, 36, 48.
[26] Laut Kurt Nowak war es im Frühjahr 1799. Vgl. Kurt Nowak, *Schleiermacher. Leben, Werk und Wirkung*, Göttingen 2001, 131.
[27] Vgl. dazu den Beitrag von Piotr Bukowski in diesem Band.
[28] Vgl. Wolfgang Virmond, „*interpretari necesse est*. Über die Wurzeln von Schleiermachers ,Hermeneutik und Kritik'", in: *Friedrich Schleiermacher in Halle 1804–1807*, hg.v. Andreas Arndt, Berlin/Boston 2013, 67–76, insbesondere 70 f.

insgesamt sechs Gedanken-Heften Schleiermachers zu ersehen, da er in diesen auch Beobachtungen und Überlegungen zu Aristoteles notiert hat. In die Zeit, als er schon seine Platon-Übersetzung in Arbeit hatte, fällt das folgende Notat vom 17. Oktober 1801 aus seinem fünften Gedanken-Heft: „[16.] Sollte es denn möglich sein, daß ich die Ethik des Aristoteles ordentlich ediren könnte? Das hat mir Heindorf Gestern am 16. October [1801, C.H.] vorgeschlagen. Wenigstens will ich mich nun der genauesten Philologie recht gründlich befleißigen."[29] Dieses Notat lässt darauf schließen, dass Schleiermachers Interesse an Aristoteles nicht nachgelassen hat. Allerdings hat sich das ursprüngliche Übersetzungsprojekt mittlerweile in ein kritisches Editionsvorhaben verwandelt. Knapp acht Jahre später, 1808, ist diese Idee noch immer virulent. Sie hat nur ihre Form geändert, wie aus einem Brief an seinen ehemaligen Hallenser Studenten August Boeckh hervorgeht: Hier spricht Schleiermacher von einer Aufgabe, vor der er sich scheue, die aber „das Ganze [sein Lebenswerk, C.H.] krönen müßte, wenn nicht mein Leben so weit ich es berechnen kann schon reichlich ausgefüllt wäre, nemlich einer tüchtigen Kritik des Aristoteles. Wer soll ich nur wünschen daß [er, C.H.] diese übernähme wenn nicht Sie?"[30] Hier bezieht sich der Gedanke dann auf eine kritische Edition des gesamten *Corpus Aristotelicum*, die er nun nicht mehr selbst zu tun gedenkt, sondern die zu unternehmen er seinem Schüler August Boeckh nahe legt, der mittlerweile in Heidelberg lehrt.

Dass in den acht Jahren zwischen 1807 und 1816 der Name des Aristoteles nicht expressis verbis im Schriftenverzeichnis Schleiermachers auftaucht, ist wahrscheinlich äußeren Faktoren geschuldet: Es ist die Zeit des politischen Umbruchs, der dadurch bedingten Übersiedlung Schleiermachers nach Berlin, der Übernahme neuer Ämter und Funktionen dort und vielleicht nicht zuletzt die Familiengründung im Mai 1809. Kurt Nowak kommentiert die ebenfalls in den

---
29 KGA I/3, 286 (Anm. 19).
30 Vgl. Schleiermachers Brief an August Boeckh vom 8.3.1808, KGA V/10: *Briefwechsel 1808*, hg.v. Simon Gerber und Sarah Schmidt, Berlin/Boston 2015, Brief 2655, 71–75, Zitat 72. Ernst Bratuscheck, ein Schüler von August Boeckh und Friedrich Adolf Trendelenburg, interpretiert diese Passage anders. Er unterstellt, dass Schleiermacher mit dieser Aussage das im Sinne gehabt habe, was später der Boeckh-Schüler Adolf Trendelenburg in seiner Dissertation *Platonis de ideis et numeris doctrina ex Aristotele illustrata* (Leipzig 1826) unternommen hat, nämlich die bei Aristoteles zu findenden Aussagen über Platon zu einem besseren Verständnis der platonischen Philosophie heranzuziehen. Vgl. Ernst Bratuscheck, „August Boeckh als Platoniker", *Philosophische Monatshefte* 1 (1868), 257–349, 275 u. ders., *Adolf Trendelenburg*, Berlin 1873, 43f. Da sich Schleiermacher aber 1818 gegenüber Bekker in Bezug auf die zu erarbeitende Aristoteles-Ausgabe ähnlicher Worte bedient (siehe das der vorliegenden Arbeit vorangestellte Zitat), ist m.E. eindeutig, dass er auch in dem Brief an Boeckh auf eine kritische Edition der aristotelischen Werke abzielt, so dass Bratuscheck sich hier irrt.

Jahren 1810 bis 1817 stagnierende Arbeit am Plato ganz lapidar mit der Bemerkung, dass Schleiermacher zu diesem Zeitpunkt „von Pflichten überladen" gewesen sei.[31]

Aber auch wenn Aristoteles in diesen Jahren nicht im Schriftenverzeichnis genannt wird, so bedeutet das nicht, dass er Schleiermacher aus dem Sinn gekommen wäre. Denn man muss auch die Vorlesungen berücksichtigen, die Schleiermacher in diesem Zeitraum (und darüber hinaus) gehalten hat,[32] allen voran die philosophischen, wie die Vorlesung über Ethik bzw. Sittenlehre,[33] über Geschichte der griechischen Philosophie, Staatslehre,[34] Dialektik,[35] Psychologie und Ästhetik. In diesen allen sind Bezüge auf Aristoteles zu finden – und sei es in kritisch abgrenzender Form, wie zum Beispiel in der Darstellung der aristotelischen Philosophie innerhalb der Philosophiegeschichte,[36] in der Aristoteles vor allem wegen der Kritik, die er an der platonischen Ideenlehre geübt hat, sehr schlecht wegkommt. Der Grund dafür liegt wiederum, folgt man Gunter Scholtz, darin, dass „Schleiermacher [...] die Platonische Ideenlehre so interpretiert [hat, C.H.], daß die Aristotelische Kritik an ihr (Met. I, 9) kaum mehr greift. In dieser Kritik hat Schleiermacher nur Mißverstand gesehen (GPh 113–116). Denn die

---

31 Nowak 2001, 137 (Anm. 26).
32 Ein Verzeichnis der von Schleiermacher gehaltenen Vorlesungen findet sich in: Andreas Arndt/Wolfgang Virmond, *Schleiermachers Briefwechsel (Verzeichnis) nebst einer Liste seiner Vorlesungen* (Schleiermacher-Archiv, Bd. 11), Berlin/New York 1992, 293–330.
33 Eine erste inhaltliche Annäherung an den „grundlegenden und bleibenden, bis in die reife Schaffenszeit dauernden Einfluß von Schleiermachers Plato- und Aristoteleslektüre für seine ethische Theorie" findet man in einem Aufsatz von Eilert Herms, „Platonismus und Aristotelismus in Schleiermachers Ethik", [zuerst in: *Schleiermacher's Philosophy and the Philosophical Tradition*, hg.v. Sergio Sorrentino, New York 1992, 3–26] jetzt in: Eilert Herms, *Menschsein im Werden. Studien zu Schleiermacher*, Tübingen 2003, 150–172, Zitat 152. Herms stellt dort fest, dass „Schleiermachers ethische Grundeinsichten das Resultat [...] einer kritischen, auf Prüfung und Aneignung der Sache gehenden Lektüre maßgeblicher Dokumente des Ethikdiskurses europäischer Philosophie (von der Antike bis in die Gegenwart)" sind (ebd. 150 f.). Allerdings widmen sich nur die beiden letzten Seiten des Aufsatzes speziell Aristoteles. Denn, wie Herms konstatiert, „so genau wir die Erträge von Schleiermachers Platostudien überblicken, so unübersichtlich liegen die Dinge einstweilen immer noch im Blick auf Aristoteles" (ebd. 171).
34 Vgl. Friedrich Schleiermacher, KGA II/8: *Vorlesungen über die Lehre vom Staat*, hg.v. Walter Jaeschke, Berlin/New York 1998. Miriam Rose streift in ihrer Untersuchung *Schleiermachers Staatslehre* (Tübingen 2011) zwar auch die „Aristoteles Rezeption Schleiermachers" im Kontext der Staatslehre (13 ff.), weiß aber nichts wirklich Substantielles dazu mitzuteilen.
35 Vgl. Friedrich Schleiermacher, KGA II/10: *Vorlesungen über die Dialektik*, hg.v. Andreas Arndt, Berlin/New York 2002. Vgl. hierzu ferner den Aufsatz von Denis Thouard, „Von Schleiermacher zu Trendelenburg. Die Voraussetzungen der Renaissance des Aristoteles im 19. Jahrhundert". In: Baertschi/King 2009, 303–328 (Anm. 7), vgl. insbesondere 311–318.
36 Schleiermacher 1839, 113–121 (Anm. 20).

Platonischen Ideen bilden keine zweite, abgetrennte und deshalb ohnmächtige Welt neben der gegebenen Erfahrungswelt, sondern sind deren immanente, reale Kräfte [...]. Der Dualismus zwischen den geistigen Ideen und den sinnlichen Dingen, der für Aristoteles die Grundstruktur des Platonismus bildete, löst sich in dieser Platon-Deutung" auf.[37]

Zwischen 1816 und 1821 hat Schleiermacher sich in sechs der von ihm in der Akademie gehaltenen Vorträgen mit den ethischen Schriften des Aristoteles auseinander gesetzt. Parallel dazu findet genau in dieser Zeit die Etablierung des Akademievorhabens einer kritischen Edition der aristotelischen Schriften statt. Beides ist meines Erachtens in unmittelbarem Zusammenhang zueinander zu sehen.

Schleiermacher war seit dem 7. April 1810 ordentliches Mitglied der philosophischen Klasse der Königlich-Preußischen Akademie der Wissenschaften. Da die gleichzeitige Mitgliedschaft in mehreren Klassen möglich war, wurde er zusätzlich am 23. November 1812 in die historisch-philologische Klasse hinzugewählt und gehörte somit (bis zu ihrer Vereinigung am 6. Dezember 1827) beiden Klassen an. Aus diesem Grund hat Schleiermacher sowohl in den Sitzungen der philosophischen Klasse als auch in denen der historisch-philologischen Klasse und darüber hinaus (wie alle anderen Akademiemitglieder auch) in den Plenarsitzungen Vorträge gehalten.

Sechs seiner Akademievorträge sind der aristotelischen Ethik gewidmet. Schaut man genau hin, so sind es im Grunde genommen nur zwei Themen, die Schleiermacher wiederholt aufgreift. Zum einen beschäftigt er sich mehrfach mit der Frage der Echtheit der drei aristotelischen Ethiken (und zwar am 1. April 1816, am 4. Dezember 1817 und am 6. April 1818) und zum anderen problematisiert er wiederholt die Scholien zur Nikomachischen Ethik (am 16. Mai 1816, am 11. Januar 1818 und am 17. Mai 1821). Es spricht also viel dafür, dass es sich, abgesehen von einigen kleinen Änderungen, nur um zwei Vorträge handelt, die Schleiermacher mehrfach vorgetragen hat. Es machte nichts aus, wenn er sich wiederholte, da er vor einem wechselnden Adressatenkreis (das heißt einmal vor der philosophischen, dann vor dem Plenum und dann nochmal vor der historisch-philologischen Klasse) gelesen hat. Aus dieser Wiederholung würde sich auch erklären, warum zu jedem Themenkreis jeweils nur ein Skript überliefert ist. Oder andersherum: aus der Tatsache, dass nur zwei Akademie-Abhandlungen zu Ari-

---

[37] Gunter Scholtz, „Schleiermacher und die Platonische Ideenlehre", in: *Internationaler Schleiermacher-Kongreß Berlin 1984*, hg.v. Kurt-Victor Selge, Berlin/New York 1985, Bd. 2, 849 – 871, Zitat 867.

stoteles überliefert sind, ist zu schließen, dass Schleiermacher nur diese beiden Themen behandelt hat.

Den Aufsatz *Ueber die griechischen Scholien zur Nikomachischen Ethik des Aristoteles* hat Schleiermacher selbst für den Druck fertig gemacht. Er erschien 1819 in den *Akademie-Abhandlungen* für die Jahre 1816–1817,[38] versehen mit einem Nachsatz, in dem Schleiermacher Informationen mitteilt, die er von Christian August Brandis erhalten hat und welche er erst in seinen zweiten Vortrag vom 11. Januar 1818 mit hat einfließen lassen, wie aus dem entsprechenden Sitzungsprotokoll hervorgeht.[39] In dieser Abhandlung thematisiert Schleiermacher die Unstimmigkeiten, die zwischen der von Paulus Manutius 1541 im griechischen Original herausgegebenen Scholien-Sammlung des Eustratius und der lateinischen Ausgabe von Joannes Bernardus Felicianus, welche „allgemein für eine Uebersetzung der Scholien gehalten"[40] wird, bestehen.

Seinen Vortrag *Ueber die ethischen Werke des Aristoteles*, von dem ein auf den 4. Dezember 1817 datiertes Manuskript überliefert ist, hat Schleiermacher nicht selbst für den Druck fertig gestellt. Er wurde erstmals 1835 in den *Sämmtlichen Werken* publiziert.[41]

In einem Brief an Immanuel Bekker vom 9. Januar 1819 schreibt er zwar:

> Die kritischen Untersuchungen über den Aristoteles müssen nun freilich auch beginnen. Auch habe ich schon den Anfang gemacht, was ich von akademischer Thätigkeit aufbringen kann, darauf zu richten und habe im nächsten Monat meine Untersuchung über die Ethiken zu endigen und dann eine allgemeine über den Zusammenhang der Bücher anzufangen. Allein ich kann jetzt wirklich nicht mehr thun als wozu die Reihe meiner Lesungen mich auffordert. Denn ich bin im Schreiben meiner Dogmatik begriffen.[42]

Wahrscheinlich war Schleiermacher dann zu sehr mit anderen Dingen beschäftigt, so dass die Sache liegen geblieben ist. Denn gut zwei Jahre später (am 27. Februar 1821) schreibt er an Brandis:

---

38 Friedrich Schleiermacher, „Ueber die griechischen Scholien zur Nikomachischen Ethik des Aristoteles", in: *Akademie-Abhandlungen. Aus den Jahren 1816–1817*, Berlin 1819, 263–276. Jetzt zu finden in: KGA I/11: *Akademieabhandlungen*, hg.v. Martin Rössler unter Mitwirkung v. Lars Emersleben, Berlin/New York 2002, 221–237.
39 Vgl. Archiv der BBAW, Sitzungsprotokolle der historisch-philologischen Klasse (1812–1823), PAW II–V–142, Bl. 85r.
40 KGA I/11, 222 (Anm. 38).
41 Friedrich Schleiermacher, Sämmtliche Werke III/3: *Ueber die ethischen Werke des Aristoteles*, Berlin 1835, 306–333. Jetzt zu finden in: KGA I/11, 273–298 (Anm. 38).
42 Meisner 1916, 99 (Anm. 1).

Wie sich ein großer Theil meiner Zeit zersplittert ohne daß ich es weder verhindern kann, noch daß es mir oder sonst jemanden wahrhaft zu gut käme [...]. Nun kommt seit Neujahr noch der Druck meiner Dogmatik hinzu [...]. Auch meine akademische Thätigkeit hat darunter so gelitten, daß meine Arbeit über die drei aristotelischen Ethiken ganz ins Stocken gerathen ist, und überhaupt für das Jahr 1820 gar keine Abhandlung von mir in die Denkschriften kommt.[43]

Das Problem, das Schleiermacher in besagtem Manuskript thematisiert, ist das folgende: Unter dem Namen des Aristoteles sind drei verschiedene Ethiken überliefert: die *Nikomachische*, die *Eudemische* und die *Große Ethik*, auch *Magna Moralia* genannt. Bei diesen handelt es sich nun eindeutig nicht um verschiedene Auflagen oder Überarbeitungsstufen ein und desselben Werkes, sondern am ehesten um verschiedene Versionen. Wie ist es nun aber möglich, fragt Schleiermacher, dass es von einem Werk drei so verschiedene Versionen gibt – und ist damit der erste, der diese Frage stellt. Das Problem ist nun auch nicht damit zu lösen, dass man sagt, eine der drei Ethiken gehöre einer anderen Schriftengruppe an als die beiden anderen, das heißt eine sei den exoterischen Schriften und die anderen beiden den esoterischen Schriften des Aristoteles zuzuordnen. Eine solche Unterscheidung kann man nicht treffen, weil die drei Ethiken einander stilistisch zu sehr ähnln. Aus diesem Grund stellt der Hermeneutiker Schleiermacher die Echtheit der ethischen Schriften in Frage: Ist Aristoteles tatsächlich der Autor aller drei der unter seinem Namen überlieferten Ethiken?[44] Eine Antwort versucht er über einen inhaltlichen Vergleich der drei Werke zu gewinnen, der auf einer genauen Kenntnis des Inhalts und der argumentativen Struktur der drei Texte basiert und der einen scharfen Blick für alle bestehenden Unstimmigkeiten erkennen lässt.[45]

Es ist sehr wahrscheinlich, dass es Schleiermachers erneute Beschäftigung mit Aristoteles gewesen ist, welche ihm das Fehlen einer kritischen Edition der aristotelischen Werke wieder in aller Deutlichkeit vor Augen geführt hat.[46] Meine

---

43 *Aus Schleiermacher's Leben. In Briefen*, hg. v. Wilhelm Dilthey, Bd. 4, Berlin 1863, 306 Anm.
44 Schleiermacher ist der erste, der diese Sachlage problematisiert hat. Und somit ist er derjenige, der am Anfang einer Diskussion der philologischen Forschung um die Authentizität der drei unter dem Namen des Aristoteles überlieferten Ethiken steht.
45 Nun hätte Schleiermacher derartige Unstimmigkeiten auch in anderen aristotelischen Werken finden können. Weshalb zu vermuten ist, dass Schleiermacher, hätte er sich aus inhaltlichem Interesse nicht mit den Ethiken sondern z. B. intensiver mit der *Metaphysik* des Aristoteles auseinandergesetzt, mit hoher Wahrscheinlichkeit eine Abhandlung über die richtige Abfolge der einzelnen Bücher dieses Werkes oder eine über das Verhältnis von Met. I und Met. II zueinander geschrieben hätte.
46 Das legt zumindest die folgende Formulierung nahe: „Freilich müßte die Vergleichung der Handschriften selbst erst entscheiden, worauf die Verschiedenheit der Angaben beruhe, [...]. Da

Vermutung ist daher, dass sich Schleiermacher von einer kritischen Edition der aristotelischen Ethik, also von einer, die auf einer kritischen Kollation der Handschriften basiert, auch Antworten auf die von ihm gestellte Frage nach der Echtheit, das heißt der Autorschaft der drei Ethiken des Aristoteles und somit eine Klärung von deren Verhältnis zueinander erhofft hat. Es spricht daher viel dafür, dass er es gewesen ist, der den Anstoß dafür gegeben hat, dass der Stein in Sachen Aristoteles-Edition an der Berliner Akademie ins Rollen gekommen ist.

3 Das Akademievorhaben einer kritischen Gesamtausgabe des *Corpus Aristotelicum*

Den ersten Hinweis darauf, dass die Akademie ins Auge gefasst hat, alle Schriften des Aristoteles herauszugeben, findet man in einem Schreiben der historisch-philologischen Klasse vom 7. Februar 1817.[47] Es handelt sich hierbei um den Entwurf eines Briefes an das Kultusministerium in der Handschrift von Phillip Karl Buttmann (1764–1829), dem damals amtierenden Sekretar der historisch-philologischen Klasse. Zunächst und an erster Stelle geht es in diesem Brief aber um ein ganz anderes Anliegen, dessen Vorgeschichte die folgende ist: Barthold Georg Niebuhr hatte im September 1816 in der Dombibliothek von Verona ein antikes Manuskript, den sogenannten Gaius-Palimpsest entdeckt. Nun wandte sich Friedrich Carl von Savigny, Jurist und Akademiemitglied, am 19. Januar 1817 brieflich an die historisch-philologische Klasse und bat diese darum, doch seinen Schüler und Freund Johann Friedrich Ludwig Göschen und den Altphilologen Immanuel Bekker auf Kosten der Akademie nach Verona zu schicken, um Niebuhrs Fund kritisch zu edieren und ihn so der Forschung zugänglich zu machen. Wie Buttmanns bereits erwähntes Briefkonzept vom 7. Februar 1817 zeigt, hat sich die historisch-philologische Klasse Savignys Vorschlag zu eigen gemacht und wandte sich nun ihrerseits an das zuständige Ministerium, um dort die für die Entsendung der beiden Wissenschaftler notwendigen Mittel einzuwerben.

Das Schreiben Buttmanns ist aus zwei Gründen bemerkenswert: Erstens, weil es einer besonderen Überzeugungsrhetorik bedurfte, um zu begründen, warum unbedingt zwei Männer nach Verona geschickt werden müssen (Göschen, weil er

---

vor der Hand an eine solche Vergleichung nicht zu denken war: so beschloss ich zu sehen, wie weit ich durch Vergleichung der [...] entscheiden könnte." Friedrich Schleiermacher, „Ueber die griechischen Scholien zur Nikomachischen Ethik des Aristoteles", KGA I/11, 223 (Anm. 38).

[47] Archiv der BBAW, Acta der wissenschaftlichen Unternehmungen der historisch-philologischen Klasse [1817–1821], II–VIII–252, Bl. 4–7.

die notwendige Sachkenntnis mitbringt und Bekker, weil er im Lesen alter Handschriften erfahren ist). Und zweitens, weil der Brief plötzlich eine vollkommen unvermutete Wendung nimmt: Begonnen hatte er mit einer Darlegung der Bedeutung von Niebuhrs Entdeckung des Palimpsest des Gaius, war darauf mit einer ausführlichen Begründung fortgefahren, dass Göschen und Bekker genau die richtigen Männer sind, um diese „handschriftlichen Schätze[...]"[48] zu bergen und hatte daran anschließend Überlegungen zur Finanzierung dieser Unternehmung unterbreitet. Nachdem es bisher also ausschließlich um die von Niebuhr in Verona aufgefundene Gaius-Handschrift und die Finanzierung von deren notwendiger „Bergung" ging, wechselt Buttmann das Thema und legt dem Ministerium nahe, dass, wenn Bekker dann schon einmal in Italien sei, er sich eigentlich gleich noch um die dortigen Aristoteles-Handschriften kümmern könne:

> Die historisch-philologische Klasse glaubte ferner die der Wissenschaft so ersprieslichen Kenntnisse des Herrn Bekker sobald er einmal auf einer solchen Reise begriffen sein würde auch noch weiter, und ohne ihn erst zurückfahren zu lassen benutzen zu müssen. Und zwar hatte dieselbe dabei nicht einen unbestimmten durch Gelegenheit und günstige Umstände erst zu fixirenden Zweck im Sinne; sondern sie verband mit jenem Unternehmen ein andres vorlängst bei ihr in Anregung gekommenes aber durch die Zeit Umstände früher beseitigtes höchst wichtiges Projekt – nehmlich die Veranstaltung einer vollständigen und kritischen Ausgabe der Werke des Aristoteles. Dies ist nehmlich ein Unternehmen welches sich den Kräften eines Privatmannes gänzlich entzieht, und durchaus das Zusammenwirken und die Unterstützung eines Gelehrten-Vereins erfordert.

Der letzte Satz reformuliert im Grunde genommen Boeckhs (mittlerweile vielzitierte) Worte aus seinem Schreiben an die historisch-philologische Klasse der Akademie von 1815, in dem er die Einrichtung eines Akademieunternehmens zur Sammlung aller antiken griechischen Inschriften beantragt – und zwar mit folgender Begründung:

> Der Hauptzweck einer Königlichen Akademie der Wissenschaften muss dieser sein, Unternehmungen zu machen und Arbeiten zu liefern, welche kein Einzelner leisten kann, theils weil seine Kräfte denselben nicht gewachsen sind, theils weil ein Aufwand dazu erfordert wird, welchen kein Privatmann zu machen wagen wird.[49]

August Boeckh, der zum Sommersemester 1811 einem Ruf nach Berlin gefolgt war und dadurch Schleiermachers Universitäts- und ab 1814 dann auch Akademie-

---

[48] Ebd., Bl. 4r. Die im Folgenden noch aus diesem Schreiben zitierten Passagen finden sich auf Bl. 5v und Bl. 6r.
[49] Hier zitiert nach: Harnack 1900, Bd. 1.2, 669 (Anm. 4).

kollege geworden war, ist somit derjenige, der mit dem *Corpus Inscriptionum Graecarum* das erste großangelegte Akademievorhaben initiiert hat. Boeckhs Antrag wurde stattgegeben und somit konnte das Projekt im Mai 1815 starten. Es zielte (und zielt noch heute unter dem Namen *Inscriptiones Graecae*) darauf ab, alle antiken griechischen Inschriften zu sammeln, deren Bedeutung als historische Quellen er klar erkannt hatte. Damit hat Boeckh zugleich dazu beigetragen, ein ganz neues Forschungsformat zu etablieren, nämlich das wissenschaftlicher Groß- und Langzeitunternehmen, welche die Kräfte mehrerer Wissenschaftler bündeln. Da Schleiermacher von Anfang an Mitglied der dieses Projekt begleitenden Kommission war, kannte er es bestens. Aus Buttmanns oben zitierter Formulierung ist deutlich ablesbar, dass Boeckhs Inschriftenprojekt eine unmittelbare Vorreiter- und Vorbildfunktion für alle nachfolgenden Projekte dieser Art, insbesondere für die Aristoteles-Ausgabe zukommt, die von der Akademie, das heißt wieder von deren historisch-philologischer Klasse, kurze Zeit später als ihr zweites Groß- und Langzeitunternehmen in Angriff genommen worden ist.[50]

Buttmann fährt in seinem Briefentwurf wie folgt fort: „Die wesentlichste Vorbereitung dazu [zur Veranstaltung einer vollständigen u*nd* kritischen Ausgabe der Werke des Aristoteles, C.H.] ist aber die Einsammlung der Vergleichungen von allen Handschriften welche in den Bibliotheken von Italien u*nd* Frankreich aufbewahrt werden." An diesem Passus ist interessant, dass die hier geforderte Konsultation der Handschriften keiner Begründung mehr zu bedürfen scheint, sondern als selbstverständliche Notwendigkeit gefordert wird – und das nur 17 Jahre nach dem Erscheinen des letztens Bandes von Buhles *Aristotelis Opera omnia Graece*.

> Niemand ist passender diese Vergleichung theils selbst zu machen theils jedoch aus noch anzustellenden Untersuchungen an Ort und Stelle über den Gehalt der Handschriften, zu veranstalten, als eben unser Kollege H*err* Bekker: und die Akademie betrachtet es daher als eine ihrer sehr würdige u*nd* der Wissenschaft zu großem Nutzen gereichende Verwendung eines Theils der ihr anvertrauten Summen, wenn sie demselben zu dieser fortgesetzten Reise noch ferner einige Unterstützung wird zukommen lassen.

Buttmanns Schreiben endet dann mit Forderungen und Überlegungen zur Finanzierung Bekkers.

Das Kultusministerium gab dem Antrag auf eine Entsendung Göschens und Bekkers nach Verona in einem Schreiben vom 20. Februar 1817 statt und bewilligte die dafür notwendigen Mittel. Das Aristoteles-Unternehmen findet in diesem

---

50 Einen Überblick über die altertumswissenschaftlichen Akademie-Projekte findet man unter: http://altewelt.bbaw.de/tradition, zuletzt aufgerufen am 28.08.2017.

Schreiben allerdings keinerlei Erwähnung – und ebensowenig in Buttmanns Mitteilung in der Plenumssitzung vom 6. März 1817, in der er der Akademie bekannt gab:

> daß vermöge eines Beschlusses der hist*orisch*-philo*logischen* Klasse, den der Geld-Verwendungs-Ausschuß u*nd* das Ministerium genehmigt haben, H*err* Bekker u*nd* der Prof. Göschen demnächst nach Verona werden geschickt werden um die dortigen juristisch-handschriftlichen Schätze bekannt zu mach*en*; u*nd* daß die dazu ausgesetzten 1500 R*eichsthaler* von den Rückständen der Summen zu wissenschaftlichen Unternehmungen werden genommen werden.

Göschen und Bekker sind daraufhin nach Verona gereist und dort am 21. Mai 1817 angekommen.[51]

An dieser Stelle bedarf es einer kurzen Vorstellung Immanuel Bekkers (1785–1871),[52] da ohne ihn die Berliner Aristoteles-Ausgabe ebensowenig zustande gekommen wäre wie ohne Schleiermacher. Bekker war ein unermüdlicher und produktiver Herausgeber antiker Texte. Die Liste der von ihm edierten griechischen und römischen Autoren ist beeindruckend lang. Er war der Sohn eines Berliner Schlossermeisters und gehörte nicht nur dem gleichen Jahrgang an wie August Boeckh, sondern hatte ebenso wie dieser in Halle bei Friedrich August Wolf und bei Schleiermacher studiert und sich wahrscheinlich schon während dieser Zeit die Anerkennung dieser beiden Lehrer erworben. Bekker war seit 1811 ordentlicher Professor der Klassischen Philologie an der Berliner Universität und seit 1815 auch Akademiemitglied.

Zu dem Zeitpunkt, als er von der Berliner Akademie nach Verona geschickt wurde, arbeitete er schon seit einiger Zeit an einer (ursprünglich gemeinsam mit Friedrich August Wolf geplanten) Platon-Ausgabe, für die er bereits von Mai 1810 bis Dezember 1812 in Paris Handschriften kollationiert hatte. Bekkers achtbändige Platon-Ausgabe die dann zwischen 1816 und 1818 erschien, ist die erste „Ausgabe, die sich erstmals auf eine umfängliche Sammlung von Lesarten auf breiter Handschriftengrundlage stützte"[53]. Diese „epochemachende und bis heute

---

51 Vgl. Bekkers Brief an Schleiermacher vom 22.5.1817, Meisner 1916, 49 (Anm. 1).
52 Vgl. zu Bekker den instruktiven Aufsatz von Wilt Aden Schröder (Anm. 7) und die von diesem erstellte Bibliographie der Publikationen Bekkers (Ebd., 365–368). Online findet man diese Bibliographie sowohl auf den Seiten des Teuchos-Zentrums, unter: http://www.teuchos.uni-hamburg.de/interim/prosop/Bekker.Immanuel.html, zuletzt aufgerufen am 30.08.2017, als auch auf den Seiten der CAGB, unter: http://cagb-db.bbaw.de/register/personen.xql?gnd=118850210, zuletzt aufgerufen am 30.08.2017.
53 *Platonis Dialogi Graece et Latine*. Ex recensione Immanuelis Bekkeri, 3 Teile in 8 Bdn., Berlin 1816–1818; Zitat aus: Lutz Käppel, „Die frühe Rezeption der Platon-Übersetzung Friedrich

grundlegende Edition der platonischen Werke"[54], die im Übrigen Schleiermacher gewidmet ist, bildete dann die Grundlage für Schleiermachers zweite überarbeitete Auflage der ersten fünf Bände seiner Platon-Übersetzung (die zwischen 1817–1826 erschienen sind) und ebenso für den abschließenden sechsten Band von 1828.[55] Schleiermacher wußte somit sehr gut um Bekkers große Verdienste um den platonischen Text und brachte Bekker daher eine hohe Wertschätzung entgegen. Über die gemeinsame Arbeit am Platon verband beide Männer darüber hinaus ihre Mitgliedschaft in der *Griechischen Gesellschaft*, der seit 1813 auch Bekker angehörte. Bei der *Griechischen Gesellschaft*, auch *Griechheit* oder *Graeca* genannt, handelte es sich um einen privaten Lesezirkel, in dem sich Kenner und Freunde der griechischen Sprache und Literatur zur gemeinsamen Lektüre antiker Texte trafen, in der aber auch eigene Editions- und Übersetzungsarbeiten diskutiert wurden.[56] So wie Schleiermacher 1808 in August Boeckh den richtigen Mann für die Aristoteles-Ausgabe gesehen hatte, war das jetzt, wo sich die Arbeit an der Platon-Edition dem Ende zuneigte, Immanuel Bekker. Meine Vermutung ist, dass es Schleiermachers Idee gewesen ist, die Entsendung Bekkers nach Verona in eine Mission in Sachen Aristoteles zu überführen und dass, wenn Buttmann schreibt: „Die historisch-philologische Klasse glaubte ferner die der Wissenschaft so erspriesslichen Kenntnisse des H*errn* Bekker [...] auch noch weiter [...] benutzen zu müssen.", es höchstwahrscheinlich vor allem Schleiermacher gewesen ist, der das gedacht hat.

Als Bekker von der Akademie nach Verona geschickt wurde, ist das nicht seine erste Reise in Sachen Handschriften gewesen, sondern bereits seine dritte,

---

Schleiermachers am Beispiel Friedrich Asts", in: *Geist und Buchstabe. Interpretations- und Transformationsprozesse innerhalb des Christentums. Festschrift für Günter Meckenstock zum 65. Geburtstag*, hg.v. Michael Pietsch/Dirk Schmid (Theologische Bibliothek Töpelmann 164), Berlin 2013, 45–62, Zitat 52.

54 Lutz Käppel/Johanna Loehr, „Historische Einführung", KGA IV/3: *Platons Werke. Erster Teil, erster Band*, hg.v. Lutz Käppel und Johanna Loehr unter Mitwirkung v. Male Günther, Berlin/Boston 2016, XV–XLIII, Zitat XLI.

55 Vgl. hierzu ebd., XL–XLIII.

56 Vgl. Uta Motschmann, „Griechische Gesellschaft [Graeca]", in: *Handbuch der Berliner Vereine*, hg.v. Uta Motschmann, Berlin 2015, 145–150. Schleiermacher war spätestens seit 1809 Mitglied der *Graeca*, denn am 27.10.1809 findet sich erstmalig in seinen Tageskalendern der Vermerk über die Teilnahme an einer „griechische[n] Sizung bei Buttmann" (*Tageskalender 1809*. Erarbeitet von Wolfgang Virmond unter Mitwirkung von Holden Kelm, in: *Schleiermachers Tageskalender 1808–1834*, hg.v. Elisabeth Blumrich, Christiane Hackel, Wolfgang Virmond, zu finden unter: http://schleiermacher-in-berlin.bbaw.de/tageskalender/, zuletzt aufgerufen am 12.10.2017). Bekker wurde 1813 Mitglied der *Graeca* (vgl. Motschmann 2015, 146). Da keine Vereinsmaterialien überliefert sind, hat man nur spärliche Informationen darüber, welche Autoren im Laufe der Jahre in der *Graeca* gelesen worden sind.

denn nach seiner Paris-Reise von 1810 bis 1812 ist er von Juli bis Oktober 1815 nochmals in der französischen Hauptstadt gewesen, diesmal mit dem Auftrag Inschriften für das *Corpus Inscriptionum Graecarum* zu recherchieren und die Rückführung der von den Franzosen geraubten Kulturgüter (insbesondere der Handschriften) zu regeln. Er war also in der Kollation von Handschriften ein erfahrener Mann, der seine Expertise längst unter Beweis gestellt hatte. Wie dem Briefwechsel mit Schleiermacher zu entnehmen ist, hat Bekker die Reise nach Verona nicht ganz uneigennützig angetreten. Denn nachdem er seinen Auftrag in Verona bereits im Juni 1817 für abgeschlossen betrachtet hat,[57] ist er Schleiermachers Wunsch, sich dem Aristoteles zuzuwenden, nur sehr zögerlich nachgekommen und hat stattdessen fleißig weiter Platon-Handschriften kollationiert. Darüber hinaus hat er in den italienischen Bibliotheken, wie ebenfalls aus seinen Briefen hervorgeht, neben den aristotelischen Codices auch Handschriften für seine Ausgabe der Attischen Redner konsultiert (die er dann 1822/23 publizierte).

Der Briefwechsel zwischen Schleiermacher und dem sich auf Kosten der Akademie auf Forschungsreise befindlichen Bekker ist von gegenseitiger Wertschätzung getragen, aber auch von einem freundschaftlichen Ton.[58] Aus den Briefen lässt sich entnehmen, dass Schleiermacher als Mittelsmann zwischen Bekker und der Akademie fungiert hat, auch was die pekuniären Angelegenheiten betraf, die neben den inhaltlichen Problemen ein ebenso ständig wiederkehrendes Thema sind. Bekker hat sehr lange gezögert, ehe er sich der Aufgabe der Kollation der Aristoteles-Handschriften dann letztendlich gestellt hat. Dieses lange Zögern liegt darin begründet, dass Bekker vor dem großen Umfang der Arbeit zurückgeschreckt ist, der ihm, vor allem angesichts der nur eingeschränkten Arbeitsmöglichkeiten in den italienischen Bibliotheken, nicht in einer angemessenen Zeit zu bewältigen schien, so dass er befürchtete, am Ende nur Stückwerk abliefern zu können.[59] In dieser Zeit war es Schleiermacher, der die

---

57 Vgl. Schleiermachers Brief an Bekker vom 22.6.1817; Meisner 1916, 51 (Anm. 1).
58 Der Briefwechsel zwischen Schleiermacher und Bekker liegt nach wie vor nur in der von Heinrich Meisner herausgegebenen Edition von 1916 vor (Anm. 1). Diese Edition enthält Briefe von Schleiermacher an Bekker aus der Zeit vom 17.9.1815 bis zum 18.5.1820 und vice versa vom 22.5. 1817 bis zum 20.2.1819 (ebd. 47–126).
59 Vgl. Bekkers Briefe an Schleiermacher vom 2.8.1817 (60 f.) und vom 18.10.1817 (72): „Wenn Sie meine Besorgnis wegen der Aristoteles Unternehmung aus Faulheit oder andern persönlichen Gründen herleiten, so thun Sie mir Unrecht. Aber ich kann mich auf keine Weise überzeugen, daß es möglich sei, in höchstens 4 täglichen Stunden, bei vielfältiger Unterbrechung durch unumgängliche Ferien Reisen, binnen 2 oder auch 3 Jahre jener Untersuchung eine kritische Basis zu schaffen von der Breite und Festigkeit, die doch durchaus unentbehrlich ist. Beharrt die Academie bei ihrem Vorhaben, so kann ich nichts anders rathen, als eine Sendung nach Paris, wozu ich mich, aber wahrhaftig nur im Nothfall, selbst verstehn würde, falls ich einen tüchtigen Gehülfen

Sache im Blick behalten und Bekker immer wieder zu überreden und zu motivieren versucht hat, doch den Aristoteles nicht aus den Augen zu verlieren. Besonders eindringlich geschah das in einem Brief vom 16. Mai 1818:

> Daher hat sie [die Akademie, C.H.] mir aufgetragen, Sie aufs neue auf das dringendste zu ersuchen, sich ja den Aristoteles zum Hauptaugenmerk zu machen. Ihre Aeußerung wegen Brandis ist so gleich aufgenommen worden, und der Minister bereits völlig geneigt, Brandis Aufenthalt in Italien zu diesem Behuf zu verlängern [...]. Ja, wir führen schon im Schilde, im Gefolg der Vorschläge, die wir zu machen denken, Brandis in eine genauere Verbindung mit dieser Arbeit und mit der Akademie überhaupt auf längere Zeit zu bringen. Doch ist das natürlich noch in weitem Felde. Wenn also diese Genossenschaft Ihre Lust für den Aristoteles zu arbeiten vermehrt, so thun Sie sich nur gleich mit Brandis zusammen zu bestimmteren Entwürfen und Vorschlägen [...]. Thun Sie dabei auch etwas aus Freundschaft für mich, denn Sie wissen wohl, daß dieser Gedanke, daß die Akademie den Aristoteles bearbeiten solle, ursprünglich der meinige ist und mir gar sehr am Herzen liegt. Und was könnten Sie denn auch selbst auf diesem Felde noch rühmlicheres thun, als nach dem Platon nun auch dem Aristoteles eine neue Gestalt geben, denn es ist ja natürlich, daß Sie hernach hiebei eben so die Hauptperson sein werden, wie Boeckh bei den Inschriften. Ich wollte, ich könnte Ihnen das lebhafteste Interesse für diese große Arbeit einflössen, die eines der Hauptwerke ist, welche die Kritik noch zu vollbringen hat; und ich könnte recht bald der Nachricht entgegen sehen von einer gründlichen Vereinigung mit Brandis und von durchgreifenden Entwürfen, die Sie zusammen gemacht. Den Gedanken, daß Sie uns in die Verlegenheit sezen könnten uns den Kauf aufzusagen, lasse ich mir gar nicht nahe kommen, und ich wüßte auch gar nicht, welche Art von Unmuth da sein könnte, dem Sie sich so hin gäben.[60]

Am Ende des Briefes kommt er dann nochmals bekräftigend darauf zurück:

> Sie sollen den Aristoteles wirklich in Gang bringen, ohne sich dadurch abhalten zu lassen, daß sich in wenigen Jahren nur wenig thun läßt, und Sie sollen auf den Aristoteles immer wieder zurückkommen, damit er in Gang bleibe. Die Mittel werden sich dann schon finden, wenn nur erst irgend eine Uebersicht da ist.[61]

Mit diesen eindringlichen Worten hatte Schleiermacher dann endlich Erfolg. Denn am 13. Juni 1818 antwortete ihm Bekker:

---

mit bekäme.", sowie vom 17.11.1817 (75 f.) und vom 13.12.1817 (78): „Über den Aristoteles habe ich an die Klasse, meiner Meinung nach hinreichend, berichtet aus Mailand um die Mitte des Sept. Eine Erklärung, die ich darauf erwartete, ist nicht erfolgt, wohl aber habe ich Gelegenheit gehabt mich mehr und mehr zu überzeugen, daß ich auch in der längsten Zeit, die ich der Akademie und die Academie mir zumuthen dürfte, für diesen Zweck nur armseliges Stückwerk schaffen könnte [...]". Die Seitenzahlen in Klammern beziehen sich alle auf: Meisner 1916 (Anm. 1).
60 Ebd., 82–84.
61 Ebd., 86 f.

Am Aristoteles geschehe Ihr Wille. Ich habe die hoffnungslose Schwierigkeit des Unternehmens so oft und so ausführlich vorgestellt, daß ich im voraus entschuldigt bin, wie wenig ich auch leisten mag. Schwerlich mehr als eine Übersicht von den Codices der Hauptbibliotheken und Vergleichung von einigen der vornehmsten für einzelne Schriften.[62]

Im folgenden Brief vom 10. August 1818 schreibt Bekker dann schon:

Zum Aristoteles, lieber und verehrter Schleiermacher, wächst mir der Muth. Freilich habe ich noch nichts verglichen außer der Nikomacheischen und der großen Ethik in Einem Codex, aber auch in einem so alten und guten, daß ich mit Einem oder zwei der Art zu allen Aristotelischen Schriften unbedenklich die ganze Ausgabe unternehmen möchte. Und die Beschränkung auf wenige wird überdies schon dadurch unumgänglich, daß der Schwall der wenig oder nichts versprechenden zu groß ist, um zu erlauben, was beim Plato allenfalls erlaubt ist, durch Vergleichung aller sich aller vergleichungswerthen zu versichern. Jene wenigen werden nun aber ziemlich zerstreut sein. In Bonn wissen wir nur Einen, vom Organon: in Venedig ist vermuthlich auch nur der Eine von der Thiergeschichte, den ich bereits gebraucht habe: was in Mailand sei, wird schwer halten auszumitteln. Es könnte also wohl nöthig werden, nach Wien und Paris zu gehn, vielleicht nach England: ist dazu Zeit vorhanden und Geld?[63]

Aus dieser Briefstelle und dem darin von Bekker entworfenen Szenario geht hervor, dass dieser sich nun endlich ganz mit der ihm von Schleiermacher von Anbeginn an zugedachten Aufgabe identifiziert und die Aristoteles-Edition zu seiner eigenen Sache gemacht hat.

In Italien kam dann noch ein weiterer junger Mann ins Spiel, der sich ebenfalls um die Aristoteles-Edition verdient machen sollte: Christian August Brandis (1790–1867).[64] Dieser hatte in Kiel zunächst Theologie, dann aber Philologie, Geschichte und Philosophie studiert und sich daraufhin an der Universität in Kopenhagen und 1816 nochmals in Berlin habilitiert. Am 18. Juni 1816 wurde er zum Gesandtschaftssekretär Niebuhrs, der Preußischer Gesandter am Päpstlichen Hof geworden war, ernannt und hielt sich als solcher bereits seit dem 7. Oktober 1816 in Rom auf. Nebenher begann er „gleichsam aus privatem Interesse"[65] (also lange vor Bekkers Ankunft in Rom) die Aristoteles-Handschriften der Vaticana zu verzeichnen. Davon hatte der immer gut vernetzte Schleiermacher über seine weitverzweigten Kommunikationskanäle offensichtlich eher Kenntnis erhalten

---

62 Ebd., 88.
63 Ebd., 90.
64 Vgl. zum Folgenden das von Wilt Aden Schröder erstellte Biogramm von Christian August Brandis unter: http://cagb-db.bbaw.de/register/personen.xql?id=cagb:Brandis.Christian.August, zuletzt aufgerufen am 28.08.2017.
65 Schröder 2009, 346 (Anm. 7).

als Bekker, denn in einem Brief vom 22. September 1817 schreibt Schleiermacher an den letztgenannten:

> Was Sie wegen des Aristoteles schreiben [Bekker hatte geschrieben, dass er sich einen Gehilfen für den Aristoteles wünsche, weil die Arbeit ohne einen solchen nicht zu bewältigen sei, und hatte Lachmann als solchen vorgeschlagen, C.H.] ist mir eben so unerwartet, als was mir, ich weiß nicht wer, ganz entgegengesetztes erzählte, nemlich Sie hätten sich schon mit Brandis zu einer Ausgabe des ganzen Aristoteles vereinigt.[66]

Und genau diese Bündelung der Kräfte kam ein knappes Jahr später, also ab dem Sommer 1818, tatsächlich zustande. Denn wieder einmal hatte Schleiermacher im Hintergrund, das heißt in Berlin, die Fäden gezogen, indem er beim Ministerium die notwendige Erlaubnis und die erforderlichen Mittel für die Mitarbeit von Brandis erwirkt hatte und zwar mit folgender Begründung: Schleiermacher erinnerte das Ministerium zunächst daran, dass Bekker seinen Aufenthalt in Italien „vorzüglich zum Behuf einer von der Akademie beabsichtigten großen kritischen Bearbeitung des Aristoteles" verlängert habe und fährt dann fort:

> Nun befindet sich gegenwärtig noch in jenem Bereiche der Legationssekretär Dr. Brandis welcher schon seit längerer Zeit mit dem Aristoteles beschäftigt einen Theil seiner dortigen Muße mit Vergleichung Aristotelischer Handschriften verwendet hat und von dessen Kenntnissen sich die Akademie höchst wünschenswerthe Beiträge zu diesem großen Unternehmen verspricht. Er ist auch nicht abgeneigt ihr seinen Anteil zur Disposition zu überlassen und noch einige Zeit in Italien zu bleiben und vereint mit Prof. Bekker in Kritischen Arbeiten fortzufahren.

und gibt ferner zu bedenken: „daß es ein großer Verlust für dieses viel Zeit und Kräfte erfordernde Unternehmen sein würde, wenn so günstige Umstände als sich hier darbieten, unbenutzt bleiben müßten".[67] Das Ministerium hat über das Anliegen bereits am 23. Juli 1818 positiv entschieden und der Akademie mitgeteilt, „daß es den zum außerordentlichen Professor der hiesigen Universität ernannten LegationsSecretär Brandis in Rom erlaubt hat, vorläufig in Italien zu bleiben und in Angelegenheiten der Akademie zu arbeiten, während dieselbe ihn besonders remuneriren wird".[68] Brandis war somit auf Betreiben Schleiermachers zum außerordentlichen Professor ernannt und mit dem Auftrag versehen worden, zusammen mit Bekker für die Aristoteles-Edition zu arbeiten. 1836 fungierte er dann

---

66 Meisner 1916, 67 (Anm. 1).
67 Entwurf eines Schreibens an das Kultusministerium von Schleiermachers Hand vom 20.7.1818; Archiv der BBAW, Acta der wissenschaftlichen Unternehmungen der historisch-philologischen Klasse [1817–1821], II–VIII-252, Bl. 30.
68 Antwortschreiben des Ministeriums vom 23.7.1818, ebd., Bl. 31.

als Herausgeber des vierten Bandes der Aristoteles-Edition, welcher die Scholien enthält[69], obwohl er zu diesem Zeitpunkt längst als ordentlicher Professor der (antiken) Philosophie in Bonn lehrte, zu dem er im Juli 1821 ernannt worden war.

Ab Ende Juli 1818 waren Bekker und Brandis also offiziell gemeinsam im Dienste der Aristoteles-Ausgabe unterwegs, um in verschiedenen namhaften Bibliotheken Italiens und später auch der Schweiz, Frankreichs, Englands und Hollands Aristoteles-Handschriften zu ermitteln, zu verzeichnen, zu sichten und zu vergleichen. Stellt man die damaligen Bedingungen und Verhältnisse in Rechnung, erscheint das als eine ungeheure Leistung – zumal, wenn man sich vergegenwärtigt, dass die Codices bei schlechtem Licht handschriftlich kopiert werden mussten[70] und dass diese ganze Arbeit auf den Schultern von nur zwei Männern lastete. Im August 1820 kehrten sie nach Berlin zurück. Aber erst ein knappes Dreivierteljahr später (am 6. März 1821) nimmt das Editionsprojekt durch die Gründung der Aristoteles-Kommission an der Akademie der Wissenschaften (bestehend aus Schleiermacher, Bekker, Boeckh, Buttmann, zu denen wenig später noch Süvern und Brandis hinzu kamen) eine feste institutionelle Form an.[71] Von da an sollte es noch einmal zehn Jahre dauern, bis 1831 endlich die ersten beiden Quartbände der Aristoteles-Edition erscheinen konnten, die den griechischen Text aller aristotelischen Werke bieten (und die eine durchgehende Seitenzählung aufweisen) sowie Band drei mit einer lateinischen Übersetzung. Der vierte von Brandis herausgegebene Band datiert von 1836 und enthält Scholien zum aristotelischen Werk und erst 1870 erschien dann der abschließende fünfte Band mit „den Fragmenten von Valentin Rose, Ergänzungen zu den Scholien von Brandis und dem jungen Hermann Usener und dem Hauptstück, dem *Index Aristotelicus* von Hermann Bonitz".[72]

---

69 Aristoteles, *Opera. Edidit Academia Regia Borussica*, Bd. 4: *Scholia in Aristotelem*. Collegit Chr. Aug. Brandis, Berlin 1836.
70 Wer dagegen heute einen Eindruck von einigen der Aristoteles-Handschriften gewinnen möchte, kann das ganz einfach vom heimischen Schreibtisch aus tun, denn über die Internetseiten des Teuchos-Zentrums hat man Zugriff auf einige der mittelalterlichen Codices, und zwar unter der Rubrik Materialien: http://beta.teuchos.uni-hamburg.de/, zuletzt aufgerufen am 28.08.2017.
71 Das ist der Grund, weshalb erst ab diesem Zeitpunkt eigene Akten des Projektes im Akademie-Archiv vorliegen. 1832 wurde die Aristoteles-Kommission noch um Lachmann, Meinecke und Wilken erweitert.
72 Schröder 2009, 351 (Anm. 7). Zum Index-Band und dem Grund für sein verzögertes Erscheinen vgl. Harnack 1900, Bd. 1.2, 899 f. (Anm. 4).

4 Fazit

Auch wenn die Aristoteles-Ausgabe der Berliner Akademie mittlerweile durch zahlreiche in der Zwischenzeit unternommene philologische Einzelstudien in vielen Punkten als überholt zu betrachten ist – was aber, folgt man Max Weber, kein qualitätsminderndes Urteil ist, da überholt zu werden nun einmal zugleich Schicksal und Zweck aller wissenschaftlichen Arbeit ist[73] – so handelt es sich bei ihr dennoch um einen Meilenstein in der Aristoteles-Forschung, da sie bei ihrem Erscheinen ganz neue Maßstäbe gesetzt und die Aristoteles-Forschung auf eine neue Grundlage gestellt hat. Denn Bekker „hat zum ersten Mal einen kritischen, diplomatisch abgesicherten und vielfach verbesserten Text geschaffen" und zwar einmal aufgrund der besseren Textgrundlage, aber „auch aufgrund eigener glänzender Konjekturen, von denen viele heute noch anerkannt werden; und er hat die Ausgabe mit einem vorbildlich gestalteten kritischen Apparat ausgestattet."[74] Hinzu kommt, dass sich die Edition der Berliner Akademie der Wissenschaften sehr schnell als Referenzausgabe etabliert hat und jeder, der heute einen aristotelischen Text zitiert, sich implizit darauf bezieht, indem er die Stelle angibt – mittels Angabe der Seite, der Spalte (a oder b) und der Zeile – an der die jeweilige Passage in der Edition von 1831 zu finden ist. Auf die von Bekker herausgegebene Akademie-Edition folgten dann im weiteren Verlauf des 19. Jahrhunderts zahlreiche Einzelausgaben aristotelischer Werke und vermehrt auch Übersetzungen ins Deutsche und in andere Nationalsprachen. Fakt ist, dass sich der von Bekker konstituierte Text schnell als maßgeblicher durchgesetzt „und die Forschung ungemein angeregt"[75] hat.

Als Initiator und immerwährender Motor der Edition lässt sich sowohl in den Akademie-Akten als auch im Briefwechsel mit Bekker unschwer Schleiermacher identifizieren. Im 19. Jahrhundert wurden Schleiermachers Verdienste um die Edition noch gewusst und gewürdigt – allen voran natürlich von Immanuel Bekker, dessen Vorwort zur Aristoteles-Ausgabe mit folgenden Worten einsetzt: „Academia Berolinensis cum Friderico Schleiermachero auctore consilium cepisset Aristotelis ex diutino situ excitandi novaque editione celebrandi [...]."[76] Zwei Jahrzehnte später bemerkt Friedrich Adolf Trendelenburg in einer Rezension:

---

73 Max Weber, „Wissenschaft als Beruf" [1919], in: *Schriften 1894–1922*, ausgewählt u. hg. v. Dirk Kaesler, Stuttgart 2002, 474–511, 487.
74 Schröder 2009, 351 (Anm. 7).
75 Ebd., 352.
76 Bekker 1831, ohne Paginierung (Anm. 3).

Als das Studium Plato's [...] seine Höhe erreicht hatte, regte derselbe Schleiermacher in der Akademie der Wissenschaften das Unternehmen an, den seit fast zwei Jahrhunderten zurückgedrängten Aristoteles, diesen umfassendsten und schöpferischsten Geist der griechischen Wissenschaft, in einer kritischen Ausgabe seiner Werke zu erneuern.[77]

Und weitere vier Jahrzehnte später schreibt Hermann Usener in einer Rezension der bis dato erschienenen Bände der *Commentaria in Aristotelem Graeca* etwas weiter in die Vorgeschichte dieses Akademie-Vorhabens ausholend: Anfang des Jahres 1817 entsandte die Akademie

> Bekker und Goeschen nach Verona, um den von Niebuhr entdeckten Schatz des Gaius zu heben. Die Reise Bekkers gab für Schleiermacher den Anstoß, die Akademie zu ‚einer vollständigen kritischen Ausgabe sämmtlicher Werke' des Aristoteles zu veranlassen. Bekker wurde sofort mit ‚der Aufsuchung und Vergleichung' der Handschriften beauftragt, und Christian August Brandis ihm als ‚Gehilfe in dieser Unternehmung' beigegeben. Das war der Anfang der akademischen Ausgabe des Aristoteles (seit 1831), welche den Aristotelesstudien unseres Jahrhunderts den Antrieb und Stoff gegeben hat. Schleiermacher, dessen großem Blick für Dinge und Menschen [muss, C.H.] ein erhebliches Verdienst um dieses Werk zuerkannt werden.[78]

Harnack wird aus eben diesen Gründen in seiner Akademiegeschichte dann von Schleiermacher als der „Seele" der Aristoteles-Kommission sprechen.[79]

Schleiermacher wurde bei seinen Aristoteles-Studien deutlich, dass es auch hinsichtlich der Werke dieses Philosophen einer kritischen Edition bedarf, und er hatte das Glück, sich in einer Position zu befinden, von der aus er einiges bewegen konnte und diese sich ihm bietende Chance nutzte er. So hat er das Projekt initiiert und fungierte in der Zeit, als Bekker und Brandis in Sachen Aristoteles-Handschriften durch halb Europa gereist sind, als deren Verbindungsmann.[80] Wann

---

77 Friedrich Adolf Trendelenburg, „[Rez.] Brandis, Christian Aug., Handbuch der Geschichte der [...]", *Literarisches Zentralblatt für Deutschland* 25 (18.6.1853), 405–407, Zitat 405.
78 Hermann Usener, „[Rez.] Commentaria in Aristotelem Graeca u. Supplementum Aristotelicum", *Göttingische Gelehrte Anzeigen* 26 (1892), 1001–1022, Zitat 1003.
79 Harnack 1900, Bd. 1.2, 677 u. 724. Harnack äußert sich darüber hinaus noch an folgenden Stellen zum Aristoteles-Vorhaben der Akademie: Harnack 1900, Bd. 1.2, 675 ff., 724 f. u. 899 f. (Anm. 4).
80 Gut ablesbar ist das z.B. auch an der folgenden Notiz zur Sitzung vom 11.1.1818; vgl. Archiv der BBAW, Sitzungsprotokolle der historisch-philologischen Klasse (1812–1823), PAW II–V–142, Bl. 85r: „Hr. Schleiermacher trug noch einiges über die Scholien zur Nicomachischen Ethik vor. Hr. Brandis hat den andern griechischen Kommentar den Fabicius bei seiner Übersetzung dieser Scholien gebraucht u*nd* welche er mit den bekannten gedruckten Kommentar in eines verarbeitete im Original in zwei Florent*ini*schen u*nd* zwei Röm. [...] gefunden. [...] Er [Schleiermacher, C.H.] trug auch einiges aus Briefen von Brandis u*nd* Bekker vor [...]."

immer es notwendig war, versuchte er in Berlin lenkend einzugreifen. Darüber hinaus hat er das Thema in der Berliner Akademie durch seine wiederholten Vorträge über Aristoteles präsent gehalten.[81] Und es gab Männer wie Bekker und Brandis und später Valentin Rose und Hermann Bonitz, die die Sache vorangetrieben und zu einem guten Ende gebracht haben.

Folgende Aspekte des Aristoteles-Editions-Vorhabens sind, insbesondere aus heutiger Sicht, durchaus bemerkenswert: Zum einen, dass dieses „höchst wichtige[...] Projekt" der „Veranstaltung einer vollständigen u*nd* kritischen Ausgabe der Werke des Aristoteles" dem geldgebenden Ministerium quasi als Kuckucksei untergeschoben werden konnte, indem es diesem als Nebenprodukt einer aus anderen Gründen beantragten Reise Immanuel Bekkers verkauft wurde. Zum anderen, dass dem Projekt einzig ein visionäres Ziel, aber keine zuvor ausgearbeitete Konzeption zu Grunde gelegen hat, so dass zu Beginn (bis auf Immanuel Bekker) niemand in der Lage gewesen ist, den wirklichen Umfang und somit die zu erwartende Projektlaufzeit in etwa abzuschätzen – eine solche Abschätzung ist aber auch gar nicht eingefordert worden. Und ferner, dass zu seinem Gelingen wesentlich beigetragen hat, dass alle Beteiligten immer wieder bereit gewesen sind zu improvisieren und sich bietende Chancen zu ergreifen.

Der eben beschriebene improvisierte Beginn lässt sich sehr gut durch folgende Beobachtung illustrieren: Laut den aus den Jahren 1816 bis 1818 überlieferten Sitzungsprotokollen der philosophischen, der historisch-philologischen Klasse sowie des Plenums ist die Aristoteles-Ausgabe in den in der Akademie regelmäßig stattfindenden Sitzungen gar nicht zur Sprache gekommen. Denn es findet sich dort keine Notiz darüber. Dafür findet man aber in den Akademie-Abhandlungen für die Jahre 1816 bis 1817 (die allerdings erst im Jahre 1819 gedruckt worden sind) unter dem Datum des 3. August 1817 das Protokoll der Plenarsitzung von diesem Tag und darunter, typographisch deutlich abgesetzt, die folgende (anachronistische) Bemerkung:

---

81 Vgl. hierzu seine Bemerkung gegenüber Brandis in einem Brief (der wahrscheinlich vom Frühjahr 1820 stammt): „Da Sie es verlangen so schicke ich Ihnen meinen kleinen Aufsaz über die Scholien: allein Sie werden nichts daraus lernen, es ist ein oberflächlich Ding, *womit ich nur die Absicht haben konnte, das Interesse für den Gegenstand anzuregen, da ich weder Zeit noch Hülfsmittel hatte in den Gegenstand tiefer hineinzugehen*. Ohne Ihren Beitrag würde ich gar nicht in den Abdruck gewilligt haben." Briefe 1863, 262 (Anm. 43); Hervorhebung C.H. Ich bin überhaupt der Meinung, dass die Wiederholung der einzelnen Aristoteles-Vorträge einzig dadurch motiviert gewesen ist, dass Schleiermacher das Thema in der Akademie präsent halten wollte. Und dass es kein Zufall ist, dass seine Aristoteles-Vorträge (bis auf einen) alle in die Zeit fallen, als das Aristoteles-Projekt noch keine feste institutionelle Form angenommen hatte. Denn nach der Gründung der Aristoteles-Kommission im März 1821 hat er nur noch einen einzigen Vortrag zu Aristoteles gehalten.

Herr Bekker hat nach Vollendung seines Auftrags in Verona (s. öff. Sitz. vom 3. Jul.) seine Reise in weitern Aufträgen der Akademie fortgesetzt, wovon der Hauptzweck ist die Aufsuchung und Vergleichung von Handschriften des Aristoteles, um eine vollständige kritische Ausgabe sämmtlicher Werke dieses Philosophen vorzubereiten. Der bei der hiesigen Universität zum außerordentlichen Professor ernannte Herr Brandis ist sein Gehülfe in dieser Unternehmung.[82]

Nun ist aber Brandis erst am 23. Juli 1818 zum außerordentlichen Professor ernannt worden und erst seitdem Bekkers Gehilfe gewesen. Diese ganz offensichtlich nachträglich eingefügte Notiz erweckt den Eindruck, dass man den unorthodoxen Beginn des Vorhabens im Nachhinein kaschieren und durch diesen offiziellen Anstrich legitimieren wollte.

Anhang

Manuskripte, Vorträge und Publikationen Schleiermachers, in denen er sich mit der Philosophie des Aristoteles auseinandersetzt

Vorbemerkung:
Die von Schleiermacher selbst bereits zu Lebzeiten publizierten Arbeiten sind durch Fettdruck, die Akademievorträge sind durch einen Asterisk vor dem Titel hervorgehoben. Die von Schleiermacher gehaltenen Vorlesungen, in denen sich Aristoteles-Bezüge finden, fehlen in der Auflistung.

Datierung	Titel
1788	Anmerkungen zu Aristoteles: Nikomachische Ethik 8–9[83]
1789	Über das Verhältniß der Aristotelischen Theorie von den Pflichten zu der unsrigen[84]
1789	Übersetzung von Aristoteles: Nikomachische Ethik 8–9[85]
1789	Exzerpt aus Aristoteles: Metaphysik (mit Übersetzung und Anmerkungen)[86]

---

82 *Abhandlungen der Königlichen Akademie der Wissenschaften in Berlin. Aus den Jahren 1816–1817*, Berlin 1819, 7.
83 KGA I/1, 1–43 (Anm. 21).
84 Nicht überlieferter Aufsatz. Vgl. hierzu KGA I/1, XIX u. XXXVIII (Anm. 21).
85 Ebd., 45–80.
86 Ebd., 165–175.

Fortsetzung

Datierung	Titel
1793/1794	*Notizen zu Aristoteles: Politik*[87]
1794	*Philosophia politica Platonis et Aristotelis*[88]
1796–1799	*Vermischte Gedanken und Einfälle (Gedanken I)*[89]
1798–1801	*Gedanken III*[90]
1800	*Gedanken IV*[91]
1800–1803	*Gedanken V*[92]
1802	*Citationes Aristotelicae*[93]
1803 [1834²]	**Grundlinien einer Kritik der bisherigen Sittenlehre**[94]
1807	*Aristoteles Metaphysik. Auszug*[95]
1807	*Exzerpt aus Aristoteles: Physik*[96]
1807	*Philosophische Sprache Aristoteles*[97]

---

[87] KGA I/14: *Kleine Schriften 1786–1833*, hg.v. Matthias Wolfes und Michael Pietsch, Berlin/New York 2003, 25–47. Bei diesem Manuskript handelt es sich um „eine thematisch geordnete Stoffsammlung zu zentralen Aspekten" (KGA II/8, XX, [Anm. 34]) der aristotelischen *Politik* und somit um eine Vorarbeit für die in der obigen Auflistung folgende Studienarbeit am Seminar für Gelehrte Schulen.

[88] KGA I/1, 499–509 (Anm. 21). Vgl. hierzu KGA I/1, LXXII–LXXXV. Diese Abhandlung, in der er die politische Philosophie Platons und Aristoteles vergleicht, hat Schleiermacher als Schulamtskandidat am von Friedrich Gedike geleiteten Seminarium für gelehrte Schulen in Berlin verfasst.

[89] KGA I/2: *Schriften aus der Berliner Zeit 1796–1799*, hg.v. Günter Meckenstock, Berlin/New York 1984, 1–49.

[90] Ebd. 117–139.

[91] KGA I/3, 129–137 (Anm. 19).

[92] Ebd., 281–340.

[93] KGA I/14, 69–72 (Anm. 87). Diese Notizen enthalten u.a. Zitate aus *De anima*.

[94] KGA I/4: *Schriften aus der Stolper Zeit (1802–1804)*, hg.v. Eilert Herms, Günter Meckenstock und Michael Pietsch, Berlin/New York 2002, 27–356.

[95] KGA I/14, 369–375 (Anm. 87).

[96] Ebd., 377–382.

[97] Ebd., 383–389.

Fortsetzung

Datierung	Titel
1816/17	*Zu Aristoteles Ethik*[98]
01.04.1816	* *Ueber die Aechtheit der Aristotelischen Ethiken*[99]
1816	*Über die Scholien zu Nikomachischen Ethik A und B*[100]
16.05.1816	* **Ueber die griechischen Scholien zur Nikomachischen Ethik des Aristoteles**[101]
1816/1817	*[Vorstudie zur Aristoteles-Abhandlung]*[102]
04.12.1817	* **Ueber die ethischen Werke des Aristoteles**[103]
11.01.1818	* *Über die Scholien zur Nicomachischen Ethik*[104]

---

98 Ebd., 223–266. Dieses undatierte Manuskript enthält „eine synoptische Zusammenstellung der drei Ethiken des Aristoteles" (ebd., LXXXIX). Vermutlich handelt es sich um eine Vorarbeit zu den Vorträgen über die aristotelischen Ethiken vom 1.4.1816, 4.12.1817 und 6.4.1818.
99 Von diesem Vortrag, den Schleiermacher vor der philosophischen Klasse der Akademie gelesen hat (vgl. Archiv der BBAW, Sitzungsprotokolle der philosophischen Klasse (1812–1823), II–V–140, Bl. 19r) und der inhaltlich höchstwahrscheinlich mit den Vorträgen vom 4.12.1817 und vom 6.4.1818 weitestgehend identisch ist, ist kein Manuskript überliefert.
100 KGA I/14, 185–211 (Anm. 87). Bei diesem wahrscheinlich vom Frühjahr 1816 stammenden Manuskript Schleiermachers handelt es sich um eine Vorarbeit für seinen am 16.5.1816 vor dem Plenum gehaltenen Vortrag (vgl. ebd., LXX).
101 KGA I/11, 221–237 (Anm. 38). Diesen Vortrag hat Schleiermacher unter dem Titel *Ueber die Scholiasten zur Nikomachischen Ethik* in einer Plenarsitzung gehalten; vgl. Archiv der BBAW, Sitzungsprotokolle des Plenums 1815–1817, II–V–2, Bl. 91 und nicht wie KGA I/11, XXXVI (Anm. 38) u. KGA I/14, LXXI (Anm. 87) angeben, in einer Sitzung der philosophischen Klasse. Schleiermacher hat den Text selbst für den Druck überarbeitet und mit einem Nachtrag, der Informationen von Brandis enthält in den 1819 erschienen Akademie-Abhandlungen für die Jahre 1816–1817 veröffentlicht, siehe oben Anm. 38.
102 KGA I/11, 299–308 (Anm. 38). Bei diesem Manuskript handelt es sich (laut KGA I/11, XLV) um eine Vorarbeit zum nachfolgenden Vortrag. Denkbar wäre aber auch, dass es sich hierbei um Teile des Manuskriptes des von Schleiermacher am 1. April 1816 gehaltenen Vortrages oder um bereits für diesen Vortrag erfolgte Vorarbeiten handelt.
103 KGA I/11, 273–298 (Anm. 38). Vgl. hierzu KGA 1/11, XLV ff. Diesen Vortrag hat Schleiermacher vor dem Plenum gehalten; vgl. Archiv der BBAW, Sitzungsprotokolle des Plenums 1815–1817, II–V–2, Bl. 231.
104 Nicht überliefert. Bei diesem Vortrag handelt es sich aller Wahrscheinlichkeit nach um eine Wiederholung des Vortrages, den Schleiermacher am 16.5.1816 vor dem Plenum gehalten hat, nur dass er ihn diesmal vor der historisch-philologischen Klasse vorgetragen hat (vgl. Archiv der

Fortsetzung

Datierung	Titel
06.04. 1818	* *Herr Schleiermacher las über die ~~Eudemische~~ Ethiken des Aristoteles*[105]
17.05. 1821	* *Herr Schleiermacher las eine Abhandlung [...] über die Commentatoren des Aristoteles*[106]

BBAW, Sitzungsprotokolle der historisch-philologischen Klasse (1812–1823), PAW II–V–142, Bl. 85r). Siehe hierzu oben Anm. 80 und vgl. hierzu ferner den Brief Schleiermachers an Bekker vom 9.1.1819 („Unserem Brandis danken Sie doch vorläufig gar sehr für die Zusendung, die ich der Klasse mitgetheilt, und von der ich auch schon vorläufig einen kleinen Gebrauch gemacht habe in einem Zusaz zu meiner kleinen Abhandlung über diese Scholien. Fände sich nur eine Gelegenheit sie ihm, sobald sie gedrukt ist, zu schicken!"; Meisner 1916, 102 [Anm. 1]) sowie KGA I/11, XXX (Anm. 38) und KGA I/14, LXXI Anm. 223 (Anm. 87).

105 Nicht überliefert. Diesen Vortrag hat Schleiermacher vor der historisch-philologischen Klasse gehalten; vgl. Archiv der BBAW, Sitzungsprotokolle der historisch-philologischen Klasse (1812–1823), PAW II–V–142, Bl. 92. Siehe oben Anm. 98 und vgl. ferner Schleiermachers Brief an Ludwig Gottfried Blanc vom 23.3.1818 (Briefe 1863, 233 [Anm. 43]): „Für jezt stecke ich in einer Untersuchung über des Aristoteles drei Ethiken, die ich endlich einmal fertig machen muß, um sie in der Akademie vorzulesen, und dann soll ich nun noch meinen ganzen Leisten und Zuschnitt für die Psychologie erfinden."

106 Nicht überliefert. Vor dem Plenum vorgetragen, vgl. KGA I/11, XXX (Anm. 38).

Walter Mesch
Schleiermachers Heraklit-Abhandlung

Eine kritische Würdigung

Gemessen an ihrer Bedeutung ist Schleiermachers Abhandlung zu Heraklit überraschend wenig beachtet worden. Zwar finden sich nicht selten Hinweise, die erkennen lassen, dass man sie für textkritische Vorschläge und einzelne Deutungen herangezogen hat.[1] Besonders prominent ist die Ablehnung des stoischen Weltbrands (*ekpyrosis*), die vermittelt über Burnet und Reinhardt im 20. Jahrhunderts zur Standardinterpretation wurde.[2] Und natürlich wird immer wieder erwähnt, dass mit Schleiermacher die moderne Heraklitforschung begonnen habe.[3] Aber eine Würdigung, die seinen Forschungsbeitrag insgesamt auszuwerten und einzuschätzen versucht, steht – wenn ich recht sehe – immer noch aus.[4] Die Abhandlung war lange nur schwer zu greifen, weil sie nach ihrem ersten Erscheinen 1808 im *Museum der Alterthums-Wissenschaft* zunächst nur noch ein

---

[1] Vgl. z. B. Charles H. Kahn, *The art and thought of Heraclitus*, Cambridge 1979, 310, Anm. 90 und 104. Besonders häufig auf die Heraklit-Abhandlung bezieht sich Miroslav Marcovich, *Heraclitus*, Merida 1967 (Sankt Augustin 2001²), und zwar fast immer zustimmend: 64, 78, 88, 96, 132, 200, 253, 339, 419, 522, 572.
[2] Eine Zusammenfassung der Hauptargumente für und gegen eine *ekpyrosis* bei Heraklit gibt Geoffrey S. Kirk, *Heraclitus. The cosmic fragments*, Cambridge 1954, 335–338. Dabei bezieht er sich auch auf Schleiermacher.
[3] Vgl. z. B. Evangelos N. Roussos, *Heraklit-Bibliographie*, Darmstadt 1971, 26; Ewald Kurtz, *Interpretationen zu den Logos-Fragmenten Heraklits*, Hildesheim / New York 1971, 1; Nikos Psimmenos, *Hegels Heraklit-Verständnis*, Basel / Paris 1978, 18; Gottfried Neeße, *Heraklit heute*, Hildesheim / Zürich / New York 1982, 35; Dieter Bremer / Roman Dilcher, „Heraklit", in: *Grundriss der Geschichte der Philosophie* (Ueberweg), Bd. 1,2, Basel 2013, 603. Vor allem Psimmenos äußert sich zur Abhandlung nicht nur am Rande.
[4] Meines Wissens ist zur Heraklit-Abhandlung – neben Psimmenos' Hegel-Studie (Anm. 3) – bislang nur eine einzige Publikation erschienen, nämlich der Aufsatz von Giovanni Moretto, „L'Eraclito di Schleiermacher", in: Livio Rossetti (Hg.), *Atti del Symposium Heracliteum, Bd. 2*, Rom 1984, 77–104. Moretto versucht primär, die Abhandlung in der „Goethezeit" und im Werk Schleiermachers zu verorten: Die *Einleitung* erläutert, inwiefern Schleiermacher auf die individuelle Denkart antiker Philosophen zielt (77–86). Der *zweite Teil* stellt die Entstehung der Abhandlung dar (86–93). Erst der *dritte Teil* (93–104) wendet sich ihrem Inhalt zu. Und auch hier geht es weniger um die Bedeutung von Schleiermachers Heraklit (für die heutige Forschung) als um die Bedeutung Heraklits für Schleiermacher. Vgl. vor allem Anm. 20.

einziges Mal erschien, nämlich 1838 in den *Sämmtlichen Werken*,[5] bevor sie schließlich 1998 in der *Kritischen Gesamtausgabe* neu erschlossen und verlässlich zugänglich gemacht wurde.[6] Am erwähnten Befund hat sich freilich auch durch diese aktuelle Edition nichts geändert. Es dürfte also höchste Zeit sein, einen Versuch zu unternehmen und sich mit Schleiermachers Beitrag gründlicher auseinanderzusetzen.

Angesichts der Schwierigkeiten, auf die man dabei stößt, muss vor übertriebenen Erwartungen gewarnt werden. Denn die Abhandlung ist mit 141 Seiten in der *Kritischen Gesamtausgabe* nicht nur umfangreich, sondern auch dicht geschrieben und detailliert anhand der überlieferten Fragmente und Testimonien erarbeitet. Um diese tragfähig erschließen zu können, betreibt Schleiermacher einen großen philologischen Aufwand, weil er deutlich sieht, wie schwer es ist, in überlieferten Heraklit-Zitaten den originalen Kern von späteren Deutungen, Überlagerungen und Ergänzungen zu unterscheiden oder die Verlässlichkeit von Berichten aus zweiter Hand zu beurteilen. Auch die hieraus entwickelte philosophische Interpretation zielt zwar auf eine grundsätzliche Darstellung der heraklitischen Konzeption, bleibt aber über weite Strecken stark in die Auseinandersetzung mit einzelnen Fragmenten eingebunden. Um die allgemeinen Perspektiven, die Schleiermacher vorschlägt, angemessen verstehen, auslegen und einschätzen zu können, müsste man deshalb streng genommen seinen langen Weg durch die teils philologische, teils philosophische Diskussion einzelner Fragmente mitgehen und ihre vielen Schritte geduldig nachvollziehen. Und dies lässt sich hier unmöglich erreichen.

Was ich stattdessen bieten kann, ist nicht mehr als ein schneller Durchlauf, der an vielem vorbeigeht, ohne es zu erwähnen, und vieles nur erwähnt, ohne es zu erläutern. Fast ganz aussparen muss ich Schleiermachers philologische Detailarbeit an den Fragmenten. Auch beim Zitieren seiner Übersetzungen habe ich zurückhaltend zu sein, weil sonst für seine Darstellung der heraklitischen „Weisheit" nicht genügend Raum bliebe. Und diese Darstellung muss hier selbstverständlich im Vordergrund stehen. Um sie in Grundzügen herauszuarbeiten, skizziere ich zunächst den Zugriff und den Aufbau der Abhandlung (1.). Dann gehe ich ihre einzelnen Abschnitte durch, indem ich die wichtigsten Ergebnisse referiere und kommentiere (2.). Am Ende steht eine Auseinandersetzung mit zentralen Aspekten von Schleiermachers Deutung, die naheliegende Ein-

---

[5] Friedrich D.E. Schleiermacher, *Sämmtliche Werke* III/2, Berlin 1838. Im 19. Jahrhundert wird die Heraklit-Abhandlung vor allem von Ferdinand Lassalle intensiv rezipiert. Vgl. *Die Philosophie Herakleitos des Dunklen von Ephesos*, Berlin 1858. Lassalle ist freilich stark durch Hegel geprägt und strebt durchgängig danach, sich entschieden von Schleiermacher abzusetzen.

[6] Friedrich D.E. Schleiermacher, KGA I/6, hg.v. Dirk Schmid, 107–241.

wände diskutiert und von hieraus auf eine kritische Würdigung zielt (3.). Dabei berücksichtige ich durchgängig Perspektiven der neueren Heraklitforschung, um Schleiermachers Vorgehen und seine Ergebnisse im Vergleich profilieren zu können. Aber nur in der ersten Orientierung und in der abschließenden Diskussion werden diese ausführlicher entfaltet.

1 Schleiermachers Zugriff und der Aufbau der Abhandlung

Der Titel der Abhandlung lautet: „Herakleitos der dunkle, von Ephesos, dargestellt aus den Trümmern seines Werkes und den Zeugnissen der Alten". Dass Schleiermacher schon hier Heraklits Epitheton, der „Dunkle" (*skoteinos*),[7] aufgreift, verweist auf den hohen Stellenwert, den die berüchtigte Unverständlichkeit der Fragmente für ihn besitzt. Er wird sie in seiner Abhandlung eingehend untersuchen, dabei jedoch gängige Auffassungen zurückweisen. Außerdem zeigt er schon mit ihrem Titel, dass Quellenauswertung und -kritik für seinen Zugriff von grundlegender Bedeutung sind. Aus Sicht der heutigen Forschung mag dies als bloße Selbstverständlichkeit erscheinen. Bezogen auf den Kontext, in dem Schleiermacher arbeitet, darf man dies freilich noch nicht voraussetzen. Dies zeigt auch der Vergleich mit der Heraklitdeutung Hegels, der primär auf eine philosophiegeschichtliche Einordnung zielt, die begriffliche Erschließung dabei ganz in den Vordergrund rückt und philologisch viel sorgloser verfährt.[8]

Eine weitere Weichenstellung, die für seinen Zugriff bedeutsam ist, nimmt Schleiermacher im ersten Satz der Abhandlung vor. Wie er dort betont, geht es ihm nur um die „Weisheit dieses Mannes", d. h. um seine philosophische Lehre, während sein Leben keine Rolle spielen soll. Auch dies darf man nicht als selbstverständlich betrachten. Denn gerade für das Denken der frühen Philosophen, die sich in verschiedenen Varianten an einem umfassenden Weisheitsideal orientieren und diesem häufig auch eine praktische oder politische Bedeutung zuschreiben, muss damit gerechnet werden, dass Berichte über ihr Leben ein interessantes Licht auf ihre Lehre werfen können. So zeigen etwa glaubwürdige Berichte über Thales, dass er in gewissem Sinne als Staatsmann und Ingenieur

---

7 Die Auffassung, dass Heraklit besonders schwer zu verstehen sei, war in der Antike verbreitet. Vgl. Aristoteles, *Rhetorik* III 5, 1407b 11–18; Ps.-Aristoteles, *De mundo* 5, 396b 20; Cicero, *De finibus* II 5, 15.
8 Auf diese interessante Differenz kann ich hier nicht eingehen. Vgl. dazu Psimmenos 1978 (Anm. 3), 25–28 und 76–80; Moretto 1993, 79 (Anm. 4), 79–86.

tätig war. Und dies erlaubt, seine Festlegung auf eine bloß theoretische Naturforschung zu hinterfragen und ein allzu enges Verständnis seiner Philosophie durch praktisch-politische Aspekte zu erweitern.[9] Dazu kommt ein methodischer Gesichtspunkt, der mit der lückenhaften Überlieferung der Vorsokratiker zu tun hat. In einer solchen Situation dürfte gelten: Je mehr Daten, desto besser. Jedenfalls liegt es nahe, jede verlässliche Auskunft zu berücksichtigen und unser spärliches Verständnis möglichst umfassend zu entwickeln.

Schleiermacher bestreitet dies nicht. Doch bei Heraklit läuft man damit aus seiner Sicht ins Leere, weil die „Erzählungen von seinem Leben, seinen äußern Verhältnissen und seiner Todesart" als unzuverlässig zu betrachten sind (107). Und die heutige Forschung stimmt im Wesentlichen zu: „Die einzigen Details über Heraklits Leben, die als wahr anzuerkennen sicher sein könnte, sind die, dass er sein Leben in Ephesos verbrachte, dass er aus einer alten aristokratischen Familie stammte und dass er sich mit seinen Mitbürgern nicht gut verstand."[10] Manche Interpreten sind nicht ganz so restriktiv. So halten manche auch für richtig, dass Heraklit zugunsten seines jüngeren Bruders auf das Königsamt verzichtete, und zumindest für möglich, dass er sein Buch – statt es zu veröffentlichen – im Tempel der Artemis niederlegte. Außerdem sieht man hierin gelegentlich Hinweise auf eine grundsätzliche „Verachtung der Politik", die für seine Philosophie von entscheidender Bedeutung sei.[11] Ich werde darauf im letzten Teil zurückkommen. An dieser Stelle genügt es, auf eine weitgehende Übereinstimmung hinzuweisen: Die überlieferten Berichte zu Heraklits Leben werden auch von der heutigen Forschung sehr kritisch gesehen. Unterschiede ergeben sich fast nur daraus, was man wenigstens für möglich hält und wie weit man bloße Möglichkeiten in die eigene Deutung einbezieht. Für sicher gehalten wird auch heute nur sehr wenig.[12]

Aber wie geht Schleiermacher nun vor? Im Zentrum steht das Bemühen, Heraklits Lehre so verlässlich, wie irgend möglich, anhand der Fragmente darzustellen und zu erläutern. Vollständigkeit wird nur angestrebt, soweit sie sich mit Verlässlichkeit vereinbaren lässt. Um dieses Ziel zu erreichen, unterscheidet

---

9 Geoffrey S. Kirk / John E. Raven / Malcolm Schofield, *The Presocratic Philosophers*, Cambridge 1983² (zitiert nach der dt. Übersetzung: *Die vorsokratischen Philosophen*, Stuttgart / Weimar 2001), 86.
10 Kirk, Raven und Schofield 2001, 200 (Anm. 9).
11 Alle angeführten Punkte finden sich bei Wolfgang Schadewaldt, *Die Anfänge der Philosophie bei den Griechen*, Frankfurt am Main 1978, 351–352. Auch Schadewaldt sagt freilich, es sei „wohl übertrieben", dass Heraklit die Stadt verlassen und sich in den Bergen von Gras ernährt habe. Und erst recht gilt dies für den angeblichen Tod durch Wassersucht und die damit verbundenen Umstände.
12 Ergänzend kann höchstens als unkontrovers gelten, dass Heraklits Vater wohl Bloson hieß. Vgl. Kahn 1979, 1 (Anm. 1).

Schleiermacher nicht nur wörtliche Zitate von Berichten aus zweiter Hand, sondern bevorzugt sie auch methodisch. Das Grundgerüst der Abhandlung liefert eine fortlaufende Zählung von 73 Fragmenten, die gesperrt gedruckt, gelegentlich übersetzt, selten nur deutsch angeführt und meist ausführlich kommentiert werden. Dabei liegt der Schwerpunkt teils mehr auf textkritischen, teils mehr auf inhaltlichen Fragen. Auch bei der Erläuterung der Lehre gerät der Wortlaut aber nie ganz aus dem Blick. Außerdem ist die Reihenfolge der Fragmente ebenfalls durch methodische Gesichtspunkte bestimmt, und nicht durch inhaltliche oder durch Fundorte.[13] Schleiermachers Abhandlung versucht weder (wie die meisten späteren Sammlungen seit Ingram Bywater), eine mögliche Reihenfolge in Heraklits Buch zu rekonstruieren, noch zieht er sich (wie Hermann Diels) auf eine alphabetische Liste anhand überliefernder Autoren zurück.[14] Stattdessen geht er von Fragmenten aus, die ihm – nicht aus inhaltlichen Gründen, sondern aus noch genauer zu erläuternden methodischen – als besonders verlässlich erscheinen. Testimonien erhalten keine Nummern, sondern werden bei der Erläuterung der Fragmente nur ergänzend herangezogen. Dabei kommt es allerdings häufiger vor, dass Stellen, die im Diels-Kranz als Fragmente angeführt sind, nur als Testimonien Berücksichtigung finden. Außerdem werden manche Fragmente mehrfach angeführt, sowohl nummeriert als auch ergänzend.[15]

Grundsätzlich teilt sich der Text in zwei aufeinander folgende Durchgänge, von denen der erste vier und der zweite sechs Abschnitte umfasst. Am Ende steht ein ganz kurzes Schlusswort von einer halben Seite. Da Schleiermacher weder den beiden Durchgängen bzw. Teilen noch ihren einzelnen Abschnitten Überschriften gegeben hat, noch im Text selbst immer ausdrücklich und trennscharf hervorhebt, worum es jeweils gehen soll, ist ein Überblick nicht leicht zu gewinnen. Dirk Schmid, der Bandherausgeber in der *Kritischen Gesamtausgabe*, hat aber sicher Recht, wenn er den ersten Durchgang als „eine Art Einleitung" auffasst, auf die im zweiten Durchgang eine „Darstellung der rekonstruierten Philosophie" Heraklits folgt (XXXII). Dafür spricht nicht nur, dass es zu Beginn erkennbar um „historische und methodische Vorfragen" geht, wie Schmid sagt, sondern auch, dass

---

13 Dies wird schon von Psimmenos 1978, 19 (Anm. 3) richtig gesehen.
14 Die einzigen Ausnahmen bei Diels sind die beiden Logos-Fragmente nach Sextus Empiricus, mit denen auch die inhaltlichen Darstellungen beginnen, weil sie wahrscheinlich am Anfang von Heraklits Buch standen. Auch Diels stellt sie nämlich als B 1 und 2 an den Anfang. – Außerdem ist zu berücksichtigen, dass Diels' Sammlung weniger neutral ist, als sie sich präsentiert. Wie häufig gesehen wurde, steht im Hintergrund die Auffassung, Heraklits Buch habe gar keine echte Ordnung besessen, sondern sei wohl nur eine Sammlung locker verbundener Aphorismen gewesen. Vgl. dazu Kahn 1979, 6 (Anm. 1).
15 Vgl. auch dazu Psimmenos 1978, 21–25 (Anm. 3).

Schleiermacher nach dem Ende seines ersten Durchgangs – d.h. nach gut 27 Seiten – davon spricht, nun seine „Darstellung [...] an[zu]fangen" (134).[16] Außerdem liegt eine solche Gliederung nach Einleitung und Hauptteil wohl auch grundsätzlich nahe.

Wie die einzelnen Abschnitte thematisch zuzuordnen sind, ist dagegen viel schwerer zu erkennen, und zwar vor allem für den Hauptteil. Hier mit Schmid unter anderem von Ontologie, Kosmologie oder Anthropologie zu reden,[17] passt nicht gut dazu, dass Schleiermacher – ebenso wie die heutige Forschung – jede disziplinäre Einteilung von Heraklits Philosophie ablehnt. Man könnte darin vielleicht eine bewusst anachronistische Differenzierung sehen, wie sie auch in neueren Fragmentsammlungen immer wieder vorgenommen wird, um wenigstens eine äußerliche Ordnung des Materials zu ermöglichen. Meines Erachtens würde aber auch das schlecht zu Schleiermachers Vorgehen passen, weil er für die Themen seiner Abschnitte meist gerade *keine* eindeutigen Zäsuren setzt. Vor allem differenziert er nicht zwischen Ontologie und Kosmologie.[18] Vielmehr bezieht er Heraklit durchgängig auf das Thema der Natur, indem er von Heraklits „Darstellung der Natur" (134, Z. 5), von seinem „Naturgemälde" (145, Z. 20), von seiner „Naturanschauung" (154, Z. 27) oder seiner „Darstellung des Naturlaufes" (165, Z. 9) spricht. Ich versuche deshalb, möglichst ohne anachronistische Bezeichnungen anhand späterer Disziplinen auszukommen, und schlage eine Zuordnung vor, die sich weitgehend an Schleiermachers eigenen Formulierungen orientiert. Um den folgenden Durchgang zu erleichtern, führe ich sie schon vorab an.

---

16 Moretto 1993, 95 (Anm. 4) unterscheidet ebenfalls „una parte introduttiva" und „una parte centrale". Vgl. auch die in Anm. 19 zitierte Einteilung von Psimmenos 1978, 131–132 (Anm. 3).
17 Schmid (KGA I/6, XXXII–XXXIII) schlägt folgende Einteilung vor: „I. das unaufhörliche Fließen [...]; II. Ontologie: das erste Prinzip und die Entstehung und Wandlung der Dinge [...]; III. Kosmologie: Meteorologie, Astronomie etc. [...]; IV. die Harmonie der Gegensätze und die *heimarmene* [...]; V. die Lehre von der *ekpyrosis*, deren Authentizität Schleiermacher allerdings bestreitet [...]; VI. Anthropologie: Leben und Tod, Erkenntnis, Leib und Seele [...]." Er orientiert sich hier vermutlich an Moretto 1993, 95 (Anm. 3), auf dessen Einteilung er hinweist: „1) dottrina del fluire perenne di tutte le cose (Fr. 20–24); 2) dottrina del fuoco quale principio ontologico (Fr. 25–28); 3) dottrina cosmologica (Fr. 29–32); 4) dottrina dell'armonia dei contrari (Fr. 33–39); 5) confutazione dell'autenticità eraclitea della dottrina dell'ekpyrosis (Fr. 40–41); 6) dottrina antropologica (Fr. 42–73)."
18 Den *zweiten* Abschnitt der Ontologie zuzuordnen, erscheint auch deshalb fragwürdig, weil die Auffassung des Feuers als Prinzip hier ja *zurückgewiesen* und stattdessen *eher* kosmologisch ein Stoffkreislauf erläutert wird. Wenn man Textteile auf ontologische Themen beziehen wollte, kämen *eher* der *vierte* und *fünfte* Abschnitt in Betracht. Denn hier wird mit der Harmonie- oder Einheitslehre zunächst „die Angel der ganzen Heraklitischen Lehre" (169) dargestellt und dann verständlich gemacht, inwiefern das Feuer doch als Prinzip gelten kann.

Einleitung: I. Quellenkritik und Vorgehensweise. II. Die missverstandene „Dunkelheit" Heraklits. III. Wie er andere kritisiert und sich selbst als „Weisen" darstellt. IV. Heraklits „Buch" und seine „ineinanderfließenden" Themen. *Hauptteil:* I. Die Theorie des umfassenden Flusses als beständige „Verwandlung aller Dinge". II. Wie die Verwandlung aller Dinge im Kreis läuft. (Der Übergang von Feuer in Meer, Meer in Erde und von Erde in Meer, Meer in Feuer.) III. Gibt es bei Heraklit auch einen unmittelbaren Übergang von Feuer in Erde und Erde in Feuer? IV. Die zurückgespannte bzw. wiederkehrende Harmonie: Zur „Angel der ganzen Herakleitischen Lehre". V. Das ewiglebendige Feuer als „bewegende belebende Kraft" oder warum es bei Heraklit keine *ekpyrosis* geben kann. VI. Heraklits Verständnis seelischer Bewegungen.[19]

2 Durchgang durch die Abhandlung

Damit komme ich zu meinem zweiten Schritt und versuche, einen Überblick über den Text zu geben.[20] Gehen wir die verschiedenen Abschnitte also der Reihe nach durch. Da die Heraklit-Abhandlung nur wenigen Lesern gut vertraut sein dürfte, halte ich es für hilfreich, mehr mit wörtlichen Zitaten zu arbeiten, als dies sonst angebracht wäre.

2.1 Schleiermachers Einleitung

Abschnitt I. (107–111): *Quellenkritik und Vorgehensweise.* Zu Beginn der Einleitung macht Schleiermacher geltend, dass nur Platon und Aristoteles für „Bruchstücke"

---

[19] Vgl. dazu auch die Einteilung bei Psimmenos 1978, 131–132 (Anm. 4), die mir besser als Morettos erscheint: „*Einleitung:* [...] I. Unsere Quellen zu Heraklit. [...] II. Die Dunkelheit Heraklits. [...] III. Die Selbstständigkeit der Philosophie Heraklits gegenüber den orphischen, pythagoreischen und anderen vorsokratischen Lehren. [...] IV. Die Schrift Heraklits. [...] *Die Philosophie Heraklits:* I. Flußlehre – Wahrnehmung. [...] II. Verwandlungsweise der Dinge (Feuer – Kosmos). [...] III. Physik (Sonne). [...] IV. Naturlauf (Krieg – Harmonie). [...] V. Das Eine (Feuer). [...] VI. Der Mensch (Tod – Erkenntnis – Seele)."
[20] Vgl. zur Einleitung auch Moretto 1993, 95–98 (Anm. 3). Für den Hauptteil beschränkt er sich auf zwei einzelne Themen. *Einerseits* untersucht er Schleiermachers Verständnis der heraklitischen Theologie, nicht zuletzt im Blick auf das Pantheismusproblem (98–101). *Andererseits* fragt er danach, wie Schleiermacher die geringe Bedeutung des Individuums und des Einzelnen bei Heraklit eingeschätzt habe (101–104). Bei beiden Themen liegt sein Schwerpunkt auf dem sechsten Abschnitt. Ergänzend zieht er die *Reden über die Religion* und die *Vorlesungen über die Geschichte der Philosophie* heran.

und „Zeugnisse" eine „sichere Grundlage" böten. Nur von hieraus lasse sich bestimmen, worauf „eine Darstellung der Heraklitischen Lehre beruhen kann" (110). Dabei gehe es um das „richtige Verfahren" im Umgang mit den spärlichen und fragwürdigen Quellen. Und dies bereite für die Erforschung Heraklits erhebliche Schwierigkeiten. Bevor man beginne, sei zunächst einmal zu klären, „wo man festen Fuß fassen soll". Auch nach einem umsichtigen Beginn habe man sich jeder „gefährlichen Kühnheit der Muthmaßungen und Verknüpfungen" zu enthalten. Man müsse sich durchgängig an das „unmittelbar gegebene" halten, „dieses nach seinem Werte vorsichtig abwägend", und dürfe sich auf keinen Fall dazu hinreißen lassen, „mehr zu entdekken, als wir über ihn wissen" (107). Die eigentliche Schwierigkeit liegt freilich darin, dass sich dieses Problem schon in den Quellen selbst widerspiegelt. Wie Schleiermacher zu zeigen versucht, besitzen diese nämlich einen sehr unterschiedlichen Wert. So müsse für alle auf Platon und Aristoteles folgenden Schriftsteller, Ausleger und Kommentatoren damit gerechnet werden, dass sie Heraklit wesentlich *mehr* zugeschrieben hätten, als man ihm sicher zuschreiben darf (108–109).[21] Wirklich verlässlich seien nur Platon und Aristoteles (109–111).[22] Warum, wird später genauer zu betrachten sein. Es handelt sich hier klarerweise um einen Punkt, der in der heutigen Forschung anders gesehen wird.

Abschnitt II. (111–121): *Die missverstandene „Dunkelheit" Heraklits*. Schleiermacher fragt nun danach, „von welcher Art […] die berühmte Dunkelheit des Mannes […] eigentlich gewesen" ist, und weist die Beschuldigung zurück, „er habe absichtlich so sehr als möglich seine Lehre zu verhüllen gesucht". Für abwegig hält er die in der Antike verbreitete Auffassung, er habe dies aus Eitelkeit

---

[21] Da Plutarch und Sextus Empiricus detailliert zitieren, nimmt Schleiermacher an, dass sie Heraklits Buch vor Augen hatten. Er hält aber für zweifelhaft, ob dieses durchgängig echt war. Größere Bedenken hegt er bei Clemens von Alexandrien, der „auch sonst nicht selten pflegte hintergangen zu sein durch untergeschobene Schriften und Stellen" (107). Den Status der späteren Berichte betrachtet Schleiermacher als noch viel prekärer. Für Diogenes Laertios, den Verfasser der Placita, Theodoret oder Stobaios sei nämlich davon auszugehen, dass sie „ihre Nachrichten mehr von Auslegern und Commentatoren entnehmen als aus dem Werke selbst". Dies verrate schon ihre Sprache, die einen stoischen Einfluss erkennen lasse. Und dies sei alles andere als unproblematisch: „Denn bekanntlich ist die stoische Schule dem Herakleitos in vielem gefolgt. […] Keineswegs aber darf man glauben, daß die Stoiker die Herakleitische Lehre rein aufgenommen hatten, sondern umbildend; und so mag denn von den Auslegern manches ähnliche aber doch nicht gleiche am leichtesten sein verfälscht, und bald mehr bald minder bewußt zur Angemessenheit mit der späteren Schule umgedeutet worden, zumal der Schriftsteller durch seine Dunkelheit quälte und reizte." (109)

[22] Auch dies sieht Psimmenos 1978, 20 (Anm. 3) schon richtig. Vgl. auch Moretto 1993, 94 (Anm. 4): „Platone e Aristotele sono, quindi, per Schleiermacher le fonti essentiali cui attingere l'autentico pensiero di Eraclito." (94)

und Eigensinn getan. Wie Scheiermacher demgegenüber betont, ist Heraklits Dunkelheit „nur eine grammatische" und „im ersten Anfang der philosophischen Prosa höchst natürlich und verzeihlich" (111). Sie habe „ihren Grund [...] in der Natur der Sache oder in dem Zustande der Sprache" (113–114). Oft bleibe nämlich unklar, welches Wort auf welches zu beziehen und wie die Sätze zu interpungieren seien. Und dies habe bereits Aristoteles (*Rhetorik* III 5) richtig erkannt. Kein „Unbefangener" könne hier ein Bestreben erkennen, seine philosophischen Anschauungen zu verhüllen, „sondern unumwunden, was er angeschaut hat, giebt er uns wieder" (114). Um dies einsichtig zu machen, geht Schleiermacher bereits hier zu einer ausführlichen Auslegung einzelner Fragmente über.[23] Wer etwa wie Heraklit sage, „den Unverstand sei es besser zu verbergen"[24], könne vielleicht Schwierigkeiten haben, „die Weisheit ans Licht zu bringen", aber kaum für geboten halten, „auch sie zu verhüllen" (114). Ebenso wenig passten dazu „seine häufigen Klagen über die Unfähigkeit zu verstehen [...], nicht viel besser die Aufmunterungen, sich anzustrengen, [...] am allerwenigsten aber die Drohungen gegen diejenigen, welche falsches in Umlauf setzen" (115–116). Stellen, die den Anschein erwecken könnten, sie sollten eine absichtliche Dunkelheit verteidigen, gebe es dagegen nur wenige. Und diese müssten anders gedeutet werden (118–121).[25]

Abschnitt III. (121–129): *Wie er andere kritisiert und sich selbst als „Weisen" darstellt.*[26] Schleiermacher setzt die Diskussion der missverstandenen Dunkelheit fort, indem er sich auf einen eng mit ihr verbundenen Gesichtspunkt bezieht. Er weist nun nämlich auch die Annahme zurück, „Herakleitos habe vielleicht nur undeutlich geredet, weil er seiner Sache nicht recht sicher gewesen sei" (121).

---

[23] Ich verweise hier und im Folgenden auf die Fragmente, die Schleiermacher im jeweiligen Abschnitt behandelt. Dabei orientiere ich mich durchgängig an der wertvollen Aufstellung von Psimmenos 1978, 22–25 (Anm. 3). In Klammer steht Schleiermachers Nummerierung. Wo er keine Nummer angibt, sondern das Fragment nur erläuternd heranzieht oder mehrfach erwähnt, steht „kN". Überliefernde Autoren nenne ich nur, wenn von Schleiermacher eine andere Quelle benutzt wird als im Diels-Kranz (DK): B 95 bzw. 109 (1), B 17 (2), B 34 (3, Theodoret), B 19 (4), B 97 (5), B 18 (6, Theodoret), B 22 (7), B 28 (8), B 92 (9), B 93 (10), B 32 (11), B 86 (12, Clemens von Alexandrien).
[24] DK 22 B 95.
[25] Dem Vergleich mit der Sibylle aus B 92 (9) lasse sich kaum mehr entnehmen als eine Rechtfertigung der „ungeschmükten Schreibart" (119). In B 93 (10), wo über „den König" des delphischen Orakels gesagt wird, „er erklärt nicht, noch verbirgt er, sondern deutet an", sei „andeuten" (*semainein*) auf keinen Fall dasselbe wie „verbergen" (*kryptein*). Und wenn das „eine Weise", wie B 32 (11) sagt, Zeus genannt werden könne und auch nicht, verweise dies wohl nur auf „Grenzen des didaktisch auszusprechenden" (120).
[26] Behandelte Fragmente: B 108 (zuerst kN nur deutsch, später 17, Clemens von Alexandrien), B 40 (13), B 129 (14), B 42 (kN), B 106 (kN nur deutsch), B 39 (15), B 43 (16), B 108 (17).

Nachvollziehbar wäre dies allenfalls, wenn er nicht „selbstentdecktes und angeschautes" vorgetragen hätte, sondern „in heiligen Mysterien offenbartes", wie es Creuzer in seiner Dissertation von 1806 vertrat. Und dies lehnt Schleiermacher ab, weil alle Zeugnisse zu Heraklit „darin [übereinzustimmen] scheinen, ihn als Erfinder anzusehen" (122). Deshalb werde ihm üblicherweise auch kein Lehrer zugeschrieben. Und wo dies doch geschehe, sei es kaum überzeugend. Nur die aristotelische Erwähnung des Pythagoreers Hippasos scheint Schleiermacher überhaupt erwägenswert. Auch hier gehe es aber nicht um eine Nachfolge als Schüler, sondern nur um eine Zusammenstellung, die auf eine gewisse „Übereinstimmung in Meinungen" hinzuweisen versuche (123). Aufschlussreicher erscheint ihm dagegen, dass Aristoteles Heraklit wiederholt als Beispiel für eine „felsenfeste Überzeugung auch in Sachen der bloßen Meinung" anführt. Dies leuchte nämlich nur dann wirklich ein, wenn sich Heraklit seine Meinungen – auch aus aristotelischer Sicht – „selbst gemacht" habe (123). Und dazu passe gut die bekannte Beschreibung bei Diogenes Laertios, nach der Heraklit „über die Maßen hochsinnig [...] und ein Verächter der Uebrigen" gewesen sei (124). Im Anschluss folge ein aussagekräftiges Fragment (B 40), welches zu oft vorkomme, um nicht echt zu sein: „Vielwisserei bildet nicht Vernunft. [...] Sonst hätte sie auch den Hesiodos belehrt und den Pythagoras, und wiederum den Xenophanes und Hekatäos." (125) Als weiterer Beleg diene seine häufiger anzutreffende Kritik an „anderen Weisen und Dichtern", vor allem an Homer (127–129). Kurzum, Heraklit sei der erste gewesen, der sich selbst als Weisen darstellte, nicht zuletzt durch seine Kritik an anderen.

Abschnitt IV. (130–134): *Heraklits „Buch" und seine „ineinanderfließenden" Themen.*[27] Schleiermacher vertritt hier die Ansicht, Heraklit dürfe – trotz der erwähnten Kritik und ihren vielfältigen Themen – nur „ein Werk", nämlich das häufig erwähnte „Buch von der Natur" zugeschrieben werden (129).[28] Außerdem bestreitet er, dass dieses Werk, wie Diogenes Laertios (IX 5) behauptet, in verschiedenen Teilen unterschiedliche Themen behandele. Neben der Naturphilosophie stehe hier keine Politik und keine Theologie, weil eine solche Einteilung dem „Geiste der damaligen Zeit" und – angesichts der berühmten Lehre vom „Ineinanderfließen aller Dinge" – mehr noch dem „Geiste dieser Philosophie" widerspreche. Schleiermacher leugnet nicht, dass Heraklit neben naturphilosophischen Themen auch politische und theologische behandelt, betont aber: Diese „mußten in einander geflossen sein" (130). Um den engen Zusammenhang von

---

27 Fragmente: B 114 (18), B 44 (19).
28 Dies setzt wohlgemerkt nicht voraus, dass es sich hier um einen *authentischen* Titel handelte – was selbstverständlich zurückzuweisen wäre.

Politik und Theologie zu zeigen, verweist er auf das berühmte Fragment B 114, in dem die neuere Forschung gelegentlich den Ursprung des Naturrechts sah[29]: „Die mit Vernunft reden müssen beharren auf dem gemeinschaftlichen Aller, wie eine Stadt auf dem Gesez und noch weit fester. Denn alle menschlichen Geseze werden genährt von dem einen göttlichen. Denn dieses herrscht so weit es will, und genüget allem und überwindet alles." (131) In Heraklits Fragmenten finde sich „keine Spur von ausgebildeter Theologie", die in einem eigenen Abschnitt seines Werkes behandelt worden sein könnte, und erst recht keine „eigene Abhandlung vom Staat" (131). Da Diogenes Laertios für die angebliche Dreiteilung keine Quelle nenne, sei ihr Ursprung nicht leicht zu klären. Wahrscheinlich stamme sie aber von „Auslegern und Commentatoren des Herakleitos", und zwar „besonders aus der stoischen Schule" (132). Für abwegig hält Schleiermacher schließlich die Auffassung, Heraklit sei primär Ethiker. Denn Aristoteles führe ihn immer als Physiker an und beziehe Ethisches nicht auf ihn, sondern auf Pythagoras und Sokrates. Dass Heraklit durchgängig physikalische Allegorien für sittliche Gegenstände gebraucht haben könnte, weist Schleiermacher darum entschieden zurück (134).

2.2 Schleiermachers Hauptteil

Abschnitt I. (134–142): *Die Theorie des umfassenden Flusses als beständige „Verwandlung aller Dinge".*[30] Zu Beginn seines Hauptteils zieht Schleiermacher eine zentrale Konsequenz aus seiner methodischen Orientierung an Platon und Aristoteles. Da Platon, „der älteste und sicherste Zeuge", und der im Kern ebenfalls verlässliche Aristoteles übereinstimmend berichteten, Heraklit habe die Theorie eines umfassenden Flusses vertreten, sei ihm diese zweifellos zuzuschreiben. Demnach nehme Heraklit an, dass „alles" – genauer: „alle Dinge", „alles Seiende" oder „alles wahrnehmbare" – immer fließe bzw. ströme, also niemals bleibe und wahrhaft sei, sondern immer nur werde (134). Auch dies ist heute umstritten und wird uns noch beschäftigen. Schleiermacher hegt dagegen keine grundsätzlichen Zweifel, sondern untersucht anhand der Flussfragmente, wie sich das Fließen aller Dinge zur Wahrnehmung und Erkenntnis verhält. Dabei räumt er ein, dass sich ein derart umfassendes Fließen in der Wahrnehmung gar nicht aufweisen lasse. Wie er betont, wisse Heraklit dies freilich. Eben deshalb kritisiere er

---
[29] Vgl. Kahn 1979, 15 (Anm. 1) und Marcel van Ackeren, *Heraklit. Vielfalt und Einheit seiner Philosophie*, Bern 2006, 142–148.
[30] Fragmente: B 91 (20, später erneut kN), B 12 (21), B 107 (22), B 101a (23), B 98 (kN), B 7 (24).

die Wahrnehmung (139), und zwar ohne atomistische Überzeugungen vorwegzunehmen (138). Das Sehen ist demnach kritikwürdig, „wo es gegen die allgemeine Anschauung des Flusses aller Dinge" – dies meint nicht eine *sinnliche* Anschauung, sondern eine grundlegendere, nämlich die *Erkenntnis*, dass alle Dinge fließen –, „mit dem Scheine einer Beharrlichkeit und eines Bestehens des einzelnen täuscht" (140). Täuschende Wahrnehmung und verlässliche Erkenntnis müssten deshalb für Heraklit unterschieden werden.[31] Auch Platon behaupte im *Theaitetos* wohl nur von dessen „Nachfolgern", aber nicht von diesem selbst, „daß die Wahrnehmung die Erkenntnis sei". Und nur von diesen Nachfolgern gilt, „daß sie auch in ihrer Seele überall nichts festes und bleibendes leiden möchten" (139). Für Heraklit sei Erkenntnis dagegen durchaus etwas Festes und Bleibendes. Außerdem müsse man sehen, dass die aristotelische Darstellung nicht durchgängig so überzeuge wie die platonische. Es sei z. B. „nicht zu begreifen", warum Aristoteles in *Physik* VIII 3 sage, Heraklit lasse offen, *in welchem Sinne* sich alles immer bewege. Denn hier müsse selbstverständlich an eine „örtliche Bewegung" gedacht werden (142).

Abschnitt II. (142–151): *Wie die Verwandlung aller Dinge im Kreis läuft.*[32] Nach der ersten Erschließung der Flusstheorie versucht Schleiermacher zu erläutern, „auf welche Weise [...] diese Verwandlung der Dinge in dem Werke des Herakleitos dargestellt worden" sei (142). Es geht hier also um ein konkreteres Verständnis des Flusses. Wie Schleiermacher zu zeigen versucht, ist dabei Vorsicht angebracht. Einerseits gingen alle Autoren zu Recht davon aus, dass im Feuer (*pyr*) der Anfang aller Dinge liege. Andererseits stoße man im Einzelnen auf viele Missverständnisse. Für verfehlt hält Schleiermacher *erstens*, Heraklits Feuer als *Prinzip* bzw. *arche* zu betrachten, da es sich zwar in alle Dinge verwandelt und diese insofern nichts anders als seine Verwandlungen sind, dabei aber ein *Kreislauf* zu denken ist, in den das Feuer selbst gehört.[33] Seine Einbettung in den Kreislauf schließe

---

[31] Schleiermacher verweist dabei u. a. auf ein Fragment, das Sextus mitteilt: „Schlechte Zeugen sind den Menschen die Augen und Ohren der mit rohen Seelen begabten." (DK 22 B 107)

[32] Fragmente: B 76 (kN, Maximos von Tyros, später erneut nach Plutarch und Porphyrios), B 30 (25), B 31 (kN, nur erste Hälfte), B 76 (erneut Plutarch), B 31 (kN, nur erläuternder Text von Clemens), B 31 (26, nur zweite Hälfte), B 51 (27, Platon, nur erste Hälfte), B 60 (28, Corpus Hippocraticum).

[33] Schleiermacher verweist hierfür zunächst (143) u. a. auf Diogenes IX 8: „Alles, sagen sie, sei verwechseltes gegen Feuer (*pyros amoiben ta panta*) [...]", etwas später (146) auch auf Clemens (DK 22 B 31): „Des Feuers Verwandlungen sind zuerst Meer (*pyros tropai proton thalassa*)". Vgl. außerdem Plutarch (DK 22 B 90): „*pyros antamoibe ta panta.*" Dass es hier um einen Kreislauf geht, zeigt nach Schleiermacher (144) z. B. ein Fragment bei Maximos von Tyros: „Feuer lebt der Erde Tod und Luft lebt des Feuers Tod; Wasser lebt der Luft Tod und Erde den des Wassers (?)." (DK 22 B 76, Übersetzung von Diels).

seine Hervorhebung als Prinzip aus (143–144). *Zweitens* betont Schleiermacher für die Weise dieser Verwandlung, dass *verschiedene* gegenläufige Prozesse wie Entflammen und Verlöschen, Erhitzen und Erkalten, Verflüchtigen und Verfestigen, Verdünnen und Verdichten oder Verlebendigen und Erstarren gemeint seien. Scheiden und Mischen gelte es aber fern zu halten, weil sonst „die wesentlichsten Verschiedenheiten der ältesten Systeme aufgehoben würden" (144). Dabei denkt er wohl an die Elementenlehre des Empedokles und an den bereits zurückgewiesenen Atomismus, die in wichtigen Hinsichten von Parmenides beeinflusst sind und nicht von Heraklit. *Drittens* müsse bei der Rekonstruktion des Kreislaufs berücksichtigt werden, dass Heraklit offensichtlich „von dem hernach allgemein gewordenen Kanon der vier Elemente nichts weiß". Denn die Luft komme in seinem Kreislauf nicht gesondert vor. Vielmehr rechne er mit einem Übergang von Feuer in Meer und von Meer in Erde, und dann wieder umgekehrt von Erde in Meer und schließlich Feuer. Das Meer (*thalassa*) scheine für Heraklit zwar einen (eher) wässrigen und einen (eher) luftigen Teil zu umfassen. Gerade hier sei aber keine strikte Trennung anzunehmen, sondern dass sie nach heraklitischer Auffassung „in einander flossen" (146). Schleiermacher sieht durchaus, dass dieses einfache Bild in wichtigen Hinsichten zu ergänzen ist. So verweist er darauf, dass Meer nicht nur zu Feuer werden kann, sondern auch zum sogenannten Gluthauch (*prester*)[34] und, wie er später ausführt, sogar zur Seele. Eine andere Ergänzung diskutiert er schon im nächsten Abschnitt. Grundsätzlich sei jedoch ein Weg nach unten bzw. „erdwärts" von einem Weg nach oben bzw. „feuerwärts" zu unterscheiden, wobei Heraklit die wesentliche Einheit der entgegengesetzten Wege betone (151).

Abschnitt III. (151–165): *Gibt es bei Heraklit auch einen unmittelbaren Übergang von Feuer in Erde und Erde in Feuer?*[35] Schleiermacher geht hier einer speziellen Frage nach, die sich angesichts einiger Testimonien aufdränge. Zu fragen sei nämlich, ob Heraklit neben dem stufenweisen Übergang von Feuer in Meer und Meer in Erde, dem ein stufenweiser Übergang von Erde in Meer und Meer in Feuer entspreche, auch mit einem „plötzlichen" (144) oder „unmittelbaren" (151) Übergang von Feuer in Erde und Erde in Feuer gerechnet habe. Wie Schleiermacher ausführt, ist die Lage alles andere als eindeutig, weil sie sich nicht nur anhand von *Fragmenten* aufklären lässt. Dennoch versucht er im Ausgang von *Testimonien*[36] einsichtig zu machen, dass es diesen unmittelbaren oder direkten

---

34 Vgl. auch dazu DK 22 B 31. Schleiermacher übersetzt: „Des Feuers Verwandlungen sind zuerst Meer, des Meeres aber zur Hälfte Erde zur Hälfte *prester*." (148)
35 Fragmente: B 6 (29), B 3 (kN), B 94 (30), B 120 (31), B 99 (32), B 100 (kN).
36 Besonders wichtig ist dabei die Unterscheidung einer feuchten Ausdünstung (*atmis*) und einer trockenen Ausdünstung (*anathymiasis*) aus der *Meteorologie* des Aristoteles (I 3). Obwohl

Übergang für Heraklit wirklich gibt, man hier also nicht nur mit einer „abgekürzten Beschreibung desselben Prozesses" rechnen darf, der ausführlicher verstanden den Weg über das in der Mitte stehende Meer nimmt. Es lasse sich hier zwar keine Gewissheit erzielen, wohl aber eine nicht geringe Wahrscheinlichkeit. Dabei geht es um die Gestirne, die nur dann als trockene Ausdünstungen der Erde verständlich zu machen und von den feuchten Ausdünstungen des Meeres zu unterscheiden seien, wenn man einen solchen unmittelbaren oder direkten Übergang voraussetze. Zumindest gelte dies für die Sterne, während die trockenen Ausdünstungen, aus denen sich die Sonne ernähre, eher aus Ausdünstungen des Gluthauchs hervorgehen dürften, die ihrerseits aus der oberen Schicht des Meeres hervorgingen (162). Auch die Sonne könne sich aber unmöglich direkt aus dem Nassen ernähren. Am Ende betont Schleiermacher, dass einer direkten Verwandlung von Erde in Feuer eine direkte Verwandlung von Feuer in Erde entsprechen müsse, obwohl sich dies nirgendwo eigens nachweisen lasse. Denn für Heraklit hätte nichts „auch nur ein scheinbar bestehendes Sein [...], wenn nicht eben jeder Verwandlung eine andere entspräche und zwei entgegengesetzte immer auf demselben Punkt zusammenträfen" (164). Die auf den ersten Blick eher randständige Frage nach direkten Verwandlungen von Feuer und Erde führt damit erneut ins Zentrum von Heraklits Philosophie.

Abschnitt IV. (165–186): *Die zurückgespannte bzw. wiederkehrende Harmonie: Zur „Angel der ganzen Herakleitischen Lehre"*.[37] Nachdem sich schon mehrfach abgezeichnet hat, dass Heraklit mit einer Einheit von entgegengesetzten Bewegungen rechnet, erläutert Schleiermacher nun näher, wie man diese auffassen muss. Dabei bezieht er sich auf die berühmten Fragmente zum Krieg und zur Harmonie. „Der Streit der entgegengesetzten Bewegungen" ist demnach „jener Krieg, aus welchem, wie alle Zeugnisse übereinstimmend behaupten, nach Lehre des Herakleitos alle Dinge hervorgehn." (165) Das Bestehende muss demnach als eine Zusammenfügung aus gegenläufigen Bewegungen aufgefasst werden, weil deren Entgegenstreben, wie Schleiermacher betont, das „einige heilsame zur Er-

---

Heraklit dort gar nicht erwähnt wird, nimmt Schleiermacher nämlich an, dass diese Unterscheidung von *atmis* (als *dynamis hoion hydor*) und *anathymiasis* (als *dynamis hoion pyr*) „ihrem Wesen nach" notwendig heraklitisch gewesen sein muss (153). Von hieraus versucht er die Unterscheidung von Ausdünstungen aus der Erde und aus dem Meer verständlich zu machen, die sich bei Diogenes Laertios findet (IX 9: DK 22 A1). In diesen durch Testimonien aufgespannten Rahmen werden dann verschiedene meteorologische Fragmente eingeordnet (vgl. Anm. 35). Damit entspricht sein Vorgehen hier nicht der methodischen Priorität von Fragmenten, die er sonst für maßgeblich hält.

37 Fragmente: B 53 (kN, Proklos, nur die ersten drei Worte), B 102 (kN), B 8 (33), B 51 (34, Plutarch, nur zweite Hälfte), B 80 (35), B 54 (36), B 11 (37), B 82/83 (38), B 52 (kN, Lukian), B 68 (kN), B 10 (37), B 88 (38), B 111 (39).

haltung der Dinge" sei (167). Es sei nichts anderes als das derart Entgegenstrebende, woraus sich die gespannte Harmonie alles Seienden ergebe – jedenfalls dann, wenn es im Entgegenstreben und Streiten der entgegengesetzten Bewegungen zu einem maßvollen Ausgleich komme. Und dies liege nicht an einer „festen Gestalt" (167), die dem jeweiligen „durch sich selbst zukommt", sondern nur an jenen „von außen" kommenden Bewegungen. Eben deshalb müsse man sich klarmachen, dass für Heraklit die Dinge, die *prima facie* zu bestehen und ein festes Sein zu besitzen scheinen, eigentlich „in jedem Augenblick aufs neue werden". Verstehe man Heraklits zurückgespannte bzw. wiederkehrende Harmonie (*palintonos/palintropos harmonie*),[38] die nach Schleiermacher „gleichsam die Angel der ganzen Herakleitischen Lehre ist", in diesem Sinne als Resultat entgegengesetzter Bewegungen, erschließe sich erst der „eigentlichste tiefste Sinn der Formel". Letztlich gehe hier darum, ein „wechselndes Zusammensein des Guten und des Bösen" zu verstehen (169), und zwar als ein zwischen Extremen pendelnder „Wechsel zwischen dem Uebergewicht des Guten und Bösen" (170). Diese Einheit durch Harmonie gelte nicht nur für den Kosmos insgesamt, sondern auch für alles Einzelne in ihm. Greifbar werde sie freilich am besten am kosmischen Kreislauf der Grundstoffe (172). Für das Einzelne scheine Heraklit dagegen nicht genauer gefasst zu haben, wie sie entstehen und vergehen. Dies zeige sich schon daran, dass er hier, wie verschiedene Testimonien nahelegten, wohl den „alten dichterischen Namen" der Bestimmung oder des Schicksals (*heimarmene*) verwende, statt eine eigene Erläuterung anzubieten (174).

Abschnitt V. (186–203): *Das ewiglebendige Feuer als „bewegende belebende Kraft" oder warum es bei Heraklit keine* ekpyrosis *geben kann*.[39] Auf der Grundlage des erläuterten Verständnisses von Krieg und Harmonie kommt Schleiermacher erneut auf das Feuer zurück, indem er nun seine Bestimmung als ewiglebendiges

---

[38] Bezugspunkt ist natürlich DK 22 B 51. In der Übersetzung von Jaap Mansfeld lautet dieses Fragment: „Sie verstehen nicht, wie Sichabsonderndes sich selbst beipflichtet: eine immer wiederkehrende Harmonie (*palintropos harmonie*), wie im Fall des Bogens und der Leier." Allerdings zitiert Schleiermacher nicht nach Hippolytos, sondern nach Plutarch, und zwar in zwei verschiedenen Varianten. In *De animae procreatione* steht wie bei Hippolytos *palintropos*, in *De Iside et Osiride* findet sich abweichend *palintonos* („zurückgespannt"). Dabei ist die Differenz weniger klar, als die angeführten Übersetzungen suggerieren. Vgl. etwa Diels, der *palintropos harmonie* mit „gegenstrebige Vereinigung" wiedergibt. Marcovich 1967, 125 (Anm. 1) argumentiert dafür, dass *palintonos* vorzuziehen ist, obwohl *palintropos* aus der besten Quelle stammt. Nach der Standardauffassung sollte man freilich *palintropos* lesen. Vgl. Kahn 1979, 195 (Anm. 1).
[39] Fragmente: B 30 (kN, nur erste Hälfte erneut deutsch), B 16 (40), B 90 (41).

(*aeizoon*) aus Fragment B 30 berücksichtigt.⁴⁰ Wie er ausführt, ist diese von entscheidender Bedeutung. Denn nur als ewiglebendiges kann das Feuer mit der Welt bzw. mit dem Kosmos „gleich gesetzt" werden (191). Damit geht Heraklit in einer wichtigen Hinsicht über das bereits Gesagte hinaus. Im Abschnitt IV. war betont worden, dass er das Feuer nur insofern „zum Bild des wahren Seins wählen konnte", als es „am meisten die Bewegung" darstelle, während ihm das Meer das „Bild des endlichen Seins" und die Erde das „Bild des Todes" gewesen sei (170). Und dies lasse sich, wie Schleiermacher dort ebenfalls betont, nicht leicht damit vereinbaren, dass alle im Kreislauf befindlichen Stoffe grundsätzlich „gleiches Recht und gleichen Antheil an dem Sein und Wesen des Ganzen haben" (169). Im Abschnitt V. kommt ein neuer Aspekt ins Spiel, der weiter zu helfen und den Sonderstatus des Feuers verständlich zu machen erlaubt. Denn nun ist dieses nicht mehr bloß am meisten die Bewegung oder das am meisten Bewegte, sondern „das eigentlich sich bewegende und umwandelnde" (192). Das Feuer sei eine allen Dingen einwohnende und sie durchdringende „bewegende belebende Kraft" (191), und damit dasjenige, was die beständige Stoffumwandlung in Bewegung halte, statt nur ein besonders bewegter Stoff in ihr zu sein. In diesem Sinne liegt es dann doch nicht mehr so fern, Heraklits Feuer als *Prinzip* zu betrachten, vorausgesetzt, man erkennt, dass es nicht um ein *stoffliches* Prinzip gehen kann – anders als der hierfür kritisierte Aristoteles nahelegt (190).⁴¹ Was gemeint ist, müsste man mit Schleiermacher – aristotelisch formuliert – wohl als *effizientes* Prinzip verstehen. Er benutzt diesen anachronistischen Begriff zwar nicht, legt ihn aber nahe, indem er das ewiglebendige Feuer als „bewegende belebende Kraft" auffasst. Wenn das so verstandene Feuer den unentstandenen und unvergänglichen Kosmos ewig bewegt, ist es wohl auch erster Ursprung dieser Bewegung. Jedenfalls muss das *pyr aeizoon* nach Schleiermacher unbedingt vom Feuer, „wie es wahrnehmbar vorkommt" (187), unterschieden werden. Wahrnehmbar sei nämlich nur das „erscheinende Feuer", in dem das „zum Grunde liegende Feuer" entflammt (192). Auch „das sich in den höheren Räumen

---

40 Schleiermacher gibt folgende Übersetzung: „Die Welt, dieselbige aller, hat weder der Götter noch der Menschen einer gemacht, sondern sie war immer und ist und wird sein immerlebendes Feuer (*pyr aeizoon*), mit Maßen sich entzündendes, mit Maßen sich verlöschendes." (190)
41 Schleiermacher kritisiert hier die aristotelische Darstellung aus dem ersten Buch der *Physik*: „Und dies ist eben unsere Klage, daß Aristoteles so ohne Unterschied was Herakleitos vom Feuer gelehrt hat neben die Lehre des Thales vom Wasser stellt und des Anaximenes von der Luft, ohne zu bedenken, daß diese beiden wol nicht von der allgemeinen Anschauung des Fließens und Verfließens aller Dinge ausgegangen sind, und es ihnen also eine ganz andere Bedeutung haben muß, wenn sie ein Element als die *arche* von allem ansehn." Dabei wisse Aristoteles im Grunde selbst, „daß das Feuer [...] nicht könne in demselben Sinne *arche* sein wie Luft und Wasser" (187).

entwickkelnde Licht", das sich in den Gestirnen zeigt und Zeus genannt werden kann, ist nur dessen „reinste Erscheinung" (192). Auf dieser Grundlage muss Schleiermacher die stoische Annahme eines periodischen Weltbrandes, der den alten Kosmos vernichtet und einen neuen hervorbringt, für Heraklit entschieden zurückweisen (193–195). Denn der Kosmos ist ewig als ein „immerlebendes Feuer". Dieses kann einerseits weder entstehen noch untergehen und darf andererseits nicht als „entzündet" betrachtet werden. Wie Schleiermacher ergänzt, mag Heraklit allenfalls an wechselnde Perioden überwiegender Trockenheit oder Feuchtigkeit gedacht haben (202–203).

Abschnitt VI. (203–241): *Heraklits Verständnis seelischer Bewegungen.*[42] Auch im letzten Abschnitt geht es um das Feuer. Allerdings ändert sich der Schwerpunkt hier ein weiteres Mal. Nun geht es nämlich primär darum, wie Heraklit die Seele versteht. Dabei erläutert Schleiermacher das ewiglebendige Feuer so, dass es als Ursprung aller Bewegung und aller Erkenntnis zugleich „allgemeine Seele" (205) bzw. „Seele des Ganzen" sei, „wiewol wir nicht wissen ob Heraklit sich dieses Ausdrucks bedient habe" (212). Im Zentrum der Betrachtung steht zwar nicht die Weltseele, sondern die des Menschen. Aber auch für den Menschen gelte, dass „in dem Leibe [...] für sich betrachtet [...] das starre und wässrige [herrsche]", weshalb Heraklit annehme, „dass das Leben diesem nicht eigen gehöre" (205). Die menschliche Erkenntnis könne darum nur wahres Wissen erreichen, wenn sie „aus jenem allgemeinen Sitz des Erkennens abgeleitet" werde (206). Und dieser befinde sich, wo der „allgemeine Sitz der Seele" sei (216), nämlich im sogenannten Umgebenden (*periechon*), der „äußere[n] höhere[n] vom erstarrten entfernteste[n] Region" (205), wo der trockene Dunst die leuchtenden Gestirne bilde (212). Erst in Bezug hierauf erläutert Schleiermacher die Fragmente B 1 und 2, die in den meisten Sammlungen am Anfang stehen (weil man annimmt, dass Heraklits Schrift mit ihnen begann). Dabei betont er, es gehe hier „um den ausschließenden Werthe des gemeinsamen Erkennens" (209). Der Schwerpunkt liegt deshalb auf B 2, wo gesagt ist, man müsse „dem gemeinsamen folgen".[43]

---

[42] Fragmente: B 21 (42), B 96 (43), B 2 (zuerst kN), B 41 (44), B 113 (kN, erneut erster Satz von B 114=18), B 112 (kN), B 33 (45), B 121 (46), B 1 (47), B 2 (48), B 36 (49), B 5 (kN, nur letzter Satz, Clemens), B 62 (zuerst kN, Hierokles, gleich danach 51), B 76 (erneut kN, Porphyrios), B 27 (52), B 24 (53), B 25 (54), B 20 (55), B 48 (56), B 122 (kN), B 119 (57, Alexander von Aphrodisias), B 85 (58, Jamblich), B 117 (59), B 118 (60, Eusebios / Philon – 61, Stobaios – 62, Galen – 63, Plutarch, dessen Erläuterung wird als heraklitisch betrachtet), B 77 (kN), B 89 (kN), B 75 (kN), B 26 (64), B 46 (65), B 131 (kN, Maximos von Tyros), B 78 (66), B 79 (67), B 87 (68), B 23 (69), B 15 (70), B 14 (kN), B 104 (71), B 47 (kN), B 49a (72), B 91 (erneut kN), B 101 (73), B 116 (kN).

[43] Schleiermacher übersetzt: „Darum muss man dem gemeinsamen folgen: ohnerachtet aber das Gesez [logos] (des Denkens nemlich, einerlei mit dem Gesez des Seins) ein gemeinsames ist, leben doch die Meisten als eine eigenthümliche Einsicht besitzend." (211)

Denn nach Schleiermacher wird hier „offenbar [...] die Einsicht welche jeder Einzelne anders für sich hat als irrig verworfen" (211). Im Anschluss weist er die Auffassung zurück, Heraklit habe die menschliche Seele oder die Weltseele als Luft aufgefasst. Es sei leicht einzusehen, dass beide nur als Feuer zu verstehen sein könnten. Schwerer zu verstehen sei dagegen, wie sich die Weltseele, deren Leib „sämtliche vergängliche Erscheinungen sein müssten", primär im *periechon* lokalisieren lasse (212). Außerdem könne die lebendige Seele nur dann vom (für sich genommen) toten Leib unterschieden werden und ihm „von außen" zukommen, wenn sie nicht mit dem trockenen Dunst im Umgebenden identifiziert werde. Denn dieser Dunst solle ja selbst erst aus „niederen Entwicklungsstufen" des Leibs hervorgehen (212). Wenn ich recht sehe, liegt Schleiermachers Lösung darin, für die Seele ebenso zwischen einem transzendenten Prinzip und seiner immanenten Umsetzung zu unterscheiden wie für das Feuer. Die Weltseele ist demnach nichts anderes als das ewiglebendige Feuer, das als bewegend-belebende Kraft unsichtbar bleibt. Sichtbar wird nur seine Erscheinung, und zwar vor allem ihre höchste Form, die sich in den leuchtenden Gestirnen zeigt. Und eben dort ist der allgemeine Sitz dieser erscheinenden Seele. Die menschliche Seele macht dieses Bild nun noch komplexer. Sie bildet sich nämlich einerseits durch den trockenen Dunst, der aus den „Feuchtigkeiten" des menschlichen Leibes hervorgeht, und andererseits aus einer Vereinigung dieses Dunstes mit dem allgemeinen Dunst der höheren Regionen. Auf diese Weise, meint Schleiermacher, mag bereits Heraklit gestufte Fähigkeiten des Menschen unterschieden haben. Denn der eigene Dunst dürfte allenfalls als „niedere Seele" aufzufassen sein, während für höhere Fähigkeiten wie die Erkenntnis eine Verbindung mit dem trockenen Dunst der erscheinenden Weltseele benötigt wird. Jedenfalls vermutet Schleiermacher, Heraklit „habe sich mehrere Arten gedacht, wie das beseelende Prinzip mit den niederen Entwicklungsstufen könne verbunden sein" (217). Und von hieraus versucht er zum Schluss der Abhandlung, „auf- und absteigende Bewegungen der Seelen in ihrer besonderen Sphäre" zu erläutern (221–223). Zum einen erläutert er, warum trockene Seelen besser zu erkennen vermögen (B 118) und warum Feuchtigkeit der Tod der Seele ist (B 36). Zum anderen behandelt er Einflüsse des Klimas (227), der Nahrung (229), verschiedener Weltperioden (231) und der Abfolge von Tag und Nacht bzw. von Wachen und Schlafen (233). Dabei versucht er zu zeigen, dass Heraklit durchgängig Trockenheit bevorzuge, um die erkenntnisfördernde Verbindung mit dem Umfassenden zu erleichtern.

 Am Ende der Abhandlung steht eine kurze Schlussbemerkung, die angesichts der angetroffenen Deutungsschwierigkeiten überraschend zuversichtlich ausfällt. Schleiermacher meint offenbar, das „Wesen der Lehre des Herakleitos" im Wesentlichen abschließend erläutert zu haben. Wie er sagt, „ist nicht zu glauben", dass andere vielleicht noch aufzufindende „Bruchstükke seines Werkes [...] zu irgend bedeutenden Änderungen in dieser Darstellung Anlaß geben sollten" (241). Er räumt zwar ein, dass noch „bedeutende und anziehende Untersuchungen [...] übrig" seien, sieht sie aber einerseits nur in äußeren Verbindungen Heraklits mit vorangehenden und folgenden Konzeptionen und andererseits in der für die Beurteilung einzelner Quellen wichtigen Frage, „wie lange wol und wo das ursprüngliche Werk des Herakleitos sich erhalten, und wer wol aus diesem selbst [...] geschöpft habe" (241). Für die Darstellung der heraklitischen Konzeption meint er Grundlegendes und im Kern sogar Abschließendes geleistet zu haben.

3 Versuch einer Einschätzung

Damit komme ich zum letzten Teil meiner Überlegungen und frage nun danach, wie Schleiermachers Darstellung aus heutiger Sicht einzuschätzen ist. Da Heraklits Fragmente immer noch sehr kontrovers diskutiert werden, lässt sich diese Frage nicht leicht beantworten, und zwar umso weniger, je mehr man auf umstrittene Details eingeht. Trotz aller Fortschritte in der philologischen Texterklärung gibt es kaum einen echten Forschungskonsens, an dem sich Schleiermachers Ergebnisse umstandslos messen ließen.[44] Dennoch liegen vor allem drei Bedenken nahe, die ich aufgreifen und diskutieren möchte. So ist Schleiermacher *erstens* dafür kritisiert worden, dass er Heraklit einseitig als Naturphilosophen verstehe und auf eine Konzeption ewigen Werdens festlege.[45] Damit hängt *zweitens* der Vorwurf zusammen, Schleiermacher sei – trotz aller Distanz zur antiken Doxografie – dieser auch für zentrale Aspekte immer noch zu weit gefolgt.[46] Schon Aristoteles habe Heraklit einseitig als Physiker verstanden und wie Platon zu sehr auf die Flusslehre bezogen. Es sei aber grundsätzlich zu bezweifeln, ob diese beiden Philosophen für den Zugang zu Heraklit überhaupt maßgeblich sein können. Und dies führt schließlich *drittens* zu dem Einwand, dass gerade die Flusslehre, die Platon und Aristoteles in den Vordergrund rücken, kein tragfähiges Fundament für die Erschließung Heraklits bieten kann. Der Einwand drängt

---

44 Vgl. dazu das ernüchternde Fazit zum Forschungsstand aus Bremer und Dilcher 2013, 606 (Anm. 3): „Betrachtet man die unterschiedlichen Heraklit-Deutungen, die das 20. Jahrhundert hervorgebracht hat, im Ganzen, so ergibt sich nicht nur das beeindruckende Bild eines Unmaßes an Scharfsinn und Mühewaltung, das darauf geworfen wurde, einer Zusammenstellung von gerade einhundert Sätzen einen einheitlichen Sinn abzugewinnen. Es ergibt sich auch ein durch und durch disparates Bild." Unzweifelhafte Fortschritte sehen sie nur in der philologischen Forschung, aber nicht in der interpretierenden Erschließung.
45 Kurtz 1971, 3 (Anm. 3) und Psimmenos 1978, 76 (Anm. 3).
46 Kurtz 1971, 3 (Anm. 3) und Psimmenos 1978, 76 (Anm. 3).

sich vor allem auf, wenn man berücksichtigt, wie wichtig die Distanzierung von zentralen Aspekten der Flusslehre für viele neuere Arbeiten ist.[47]

Dennoch möchte ich gleich versuchen, diese Bedenken zu entkräften und damit die Grundzüge von Schleiermachers Deutung indirekt als bleibende Option zu verteidigen. Wie mir scheint, gibt es unter den *grundlegenden* Ergebnissen seiner Darstellung keines, das aus heutiger Sicht *eindeutig* als überholt zu betrachten und *klarerweise* zurückzuweisen wäre. Dabei denke ich vor allem an die zentrale Verbindung von Flusslehre und Einheitslehre, die von den genannten Bedenken erschüttert werden soll, sich aber recht gut verteidigen lässt. Dagegen besitzt die ausführliche Diskussion des Stoffkreislaufs und seiner verschiedenen Varianten schon deshalb einen anderen Status, weil sie stärker von unsicheren Testimonien abhängt. Dies gilt besonders für die direkte Umwandlung von Erde in Feuer und Feuer in Erde, die sich überhaupt nicht durch Fragmente stützen lässt. Ähnlich verhält es sich mit der Verbindung von Seele und Leib, die am Ende der Abhandlung für verschiedene Entwicklungsstufen diskutiert wird. Schleiermacher räumt dies zwar ein, meint dabei aber, immer noch einen hohen Grad von Wahrscheinlichkeit erreichen zu können. Aus heutiger Sicht wird man hier Abstriche machen müssen. Ich konzentriere mich deshalb auf die Verbindung von Flusslehre und Einheitslehre, die für seinen Ansatz von zentraler Bedeutung ist und mir wesentlich tragfähiger erscheint. Dies bedeutet keineswegs, dass Schleiermacher hier recht haben muss, wohl aber, dass man immer noch von ihm lernen kann. Und wenn dies nicht verfehlt ist, ergibt sich der erstaunliche Befund, dass sich Schleiermachers Darstellung ganz ähnlich lesen lässt wie Standarddarstellungen des 20. Jahrhunderts. Man kann vieles anders sehen oder bezweifeln, dass die vorgeschlagene Deutung richtig ist, und sie trotzdem mit Gewinn zur Kenntnis nehmen. Denn die Grundzüge seiner Darstellung sind keineswegs veraltet oder erledigt.

Dies ist nicht nur darin begründet, dass die besonders schwierige Deutung von Heraklits Fragmenten Forschungsfortschritten recht enge Grenzen setzt. Der eigentliche Grund liegt vielmehr in der souveränen Gelehrtheit und philologischen Gründlichkeit, mit der die Abhandlung erarbeitet ist. Unser schneller Durchgang konnte dies nicht im Einzelnen nachweisen, sollte aber wenigstens in den Blick gebracht haben, wie umsichtig Schleiermacher vorgeht. Dies zeigt schon die Quellen- und Methodenkritik, die seine Einleitung enthält. Dessen ungeachtet ist nicht zu bestreiten, dass seine Textgrundlage Einschränkungen

---

[47] Schon Karl Reinhardt, *Parmenides und die Geschichte der griechischen Philosophie*, Bonn 1916, 206 hält „die Flusslehre als Lehre Heraklit" für ein „Mißverständnis" (zitiert nach der 4. Auflage, Frankfurt am Main 1985). Allerdings bezieht er sich hier nicht ausdrücklich auf Schleiermacher.

aufweist. Schleiermacher konnte noch nicht auf der breiteren Basis arbeiten, die ab Mitte des 19. Jahrhunderts durch die gemeinschaftliche Anstrengung verschiedener Gelehrter etabliert wurde. Wie leicht festzustellen ist, kannte er nicht alle Fragmente, die 1903 Eingang in die Epoche machende Edition von Diels gefunden haben. Zum einen sind bei Autoren, die Schleiermacher heranzog, weitere Fragmente entdeckt worden – nicht zuletzt durch Bernays und Lassalle – die schon Bywater 1877 in seine Edition aufnehmen konnte. Zum anderen kannte er die Fragmente, die über den Theologen Hippolytos überliefert sind, selbstverständlich nicht, weil das neunte Buch von dessen *Refutatio omnium haeresium* erst 1841/42 auf dem Berg Athos entdeckt (und dann zunächst fälschlich Origenes zugeschrieben) worden war.[48] So kommt es, dass seit Bywater rund 130 Fragmente bekannt sind, deren Authentizität freilich zum Teil kontrovers diskutiert wird,[49] während Schleiermacher nur 73 authentische Fragmente durchnummeriert. Allerdings ist zu berücksichtigen, dass die Heraklit-Abhandlung faktisch mit wesentlich mehr Fragmenten arbeitet. Wie Psimmenos nachweist, führt er zwanzig Fragmente nur erläuternd an, ohne sie zu nummerieren.[50] Zwei angeführte Nummern enthalten je zwei Fragmente. Dafür müssen einige Nummern abgezogen werden, weil sie nur Teile eines Fragments, verschiedene Varianten oder ein Testimonium enthalten. Auf dieser Grundlage zählt Psimmenos 89 echte Fragmente.[51]

Dass Schleiermacher keine Möglichkeit hatte, auf Hippolytos zurückzugreifen, ist sicher nicht unwichtig. Denn zum einen gilt er als eine besonders zuverlässige Quelle, und zum anderen überliefert er nicht nur viele, sondern auch wichtige Fragmente etwa zur wiederkehrenden Harmonie (B 51) oder zum Krieg als Vater aller Dinge (B 53). Doch Schleiermacher bedient sich in solchen Fällen einfach bei anderen Autoren, und zwar meist bei Plutarch, wo er Formulierungen findet, die in Einzelheiten vielleicht nicht ganz so verlässlich sind, aber insgesamt weitgehend zum selben Ergebnis führen (166, 168). Dass er in der Sache zentrale Zusammenhänge nicht gesehen hätte, muss deshalb nicht angenommen werden. Außerdem hat Schleiermacher einen ausgeprägten Sinn dafür, welche Wörter,

---

48 Vgl. dazu Marcel Conche, *Héraclite*, Paris 1986, 10, Anm. 1.
49 Dies führt zu nicht unerheblich variierenden Fragmentzahlen. Conche (Anm. 48) führt folgende an: 130 für Bywater, 129 für Diels-Kranz (126 + 49a, 67a, 101a, 125a; allerdings ist B 109 = B 95), 127 für Walzer, 126 für Diano, 125 für Kahn, 111 für Marcovich. Er selbst kommt auf 136, freilich nicht nur durch das Akzeptieren von Fragmenten, die Diels für zweifelhaft hielt, sondern auch durch verschiedene Aufteilungen.
50 Dabei handelt es sich um B 3, 5, 14, 42, 47, 53, 68, 75, 76, 77, 89, 98, 100, 102, 106, 112, 113, 116, 122 und 131. Vgl. Psimmenos 1978, 21 (Anm. 3).
51 Psimmenos 1978, 22 (Anm. 3).

Wendungen und Formulierungen dem ionischen Griechisch Heraklits zuzutrauen sind, zur Ausdrucksweise verlässlicher Fragmente passen und seiner (von hieraus ermittelten) Geisteshaltung entsprechen können, während andere Bedenken erregen müssen, weil sie allzu gut der Terminologie und Konzeption des referierenden Autors entsprechen. Nicht nur besonders auffällige Begriffe wie *arche* (143, 187, 212), *ekpyrosis* (198), *synkrisis* und *diakrisis* (144) sind aus seiner Sicht eindeutig nicht heraklitisch, sondern etwa auch *anathymiasis* (154) – obwohl die „Ausdünstung", wie wir gesehen haben, der Sache nach für Schleiermachers Heraklit bedeutsam ist. Ähnlich ist dies für *heimarmene* (176), *periechon* (205) oder *psyche tou pantos* (212), die ihm sprachlich, aber nicht inhaltlich zweifelhaft erscheinen. Schleiermachers Abhandlung vermag damit durchaus zu bestehen, wenn man sie anhand heutiger Maßstäbe der Textkritik prüft. Nur deshalb ist seine Interpretation auch heute noch so hilfreich, dass man sie durchaus neben neuere Standardtexte legen kann.

Trotzdem drängen sich vor dem Hintergrund der neueren Forschung die bereits genannten drei Bedenken auf. Gehen wir nun also näher auf diese ein. Hat Schleiermacher Heraklit allzu einseitig als Naturphilosophen verstanden? Wie mir scheint, lässt sich dies mit guten Gründen verneinen. Richtig ist nur, dass er Heraklit durchgängig auf das Thema der Natur bezieht. Dies war schon klargeworden, als es darum ging, für sein Heraklit-Verständnis eine disziplinäre Trennung von Kosmologie und Ontologie zurückzuweisen. Doch daraus folgt kein *reduktives* Verständnis des naturphilosophischen Themas, das die Bezugnahme auf andere Themen ausschließen oder deren Relevanz bestreiten würde. Wie wir gesehen haben, bestreitet Schleiermacher nicht, dass sich Heraklit auch auf Politik und Theologie bezieht, sondern lediglich, dass für ihn mit einer disziplinären Trennung der Philosophie zu rechnen ist. Stattdessen geht er davon aus, verschiedene Themen wären für ihn so eng verbunden, dass sie gewissermaßen „ineinanderfließen". Und seine Abhandlung greift diese Themen an verschiedenen Stellen auf. Für die Politik hat sich bereits gezeigt, dass dabei B 114, wo vom Gesetz der *polis* die Rede ist, auch für Schleiermacher einen wichtigen Bezugspunkt liefert. Allerdings behandelt er auch andere Fragmente, die man üblicherweise auf politische Themen bezieht.[52] Für die Theologie wäre vor allem auf das „Umfassende" zu verweisen, weil er sie hier am deutlichsten ausgebildet sieht: „Will man nun etwas seine Theologie nennen, so könnte das im strengsten Sinne nur gewesen sein, was er von dem *periechon phreneres* selbst gesagt hat in

---

52 Dies gilt etwa für DK 22 B 33 (45: 208), B 121 (46: 209) und B 44 (19: 131). Von einer „Verachtung der Politik", die sich auf die Polis als Lebenssphäre bezieht, kann deshalb für Heraklit kaum gesprochen werden. Er wollte sich allenfalls von manchen traditionellen Formen des politischen Lebens distanzieren.

wie fern es als allgemeine Vernunft die Quelle alles wahren Bewusstseins ist; denn dies allein war sein Allerheiligstes, jener Name des Zeus, der gesprochen sein will und auch nicht." (218) Er legt sich indes auf diese quasi-disziplinäre Zuweisung keineswegs fest. Denn zum einen ist das *periechon* – anders als die Bezugnahme auf Zeus, die das Zitat zuletzt erwähnt[53] – nicht durch ein Fragment beglaubigt. Zum anderen betont Schleiermacher, dass Politisches und Theologisches bei Heraklit eng verbunden sind. Auch dafür war bereits auf B 114 verwiesen worden: „denn alle menschlichen Geseze werden genährt von dem einen göttlichen".

Dazu kommt eine ganze Reihe anderer Themen, die über ein enges Verständnis Heraklits als Physiker hinausführen. Anzutreffen sind diese vor allem im langen sechsten Abschnitt des Hauptteils, der primär der Seele und ihren Bewegungen gewidmet ist. Meines Erachtens lässt die Abhandlung besonders hier deutlich erkennen, dass Heraklit die Seele nach Schleiermacher nicht nur aus naturphilosophischer Sicht behandelt, sondern auch auf epistemologische und ethische Themen bezieht. Für die Epistemologie haben wir dies anhand des „gemeinsamen [*logos*]" aus B 2 schon gesehen. Für die Ethik verweise ich nur auf einschlägige Fragmente, die Schleiermacher behandelt: „Des Menschen Gemüth ist sein Geschik."[54] und „Menschliches Gemüth hat nicht Einsicht, göttliches aber hat sie."[55] Wichtiger als die bloße Berücksichtigung solcher Themen ist nun aber sicher die Art und Weise, in der sie behandelt werden. Und diesbezüglich würde ich einräumen, dass Schleiermacher klarerweise von der Naturphilosophie oder Kosmologie ausgeht. Orientiert man sich an den „beiden konkurrierenden Optionen einer kosmologisch bzw. einer anthropologisch ausgerichteten Deutungsperspektive des heraklitischen Denkens"[56], wie sie auch heute noch anzutreffen sind, ist Schleiermachers Ansatz zweifellos der ersten Option zuzuordnen. Sein Heraklit geht nicht primär von der Situation des Menschen aus, sei sie nun eher existentiell oder ethisch-politisch verstanden, sondern von physikalisch-kosmologischen Befunden, auf die auch das menschliche Selbstverständnis zu beziehen ist. Eine nicht reduktiv zu verstehende Naturphilosophie ist demnach das einigende Band. Er setzt damit aber nicht eine naturphilosophische Vereinnahmung fort, die sich einer unkritischen Übernahme aristotelischer Voraussetzungen verdanken würde, sondern bezieht grundsätzlich eine Position, die auch

---

53 Vgl. hierzu das Fragment DK 22 B 32 (11), das Schleiermacher so übersetzt: „Das Eine Weise allein will ausgesprochen nicht werden und doch auch werden, der Name des Zeus." (120)
54 DK 22 B 119 (57: 224).
55 DK 22 B 78 (66: 235).
56 Damit greife ich eine Formulierung aus Bremer und Dilcher 2013, 608 (Anm. 3) auf.

heute noch prominente Vertreter findet.[57] Anders als Hegel und Reinhardt übereinstimmend, wenn auch aus ganz unterschiedlichen Gründen, annahmen, sieht Schleiermacher in Heraklit keine Antwort auf den eleatischen Seinsmonismus, sondern eine reflektierte Überbietung der milesischen Naturphilosophie und älterer Weisheitslehren[58]. Doch dies ist alles andere als problematisch. Denn in der neueren Forschung dominiert schon länger die Auffassung, dass sich für Parmenides und Heraklit keine direkte Bezugnahme nachweisen lässt, und zwar weder in der einen noch in der anderen Richtung.[59] Die Einwände Lassalles, der die Heraklit-Abhandlung schon im 19. Jahrhundert aus einer hegelschen Perspektive vehement kritisiert, bräuchten Schleiermacher damit kaum zu beunruhigen. Und dasselbe gilt für neuere Varianten einer „logischen" oder „ontologischen" Interpretation, die gegen einen naturphilosophischen Zugriff ausgespielt werden sollen.

Die beiden anderen Bedenken hängen so eng zusammen, dass ich sie auch verbunden diskutieren möchte. Um deutlich machen zu können, wie sie sich auf die Heraklit-Abhandlung beziehen, empfiehlt es sich, zunächst eine wichtige Passage aus Schleiermachers Einleitung heranzuziehen:

> „Die Anführungen und die Zeugnisse des Platon und Aristoteles bilden die einzig sichere Grundlage, worauf eine Darstellung der Heraklitischen Lehre beruhen kann. Und das richtige Verfahren scheint zu sein, daß man, lediglich von diesen ausgehend, die übrigen Bruchstükke [...] in dem Maaß für ächt anerkenne und benuze, als sie mit jenen zusammenhangen oder wenigstens übereinstimmen, und eben so wiederum den späteren Zeugnissen nicht mehr Gewicht beilege, als sie natürliche Verbindung zeigen mit den so anerkannten Bruchstükken. Wer auf diese Weise aus beiden, Zeugnissen und Bruchstükken, einen Kranz geschikt und bedeutsam zu flechten wüßte, ohne eine hinein gehörige Blume liegen zu lassen, von dem würden wir glauben müssen, daß er uns wahres lehre, und alles wahre, was wir noch wissen können über die Weisheit des Ephesiers." (110 – 111)

---

[57] Stellvertretend sei wieder auf Kirk, Raven und Schofield 2001, 231 (Anm. 9) verwiesen. Wie sie ausführen, gewinnen bei Heraklit auch ethische Ratschläge, die eher konventionell erscheinen können, eine tiefere Bedeutung, weil sie ein „Fundament in seinen naturphilosophischen Theorien" haben. Heraklit vertritt demnach grundsätzlich die Auffassung, „daß ein Mensch nur durch das Verständnis des zentralen Gesetzes der Dinge weise [...] wird. [...] Das ist die wirkliche Moral von Heraklits Philosophie, in der die Ethik erstmals förmlich mit der Naturphilosophie verwoben ist."

[58] Zu dieser Dopplung vgl. Kahn 1979, 12 – 23 (Anm. 1). Kahn unterscheidet zwei Traditionen, die Heraklit zu überbieten versucht, indem er sie zum Teil zurückweist und zum Teil verbindet: „the popular tradition" und „the tradition of natural philosophy".

[59] Bremer und Dilcher 2013, 611 (Anm. 3).

Was daran aus heutiger Sicht bedenklich erscheint, ist nicht das Bemühen um Kohärenz, wie es im schönen Bild vom Flechten eines Kranzes zum Ausdruck kommt, sondern die Orientierung an Platon und Aristoteles. Gerade Platon und Aristoteles werden heute nämlich üblicherweise als wenig verlässlich betrachtet, wenn es darum geht, die Konzeptionen ihrer philosophischen Vorgänger zu erschließen.[60] Hierauf bezieht sich das *zweite* Bedenken, das oben angeführt wurde. Denn im Zuge ihrer produktiven Sachauseinandersetzung neigen beide Philosophen dazu, referierte Konzeptionen terminologisch sehr eigenständig zu fassen, konstruktiv zu deuten oder auch zuzuspitzen, um nachteilige Konsequenzen besser verdeutlichen zu können. Ein echtes Bemühen, den genauen Wortlaut zu treffen, wird man kaum voraussetzen dürfen. Bei Platon kommen außerdem Überlagerungen durch die situative Anlage der Dialoge, ihre jeweiligen Gesprächspartner und die Art der Gesprächsführung hinzu, die ein wörtliches Verständnis häufig nicht nahelegen und manchmal sogar ausschließen. Wer aus der heutigen Heraklit-Forschung an Schleiermachers Abhandlung herantritt, dürfte deshalb schon hier hellhörig werden und zu erstem Widerspruch neigen. Und diese Neigung dürfte noch größer werden, wenn sich zu Beginn des Hauptteils zeigt, was Schleiermachers methodische Orientierung an Platon und Aristoteles inhaltlich bedeutet. Denn Heraklits berühmte Lehre vom Fluss aller Dinge, die er als sicherste Grundlage beansprucht, ist aus Sicht vieler Interpreten durchaus nicht unproblematisch. Hier treffen wir auf das *dritte* Bedenken, das ebendieser Flusslehre gilt. Vor allem das vulgär-heraklitische „alles fließt (immer und in jeder Hinsicht)" wird heute fast durchgängig abgelehnt. Denn *zum einen* scheint es sich Heraklit gerade nicht zuschreiben zu lassen und *zum anderen* ist es in der Sache ganz unattraktiv, weil schon Platon und Aristoteles überzeugend nachweisen, dass ein derart *radikal* gefasster Fluss jede Erkenntnis unmöglich machen würde und damit auch selbst unerkennbar wäre.[61] Vor diesem Hintergrund gehen viele Interpreten inzwischen davon aus, dass es bei Heraklit nicht einfach um eine universale Bewegung oder Veränderung gehen kann, sondern nur um die Span-

---

60 Kirk, Raven und Schofield 2001, 3 (Anm. 9).
61 Vor diesem Hintergrund erscheint die Einschätzung von Wolfgang H. Pleger, *Der Logos der Dinge. Eine Studie zu Heraklit*, Frankfurt am Main 1987 etwas merkwürdig. Zuerst betont er nämlich, dass „die Chance, durch Plato und Aristoteles zu verlässlichen Aussagen über Heraklits Denken zu gelangen, keineswegs so gut [ist], wie es auf den ersten Blick den Anschein hat", um dann in einer Fußnote zu ergänzen, darauf mache „bereits Schleiermacher aufmerksam". In diesem Urteil seien sich „alle grundlegenden Interpreten einig" (10). Merkwürdig ist diese Einschätzung, weil Schleiermacher hier zweifellos einen anderen Weg geht. Wie gleich aufgewiesen werden soll, sieht er zwar durchaus, dass auch gegenüber Platon und Aristoteles Vorsicht angebracht ist – und so weit wäre Pleger durchaus zuzustimmen. Dies ändert aber nichts daran, dass sich sein Zugriff auf Heraklits Fragmente primär an Platon und Aristoteles orientiert.

nung zwischen einem fundamentalen Wandel und seiner bleibenden Struktur.[62] Und weil diese Spannung nur in B 12a deutlich formuliert ist, wird es meist als ursprüngliche Variante betrachtet, während B 49a und B 91 auf spätere Abwandlungen zurückgehen sollen.

Wie ist mit Schleiermacher auf diese beiden Bedenken zu reagieren? Im Grunde ist die Sache recht einfach. Was Platon betrifft, sieht Schleiermacher durchaus, dass man in Bezug auf den *Theaitetos* und den *Kratylos* nicht alles, was gegen Heraklitisches im weitesten Sinne geht, auf Heraklit beziehen darf. Natürlich sind oft auch nur besonders radikale Herakliteer gemeint und manchmal – wie im *Theaitetos* – vielleicht sogar nur Protagoras mit seiner Lehre vom Menschen als Maß aller Dinge (110). Und von Aristoteles wird schon zu Beginn gesagt, man könne leicht sehen, „daß er kein fleißiger Leser des Herakleitos gewesen" sei (110). Später wird dies häufig aufgegriffen und immer wieder ausführlich erläutert, welche seiner Auffassungen zu Heraklit verfehlt, irreführend oder widersprüchlich sind (138–139, 143, 153–155, 183–185). Wir haben diesbezügliche Stellen schon berührt. Ich erinnere lediglich daran, wie Schleiermacher ablehnt, das Feuer mit Aristoteles als stoffliches Prinzip zu betrachten. Auch Platon wird gelegentlich kritisiert, wenn auch deutlich weniger und zurückhaltender (168). Man kann also sicher nicht sagen, Schleiermacher wäre Platon und Aristoteles *blind* gefolgt. Was er annimmt, ist nur, dass man eine Auffassung, die beide in verschiedenen Texten und im Wesentlichen übereinstimmend Heraklit zuschreiben, für tatsächlich heraklitisch halten darf. Denn beide sind die ältesten Quellen und wenigstens im grundsätzlichen Zugriff vertrauenswürdig. Dabei geht es wohlgemerkt nicht um den Wortlaut im Einzelnen. Dieser wird vielmehr über Autoren rekonstruiert, die tatsächlich wörtlich zu zitieren scheinen. Es geht vielmehr zunächst nur um die Frage, welche Konzeption Heraklit *überhaupt* zuzuschreiben ist. Allein hierfür sucht Schleiermacher nach deutlichen Hinweisen bei Platon und Aristoteles. Diese gibt es für die Flusslehre und nur für die Flusslehre. Selbst die Einheitslehre ist bei ihnen längst nicht so gut beglaubigt. Und deshalb scheint es mir durchaus nachvollziehbar, dass Schleiermacher mit dem Flechten seines Kranzes gerade hier beginnt. Außerdem geht er dabei äußerst vorsichtig vor. In seiner Darstellung der Flusslehre beginnt er zwar nicht mit B 12a, sondern mit dem problematischen Fragment B 91. An der kontroversen Formulierung „Es ist unmöglich, zweimal in denselben Fluss hineinzusteigen" will aber auch er nicht unbedingt festhalten. Wie heutigen Kritikern gelten auch ihm eigentlich nur jene Verben, die den typischen Heraklit-Sound besitzen und, vermutlich vom Fluss, sagen „er zerstreut und bringt wieder zusammen [...] und

---

62 Vgl. dazu Kirk 1954, 366–384 (Anm.2).

geht heran und geht wieder fort", wie er vorsichtig formuliert, „mit ziemlicher Gewißheit" als authentisch (135). Und schon direkt im Anschluss bietet er B 12a: „Den in denselben Fluß hineingestiegenen strömt immer anderes und anderes Wasser zu." (136)

In der Sache noch wichtiger ist aber, dass er den Fluss zwar als umfassend versteht und ihm weder irgendein einzelnes Seiendes noch den Kosmos insgesamt zu entziehen versucht, wohl aber eine *Ordnung* geltend macht, die sich *im* Fluss zeigt. Wie wir gesehen haben, versucht Schleiermacher schon in der Annäherung an die Flusslehre nachzuweisen, dass die Erkenntnis, und zwar auch und gerade die des Wandels, nach Heraklit nicht selbst fließen kann, sondern – anders als bei den Herakliteern – etwas Festes und Bleibendes sein muss. An einer späteren Stelle kommt er darauf zurück und macht deutlicher, wie sich dies mit der Intention der Flussfragmente verbinden lässt. Dabei bezieht sich Schleiermacher auf die von Aristoteles berichtete Zuspitzung des Kratylos, der sogar behauptet, man könne nicht *einmal* in denselben Fluss hineinsteigen.[63] Kratylos habe offenbar „das Eine", das die Seele im Wandel „festhalten und darstellen soll [...] nicht mit ergriffen". Heraklit gehe es aber um „die ewige Kraft und den Ausdruk ihres Gesezes in den Dingen". Dabei komme es für ihn offenbar darauf an, beides zusammenzunehmen. Denn „dieses neben jenem bildet eben jene zwiefache Beziehung", die Heraklit in seinen Flussfragmenten darzustellen versuche. Gemeint ist primär B 49a: „In dieselben Ströme steigen wir hinein und steigen auch nicht hinein, sind und sind auch nicht." Demnach vergleicht Heraklit hier „wie den Wechsel der Dinge mit einem Strome so das Wahrnehmen dieses Wechsels mit dem Hineinsteigen in den Strom." (239) Und mit dieser Interpretation von B 49a liegt Schleiermacher im Grunde ganz auf der Hauptlinie einer heute sehr einflussreichen Auffassung der Flussfragmente. Vielleicht ließe sich von hieraus sogar B 91 stärker einbeziehen, als dies üblich ist. Dazu scheint nur erforderlich, die nicht ausdrücklich *formulierte* Spannung durch eine *vorausgesetzte* Persistenzerwartung zu erzeugen. Das Fragment könnte dann etwa so verstanden werden: „Man kann nicht zweimal in denselben Fluss steigen [obwohl wir dies erwarten würden]."[64] Jedenfalls gibt es keinen Grund, Schleiermachers Behandlung der Flussfragmente aus heutiger Sicht für verfehlt zu halten.

Doch dies ist längst nicht alles. Denn Schleiermacher klärt die hier vorausgesetzte Struktur ja weiter auf, indem er die Flussfragmente auf die Lehre von der Einheit der Gegensätze bezieht. Im Grunde nimmt er damit jene Zentralstellung

---

[63] Vgl. *Metaphysik* IV 5, 1010a.
[64] Ich greife hier einen einleuchtenden Vorschlag von Christof Rapp, *Vorsokratiker*, München 1997, 75 auf.

der Einheitslehre vorweg, wie sie sich in der Forschung des 20. Jahrhunderts mit Reinhardt durchzusetzen beginnt – allerdings ohne den Versuch zu unternehmen, sie von der Flusslehre abzutrennen und ganz oder doch primär „logisch" zu erschließen.[65] Gemeint ist natürlich jene zurückgespannte oder wiederkehrende Harmonie, die schon in unserem schnellen Durchlauf angesprochen wurde. Berücksichtigt man diese, erweist es sich als unhaltbar, die Flusslehre ins Zentrum von Schleiermachers Heraklit-Verständnis zu rücken. Denn es ist ja diese zurückgespannte oder wiederkehrende Harmonie, worin Schleiermacher „gleichsam die Angel der ganzen Herakleitischen Lehre" sieht. Die Flusslehre steht also nicht im *Zentrum* seiner Deutung und stellt für sie noch weniger die *Grundlage* von Heraklits Denken dar, sondern soll für ihre methodische Erschließung der Fragmente nur den sichersten *Ausgangspunkt* liefern. Und dies darf man auf keinen Fall verwechseln, wenn man Schleiermachers Deutung nicht missverstehen möchte. Ich kann die Harmonie-Fragmente hier nicht ausführlich analysieren, sondern nur auf ihre Verbindung mit den Flussfragmenten hinweisen. Und diese ist zumindest im Ansatz leicht zu sehen, wenn man Schleiermacher folgt. Denn sie ergibt sich schon dadurch, dass in der zurückgespannten oder wiederkehrenden Harmonie entgegengesetzte *Bewegungen* miteinander streiten und sich in ihren Wirkungen wechselseitig neutralisieren. Für die Deutung ergeben sich dabei verschiedene Optionen. Auf der einen Seite steht eine eher *statische* Variante[66], die das gleichzeitige Vorliegen gleichstarker Gegenbewegungen favorisiert, auf der anderen Seite eine eher *dynamische* Variante[67], die ihr Gleichgewicht in ein sich periodisch abwechselndes Übergewicht verlagert. Dabei muss vermutlich auch die statische Variante – anders als Aristoteles in seiner *Metaphysik* annimmt (IV 3) – nicht so verstanden werden, dass sie gegen den Satz vom zu vermeidenden Widerspruch verstößt. Orientiert man sich an Heraklits Standardbildern von Lyra und Bogen, stünde ihr Zusammengefügtsein aus verschiedenen Materialien für ein statisches und das Schwingen der Saiten oder das Schnellen der Sehne für ein dynamisches Verständnis. Vielleicht muss man sich hier mit Heraklit gar nicht grundsätzlich festlegen, sondern eher die verschiedenen Verständnis-

---

65 Zu dieser Weichenstellung Reinhardts vgl. Bremer und Dilcher 2013, 611–612 (Anm. 3).
66 Kirk, Raven und Schofield 2001, 206–207 (Anm. 9) verweisen hierfür auf zwei mögliche Varianten: Nach der ersten erlauben verschiedene Aspekte desselben Gegenstandes entgegengesetzte Beschreibungen, nach der zweiten werden gute Dinge nur dann als möglich angesehen, wenn wir ihre Gegensätze kennen.
67 Auch hierfür verweisen Kirk, Raven und Schofield 2001, 206–207 (Anm. 9) auf zwei Varianten: Erstens sind manche Gegensätze insofern wesentlich verknüpft, als sie immer einander nach sich ziehen, zweitens erzeugt ein und dasselbe bei verschiedenen Beurteilern gegensätzliche Effekte.

möglichkeiten auf verschiedene Phänomene beziehen. Wenn ich recht sehe, hat Schleiermacher versucht, diesen integrativen Weg zu gehen. Allerdings darf man die statische Variante aus seiner Sicht nicht isolieren, weil sich dies kaum mit der Flusslehre vereinbaren ließe. Und auch dies sehen heutige Interpreten häufig ganz ähnlich.[68]

Ich kann die Diskussion der Einheitslehre hier nicht weiter fortsetzen. Stattdessen betone ich zusammenfassend, dass Schleiermacher die Flusslehre zwar für authentisch und für wichtig gehalten hat, Heraklit aber keineswegs in die Richtung eines sophistischen, skeptischen oder radikal-relativistischen Heraklitismus schiebt. Vielmehr verbindet er die Fluss-, Kriegs- und Harmoniefragmente auf eine so erhellende Weise, dass seine Deutung auch heute herangezogen und in der Sache ernst genommen werden kann. Wie bereits eingeräumt, orientiert er sich für Einzelheiten des Stoffkreislaufs und der Seelentheorie gelegentlich stärker an fragwürdigen Testimonien, als dies aus heutiger Sicht überzeugen kann. Für die Beurteilung seines Ansatzes ist dies jedoch von untergeordneter Bedeutung. Eine wichtigere *Grenze* scheint mir an einer anderen Stelle zu liegen. Ich meine seinen Umgang mit Heraklits Dunkelheit, wie er in der Einleitung erläutert wird. Dass Heraklit aus Eigensinn und Eitelkeit unverständlich geschrieben haben soll, lehnt Schleiermacher selbstverständlich zu Recht ab. Aber eine bloß „grammatische Dunkelheit", die nur mit dem anfänglichen Zustand des Schreibens zu tun haben soll, kann als Erklärung kaum ausreichen. Natürlich sind Heraklits Sätze, wie schon Aristoteles sieht, oft schwer zu interpungieren. Doch darin zeigt sich wohl weniger eine archaische Limitation, als ein reflektierter und effektiver Umgang mit sprachlichen Ausdrucksmitteln. Und wenn hierfür auch die philosophische Sache ausschlaggebend sein soll, was Schleiermacher ebenfalls nahelegt, ohne es zu erläutern, wäre die vorausgesetzte Verbindung von Denken und Sprechen eben weiter aufzuklären.

Die neuere Forschung ist dabei zu erwägenswerten Einsichten gelangt. Dies gilt sowohl für das Verständnis des heraklitischen *logos*, in dem sich Denk- und Sprechform durchdringen, als auch für die Erläuterung seines raffinierten Spiels mit Prophetie, Orakeln, Rätseln und Aphorismen. Um diesen Aspekt herauszuarbeiten, wird man Heraklit nicht nur mit der milesischen Naturphilosophie und traditionellen Weisheitslehren vergleichen dürfen. Wichtig sind wohl auch zeitgenössische Dichter wie Pindar oder Aischylos.[69] Dass Schleiermacher dies nicht versucht hat, kann die beeindruckende Gesamtleistung seiner Abhandlung nicht in Frage stellen. Es ist ohnehin höchst erstaunlich, wieviel er in einem einzigen

---

68 Vgl. van Ackeren 2006, 103 (Anm. 29).
69 Vgl. Kahn 1979, 7 (Anm. 1).

Anlauf zu erschließen vermochte. Wer Heraklit verstehen möchte, kann neben neueren Forschungsbeiträgen auch heute noch zu Schleiermacher greifen. Und wer sich für die Geschichte der Heraklit-Forschung interessiert, kommt auf keinen Fall an ihm vorbei.

4 **Staat, Recht, Gesinnung**

Walter Jaeschke
Schleiermachers Lehre vom Staat im philosophiegeschichtlichen Kontext

1

Schleiermacher hat es dem späten Referenten nicht leicht gemacht, über den philosophiegeschichtlichen Kontext seiner Staatslehre zu sprechen. Ihre ausdrückliche Einbettung in diesen Kontext scheint zumindest nicht sein primäres Anliegen gewesen zu sein – im Gegenteil. Hiervon kann man sich leicht durch einen Blick auf die von ihm in seinen „Vorlesungen über die Lehre vom Staat" namentlich Genannten überzeugen: Ihre Schar ist recht übersichtlich: An ihrer Spitze stehen – zahlenmäßig und in Schleiermachers Gunst etwa gleichauf – Platon und Aristoteles; dann aber folgt mehr als zwei Jahrtausende niemand – und schließlich, mit erheblichem Einbruch in der Zahl der Nennungen und insbesondere in der Gunst, Johann Gottlieb Fichte, und zwar Fichte als Verfasser des *Geschlossenen Handelsstaats,* nicht der *Grundlage des Naturrechts* oder einer späteren Staatslehre. Allerdings ist dies nicht ganz vollständig referiert – denn es finden sich auch eine marginale Erwähnung der seit Montesquieu üblichen Dreiteilung der Gewalten[1] sowie ein knapper Hinweis zu Rousseaus Einfluss auf die Französische Revolution[2] – jedoch keine Auseinandersetzung mit dem *Contrat Social.* Die großen Namen der klassischen Staatsphilosophie der Neuzeit – Bodin, Hobbes, Locke, Spinoza, Pufendorf und selbst Kant – sucht man hingegen vergeblich und ebenso die Namen und Werke politisch einflussreicher zeitgenössischer Autoren wie Edmund Burkes *Reflexions on the Revolution in France* (1790) oder Carl Ludwig von Hallers *Restauration der Staatswissenschaften* (1816 ff) oder Joseph de Maistres *Abendstunden von St. Petersburg* (1821). Und dieses Enttäuschungserlebnis stellt sich beim Namen „Hegel" nur deshalb nicht ein, weil man seinen Namen gar nicht erst sucht.

Nun impliziert die Feststellung dieser doch wohl absichtlichen Selbst-Dekontextualisierung von Schleiermachers Staatslehre fraglos noch kein Urteil über ihren Rang. Der unterlassene Rekurs auf andere Ansätze kann ja auch ein Indiz für die Originalität eines philosophischen Ansatzes sein. Doch wer über den

---
1 Friedrich Schleiermacher, *Vorlesungen über die Lehre vom Staat,* KGA II/8, hg.v. Walter Jaeschke, Berlin/New York: de Gruyter 1998, 239 f.
2 Schleiermacher, KGA II/8, 221, 368, 627.

philosophiegeschichtlichen Kontext der Staatslehre Schleiermachers sprechen soll, ist dadurch genötigt, einen derartigen Kontext erst sekundär und auf eigene Gefahr herzustellen. Hierzu ist es zumindest *ein* möglicher Weg, von der lebensgeschichtlichen Situation auszugehen – und dann drängt sich natürlich ihr Verhältnis zu Hegels Staatslehre auf. Schleiermacher und Hegel haben ja über Jahrzehnte hinweg zur gleichen Zeit und zum Teil auch noch am gleichen Ort, mit Schwerpunkt im Berlin der 1820er Jahre, ihre Vorlesungen über den Staat gehalten, und es werden nicht wenige Studenten gewesen sein, die sowohl den einen als auch den anderen gehört haben.

2

Dennoch drängt sich die Frage auf, ob diese *lebens*geschichtliche Kontextualisierung eine brauchbare Basis für eine *philosophie*geschichtliche Kontextualisierung bietet – oder ob sie nur zu einer fruchtlosen Kontrastierung führt: der Staat Schleiermachers auf der einen Seite – der Staat Hegels auf der anderen. Wirft man einen Blick in die Literatur, so scheinen dies zwei ganz verschiedene, sich zumindest fremd und verständnislos, wenn nicht gar feindlich gegenüberstehende Staatsverständnisse zu sein. Dies aber hat vor allem den einen Grund: Eine Philosophiegeschichtsschreibung, die im Interesse einer plastischen, einprägsamen Darstellung zur übertriebenen Kontrastbildung neigt, gefällt sich darin, zwischen diesen beiden Konzeptionen (ähnlich wie in anderen Fällen, etwa im Verhältnis zwischen Thomas Hobbes und John Locke) einen schwer überbrückbaren Graben auszuheben. Allerdings mag man hier die Vermutung haben, dass die Diskrepanz doch ein ‚fundamentum in re' habe. Noch vor kurzem ist ja im Resümee eines Vergleichs beider Konzeptionen betont worden: „Schleiermachers und Hegels Staatsdenken läßt sich nicht aufeinander abbilden. Dem stehen die Verschiedenartigkeit der Theorieanlagen überhaupt und der inneren Systematik der staatsphilosophischen Grundbegriffe entgegen."[3] Dies allerdings ist eine völlig zutreffende Diagnose. Und dennoch ist ihr die Bemerkung anzufügen, dass es erstaunlich ist, wie groß angesichts der in der Tat grundverschiedenen Theorieanlagen und Begriffssystematiken beider Konzeptionen dennoch ihre Übereinstimmung in dem Bild des Staates ist, das sie entwerfen.

---

3 Jörg Dierken, „Staat bei Schleiermacher und Hegel: Staatsphilosophische Antipoden?", in: *Christentum – Staat – Kultur*. Akten des Kongresses der Internationalen Schleiermacher-Gesellschaft in Berlin, März 2006, Berlin/New York: de Gruyter 2008, 395–410, hier 409.

Hierfür gibt es einen zwar naheliegenden und recht unspektakulären, aber doch keineswegs ‚zureichenden Grund': Schleiermacher und Hegel haben die gleiche Form der Staatlichkeit vor Augen: nämlich den Staat, der sich im Gegenzug gegen die Französische Revolution und nach den Napoleonischen Kriegen herausgebildet hat; und beide haben sie ein im Grundzug affirmatives, wenn auch kein konfliktfreies Verhältnis zu dem Staat, in dem sie leben. Darüber hinaus gibt es aber auch noch konzeptuelle Analogien und zwar vor allem diese: Obwohl sie beide auch politische Akteure sind, entwerfen sie doch beide – trotz der aufwühlenden Zeitereignisse – ihre staatsphilosophischen Konzeptionen mit dem Anspruch, eine von den Tagesereignissen losgelöste, durch sie unbeeinflusste Position vorzutragen. Schleiermacher betont programmatisch, er wolle in seinen Vorlesungen „aussondern, was blos der Zeit und der Form, und herausheben, was dem Wesen des Staats angehört."[4] Ganz ähnlich orientiert Hegel seine Rechts- und Staatsphilosophie ausdrücklich an dem „Ewigen", das zwar stets gegenwärtig sei, aber unter der bunten Rinde der tagespolitischen Ereignisse erst zu suchen und dort auch zu finden sei. Doch trotz oder auch gerade wegen dieser Ausrichtung auf das ‚Prinzipielle' teilen wiederum beide die Erwartung, dass ihre Vorlesungen auch praktische Folgen nach sich ziehen werden – dass sie nicht allein ein Stück theoretischer Wissenschaft vom Praktischen seien, sondern dass sie gerade, indem sie dies sind, zugleich ein unverzichtbares, aber eben kein kurzatmiges Orientierungswissen bieten und dadurch in der Folge praktisch werden.

Vorhin habe ich bereits angedeutet, dass beide Konzeptionen – ungeachtet der ganz zurecht betonten „Verschiedenartigkeit der Theorieanlagen überhaupt und der inneren Systematik der staatsphilosophischen Grundbegriffe" – in mehreren Punkten eine überraschende Nähe aufweisen. Darunter sind auch einige nicht insbesondere ihren Ansätzen eigene, sondern zeittypische Charakteristika: dass sie etwa beide für die konstitutionelle Erbmonarchie optieren oder dass sie beide deutliche Reserven gegenüber einer allzu bedenkenlosen Rede von ‚Gewaltenteilung' erkennen lassen – sei es nun auf Grund historischer Erfahrungen oder begrifflicher Erwägungen. Eine spezifischere und wichtige Gemeinsamkeit möchte ich noch kurz streifen, bevor ich zu meinem eigentlichen Gegenstand übergehe: Problemgeschichtlich gesehen stehen Schleiermacher und Hegel – wiederum beide übereinstimmend – in auffälliger Distanz zu der vertragsrechtlichen Konstruktion des Staates, die die staatsphilosophische Diskussion von der frühen Neuzeit bis zur späten Aufklärung geprägt hat – wie auch immer man sich den Vertrag oder die Verträge im Einzelnen gedacht hat, ob als

---

4 Schleiermacher, KGA II/8, 210.

Gesellschaftsvertrag oder als Unterwerfungsvertrag oder als eine Sequenz unterschiedlicher Verträge. Wie Hegel, aber noch nachdrücklicher, wendet Schleiermacher sich immer wieder gegen die Annahme, der Staat beruhe auf einem Vertrage. Der Staat erscheint ihm „nicht als die Absicht eines Einzelnen" – aber er erscheint ihm ebensowenig als die ‚Absicht vieler Einzelner' – und deshalb auch nicht als das Ergebnis eines Vertragsschlusses solcher vieler Einzelnen. Um mich einer für die damalige Zeit typischen Kontrastierung zu bedienen: Für Schleiermacher wie für Hegel ist der Staat nichts ‚Gemachtes' – und sei es durch Verträge ‚Gemachtes' –, sondern etwas ‚Gewordenes', auch wenn der Staat hierdurch – wiederum für beide – fraglos nicht ein bloß zufälliges Resultat geschichtlicher Umstände ist. Für Hegel ist der Staat eine Gestalt des „objektiven Geistes", eine der gleichsam aus der ‚Natur des Geistes' hervorgehenden Objektivationen, also ein ‚Produkt des Geistes'; für Schleiermacher hingegen ist er ein „Naturproduct": das Produkt eines nicht durch zweckorientierte Willenstätigkeit gesteuerten, uns unverfügbaren Naturbildungsprozesses. Soweit meine flüchtige Vorbemerkung zur Stellung beider zur Vertragstheorie – als zu einem der Themen, in denen Schleiermachers und Hegels Sichtweise sich eng berühren, auch wenn ihnen dies vermutlich verborgen geblieben ist.

3

Aus der langen Reihe möglicher weiterer Einzelthemen die systematische Nähe und Differenz Schleiermachers und Hegels betreffend, möchte ich hier nur eines herausgreifen, und bei dieser Wahl lasse ich mich von einem Satz leiten, dessen Gehalt jedem Hegel-Kenner vertraut ist: „Das Verhältniß des Staats zur Wissenschaft und Religion ist eins der wichtigsten Gebiete."[5] Wegen der Wichtigkeit dieses Verhältnisses hat Hegel sich ja mehrfach und intensiv mit diesem Gebiet befasst. Der zitierte Satz stammt allerdings gar nicht von Hegel, sondern aus einer Nachschrift der Vorlesungen Schleiermachers. Beide sehen die Wichtigkeit dieses Gebiets ganz übereinstimmend, und wenn sie auch im Einzelnen mehrfach differieren, so treffen sie doch noch in einem weiteren Punkt zusammen, den ich vorweg nennen möchte: Bei beiden gewinnt das Thema mit dem Fortschreiten der Zeit an Gewicht – sei es, weil seine systematischen Implikationen erst allmählich sichtbar werden, sei es, weil die zeitgeschichtliche Entwicklung in der Restaurationszeit dieses Thema aus den Nischen, in denen es etwa bei Kant und Fichte schlummert, herausgeholt und mit Nachdruck auf die politische Agenda sowohl

---

5 Schleiermacher, KGA II/8, 899.

einiger deutscher Staaten als auch der benachbarten Länder – Frankreich, England – gesetzt hat.

Nun wäre es fraglos verfehlt, das Gewicht dieser beiden Übereinstimmungen – in der Auszeichnung des Themas und in der Verstärkung seiner Bedeutung gegen das Ende des Lebens beider – zu überschätzen. Man könnte dies ja sogar als ‚formal' einstufen, und es ist zu sehen, ob sich die unerwartete Harmonie der beiden ‚Antipoden' auch dann noch fortsetzt, wenn es um inhaltliche Bestimmungen zu tun ist. Wenn man zu ihnen übergeht, stößt man auch sofort auf eine fundamentale Differenz beider, die Konsequenzen für die Beurteilung des Verhältnisses von Staat und Religion mit sich bringt: auf die Differenz zwischen Hegels Begriff des Staates als des umfassenden Allgemeinen und Schleiermachers allseits bekannter früher ‚Grundlegung' der Staatslehre, ihrer Ableitung aus der philosophischen Sittenlehre, die ihre einprägsame Schematisierung in der Zeichnung eines ‚Quadrupels' von Staat, freier Geselligkeit, Wissenschaft und Kirche gefunden hat. Dies ist eine nicht allein widerspruchsfrei denkbare, sondern auch eine durchaus sympathische Lösung; mit ihr meint Schleiermacher die Grundlage für eine konfliktfreie Zuordnung der einschlägigen, für sich bestehenden Problembereiche freigelegt zu haben.

Nun ist es begrifflich fraglos berechtigt, die dieser Zuordnung zugrunde liegende Unterscheidung zwischen einer „organisierenden" und einer „symbolisierenden" „Handlungsweise der Vernunft" zu treffen. Doch zum einen: Die Vernunft ist kein in sich so Gespaltenes, dass sich in ihr real getrennte Handlungsweisen unterscheiden ließen. Sie organisiert *und* symbolisiert (um bei Schleiermachers Begrifflichkeit zu bleiben), aber sie symbolisiert in ihrem Organisieren und organisiert in ihrem Symbolisieren – anders ließe sich etwa das Faktum „Kirche" gar nicht verstehen. Und zum anderen: Schleiermachers Unterscheidung der freien Geselligkeit als des Individuellen und des Staates als des Allgemeinen scheint mir logisch falsch angesetzt zu sein. Denn das Individuelle steht nicht *neben* dem Allgemeinen, durch „Grenzen" von ihm abgetrennt und gegen es gesichert, sondern das Allgemeine umfasst das Individuelle – sonst wäre es ja gar kein Allgemeines. (Und ob schließlich die Unterscheidung der Regionen des Wissens einerseits, der Kunst und der Religion andererseits durch die Unterscheidung von ‚Gemeinschaft' und ‚Individualität' plausibel schematisiert sei, möchte ich hier dahingestellt sein lassen.) Problematisch erscheint also insbesondere der Übergang von der plausiblen Beschreibung unterschiedlicher Tätigkeiten – organisierender und symbolisierender Tätigkeiten – zu vier Gebieten, die jeweils an einander ihre Grenzen finden sollen. Noch die spätesten Vorlesungen beziehen sich, wie selbstverständlich, immer wieder auf dieses Schema zurück und sprechen davon, dass der Staat an den Regionen „des Wissens, der Religion und der freien geselligen Berührungen, die sich auf den Menschen als Intelligenz beziehen", seine „3 Grenzen" finde.

Diese stereotyp wiederkehrende Rede von den „Grenzen" suggeriert die Möglichkeit einer Abschottung autonomer Gebiete. Doch auch wenn man eine derartige Grenzziehung sympathisch finden und gar als ein Indiz freiheitlichen Denkens werten mag: Sie ist unhistorisch und deshalb illusorisch. Nur ein paar Bemerkungen zur Rechtfertigung meiner wenig verbindlichen Absage an dieses Modell. Zunächst die lapidare Feststellung: Der „Naturbildungsprozeß" ist nun einmal anders verlaufen. Er hat zwar diese vier Gestalten hervorgebracht, doch hat er sie in ein anderes Verhältnis zu einander gesetzt – nämlich nicht so, dass sie ihre „Grenzen" gegenüber den jeweils drei anderen haben, sondern dass die eine Form – der Staat – als das Allgemeine die drei anderen in sich umgreift und übergreift. Diese Einsicht mag vielleicht unwillkommen sein, doch bedarf es, um sie zu gewinnen, weder einer intensiven Hegel-Lektüre noch ebenso langwieriger empirischer Untersuchungen, sondern gleichsam nur des Blicks aus dem Fenster oder auch in die Zeitung.

Doch was folgt aus dieser Ablehnung der von Schleiermacher gezogenen Grenzen? Sicherlich nicht die Aufhebung aller Grenzen. Sie bleiben erhalten, aber sie müssen – und hierin folge ich Hegel – als interne Differenzierungen innerhalb des Staates gedacht werden. Die „freie Geselligkeit" findet nicht *neben* dem Staate statt, sondern innerhalb des Staats, und zwar in Räumen, die er ihr reserviert und garantiert. Und es gäbe sie gar nicht, wenn er sie nicht garantierte. Gleiches gilt für Wissenschaft, Kunst und Religion: Sie haben ihr Leben nicht *jenseits* der Grenzen des Staates, sondern *innerhalb* des Staates als des umfassenden Allgemeinen, aber sie führen eben *innerhalb* des Staates ihr *eigenes*, von ihm weitgehend unabhängiges Leben. Totalität wird der Staat nicht dadurch, dass er als das Ganze gefasst wird, das diese anderen Bereiche umschließt, sondern allein dann, wenn er ihnen einen solchen, innerhalb seiner doch von ihm unabhängigen Ort verwehrt. Schleiermachers „Quadrupel" erscheint mir hier als zu starr; er erlaubt es nicht, das Verhältnis des Staates zu den drei anderen Bereichen als ein innerstaatliches Verhältnis besonderer Art zu denken – und er erlaubt es auch nicht, die geschichtliche Entwicklung zu verstehen. Dass es sich hier um ein innerstaatliches – und übrigens: um ein bewegtes, kaum je zur Ruhe kommendes – Verhältnis handelt, kann heute noch weniger strittig sein als zu Beginn des 19. Jahrhunderts.

4

Es ist nun aber keineswegs so, dass man seine Zuflucht zu Hegel nehmen müsste, um den Folgen des zu starren, unhistorisch gedachten „Quadrupels" zu entgehen. Hierfür bietet sich auch eine näherliegende Instanz an: Schleiermacher selber. Deshalb empfiehlt es sich, glaube ich, nicht, diese „Grundlegung" überzubewerten. In seinen Vorlesungen relativiert Schleiermacher ja selber ihren Wert durch seine programmatische Aussage: „Wir wollen uns aber dieses Vortheils" – nämlich des Vorteils einer Ableitung der Staatslehre aus der Ethik – „entschlagen, von der Ethik abstrahiren, und den Begriff der Staatslehre allgemein aufsuchen, unabhängig von der Ethik" – und dieser programmatischen Aussage entspricht sein faktisches Vorgehen in den Vorlesungen. Zwar betont Schleiermacher gleichsam ersatzweise, er müsse „zulezt auf den wissenschaftlich ethischen Gesichtspunkt zurückkommen", doch genau dies unterlässt er in all seinen späteren Vorlesungen über die Staatslehre. In ihnen kehrt er nicht zur Ethik zurück, wie er ja auch gar nicht von der Ethik ausgeht, und er beginnt auch nicht „mit einer vollkommenen Definition" oder gar mit der Aufstellung eines „Ideals". Sondern er will – wie er sagt – „[a]uf dem Wege der Induction" voranschreiten und sich die Bestimmungen des Staates „in seinen verschiedenen Gestaltungen vergegenwärtigen" – und dies ist eine durchaus treffende Schilderung seines Vorgehens. Und zur Orientierung auf diesem „Wege der Induction" formuliert er programmatisch: „Um das Verhältniß des Staats zu Religion richtig zu fassen, müssen wir in die Geschichte zurückgehen"[6] – also: „in die Geschichte", und nicht „in die Ethik".

Ein solches Voranschreiten durch Rückgang in die Geschichte aber zeigt – obschon Schleiermacher stets an der Rede von „drei Grenzen" festhält – ein in mehrfacher Hinsicht anderes und zugleich ein angemesseneres Bild. Zunächst zeigt es, dass die vier im Quadrupel gegeneinander abgegrenzten Bereiche weder vom Himmel gefallen noch immer schon, von Natur aus, vorhanden sind. Sie sind auch keine Manifestationen eines gleichsam ewigen Wesensverhältnisses. Wir haben es hier vielmehr mit geschichtlich vermittelten Ausprägungen zu tun, mit Gestalten, die sich im Zuge eines menschheitsgeschichtlichen Ausdifferenzierungsprozesses herausgeformt haben – im Zuge des „Naturbildungsprozesses", wie Schleiermacher ihn nennt, oder im Verlauf der Weltgeschichte, wie Hegel stattdessen sagt. Es ist ja bemerkenswert, dass beide – wenn auch unter den unterschiedlichen Titeln „Natur" bzw. „Geist" – einen Prozess annehmen, den sie weitgehend analog beschreiben, als einen zweckgerichtet erscheinenden, aber

---

6 Schleiermacher, KGA II/8, 911.

nicht durch eine übergreifende menschliche oder sonstige Zwecktätigkeit gesteuerten, sondern sich immanent regelnden Verlauf, der die geschichtlichen Ausdifferenzierungen hervortreibt – die zudem keineswegs allenthalben dieselben zu sein brauchen.

Am Anfang dieses Prozesses aber steht für beide nicht die Trennung von Staat und Religion, sondern ihre Einheit, freilich nicht als eine komplexe, in sich ausdifferenzierte Einheit, sondern als ein unmittelbares Zusammenfallen von politischer und religiöser Tätigkeit.[7] Und dieses Einssein des Religiösen und Politischen ist auch keineswegs auf den Beginn des „Naturbildungsprozesses" beschränkt; in manchen seiner Spielarten belässt er es bei diesem Einssein – was Schleiermacher dann mehrfach als „Theokratie" anspricht. In jedem Fall aber ist die Trennung von Staat und Religion für ihn wie auch für Hegel das Produkt einer natürlichen bzw. vernunftgemäßen Entwicklung, deren genauer Verlauf jedoch durch eine Reihe kultureller und lokaler Faktoren bedingt wird – so dass die Frage nach dem „natürlichen Verhältniß" von bürgerlichem Zustand und religiöser Gemeinschaft gar „nicht allgemein beantwortet werden" kann;[8] gleichwohl scheint ihm, wenn es zur Trennung von religiöser und weltlicher Sphäre kommt, die Religion zunächst dominant, in späteren Phasen aber untergeordnet.[9] Schleiermacher sieht auch – übereinstimmend mit Hegel – sehr klar, dass es auf der Basis der Trennung auch immer wieder zur Verschiebung der vermeintlich statischen „Grenzen" des Viererschemas kommt – etwa dann, wenn der Staat in den religiös-kirchlichen Bereich eingreift und das Erziehungssystem, das früher unter der Leitung der Religion stand, nun der Religion entreißt und „von der religiösen [Seite] geradezu sondert".[10] Und er quittiert diese flagrante Verletzung der im Quadrupel gezogenen Grenzen noch mit der ironischen Bemerkung: Dieser Zugriff des Staates auf das Erziehungswesen werde zwar häufig als „Usurpation" angesehen: „Doch hat der Staat offenbar das Recht hier zur Kirche zu sagen du hast dich nicht in deiner ursprünglichen Einheit erhalten können, daher sind die Verhältnisse nicht mehr dieselben und ich muß daher dein PrioritätsRecht – die Volksbildung betreffend für erloschen ansehen."[11] Dergleichen „Usurpationen" mögen öfter vorgekommen sein und vorkommen – schon in dem unmittelbar nach dem Tod Hegels und Schleiermachers politisch höchst brisant werdenden Problem der Mischehen. Es hat bekanntlich bald darauf den Anlass gegeben, die Grenzen zwischen Staat und Religion nochmals ein weiteres Stück zu Gunsten des

---

7 Schleiermacher, KGA II/8, 568, 531.
8 Schleiermacher, KGA II/8, 912.
9 Schleiermacher, KGA II/8, 323.
10 Schleiermacher, KGA II/8, 323.
11 Schleiermacher, KGA II/8, 711.

Staates zu verschieben – und Schleiermacher hätte dann seinen eben zitierten Satz wiederholen können. Anders im Jahr 1833: Hier sieht Schleiermacher beim Mischehenproblem eine „befriedigende Gesetzgebung" als „nicht möglich" an, und so schlägt er vor, „alles der persönlichen Sicht zu überlassen"[12] – es versteht sich: der persönlichen Entscheidung innerhalb des von den Konfessionen errichteten Rahmens. Einen Schritt über diesen Rahmen hinaus erwägt er nicht – anders als Hegel, der in § 164 der Rechtsphilosophie wenigstens indirekt sein Befremden darüber zu Protokoll gibt, dass zusätzlich zum erklärten Willen des Brautpaars und der „Anerkennung und Bestätigung desselben durch die Familie und Gemeinde" „in dieser Rücksicht die *Kirche* eintritt".[13] Die wenig später politisch in Kraft gesetzte und noch heute gültige Lösung aber haben beide nicht antizipiert.

5

Damit ist ein weiteres, für das Verhältnis von Staat und Religion entscheidendes Problem berührt, das die im Quadrupel gezogenen Grenzen mehrfach unterminiert: die Pluralität der Konfessionen seit der Reformation. Sie ist seitdem der entscheidende Schlüssel, um Zugang zum Verhältnis von Staat und Religion zu gewinnen, da sie dieses Verhältnis selber entscheidend verändert hat – nicht auf Grund theologischer Einsichten und Argumente, sondern auf Grund des puren Faktums der Vielheit: Das Verhältnis von Staat und Religion – und insbesondere von Staat und Kirche – gestaltet sich unausweichlich anders, wenn es nur *eine* Kirche ist, die dem Staat gegenübersteht, als wenn es mehrere Konfessionen sind. Im Werk Hegels gibt es – jeweils durch einen Abstand von mehreren Jahren getrennt – drei Texte, in denen er sich prinzipiell zu diesem Problem äußert und deren jeweils spätere Modifikationen ein kontinuierlich vertieftes Eindringen in die Problemlage einschließlich einer Selbstkorrektur erkennen lassen.[14] Im Werk Schleiermachers gibt es – soweit ich sehe – keine vergleichbar dezidiert ausgesprochene Position und Weiterentwicklung, sondern mehrere Äußerungen, die jeweils unterschiedliche Aspekte dieses Verhältnisses in den Blick nehmen und deshalb auch zu variierenden Resultaten kommen, aber, in eine chronologische

---

12 Schleiermacher, KGA II/8, 919.
13 G. W. F. Hegel, *Grundlinien der Philosophie des Rechts*, in: Ders., *Gesammelte Werke*, Bd. 14,1. hg.v. Klaus Grotsch u. Elisabeth Weisser-Lohmann, Hamburg: Meiner 2009, 147.
14 Siehe hierzu Walter Jaeschke, „Staat und Religion", in: G. W. F. Hegel, *Grundlinien der Philosophie des Rechts*, Klassiker Auslegen, Bd. 9, hg.v. Ludwig Siep, Berlin/Boston: de Gruyter 2017, 247–260.

Folge gebracht, vielleicht doch auch eine fortschreitende Vertiefung des Blicks erkennen lassen.

Aus dem Kolleg 1817/18 sind die Sätze überliefert: „es ist ein Glük für den Staat, wenn eine Einheit in der Kirche ist: Es wird alsdann vielen Mißverhältnissen vorgebeugt werden."[15] Die Einheit der Religion lässt auch das staatliche Terrain übersichtlich erscheinen; sie erleichtert die Verständigung mit dem Staat, während eine Vielheit von Konfessionen auch eine Vielheit von Konfusionen mit sich zu bringen droht. Und vor allem: Allein auf der Grundlage der Einheit der Kirche kann diese ihre gesellschaftliche Integrationskraft voll entfalten – nach innen wie nach außen: *Eine* Religion erleichtert gar die politische Verschmelzung von ganzen Völkern.[16] Aber dies ist, wie schon angedeutet, nicht Schleiermachers einziges und auch nicht sein letztes Wort zum Thema. In seinen Vorlesungen von 1829 fordert er, der Staat müsse sich um seiner „Reinheit" und „Keuschheit" willen lossagen „von jeder Identification mit dem religiösen und mit dem wissenschaftlichen";[17] er warnt nun davor, „daß der Staat sich ganz auf Eine Religionsgemeinschaft und so auch auf Eine NationalErziehung basirt" – und bei dieser Warnung hat er den „Österreichischen Kaiserstaat" vor Augen, was er aber nur im Manuskript festhält, in der Vorlesung jedoch nicht auszusprechen scheint.[18] Die mit einer solchen „Staatsreligion" einhergehende „Versteinerung eines untergeordneten Moments" gehe aus „von einem gänzlichen Mangel an Selbstvertrauen des Staats" – aber vor allem: Eine derartige konfessionelle Engführung „hält man nicht mehr für zulässig", auch wenn man immer noch glaube, sich „allgemein christlich [...] basiren zu müssen".[19]

Es scheint, dass diese Erkenntnis im Jahrzehnt zwischen den Vorlesungen von 1817/18 und 1828/29 in Schleiermacher herangereift sei. Sie würde dann mit der Ansicht Hegels weitgehend in Einklang stehen, der bereits in seiner *Verfassungsschrift* von 1802 die Konfessionsspaltung als notwendige Bedingung für die Entstehung neuzeitlicher Staatlichkeit herausgehoben hat – in eklatantem Gegensatz gegen romantische Einheits- und Wiedervereinigungsphantasien. Und wegen gewisser gegenwärtiger Euphorien sei es nochmals gesagt: Es geht bei dieser Rolle der Konfessionen nicht um irgendwelche reformatorischen Einsichten und Lehrsätze, sondern einzig um das Faktum der Konfessionsspaltung: Der Staat kann sich nun nicht mehr auf *die Religion* oder gar auf *die Kirche* stützen; er ist genötigt, sein Fundament in ihm selber finden, und er findet es auch. Aus

---

15 Schleiermacher, KGA II/8, 426.
16 Schleiermacher, KGA II/8, 215.
17 Schleiermacher, KGA II/8, 629.
18 Schleiermacher, KGA II/8, 107.
19 Schleiermacher, KGA II/8, 107.

dieser Einsicht Hegels wie Schleiermachers in das Faktum wie auch in die Chancen der Konfessionsspaltung folgen nun weitere übereinstimmende Einsichten beider: Ganz in Übereinstimmung mit dem Hegel der Rechtsphilosophie von 1821 gestattet Schleiermacher dem Staat, über seine Grenzen hinweg von seinen Bürgern zu verlangen, dass sie sich zu einer der christlichen Konfessionen halten[20] – und zwar zu irgendeiner, denn ein konfessionell nicht homogener Staat kann sich auf das Inhaltliche der Lehre nicht einlassen; er muss das Bekenntnis freigeben,[21] und zwar weniger im Interesse der Religion als in seinem wohlverstandenen Eigeninteresse: „Jeder Staat der zur Ruhe kommen will muß eine Tendenz haben zur völligen GlaubensFreiheit"[22] – allerdings zu einer auf die christlichen Konfessionen beschränkten Glaubensfreiheit. Es ist dies der – vielleicht schon etwas verzweifelte – Versuch, angesichts der Konfessionsspaltung und der aus ihr erwachsenden Reibungen weiterhin an der politischen Integrationskraft der christlichen Religion festzuhalten.

Hier scheint mir der Punkt der größten Annäherung der Positionen Schleiermachers und Hegels zu sein – einer Annäherung, die sich nicht einer Gemeinsamkeit des philosophischen Ansatzes oder gar einem persönlichen Austausch verdankt, sondern der Analyse der zeitgenössischen Entwicklung. Insofern ist auch einzuräumen, dass bei dem hier gewählten Thema „Staat und Religion" die Übereinstimmungen beider Positionen weit stärker ins Auge fallen als bei anderen Themen. Hier jedenfalls lässt sich die Gemeinsamkeit sogar noch einen Schritt weiterverfolgen. Schleiermacher betont auffallend häufig, die Freigabe der religiösen Lehre sei kein Freibrief: Denn es gebe nicht nur *a*politische Gruppierungen wie die Quäker und Mennoniten, die vom Staat zu dulden seien (nochmals: nicht anders als für Hegel), sondern es gebe „antipolitische" Gruppierungen und Zustände, die den Staat sprengen könnten, und so könne der Staat „die religiöse Freiheit nur zusichern mit Vorbehalt einer gewissen Aufsicht darüber"[23] – kurz: die Lehre freigeben, die Handlungen kontrollieren. Hinsichtlich der Identifizierung dieser „antipolitischen" religiösen Richtungen hält Schleiermacher sich jedoch recht bedeckt. Lediglich aus dem Umstand, dass in solchen Kontexten die Rede davon ist, dass die Leitung des religiösen Lebens solcher Gruppierungen „außerhalb des StaatsGebietes liegt, so daß dieses als an das fremde Land geknüpft angesehn werden muß", darf man vermuten, dass er römisch-katholische Gruppierungen im Blick habe. Er sagt zwar zugleich, dass derartige Befürchtun-

---

20 Schleiermacher, KGA II/8, 911 f.
21 Schleiermacher, KGA II/8, 618.
22 Schleiermacher, KGA II/8, 104.
23 Schleiermacher, KGA II/8, 618, 711.

gen in England nun nicht mehr gegeben seien,[24] doch mag er diese Bedrohung unter den Bedingungen der Restauration in Frankreich und Deutschland anders eingeschätzt haben – wie übrigens auch Hegel. Dieser bringt zur gleichen Zeit den fraglichen Punkt in eine etwas grundsätzlichere und kantigere Form als Schleiermacher in seinen häufigen, aber jeweils nur versteckten Warnungen: Die Religion sei das den Staat im Innersten integrierende Moment – aber das, was den Staat im Innersten integriere, könne ihn auch im Innersten zerreißen. Die Integration des Staates sei deshalb nur von einer Religion – oder Konfession – zu leisten, die den Staat als eine eigenständige Form der Sittlichkeit, als eine sittliche Gestalt eigenen Rechts, unabhängig von der Religion, respektiere – und als eine solche Konfession sieht Hegel – damals! – nur den Protestantismus. Als Komplement des Staates eigne sich der Protestantismus also gerade deshalb, weil er nicht „Staatsreligion" sein wolle, sondern den Staat als eigenständige, nicht religiös-fundierte Form der Sittlichkeit anerkenne. Hegel bestimmt somit die Rolle dieses ‚politischen Protestantismus' nur negativ, als Prinzip der Nichteinmischung der Religion in die immanente Sittlichkeit des Staates. Und während Schleiermacher die Religion mehrfach in den Dienst des Staatszwecks stellen will – zur Unterstützung des Gemeingeistes gegen das Privatinteresse[25] –, überantwortet Hegel die Funktion, die in der früheren Konzeption der Religion zugewiesen war, nun einer nicht-religiös fundierten *Gesinnung*, und damit entfernt er die Religion ganz aus der Grundlegung einer politischen Ordnung – ein Schritt, der für den Theologen Schleiermacher fraglos nicht vorstellbar, geschweige denn nachvollziehbar gewesen ist. Fundament des Staates ist also in dieser letzten Konzeption Hegels das Zusammenwirken der Staatsverfassung mit einer nicht-religiös fundierten *Gesinnung*.

---

24 Schleiermacher, KGA II/8, 619.
25 Schleiermacher, KGA II/8, 911 f.

Andreas Arndt
Der Begriff des Rechts in Schleiermachers Ethik-Vorlesungen

1

Schleiermacher und das Recht – dieses Thema bezeichnet nicht nur ein Desiderat der Forschung, sondern auch bei Schleiermacher selbst. Es gibt meines Wissens bisher nur einen einzigen ernsthaften Versuch, Schleiermachers Rechtstheorie zu rekonstruieren, nämlich das Kapitel „Rechtstheorie" in Miriam Roses 2011 erschienener Habilitationsschrift zu *Schleiermachers Staatslehre*.[1] Dieser Versuch ist m. E. im Einzelnen vielfach gelungen, was die Rekonstruktion angeht, aber insgesamt misslungen, was die Bewertung angeht, welche die Widersprüche bei Schleiermacher in apologetischer Absicht zu überspielen versucht. Schleiermacher, so lesen wir, habe in seiner „Theoriearchitektur" dem Recht eine „fundamentale Funktion" gegeben, denn Staat und Recht bedingten sich in ihrer Genese wechselseitig; zugleich aber sei festzustellen, dass „Probleme der Rechtstheorie" bei Schleiermacher „kaum eine Rolle" spielten.[2] Zur Erklärung dieses Widerspruchs verweist Rose erstens darauf, dass Schleiermacher wohl nur geringe Kenntnisse der Rechtsgeschichte und Rechtsphilosophie hatte.[3] Dem ist zuzustimmen. Der zweite Grund, den Rose nennt, ist dagegen historisch nicht nachvollziehbar. Sie behauptet, gerade die reformorientierten Kräfte hätten nur über die Verwaltungsreform und nicht über Verfassung und Recht debattiert. Es gehört schon einige Blindheit dazu, die Preußische (und gesamtdeutsche) Verfassungsdiskussion im Gefolge der antinapoleonischen Kriege, die nicht nur im Kreis der politisch aktiven Reformer stattfand, so zu marginalisieren; eine Diskussion, in der übrigens Schleiermachers Freund Ernst Moritz Arndt nachdrücklich die Einlösung des Verfassungsversprechens forderte.[4] Auch der dritte Erklärungsversuch

---
1 Miriam Rose, *Schleiermachers Staatslehre*, Tübingen 2011, 212–235.
2 Ebd., 212.
3 Ebd., 234; auch das Folgende.
4 Vgl. u. a. Stefan Nienhaus, „Vaterland und engeres Vaterland. Deutscher und preußischer Nationalismus in der Tischgesellschaft", in: *Die Erfahrung anderer Länder. Beiträge eines Wiepersdorfer Kolloquiums zu Achim und Bettina von Arnim*, hg.v. Heinz Härtl und Hartwig Schultz, Berlin und New York 1994, 127–151; generell vgl. Gerhard Ritter, *Stein. Eine politische Biographie*, 2 Bde., Stuttgart 1958; Jürgen Luh, *Der kurze Traum der Freiheit. Preußen nach Napoleon*, München 2015. – Roses Erklärung, gerade der Bruch des Verfassungsversprechens habe die Diskussion auf

Roses steht, vorsichtig gesagt, auf schwachen Füßen: „Da er [Schleiermacher, A.A.] weder den preußischen Staat auf den Begriff bringen noch die allgemeingültige Ordnung eines idealen Staates entwerfen will, sind eingehende Reflexionen auf Grundprobleme der Rechtsphilosophie für seine Staatslehre weder nötig noch angemessen"; vielmehr wolle Schleiermacher das Recht „möglichst allgemein und voraussetzungsarm" so beschreiben, „dass damit die Rechtsordnungen aller nur möglichen Staaten sich verstehen lassen", weshalb „das Wesen des Rechts als solches" ihn nichts angehe.[5] Wie man einen allgemeinen Rechtsbegriff ohne Wesensbestimmung des Rechts entwerfen können soll, bleibt Roses Geheimnis.

Tatsächlich sind Schleiermacher Verfassung und Recht im Blick auf die Bestimmung des Staates herzlich gleichgültig. Für die Verfassung ist dies evident: sie gilt als ein entbehrliches Stück Papier. So heißt es in der Vorlesung 1833 zur Staatslehre: „Die Entwicklung des Staats ist sein Zustand; und dieser ist eigentlich die Constitution; gewöhnlich aber versteht man darunter ein Papier, (worauf ich gar wenig Werth lege)."[6] Schon in dem „Brouillon" zur Ethik 1805/06 hatte Schleiermacher diese Auffassung vertreten:

> Die Constitution macht nicht den Staat; weit weniger ihre äußere Form, ob monarchisch u.s.w. [...] Wenn die Constitution den Staat machte, so wäre England ein bloß negativer Staat. Der Staat ist aber weit älter als die Constitution; er lebt in dem Associations-Corporationswesen, den improving Societies, der ostindischen Compagnie, Bank u.s.w. und in der Gesezgebung.[7]

Was auf den ersten Blick bizarr wirkt, die Gleichsetzung des Staates mit ökonomischen Institutionen, die funktional in einer Reihe mit der Gesetzgebung stehen, entspricht, wie wir gleich sehen werden, Schleiermachers Staatsverständnis: seine Aufgabe besteht im Wesentlichen darin, den Naturbildungsprozess zu organisieren, liegt also im Bereich der Ökonomie. Dass Staat und Recht für Schleiermacher genetisch zusammenhängen, trifft zwar zu, jedoch macht er immer klar, dass der Staat nicht in erster Linie für das Recht und die Erhaltung eines

---

Verwaltungsfragen verlagert (Rose, *Staatslehre* 2011 [Anm. 1], 213), überzeugt nicht, denn das besagt nur, dass die Grundsatzdebatte nicht in politische Praxis überführt werden konnte.

5 Rose, *Schleiermachers Staatslehre* 2011 (Anm. 1), 234 f.

6 Friedrich Schleiermacher, *Vorlesungen über die Lehre vom Staat*, KGA II/8, hg.v. Walter Jaeschke, Berlin/New York 1998, 855 (Kolleg 1833. Nachschrift Waitz); vgl. das dazu gehörige Manuskript Schleiermachers ebd., 191.

7 Friedrich Schleiermacher, *Entwürfe zu einem System der Sittenlehre*, hg.v. Otto Braun, Leipzig 1913 (*Werke. Auswahl in vier Bänden*, Bd. 2), 145.

rechtlichen Zustandes da sei;[8] in diesem Sinne heißt es in dem Manuskript zur Ethik 1812/13, man dürfe den Staat nicht „in eine bloße Rechtsanstalt verwandeln"[9]. Theoriearchitektonisch ist das Recht für die Staatstheorie daher weniger zentral, als Rose meint: nicht das Recht konstituiert den Staat, sondern das (private) Eigentum: „Wer im Bilden eines Eigenthums begriffen ist, der ist auch im Stiften eines Staates begriffen."[10] Das Recht ist Effekt des Eigentums und Zweck des Staates nur insofern, als das Privateigentum nach Schleiermacher für die Erfüllung des Staatszwecks – die Bildung der Natur – unerlässlich ist: „Durch den Staat entsteht zuerst die lezte vollständige Form für Vertrag und Eigenthum in allgemein gültiger Bestimmung der Kriterien ihres Dasein [sic!] und ihrer Verlezung".[11] Recht kommt daher im Wesentlichen auch nur als Eigentums- und Vertragsrecht zur Sprache (von einigen Andeutungen zum Strafrecht abgesehen). Dies lässt sich kaum als allgemeine Beschreibung des Rechts ausgeben. Ein Rechtsstaatsgedanke ist Schleiermacher, wie schon seine Einlassungen zur Verfassung zeigen, fremd. Dass das Recht in Schleiermachers Staatsdenken kaum eine Rolle spielt, hat deshalb durchaus Methode. Dass die Forschung das *Problem* des Rechts bei Schleiermacher nicht gesehen hat, spiegelt daher zwar das fehlende Problembewusstsein Schleiermachers wider, aber ebenso auch das mangelnde Problembewusstsein vieler Interpreten, die ihn – ohne das Defizit auch nur anzusprechen – zum „Ahnherren der freiheitlichen Demokratie" ausrufen.[12]

Mit der Transkription der Nachschriften zu Schleiermachers Vorlesungen über die philosophische Ethik im Rahmen des laufenden Akademienvorhabens an der Berlin-Brandenburgischen Akademie der Wissenschaften stehen jetzt – zusätzlich zu den eigenhändigen Manuskripten zur Ethik, die größtenteils in einer zuverlässigen Gestalt ediert sind, und zu der Kritischen Ausgabe der *Vorlesungen*

---

8 Vgl. KGA II/8, 210 (Kolleg 1817, Nachschrift Varnhagen); er grenzt sich dort explizit von der Auffassung ab, der Staat sei „Sicherungs-Anstalt gegen Unrecht von aussen und von innen; also die Hervorbringung und Erhaltung des blos rechtlichen Zustandes".
9 Schleiermacher, *Sittenlehre* 1913 (Anm. 7), 338, § 101.
10 Ebd., 143 (Brouillon 1805/06).
11 Ebd., 338 (Ethik 1812/13, § 102).
12 Matthias Wolfes, „Sichtweisen. Schleiermachers politische Theorie zwischen dem autoritären Nationalstaatsethos der Befreiungskriegszeit und dem deliberativen Konzept einer bürgerlichen Öffentlichkeit", in: *Christentum – Staat – Kultur*, hg.v. Andreas Arndt, Ulrich Barth u. Wilhelm Gräb, Berlin und New York 2008, 375–393, hier 393. Vgl. auch Matthias Wolfes, „Konstruktion der Freiheit. Die Idee einer bürgerschaftlichen politischen Kultur im staatstheoretischen Denken Friedrich Schleiermachers", in: *Krise, Reformen – und Kultur*, hg.v. Bärbel Holtz, Berlin 2010, 227–248. In Wolfes' großer Monographie (*Öffentlichkeit und Bürgergesellschaft. Friedrich Schleiermachers politische Wirksamkeit*, 2 Bde., Berlin und New York 2004) wird die Rechtsthematik nicht angesprochen.

über die Lehre vom Staat[13] – neue Quellen zur Verfügung, die eine weitergehende Rekonstruktion des Schleiermacherschen Rechtsdenkens erlauben. Ich werde im Folgenden zunächst einen Überblick über Schleiermachers Begriff des Rechts geben, soweit er in seinen Manuskripten zur Ethik und in seiner Staatslehre greifbar wird, und dann darauf eingehen, in welcher Hinsicht die Vorlesungsnachschriften zur Ethik Präzisierungen und Ergänzungen hierzu bieten.

2

Da Schleiermacher die Lehre vom Staat als technische Disziplin behandelt hat, bildet die philosophische Ethik ihre eigentliche Grundlage.[14] In ihr werden Begriff und Aufgabe des Staates systematisch begründet und damit auch dem Recht sein Ort zugewiesen, soweit es bei Schleiermacher einen Ort findet. Die Ethik bestimmt den Staat als eine der Gemeinschaftssphären des „identischen Organisierens", womit er als Institution *neben* Familie, Akademie und Kirche tritt. Ausdrücklich wendet sich Schleiermacher bereits 1805/06 gegen eine Ansicht, welche „den Staat als die höchste Idee anpreist", während dieser nichts Anderes sei „als die zur höchsten Potenz erhobene Kultur".[15] Als Nationalstaat repräsentiert er dabei gemäß dem Volkscharakter immer „eine individuelle Idee der Kultur".[16] Mit „Kultur" ist hier die bildende Tätigkeit der Vernunft, d.h. die Entwicklung des gesellschaftlichen Naturverhältnisses bezeichnet. Träger dieses Prozesses sind die einzelnen Privateigentümer, die gleichwohl zum Staat generell im Verhältnis der Untertanen zur Obrigkeit stehen. Den Gedanken der Volkssouveränität kennt Schleiermacher nicht. Mit dieser Auffassung wird der Staat, unabhängig von seiner Form, zum notwendigen Produkt und Inbegriff eines bestimmten und jeweils individuell (auf der Ebene der Nation) definierten Kulturniveaus erklärt. Es wird vorausgesetzt, dass in ihm, ungeachtet der politischen Teilhabe der Bürger ihre Rechte als Privateigentümer gewahrt sind.

Dieses Schema wird in der Lehre vom Staat näher ausgeführt. Schleiermacher gliedert sie in Staatsverfassung, Staatsverwaltung und Staatsverteidigung, wobei das Voranstellen der Verfassung nicht ein Primat der Konstitution bedeutet; vielmehr zeigt Schleiermacher hier den quasi naturwüchsigen Prozess der

---

13 Schleiermacher, *Sittenlehre* 1913 (Anm. 7) und KGA II/8. Einige wenige Manuskripte sind bei Braun nicht ediert, einige zudem falsch datiert. Vgl. Hans-Joachim Birkner, *Schleiermacher-Studien*, hg.v. Hermann Fischer, Berlin/New York 1996, 215–222.
14 Vgl. z. B. KGA II/8, 208 (Kolleg 1817 Varnhagen).
15 Schleiermacher, *Sittenlehre* 1913 (Anm. 7), 110.
16 Ebd., 140.

Staatsentstehung anhand der Verfestigung und Verrechtlichung der Sitte im Kulturbildungsprozess. Für Schleiermacher ist der Staat „Vereinigung der Kräfte zur Naturbildung für die Vernunft", wobei er „Bestimmungsgrund" und „Gränzen in dem Angeborenen der Menschen" hat, d.h. in der durch Klima und Boden sowie körperliche und geistige Konstitution hervorgebrachten „Volksthümlichkeit" als „Eigenthümlichkeit einer Masse".[17] Diese naturbestimmte Eigentümlichkeit pflanzt sich durch Erziehung und Sprache in einer sittlichen Gemeinschaft fort, die den Volkscharakter bildet. Der Staat und mit ihm das Recht entsteht dann, wenn der allgemeine Wille, der im vorstaatlichen bzw. vorbürgerlichen Zustand unbewusst war, in einen bewussten Zustand übergegangen ist.

Hier findet nun das Recht seinen Ort: Gesetz ist „der zum Bewußtseyn gekommene Wille oder die Vereinigung der Kräfte als bewußter Wille"[18]. Es handelt sich hierbei nicht um die freie Selbstbestimmung der Einzelnen, vielmehr ist der bewusste Wille gerade der Allgemeinwille, der in Gegensatz zum individuellen Willen geraten kann. Staats- und rechtstheoretisch denkt Schleiermacher das Individuum von einer vorausgesetzten, natürlich bestimmten Volksgemeinschaft her. Das Gesetz hat daher auch nicht etwa die Aufgabe, den Individuen Freiräume zu sichern, sondern den gemeinschaftlichen Naturbildungsprozess – d.h. in erster Linie: den ökonomischen Prozess – zu sichern: „so haben die Gesezze keinen andern Zwek, als die Thätigkeit zu entwikkeln."[19]

Die bewusste Willensbestimmung bezieht sich demnach ausschließlich auf den gemeinschaftlichen, staatlich organisierten Naturbildungsprozess und die Funktion des Rechts besteht, wie Rose treffend bemerkt, nicht darin, dass der Einzelne vom Recht geschützt wird, „sondern die Gemeinschaft in ihrer konkreten Bestimmtheit".[20] Die Gesetzgebung ist demnach, Schleiermacher zufolge, „die Aufstellung gewisser Normen [...], wie die allgemeine Thätigkeit gehandhabt wird"[21]. Als Beispiel führt er an, dass eine „Commune", die gewohnheitsmäßig die Weinlese zu einem bestimmten Zeitpunkt betreibt, diesen dann gesetzförmig fixiert.[22] Die Grundlage des Gesetzes ist demnach die Sitte, denn Sitte ist nichts anderes als „die einer Masse angehörige Art und Weise, gewisse Thätigkeiten zu verrichten"[23]. Rose ist daher zuzustimmen, wenn sie pointiert sagt: „Das Gesetz ist

---

17 KGA II/8, 213 (Nachschrift Kolleg 1817).
18 Ebd., 217.
19 Ebd., 391.
20 Rose, *Staatslehre* 2011 (Anm. 1), 225 f.
21 KGA II/8, 241 (Nachschrift Kolleg 1817).
22 Ebd., 773 (Nachschrift Kolleg 1833).
23 Ebd., 511 (Nachschrift Kolleg 1829).

die durch die Regierung ausgesprochene und sanktionierte Sitte."²⁴ Gemäß dieser Logik, die Recht als Ausdruck der Gemeinschaft fasst, steht das Volk „am Anfang der gesetzgebenden, am Ende der vollziehenden, die Regierung aber am Ende der gesetzgebenden und am Anfang der vollziehenden Gewalt"; hierbei gründe die Gesetzgebung „in dem Verstande und dem Gemüthe des Volkes" und „erreicht endlich ihren Endpunkt in dem gehorchenden Willen des Volkes".²⁵

Nicht von Demokratie ist hier die Rede, sondern – in Schleiermachers Terminologie – von einer Wechselwirkung von Obrigkeit und Untertanen, bei der die Obrigkeit und ihre Gesetze dadurch legitimiert werden, dass sie von den Untertanen schließlich durch Gehorsam als bewusster Ausdruck des allgemeinen Willens oder der Sitte anerkannt werden. Letztlich beruht diese Einheit (und damit der Staat überhaupt) auf der Übereinstimmung der allgemeinen Gesinnung, des Gemeingeistes, mit den Gesetzen. Das Recht hat daher eine der Gemeinschaft dienende Funktion und richtet sich an dem letztlich volkhaft begründeten allgemeinen Willen auf. Wer aus dieser Willensgemeinschaft ausschert, schließt sich nach Schleiermachers Logik selbst aus der Rechtsgemeinschaft aus. Eine Konsequenz dieser Auffassung besteht dann z. B. darin, dass Schleiermacher die rechtliche Gleichstellung der Juden von einer Anpassung ihrer Glaubensinhalte an die herrschende Sitte abhängig macht, wobei er an die Aufgabe des Zeremonialgesetzes und des Messiasglaubens denkt.²⁶

3

In den Nachschriften zur Hallenser Ethik-Vorlesung 1805/06 – zur ersten Vorlesung 1804 sind keine überliefert und auch kein einschlägiges eigenhändiges Manuskript Schleiermachers – kommt das Recht vor allem im Zusammenhang mit der Pflichtenlehre als Rechtspflicht zur Sprache. Zuvor allerdings wird der Zusammenhang von Staat und Recht im Zusammenhang mit der Frage, ob das Eigentum als ursprünglich gelten könne oder erst durch das Recht konstituiert werde, angedeutet. Diese Frage, die Schleiermacher durchgehend als unsinnig zurückweist, zielt auf das Naturrecht und vor allem die Auffassung einer vertragsförmigen Vergesellschaftung, die ein ursprüngliches Eigentum und die Ver-

---

24 Rose, *Staatslehre* 2011 (Anm. 1), 221.
25 KGA II/8, 247 (Nachschrift Kolleg 1817).
26 Vgl. hierzu Matthias Blum, *„Ich wäre ein Judenfeind?". Zum Antijudaismus in Friedrich Schleiermachers Theologie und Pädagogik*, Köln u. a. 2010.

tragsfähigkeit der Individuen voraussetzt.[27] In der Nachschrift von Adolph Müller heißt es hierzu: „Schwierigkeit: ob Eigenthum ursprünglich Sanction der Natur oder aus der Gemeinschaft entspringt? Diese entspringt aus widernatürlichen Ansichten des Naturrechts, welches stehend auf dem Standpunkt der Persönlichkeit nur das Ideal des Eigenthums [...] ponirt und die Gemeinschaft negirt."[28] Für Schleiermacher resultiert die Aporie vertragsförmiger Vergesellschaftung aus einer unsittlichen Betrachtungsweise, nämlich der Isolierung der Individuen gegen die Gemeinschaft. In dieser Hinsicht ist er von Aristoteles' Auffassung des Menschen als *zoón politikón* geprägt.[29] Sittlich sind nur diejenigen Zustände bzw. Handlungen, in denen Gemeinschaftlichkeit und Eigentümlichkeit letztlich unmittelbar konvergieren; in den Worten der Nachschrift Müller: „Wodurch Gemeinschaft gestiftet wird ist: Rechtspflicht worin indem Gemeinschaft gestiftet wird zugleich Eigenthümlichkeit. Ebenso das Gegentheil, ohne beides kein sittliches Handeln."[30]

Genau betrachtet ist es daher nicht das Eigentum als solches, welches in Bezug auf das Recht im Mittelpunkt steht, sondern die Wechselseitigkeit von Eigentum und Gemeinschaft. In dieser Hinsicht sind die Formulierungen in der Vorlesung 1805/06 jedoch nicht ganz präzise. So lesen wir in der Nachschrift von August Boeckh: „es begibt sich niemand in den *Staat*, ohne seine Individualität zu bewahren, *d. h. ohne Rechte und Eigenthum*; und wo einer im Staat ist ohne Recht und Eigenthum, da hat er seine Sittlichkeit aufgegeben, indem seine Individualität [*aufgegeben wurde*]."[31] Dies legt nahe, dass Recht unabhängig von der Gemeinschaft an Eigentum gebunden sei. Entsprechend heißt es in der Nachschrift Adolph Müller, die „eigenthümliche Sphäre in Beziehung auf Staat" sei „realiter:

---

[27] In der anonymen Nachschrift der Ethik-Vorlesung (Lübeck) heißt es hierzu: „Alle Schwierigkeiten die man in Theorie des Vertrags hat, beziehen sich auf die bestimmte Form der Handlung. Man hat nun gefragt was wohl früher wäre ob der Staat durch einen Vertrag oder der Vertrag erst durch den Staat sanctionirt wird. Allein setzt man den Staat ohne Vertrag so läßt sich keine Art denken wie der Staat realisirt sey und so scheint der Vertrag früher da gewesen zu seyn, setzt man den Vertrag früher so fragt sich wodurch waren die Formen des Staats bestimmt? So findet man beide Materien im Streit so bald man aus dem sittlichen Gesichtspunct herausgeht, steht man auf diesem so sieht man daß der Trieb auf Gemeinschaft Grund des Vertrags im Einzelnen, und des Staats im Großen ist." (Anonymus, Nachschrift Ethik 1805/06, Evangelisch-reformierte Gemeinde Lübeck, Bibliothek KIII 26, 85).
[28] Adolph Müller, Nachschrift Ethik 1805/06, Stadtbibliothek Bremen, 134738 (Brem. B. 652 Nr. 21), 26.
[29] Vgl. die „Einleitung des Bandherausgebers" (Walter Jaeschke) in KGA II/8, XX sowie Schleiermachers „Notizen zu Aristoteles: Politik" von 1793/94 in KGA I/14, 25–47.
[30] Nachschrift Ethik 1805/06 Müller (Anm. 28), 118.
[31] August Boeckh, Nachschrift Ethik 1805/06, Archiv der BBAW, Nachlass Schleiermacher 585/1, Bl. 80 verso.

das *Eigenthum* idealiter: *Rechte*. Das Sittliche im Staat insofern sich einer hineinbegibt nur insofern einer Eigenthum und Rechte" hat.[32]

Die Rechtspflicht allerdings, in deren Kontext dies gesagt wird, bezeichnet Schleiermacher drei von vier überlieferten Nachschriften zufolge auch als „Gesellschaftspflicht" – er spricht von „*Rechtspflicht* oder *Gesellschaftspflicht.*"[33] Hier bezieht sich das Recht also nicht mehr auf das Eigentum als solches, sondern, wie bereits angedeutet, auf die Wechselwirkung von Gemeinschaftlichkeit und Eigentum bzw. Eigentümlichkeit; die Formel, die dem zugrunde liegt, wird in der Nachschrift von August Boeckh am prägnantesten formuliert:

> Wo der Einzelne sich in eine Gemeinschaft begibt, da thut er es mit dem Vorbehalt, sich daraus eine eigenthümliche Sphäre anzuzeigen, und seine Individualität beyzubehalten: und Wo der Einzelne sich eine eigenthümliche Sphäre aneignet, da thut er es mit Vorbehalt seiner Wirksamkeit aufs Ganze und des Gemeinschaftlichmachens seiner Sphäre.[34]

Das erinnert nicht zufällig an die weitgehend vergessene und wirkungslose Klausel zur Sozialbindung des Eigentums in Artikel 14 Absatz 2 des Grundgesetzes: „Eigentum verpflichtet. Sein Gebrauch soll zugleich dem Wohle der Allgemeinheit dienen." Schleiermacher ist allerdings vollständig davon überzeugt, dass zwischen Privateigentum und Gemeinschaft nicht einmal ein Konflikt möglich sei, sondern vertraut in dieser Hinsicht blind der unsichtbaren Hand, wie folgende Passage aus der Nachschrift Boeckh deutlich macht: „Das Verhältniß des Menschen ist im Staate nicht ein Aufgeben des Eigenthums an die Gemeinschaft sondern eine Harmonie beyder. Siehe oben. Eine Collision ist hier nicht mehr möglich zwischen Eigenthum und Gemeinschaft."[35]

Erst in der Wechselwirkung von Eigentum und Gemeinschaft, die als harmonisch und konfliktfrei unterstellt wird, konstituiert sich, einer anonymen Nachschrift zufolge, das Rechtsverhältnis, das demnach weniger das Eigentum als solches, sondern das gesellschaftliche Verhältnis des Eigentums bezeichnet:

> Im Staate. Der Einzelne eignet sich da seine eigne Sphäre an, sein Eigenthum seine bestimmten Rechte. Also kein Hineintreten in den Staat ist sittlich wo der Einzelne nicht bestimmte Rechte und Eigenthum gewinnt, ohne daß beim Hingeben in die Gemeinschaft seine eigenthümliche Thätigkeit vernichtet denn hiedurch wäre das sittliche aufgehoben. So fern also ist das Eingehen sittlich, als die Verbindung der Individualität nicht aufgehoben wird.

---

32 Nachschrift Ethik 1805/06 Müller (Anm. 28), 120.
33 Ebd., 119; ebenso Nachschrift Ethik 1805/06 Boeckh (Anm. 31), 80 verso und Nachschrift Ethik 1805/06 Anonymus Lübeck (Anm. 27), 393.
34 Nachschrift Ethik 1805/06 Boeckh (Anm. 28), 80 verso.
35 Ebd., 81 recto.

> Gäbe es also einen Zustand im Staate, wo der Einzelne ohne Eigenthum und Rechte wäre, wo wäre dies ein Unsittliches.³⁶

Auf der Linie dieser Überlegungen entwickelt Schleiermacher dann den Rechtsbegriff in seinen Berliner Vorlesungen weiter. Da wir von der ersten Berliner Vorlesung 1807/08 – noch vor der Gründung der Universität – nur eine unvollständige Nachschrift aus der Feder Karl August Varnhagens besitzen, lässt sich nicht genau sagen, ob dort bereits eine Revision erfolgte (Varnhagen gab das Nachschreiben bald auf, da die Vorlesungen ihn, wie er später sagte, zunehmend langweilten³⁷). In einer Nachschrift zu Schleiermachers erster Ethik-Vorlesung an der neu gegründeten Universität im Wintersemester 1812/13 erfolgt dann jedoch die fällige Korrektur:

> Man denkt sich sehr oft Recht und Eigenthum als zusammengehörig und das als Gegenstand des Rechts. War aber nicht das was wir das sittliche Recht nennen. Denn da kann keiner mein Eigenthum wollen, weil es an einer Begriffbildung hängt, da kann also von Recht nicht geredet werden. Denn das Recht setzt Ansprüche voraus das liegt im Verkehr. Also nicht Recht und Eigenthum sondern Recht und Verkehr sind correlata der Gegenstand ist was sich einer angeeignet zeitlich und räumlich nicht qualitativ. Z. E. Wenn wir einen Einzelnen denken abgesehen von der qualitativen Verschiedenheit in seiner organisirenden Thätigkeit aber von anderen abgeschieden, so ist hier kein Recht, denn es sind keine Ansprüche da. Denn wo keine Ansprüche sind ist auch kein Recht.³⁸

Der Zusammenhang von Recht und Verkehr besagt, dass Recht über die wechselseitigen Ansprüche von Personen in Austauschverhältnissen, also über die Zirkulation konstituiert wird. Das Recht wird demnach, so scheint es zunächst, mit dem subjektiven Recht als Privatrecht bzw. Zivilrecht weitgehend gleichgesetzt; tatsächlich behandelt Schleiermacher andere Bereiche des Rechts höchstens andeutungsweise, auch wenn er – folgt man der zitierten Nachschrift zur Ethik-Vorlesung 1812/13 – beiläufig feststellt: „Sehr dürftig wenn die Obrigkeit bloß das Privatrecht begründen sollte".³⁹ Gleichwohl bleibt dies folgenlos für die Definition des Rechtszustandes: „Der Rechtszustand ist nichts anderes als die Gemeinschaft der Dinge im nothwendigen Zusammenhang der Erwerbung derselben"; dieser Rechtszustand reicht, Schleiermacher zufolge, „über die ganze

---

36 Nachschrift Ethik 1805/06 Anonymus Lübeck (Anm. 27), 293 f.
37 Vgl. Karl August Varnhagen von Ense, *Denkwürdigkeiten des eignen Lebens*, 3. Auflage, Bd. 2, Berlin 1871, 85. Vgl. Andreas Arndt, *Friedrich Schleiermacher als Philosoph*, Berlin und Boston 2013, 137 ff.
38 Anonymus, Nachschrift Ethik 1812/13, Fröbel-Museum Keilhau, 153 recto/verso.
39 Ebd., 191 verso.

Erde".⁴⁰ Die letzte Berliner Ethik-Vorlesung 1832 kehrt sogar zum Ausgangspunkt von 1805/06 zurück, indem sie den „Rechtszustand" als „Sicherheit des Besitzstandes" definiert.⁴¹

Erst vor diesem Hintergrund lässt sich nun auch Schleiermachers pointierte Behauptung im „Brouillon zur Ethik" von 1805/06 verständlich (wenn auch wohl kaum wahrheitsfähig machen), der Staat lebe in den Banken und Handelsgesellschaften, also in den Institutionen des Waren- und Geldverkehrs und habe daher eine Konstitution – die, wie es später heißt, ohnehin nur ein Stück Papier sei – nicht nötig. Der Begriff der Person, der für die Subjekte in den Rechtsverhältnissen zentral ist, ist nämlich keineswegs auf natürliche Personen beschränkt, sondern umfasst ebenso individualisierte kollektive Einheiten, d.h. Einheiten, die gegenüber anderen eine ausgeprägte Eigentümlichkeit besitzen. In diesem Sinne ist z.B. ein Volk, „das ein vollkommenes Rechtsverhältniß hat, [...] eben eine wahre Person im höheren Sinn, welche nemlich eine ursprüngliche Identität von Vernunft und Natur – eine Einheit von Seele und Leib und mit dem uneingebildeten Leibe, der Natur" ist.⁴² Es lässt sich vermuten, dass Schleiermacher solche höherstufigen ‚Personen' – nicht nur den Staat, sondern eben auch Finanz- und Handelsgesellschaften – als Träger des Rechtszustandes im globalen Verkehr betrachtet hat. Sie erhalten ihren rechtlichen Status und damit ihre faktische Konstitution im internationalen Verkehr. Hierbei wird freilich vorausgesetzt, dass die Institutionen dieses Verkehrs national organisiert sind und insofern dem Nationalstaat zugeschlagen werden können. Dieser selbst ist jedoch gerade deshalb, weil er als Staat zwar Rechtsverhältnisse fixiert und auch nach außen in Rechtsverhältnisse eingebunden ist, nicht nur eine „bloße Rechtsanstalt", was Schleiermacher wörtlich für eine „idiotische Ansicht" hält,⁴³ sondern Kristallisationskern einer letztlich im Naturverhältnis wurzelnden Nationaleigentümlichkeit. Hierbei ist zu berücksichtigen, dass Schleiermacher zwar die Resultate der identischen symbolisierenden Tätigkeit (u.a. Gedanken, Wissen etc.) von den „Dingen" als Eigentum unterscheidet, den ‚Verkehr' dieser Resultate der symbolisierenden Tätigkeit jedoch nach Analogie des Warenverkehrs versteht und infolgedessen z.B. Geld und Sprache als Mittel des Verkehrs parallelisiert.⁴⁴

---

40 Ebd.
41 Alexander Schweizer, Nachschrift Ethik 1832, Zentralbibliothek Zürich, Archiv der Handschriften, Nachlass Alexander Schweizer VIII-28, 89.
42 Anonymus, Nachschrift Ethik 1812/13 (Anm. 38), 160 verso; vgl. zum Begriff der Person bei Schleiermacher Arndt, *Schleiermacher als Philosoph* 2013 (Anm. 37), 167–177.
43 Anonymus, Nachschrift Ethik 1812/13 (Anm. 38), 191 verso.
44 Vgl. Andreas Arndt, „Tauschen und Sprechen", in: Arndt, *Schleiermacher als Philosoph* 2013 (Anm. 37), 117–136.

Noch in der Vorlesung 1827 wird in diesem Sinne das ganze Gebiet der Rechtspflicht und damit des Rechtsverhältnisses definiert: „Das ganze Gebiet der Rechtspflicht erscheint nun als ein Complexus von concentrischen Kreisen, wo jeder engere eine in den weitern vorbehaltene Individualität hat; der innerste Kreis ist die Person selbst, der weiteste eine ganze Menschenrace."[45]

Es bleibt hier jedoch eine Zweideutigkeit. Recht wird, so Schleiermacher „ursprünglich nur in dem Gebiete des Staates gebraucht"[46]; infolgedessen könne man auch nicht im eigentlichen Sinne des Rechtsbegriffs von einem Völkerrecht sprechen:

> So ist das Völkerrecht recht eigentlich eine Einbildung. [...] Freilich gibt es Entwicklungsstufen, in denen sich allgemeine Vorstellungen so festsetzen, daß keiner gegen sie handeln kann und da mag man sagen das ist das Völkerrecht. Dann ist es das aber nicht nach dem Buchstaben, sondern vermöge der inneren Nothwendigkeit, aber das ist nicht mehr ein Recht, sondern es ist die gemeinsame Sittlichkeit der Völker. Es ist dieses am Meisten im Großen der Fall, wovon wir erkennen, daß es ein sittliches Handeln nur gibt unter Voraussetzung einer gemeinsamen Anerkennung.[47]

Hier ist ein entscheidender Punkt genannt. Die Grundlage des Rechts, die ihrerseits über den eigentlichen Zustand der förmlichen Verrechtlichung hinausreicht, ist die Sittlichkeit als Anerkennung der Eigentümlichkeit in Bezug auf die Gemeinschaft. Diese Gemeinschaft ist im weitesten Sinne die der Menschheit auf dem Erdkörper (wobei Schleiermacher die Möglichkeit anderer Welten immer in Betracht zieht). Der von Schleiermacher verwendete Anerkennungsbegriff ist freilich nicht im Sinne des modernen sozialphilosophischen Anerkennungsbegriffs zu verstehen, also als reziprokes Verhältnis zwischen Gleichen.[48] Vielmehr besteht Anerkennung gerade darin, die Eigentümlichkeit des Anderen anzuerkennen, die auch in prinzipiell asymmetrischen Verhältnissen zum Tragen kommen kann. Dies gilt nach Schleiermacher gerade für das aus seiner Sicht staatskonstitutive Verhältnis von Obrigkeit und Untertan: Dass jemand

> Obrigkeit oder Herr wird, ist immer dem Willen oder Bewußtseyn der Andern gemäß, und es ist eine Zustimmung da, aber kein Vertrag; es war sein Bewußtseyn gewesen, aber unter der

---

45 Stolpe, Nachschrift Ethik 1827, Berlin, Staatsbibliothek Preußischer Kulturbesitz, Handschriftenabteilung, Dep. 42, Schleiermacher-Archiv I, K.4, C.8, 153.
46 Anonymus, Nachschrift Ethik 1812/13 (Anm. 38), 79 verso.
47 Anonymus, Nachschrift Ethik 1827, Archiv der BBAW, Nachlass Schleiermacher 586, 698.
48 Vgl. Axel Honneth, *Kampf um Anerkennung. Zur moralischen Grammatik sozialer Konflikte*, Frankfurt a. M. 1992.

> Form von ihm ausgegangenen, und so constituirt sich die Autorität, die aber mit dem Willen der Menschen zusammenstimmen muß.⁴⁹

Die Ungleichheit in dem Verhältnis von Obrigkeit und Untertan – gleich in welcher Staatsform – könne „nur seyn unter der Form der Anerkennung, als ein gemeinsam Gesetztes d. h. es werden Einige eine Autorität ausüben, aber nur als etwas, das durch das Anerkenntniß der Andern gilt, also übertragen ist."⁵⁰

Dass das Rechtsverhältnis bei Schleiermacher auf Anerkennungsverhältnissen basiert, die letztlich weiter reichen als das Recht im eigentlichen Sinne, führt zurück auf die eingangs bereits genannte These, dass Schleiermacher Recht als Ausdruck und Fixierung sittlicher Verhältnisse versteht. Dies hat freilich eine problematische Konsequenz: Da die Gemeinschaft als Rechtsgemeinschaft im eigentlichen Sinne die des Nationalstaates ist, dieser Nationalstaat aber in der Eigentümlichkeit des Volkscharakters wurzelt, bekommt der Begriff der Rechtsgemeinschaft völkische Konnotationen. Damit lässt sich kein Rechts- und Verfassungsstaat im Sinne eines Vernunftstaates machen. Die immer wieder durchbrechende Tendenz Schleiermachers, das Recht mit dem bürgerlichen Recht zu identifizieren und öffentliches Recht und Strafrecht nur marginal zu thematisieren, macht seine Rechtstheorie darüber hinaus insgesamt defizitär. Aus dieser Not lässt sich kaum eine Tugend machen.

4

Zum Schluss meiner Ausführungen möchte ich kurz auf die Frage zurückkommen, woraus sich die Defizite der Schleiermacherschen Rechtstheorie erklären lassen. Es liegt sicher nicht nur an den wohl eher rudimentären rechtsphilosophischen Kenntnissen Schleiermachers und ganz sicher nicht daran, dass er die Funktionen des Rechts möglichst allgemein beschreiben wollte, wie Miriam Rose dies behauptet. Der Grund liegt vielmehr in seiner Auffassung des Rechtes selbst. Wir hatten schon gesehen, dass Recht als Ausdruck von Sittlichkeit gilt. Sittlichkeit in Bezug auf die Tätigkeit des Einzelnen geht indes aus der Gesinnung hervor, dies gilt auch für die Sphäre des identischen Organisierens, in der die individuell gebildeten Produkte zirkulieren und die für Schleiermacher bei der Betrachtung des Rechts im Mittelpunkt steht. Die Gesinnung, so Schleiermacher nach der anonymen Nachschrift der Vorlesung 1805/06, ist „für den Menschen organisi-

---

49 Anonymus, Nachschrift Ethik 1827 (Anm. 47), 507.
50 Ebd., 508.

rendes Prinzip" bis hin zur „Gesinnung als eigenthümlicher Geist unsers Weltkörpers".⁵¹

Das organisierende Prinzip der Gesinnung durchdringt damit die ganze Sphäre der Rechtspflicht und Rechtlichkeit. Im eigentlichen Sinn hängt das Recht für Schleiermacher damit von der Gesinnung ab und ist im Kern nichts anderes als die fixierte Gesinnung. Sofern nämlich das Gebiet der Pflichtenlehre das eigentliche Gebiet des Rechts ist – in diesem Sinne setzt Schleiermacher ja Recht und Ansprüche (Verpflichtungen) miteinander in Beziehung –, insofern gilt auch in Bezug auf das Recht, was Schleiermacher generell sagt:

> Die Pflichtenlehre kann abgesondert von der Gesinnung nicht die Formeln des sittlichen aufstellen, sondern sie sind stets nur mit der Gesinnung möglich. [...] Daß die Ethik die Gesinnung ersetzen kann ist ein thörichter Wahn. Die Legalität und Moralität von Kant ist im sittlichen Gefühl nichts.⁵²

Letztlich, so werden wir sagen müssen (um eine seiner Lieblingsformeln zu gebrauchen), verschleift Schleiermacher nicht nur Recht und Gesinnung, sondern stellt das Recht unter den Primat der Gesinnung.

Von Seiten des Einzelnen ist diese Gesinnung identisch mit dem Gemeingeist, sofern die Person sich in der sittlichen Gesinnung als individuelle Eigentümlichkeit – und rechtlich: mit dem individuellen (Privat-)Eigentum – auf die Gemeinschaft bezieht und mit ihr vermittelt. Die Gemeinschaft als Allgemeinheit wird jedoch selbst wieder als Persönlichkeit gefasst: „Überall, wo wir den Begriff der Persönlichkeit auf ein größeres Ganze anwenden, liegt uns dies vor, was wir im Allgemeinen Gemeingeist nennen"; es ist das die den Teilen „einwohnende Eigenthümlichkeit", die sich in ihnen „nur untergeordnet modificirt weiterverbreitet".⁵³ Die Gesinnung, und zwar gerade die, welche dem Recht zugrundeliegt (das immer an den Nationalstaat gebunden ist), bezieht sich also nicht auf eine Allgemeinheit, in der die Menschen als Personen gleich gelten, sondern auf eine Allgemeinheit, welche auf der Identität eines bestimmten Volkscharakters beruht. Wer dazu nicht gehört, wird auch aus der Rechtsgemeinschaft ausgeschlossen.⁵⁴

---

51 Anonymus, Nachschrift Ethik 1805/06 (Anm. 27), 305.
52 Ebd., 391f.
53 Stolpe, Nachschrift Ethik 1827 (Anm. 45), 103.
54 „Ist [...] das religiöse Princip nicht rein, sondern theocratisch und will das geistliche Princip als Sanction des bürgerlichen Zustands sich geltend machen, so ist der Gemeingeist dieser in Widerspruch mit dem des Volks [...]. So ist das Judenthum stets eine solche Form gewesen und kann nur durch völlige Änderung aufhören es zu sein." (KGA II/8, 915f., Nachschrift Kolleg 1833).

Der für das moderne Recht konstitutive Gedanke der Allgemeinheit und Gleichheit wird damit aufgegeben. Rechtfertigen lässt sich diese Auffassung nicht.

Gerald Hubmann
Recht und Gesinnung bei Jakob Friedrich Fries

Ein vergleichender Blick auf Jakob Friedrich Fries kann für die Beschäftigung mit Schleiermacher in doppelter Weise sinnvoll sein: zum einen angesichts der zeitgenössisch-biographischen, aber auch inhaltlichen – Stichwort Gesinnungspatriotismus – Parallelen zwischen beiden; andererseits kann die Entwicklung von Fries, dessen ethisch motivierter Patriotismus zu einer politischen Radikalisierung führte, die gravierende persönliche Konsequenzen hatte, auch als Kontrastfolie zum Wirken Schleiermachers dienen.

Diese Entwicklung soll zunächst in biographischer Hinsicht knapp nachgezeichnet werden, bevor in einem zweiten Teil die theoretischen Gründe rekonstruiert werden sollen, die das Movens seines Handelns bildeten.[1]

I Biographischer Überblick

Herkunft und Ausbildung

Fries, 1773 geboren, wurde im Alter von fünf Jahren von den Eltern in die Erziehungsanstalt der Herrnhuter Brüdergemeine in Niesky gegeben und wuchs dort auf. Zu dem um fünf Jahre älteren Schleiermacher, der die Herrnhuter Erziehungsanstalt zur gleichen Zeit – 1783 bis 1785 – besuchte, scheint es keine Kontakte gegeben zu haben. 1792, mit neunzehn Jahren, bezog Fries das theologische Seminar in Niesky. Das Studium der Theologie hatte er in drei Jahren absolviert, und er sollte nun in den Herrnhuter Schuldienst treten. Dazu kam es jedoch nicht, da er sich mit „naiver Ehrlichkeit [...] gegen die ganze positive Herrnhutische

---

1 Die nachfolgende Darstellung beruht auf den Kapiteln I (Vom Herrnhuter Pietisten zum politischen Professor) und II (Die praktische Philosophie von Fries) meiner Monographie *Ethische Überzeugung und politisches Handeln. Jakob Friedrich Fries und die deutsche Tradition der Gesinnungsethik*, Frankfurter Beiträge zur Germanistik 30, Heidelberg 1997, in denen die hier erörterten Zusammenhänge ausführlicher entwickelt werden. Die Werke und Schriften von Fries sind in der von Gert König und Lutz Geldsetzer herausgegebenen, nunmehr fast abgeschlossenen Werkausgabe gut zugänglich (*Sämtliche Schriften, 30 Bde.*, Aalen 1967–2011; fortan zitiert mit Sigel „SS". Seitenumbruch und Seitenzählung folgen in der Regel den Originalen).

Religionslehre nur für natürliche Religion und für Jacobis Gefühlsansichten"[2] erklärte, was seine Relegation zur Folge hatte.

Insofern ist das bekannte Urteil Diltheys, dass „mit Schleiermacher und dem Philosophen Fries [...] dicht hintereinander [...] tief religiöse Naturen" aus dem theologischen Seminar schieden,[3] wohl zu differenzieren: Während Schleiermachers Religiosität durch seine Herrnhuter *Schulzeit* geprägt wurde, ihn aber die Orthodoxie am theologischen Seminar zutiefst abstieß und von Herrnhut Abstand nehmen ließ, hat Fries gerade am *theologischen Seminar* seine intellektuellen Impulse erhalten, nachdem er unter dem Schulsystem stark gelitten hatte.

Einem begonnenen Studium der Jurisprudenz in Leipzig folgte 1796 der Wechsel nach Jena, besonders um Fichte zu hören. Hier verfasste er eigene Abhandlungen zur Psychologie und beschäftigte sich intensiv auch mit Chemie. Diese in der deutschen Tradition ungewöhnliche, naturwissenschaftlich-empirische[4] Orientierung des Fries'schen Denkens, die er lebenslang beibehielt und die ihn zum Lehrer bedeutender Naturwissenschaftler werden ließ,[5] unterscheidet ihn von den meisten anderen zeitgenössischen Philosophen. Nicht von ungefähr ist es Alexander von Humboldt, der über ihn schreibt: „Fries ist in seiner mathematisch-philosophischen Richtung eine Wohlthat für Deutschland, die nicht genug anerkannt werden kann."[6]

Es folgte eine Hauslehrerstelle für knapp drei Jahre, genutzt zur Beschäftigung vor allem mit Kant. Daneben widmete er sich auch weiterhin der Chemie. Mit seinem pädagogischen Geschick unzufrieden, verfolgte er das Ziel, „Professor der Chemie oder Philosophie" in Jena zu werden.[7] Im Februar 1801 wurde Fries zum Doktor der Philosophie promoviert, erhielt im Sommer desselben Jahres nach einem Habilitationsvortrag die Lehrerlaubnis und begann auch umgehend, Lehrveranstaltungen anzukündigen. Der geringe Erfolg, den Fries zunächst in der Lehre hatte, war vor allem Folge seines schüchternen Vortrags, zudem eine Folge der Dominanz Schellings, der nach Fichtes Entlassung 1799 die Philosophische Fakultät beherrschte. Gegen Schelling aber und seine spekulative Naturphiloso-

---

2 So Fries in seinen autobiographischen Aufzeichnungen, abgedruckt in der Biographie seines Schwiegersohnes Ernst Ludwig Theodor Henke, *Jakob Friedrich Fries. Aus seinem handschriftlichen Nachlass dargestellt*, Leipzig 1867, 30 (Neudruck Berlin 1937).
3 Wilhelm Dilthey, *Leben Schleiermachers* [1870], Gesammelte Schriften 13,1, Göttingen 1970, 23.
4 Im Gegensatz zur spekulativ-idealistischen Naturphilosophie etwa Schellings oder Hegels.
5 Zu nennen sind hier besonders der Zellkernforscher und Botaniker Matthias Jacob Schleiden und der Mathematiker Oscar Schlömilch; auch Karl Friedrich Gauß stand in Kontakt mit Fries.
6 Brief aus dem Jahr 1833 an von Wolzogen, zitiert nach dem Abdruck in: Henke 1867, 256 (Anm. 2).
7 Fries, in: Henke 1867, 64 (Anm. 2)

phie mit ihrer „Physik und Chemie a priori" war Fries angetreten, „ihn mit dem klaren baaren Kantianismus zu widerlegen."[8]

Schriftstellerisch entwickelte Fries zu dieser Zeit eine rege Tätigkeit: Eine polemische Schrift über *Reinhold, Fichte und Schelling* (Leipzig 1803) wurde sehr positiv rezensiert und machte ihn in weiteren Kreisen bekannt.[9] Außerdem verfasste er neben anderen, kleineren Schriften – wie einer Satire auf Schelling[10] – seine *Philosophische Rechtslehre*.[11] Nach Erscheinen dieser Schriften wendete sich das Blatt. Schelling hatte Jena verlassen, „hier waren nur neue Anfänger, Ast, Hegel, Krause, ich",[12] und die Hörerzahlen stiegen. Fries wurde dann von der Universität für eine außerordentliche Professur vorgeschlagen, vor dem um drei Jahre älteren Hegel und obgleich dieser sich früher habilitiert hatte. Hegel beschwerte sich daraufhin in Weimar bei Goethe,[13] der dann auch die Ernennung Hegels durchsetzte.[14] Zu Anfang des Jahres 1805 wurden deshalb Fries und Hegel gleichzeitig zu außerordentlichen Professoren ernannt. Für Fries ergaben sich darüber hinaus Aussichten auf auswärtige Berufungen. So setzen sich Brentano und – auf Empfehlung Savignys[15] – Creuzer in Heidelberg für ihn ein. Er nahm den Ruf an und begann 1805 mit der Lehre in Heidelberg.

---

8 Fries, in: Henke 1867 75–76 (Anm. 2).
9 „Diese Schrift verdient in der Geschichte der neuesten Philosophie eine der ersten Stellen und ist für diese selbst sehr wichtig" (*Allgemeine Literatur-Zeitung* 1803, Bd. 4, Nr. 320–321 (22.11.–23.11.), 353–364, zitiert nach: Henke 1867, 79). Neudruck jetzt in SS 24 (Anm. 1).
10 Jakob Friedrich Fries, *Sonnenklarer Beweis, daß in Professor Schellings Naturphilosophie nur die vom Hofrath und Professor Voigt in Jena schon längst vorgetragenen Grundsätze der Physik wiederholt werden. Von einem unbefangenen Beobachter dargestellt. Ein Neujahrsgeschenk für Freunde der Naturkunde*, Leipzig 1803, jetzt in SS 24 (Anm. 1).
11 Fries, in: Henke 1867, 92 (Anm. 2).
12 Fries, in: Henke 1867, 92 (Anm. 2).
13 Hegel an Goethe, 29. Sept. 1804: „Indem ich höre, daß einige meiner Kollegen der gnädigsten Ernennung zum Professor der Philosophie entgegensehen und hiedurch daran erinnert werde, daß ich der älteste der hiesigen Privatdozenten der Philosophie bin, so wage ich der Beurteilung Euer Excellenz es vorzulegen, ob ich nicht durch eine solche, von den höchsten Autoritäten andern erteilte Auszeichnung in der Möglichkeit, nach meine Kräften auf der Universität zu wirken, beschränkt zu werden fürchten muß." Zitiert nach: Johannes Hoffmeister (Hg.), *Briefe von und an Hegel, Bd. 1*, Hamburg 1969, 84–85.
14 Wie der Hegel-Biograph Althaus vermutet, gegen den Widerstand der Universität, welche die Ernennung „offenbar zu verhindern oder hinauszuschieben versucht hat", da sie eher Fries zugeneigt war, „der früher und sicherlich tiefer als Hegel in Kant eingedrungen war." (Horst Althaus, *Hegel und Die heroischen Jahre der Philosophie. Eine Biographie*, München 1992, 171)
15 Savigny an Creuzer am 23. Jan. 1804: „Warum empfehlen wir nicht Fries, der nach so vielen Zeugnissen ein höchst vortrefflicher Mensch sein soll, und dessen Schriften so aufgenommen worden sind, daß man ihn berühmt nennen kann." Zitiert nach: Adolf Stoll, *Der junge Savigny. Kinderjahre, Marburger und Landshuter Zeit, Bd. 1*, Berlin 1927, 236. Worauf Creuzer antwortet:

Während der Heidelberger Jahre zwischen 1805 und 1816 etablierte sich Fries in persönlicher, wissenschaftlicher und schriftstellerischer Hinsicht – anders als sein Gegenspieler Hegel, der in diesen Jahren dem akademischen Bereich den Rücken kehren musste und erst nach dem Weggang von Fries aus Heidelberg auf dessen Professur berufen wurde.

Mit Jacobi begann ein langjähriger persönlicher und schriftlicher Gedankenaustausch, und mit Reinhold suchte eine andere zeitgenössische philosophische Größe seine Bekanntschaft. 1807 wurde der Philosoph und Theologe De Wette nach Heidelberg berufen, der nach drei gemeinsam mit Fries verbrachten Jahren dann 1810 auf der neugegründeten Berliner Universität einer der einflussreichsten Fries-Schüler werden sollte.

Neben der Philosophie behielt Fries auch seine empirisch-naturwissenschaftliche Orientierung bei. Er las über Astronomie, übernahm 1812 die Heidelberger Professur für Physik und wurde von der Universität Marburg zum Doktor der Medizin promoviert. Entsprechend groß war auf Dauer das Unverständnis, das er den romantischen Kreisen um Brentano und einer von mystischen Strömungen durchsetzten Theologie entgegenbrachte.

Fries war deshalb anderen Berufungen gegenüber nicht abgeneigt. 1810 war es zunächst Jacobi, der (über Nicolovius) versuchte, ihm einen Ruf an die neugegründete Berliner Universität zu verschaffen. Fortan engagierte sich hier De Wette für Fries und erreichte, dass im März 1816 Fries zusammen mit Hegel auf dem ersten Platz für die Fichte-Nachfolge stand[16] – woraufhin Fries dann allerdings aufgrund von Verzögerungen in Berlin die ihm noch 1816 angebotene Jenaer

---

„daß es ein vortrefflicher Gedanke von Ihnen ist, den Fries hierherzuziehen. [...] In Absicht auf Fries bemerke ich noch: Daub hat in den vorhergehenden halben Jahren zuweilen Naturphilosophie nach Schelling gelesen – dies wird er wahrscheinlich auch künftig wieder tun. Nun scheint mir D. doch ein wenig zu befangen in dem Schellingschen System u. es wäre daher heilsam, wenn durch Fries in dem hiesigen philosophischen Geist eine Temperatur hereingebracht würde." Zitiert nach: Hellfried Dahlmann (Hg.), *Briefe Friedrich Creuzers an Savigny*, Berlin 1972, 132.

16 Es sei hier hingewiesen auf De Wettes ausführliche Schilderung der Berliner Senatssitzungen mit den Verhandlungen um die Wiederbesetzung der Fichte-Professur, die auch für die Hegel-Forschung von Interesse sein dürfte, da detailliert die wechselnden Fakultätsfraktionen und ihre Argumente für und gegen Hegel bzw. Fries geschildert werden. Siehe dazu die Briefe von De Wette an Fries vom März und April 1816, in: Henke 1867, 354–358 (Anm. 2). Für Fries votierte neben De Wette besonders Boeckh, für Hegel setzte sich in erster Linie Solger ein. Auch Max Lenz stützt seine Darstellung der Berufungsverhandlungen für den Berliner Philosophie-Lehrstuhl auf den Bericht De Wettes (*Geschichte der Königlichen Friedrich-Wilhelms-Universität zu Berlin, Bd. 1*, Halle 1910, 570–578). Savigny hatte ebenfalls für Fries votiert. Siehe Joachim Rückert, *Idealismus, Jurisprudenz und Politik bei Friedrich Carl von Savigny*, Ebelsbach 1984, 245–246.

Professur übernahm und Hegel sich in Heidelberg um Fries' Nachfolge bewarb, die er auch erhielt.

Trotz der Unzufriedenheit mit den literarischen Kreisen Heidelbergs entfaltete Fries hier eine rege schriftstellerische Tätigkeit. Neben polemischen Schriften und Rezensionen – die sich weiterhin hauptsächlich gegen die Dominanz der Schelling-Schule richteten und damit ein „Votum" für Jacobi verknüpften[17] – entstanden hier auch die großen philosophischen Werke, sowie erste Stellungnahmen zur Politik. Bereits zu Beginn der Heidelberger Zeit war sein theoretisches Hauptwerk erschienen, die dreibändige *Neue Kritik der Vernunft*, deren Titel bereits die Intention des Verfassers zum Ausdruck brachte, die Kantische Lehre auf neuer Grundlage fortzuführen.[18] Außerdem erschienen die *Logik*, Studien zur Philosophiegeschichte sowie sein System der theoretischen Physik.

Zudem begann sich im Laufe der Heidelberger Zeit das schriftstellerische Schaffen von Fries zunehmend auch tagespolitischen Gegenständen zuzuwenden: Er ließ Flugschriften zur aktuellen politischen Lage anonym drucken,[19] seine umstrittene Rezension zur Frage der Bürgerrechte für Juden aus den „Heidelberger Jahrbüchern" erschien zusätzlich als Separatdruck,[20] und er publizierte den politisch-utopischen Roman *Julius und Evagoras oder: Die neue Republik*,[21] der ihm

---

17 Siehe Jakob Friedrich Fries, *Von Deutscher Philosophie Art und Kunst. Ein Votum für Friedrich Heinrich Jacobi gegen F. W. J. Schelling*, Heidelberg 1812, jetzt in SS 24 (Anm. 1).
18 Entsprechend lautet dann auch der Titel der zweiten Auflage (*Bd. 1–3*, Heidelberg 1828–31) *Neue oder anthropologische Kritik der Vernunft* (SS 4–6 (Anm. 1)).
19 Jakob Friedrich Fries, *Bekehrt Euch!* (Heidelberg 1814) und [Jakob Friedrich Fries,] *Was sollen wir Deutsche fordern? Aufruf an die zu Paris* (o.O. 1815). Von dieser letzteren Schrift druckt Görres einen Auszug im *Rheinischen Merkur 356* (8.11.1815). Zur Wirkung siehe auch Paul Wentzcke, *Geschichte der Deutschen Burschenschaft, Bd. 1*, Quellen und Darstellungen zur Geschichte der Burschenschaft und der deutschen Einheitsbewegung 6, Heidelberg 1919, 145.
20 Jakob Friedrich Fries: *Über die Gefährdung des Wohlstandes und Charakters der Deutschen durch die Juden*, Heidelberg 1816. Jetzt in SS 25 (Anm. 1); siehe dort zu den judenfeindlichen Äußerungen von Fries auch die Vorbemerkung der Herausgeber, S. 67*–74*. Siehe auch Gerald Hubmann, „Sittlichkeit und Recht. Die jüdische Emanzipationsfrage bei Jakob Friedrich Fries und anderen Staatsdenkern des Deutschen Idealismus", in Horst Gronke / Thomas Meyer / Barbara Neißer (Hg.), *Antisemitismus bei Kant und anderen Denkern der Aufklärung*, Würzburg 2001, 125–152.
21 Fries sagte im Verhör der Mainzer Untersuchungskommission später aus, „diese Schrift habe aber keinen politischen Zweck und der *von ihm* gewählte Titel: „Die Schönheit der Seele" sey nur durch Buchhändler Spekulation in die *neue Republik* verwandelt worden" (Untersuchungsakte „Über die politischen Umtriebe und Vereine auf der Universität Jena", Hauptstaatsarchiv Wiesbaden, § 14 (im Folgenden zitiert als HSTA); die erweiterte zweite Auflage des Buches von 1822 trägt dann diesen Titel.

unter der akademischen Jugend viele Anhänger einbrachte,[22] Und auch die Staatsphilosophie (*Von deutschem Bund und deutscher Staatsverfassung*) ist aus Heidelberger „Vorlesungen über philosophische Politik d. g. über Naturrecht und allgemeines Staatsrecht"[23] entstanden.

Der durch die Befreiungskriege ausgelöste Politisierungsschub unter den Studenten hatte Fries inzwischen eine beachtliche Zahl von Schülern zugeführt, die ein Interesse an politischen Fragen mitbrachten. In seinen Schriften und besonders auch als akademischer Lehrer hat Fries diese Fragen aufgegriffen, so dass er anfing, zu einer der Leitfiguren der liberalen Reformbewegung zu werden. Es ist überliefert, dass die Heidelberger Teutonen – der Vorläufer der Burschenschaft[24] – „geschlossen im Winter 1815/16 die staatsrechtlichen Vorlesungen"[25] von Fries besucht hätten, darunter Ludwig von Mühlenfels, der Schwager Schleiermachers, der zeitlebens eine treuer Fries-Schüler geblieben ist,[26] sowie der spätere Wartburgredner Ludwig Rödiger

Politisch hatte Fries sich in der Badischen Adressenbewegung engagiert. Da dies zu Querelen führte, reichte er seine Entlassung ein und entschied sich zwischen mehreren Angeboten im Jahr 1816 für einen Ruf nach Jena, weil in Sachsen-Weimar bereits eine Verfassung in Kraft war.

---

22 Es sei hier nur das Beispiel Ruges zitiert: „Konnten wir Fries nicht hören, so verschafften wir uns seine Heft und Bücher, thaten uns zusammen und machten einander den Vorleser. Ja, wir verbreiteten dieses Verfahren sogar nach Halle. Fries' Julius und Evagoras, seine Politik und Ethik waren vielgelesene Sachen, daneben Fichtes Reden an die deutsche Nation und De Wette's Theodor, der letzte vornehmlich unter den Theologen." (Arnold Ruge, *Aus früherer Zeit, Bd. 2*, Berlin 1862, 251)

23 HSTA, § 14 (Anm. 21), Aussage von Fries.

24 „Im Lauf des Jahres 1815 bildete sich aus dem Kreis der deutschen Gesellschaft die ‚Teutonia', die dann in der Anfangs März 1817 in Anlehnung an den Jenaischen Bund begründeten ‚Heidelberger Burschenschaft' aufging." Franz Schneider, „Die Anfänge der ‚Deutschen Gesellschaft' zu Heidelberg", in: *Quellen und Darstellungen zur Geschichte der Burschenschaft und der deutschen Einheitsbewegung 5*, Heidelberg 1920, 82–87, hier 85. Der Name „Teutonia" deutet dabei auf die gesamtdeutsche Intention, die der Gründung im Gegensatz zu den Landsmannschaften zugrunde lag.

25 Heinrich Haupt, „Heinrich Karl Hofmann, ein süddeutscher Vorkämpfer des deutschen Einheitsgedankens", in: *Quellen und Darstellungen zur Geschichte der Burschenschaft und der deutschen Einheitsbewegung 3*, Heidelberg 1912, 327–405, hier 384.

26 Aus dem Londoner Exil bittet Mühlenfels noch 1827 seinen ehemaligen Lehrer Fries um ein Gutachten, um eine Londoner Professur für deutsche Sprache übernehmen zu können. Mühlenfels war wegen seines engen Kontaktes zu den Gießener „Schwarzen" im Juli 1819 inhaftiert worden und im März 1821 nach Schweden geflohen, von wo aus er nach England ging. Der Brief an Fries ist abgedruckt in: Henke 1867, 342 (Anm. 2).

Sein Nachfolger in Heidelberg wurde Hegel, der inzwischen nicht mehr nur akademischer Konkurrent,[27] sondern auch zum philosophischen und persönlichen Gegner[28] des erfolgreicheren Fries geworden war.

Fries hatte sich also, als er Heidelberg verließ, nicht nur in seinen akademischen Funktionen etabliert und hatte angefangen, philosophisch schulbildend zu wirken, sondern er hatte sich vor allen Dingen auch zum wichtigen Fürsprecher der liberalen Reformbewegung in Heidelberg entwickelt und war zur professoralen Integrationsfigur für die akademische Jugendbewegung geworden.[29]

---

[27] Hegel hatte sich, nachdem er erfahren hatte, dass Schelling einen Ruf nach Jena abgelehnt hatte, ebenfalls dorthin beworben, aber wieder war Fries erfolgreicher, der Ruf erging an ihn – wie bereits 1805 für Heidelberg. (Althaus 1992, 257 (Anm. 14)). Zudem hatte Hegel bereits seit 1811 versucht, neben bzw. anstelle von Fries nach Heidelberg zu kommen. So fragt er am 13. Juli 1811 bei Caroline Paulus an: „Ich darf Sie bitten, den Herrn [Paulus] um seine Meinung zu bitten, ob ich einen Gedanken an Heidelberg haben könne und ob seine Freundschaft daselbst etwas zu bewirken vermöge" (Hoffmeister 1969, 375–376 (Anm. 13)). Nachdem ihm zu Ohren gekommen war, dass Fries eventuell nach Erlangen berufen werden sollte, schreibt Hegel am 10. Okt. 1811 an Niethammer: „daß ich mir dazu am Ende Glück wünschen könnte, weil in Heidelberg dadurch vielleicht ein Loch für mich offen werden könnte" (a.a.O., 389). Und am 9. Oktober 1814 an Paulus, unter Anspielung auf Fries' Doppelprofessur der Philosophie und Physik: „Sollte die Physik ihren Friesrock nicht selbst ganz brauchen, ihre Blöße zu decken und für die Philosophie nicht noch ein ganz besonderer Rock nötig sein [...]?" (Johannes Hoffmeister (Hg.), *Briefe von und an Hegel, Bd. 2*, Hamburg 1970, 42).

[28] In der Einleitung zu seiner Logik, 1812, schreibt Hegel hochmütig: „Eine soeben erschienene neueste Bearbeitung dieser Wissenschaft, System der Logik von Fries, kehrt zu den anthropologischen Grundlagen zurück. Die Seichtigkeit der dabei zugrundeliegenden Vorstellung oder Meinung an und für sich und der Ausführungen überhebt mich der Mühe, irgendeine Rücksicht auf diese bedeutungslose Erscheinung zu nehmen." (Hegel, *Logik I*, Werke 5, Frankfurt am Main 1969, 47). Entsprechend unfreundlich hat Fries Hegels Logik dann rezensiert (*Heidelberger Jahrbücher der Literatur 8*, 1815, Nr. 25, 385–393). Dass die Sätze Hegels wohl in Ressentiment gegen den erfolgreichen Rivalen ihren Ursprung haben, zeigt eine Briefäußerung gegenüber Niethammer, wo es anlässlich des Erscheinens von Fries' Logik heißt: „Meine Empfindung dabei ist in der Tat eine Wehmut [...] darüber, daß ein so seichter Mensch im Namen der Philosophie so weit in der Welt zu Ehren kommt" (Hoffmeister 1969, 388 (Anm. 13)). Das Attribut der Seichtigkeit – das später durch die Vorrede der Rechtsphilosophie noch berühmt-berüchtigt werden sollte – wird Fries allein in diesem Brief dann noch fünfmal zugesprochen und die Ausfälle gipfeln schließlich in dem Satz: „seicht, geistlos, kahl, trivial, das saloppste erläuternde unzusammenhängendste Kathedergewäsche, das nur ein Plattkopf in der Verdauungsstunde von sich geben kann." (ebd.)

[29] Zur historischen Einordnung von Fries und zu den Ambivalenzen des deutschen Liberalismus und der politischen Romantik im 19. Jahrhundert siehe Klaus Ries, „Antiliberales Gedankengut in den Freiheitskriegen", in: Ewald Grothe, Ulrich Sieg (Hg.), *Liberalismus als Feindbild*, Göttingen 2014, 19–40; Klaus Ries, „Staat, Verfassung und Nation in der politischen Romantik. Von der Wirkmächtigkeit romantischer Denkfiguren im langen 19. Jahrhundert", in: Walter Pauly / Klaus Ries (Hg.), *Staat, Nation und Europa in der politischen Romantik*, Baden-Baden 2015, 99–152. Die

Jenaer Zeit und Wartburgfest

Jena war 1816 bereits das Zentrum der burschenschaftlichen Bewegung, nach der Rückkehr von Fries verstärkte sich diese Entwicklung noch.

Ihm waren nicht nur Schüler aus Heidelberg hierher gefolgt, sondern es waren auch neue hinzugekommen. Seit er sich am 18. Juni 1816 bei der studentischen Waterloofeier „mit einer begeistert aufgenommenen Festrede"[30] eingeführt hatte, zählte der Kern der im Juni 1815 gegründeten Burschenschaft zu seinem Auditorium: Karl Hermann Scheidler, der spätere Jenaer Philosophieprofessor, Robert Wesselhöft, Heinrich Leo, Heinrich Riemann und Karl Ludwig Sand, der seit 1817 in Jena studierte,[31] sowie die späteren Vorstandsmitglieder Heinrich von Gagern[32] und Anton Haupt[33]. Auch die Jahn-Schüler Maßmann und Dürre, die im Sommersemester 1816 nach Jena zu „Vater Fries" wechselten, um hier einen Turnplatz einzurichten und die damit, von Jahn gesendet, die Verbindung von der Turn- zur Burschenschaftsbewegung herstellen sollten, zählten zu seinen Schülern.[34] Die Zahl der „Jünger von Fries"[35] nahm rasch zu, und als im

---

philosophisch-theologischen Entstehungsgründe dieser Auffassungen werden dort nicht behandelt. Siehe hierzu den zweiten Teil des vorliegenden Beitrags sowie die in Anm. 90 genannte Literatur.

30 Zitiert nach: Herman Haupt, „Die Jenaische Burschenschaft von der Zeit ihrer Gründung bis zum Wartburgfeste. Ihre Verfassungsentwicklung und ihre inneren Kämpfe", in: *Quellen und Darstellungen zur Geschichte der Burschenschaft und der deutschen Einheitsbewegung 1*, Heidelberg 1910, 18–113, hier: 56. Zur Jenaer Universitäts- und Burschenschaftsgeschichte siehe weiterhin: Max Steinmetz u. a., *Geschichte der Universität Jena, Bd. 1–2*, Jena 1958; Günter Steiger, *Aufbruch. Urburschenschaft und Wartburgfest*, Leipzig u. a. 1967; Willi Schröder, „Die Gründung der Jenaer Burschenschaft, das Wartburgfest und die Turnbewegung 1815–1819", in: Helmut Asmus (Hg.), *Studentische Burschenschaften und bürgerliche Umwälzung*, Berlin 1992, 70–79.

31 In Sands Tagebuch heißt es: „Seitdem habe ich unsern braven Lehrer Fries noch in allerlei Verhältnissen näher kennen zu lernen Gelegenheit gehabt und ich achte ihn nicht nur in seiner Wissenschaft, sondern vor allen [sic] in seiner treuen und klaren Gesinnung fürs Vaterland und in seiner stets sich gleichen und entschlossenen Thatkraft so sehr als nur einen. Er und Oken sind mir unter den ältern Lehrern, die ich hier kenne, unstreitig die liebsten und ich meine auch die wahrhaftigsten." (Robert Wesselhöft, *Carl Ludwig Sand, dargestellt durch seine Tagebücher und Briefe von einigen seiner Freunde*, Altenburg 1821, 155–156)

32 Siehe dazu Harry Gerber, „Heinrich von Gagern als Student", in: *Nassauische Annalen 68*, 1957, 175–202, hier bes. 186–188.

33 Zu Haupt siehe Günter Steiger, *Ideale und Irrtümer eines deutschen Studentenlebens. Das ‚Selbstbekenntnis' des Studenten Anton Haupt aus Wismar über seine Jenaer Burschenschaftszeit (1817–1819) und die gegen ihn 1820 in Bonn geführten Untersuchungen*, Jena 1966, 19. Noch im späteren Verhör hat Haupt seinen Lehrer Fries verteidigt (27).

34 Zu Maßmann siehe Joachim B. Richter, *Hans Ferdinand Maßmann. Altdeutscher Patriotismus im 19. Jahrhundert*, Berlin / New York 1992; dort auch die zitierte Briefanrede Maßmanns: „Lieber

folgenden Jahr 1817 Fries wiederum den Festvortrag zur Waterloofeier hielt, war die gesamte Burschenschaft anwesend.[36]

Für die ausgezeichnete Position, die Fries bei den Studenten inne hatte, lassen sich mehrere Gründe anführen: Erstens war Fries aufgrund seiner *Schriften* zum theoretischen Vordenker dieser akademischen Jugend geworden, seine Staatslehre und seine Ethik hat er gar der Burschenschaft gewidmet. Zweitens war hat er maßgeblich an der *inneren Reform* des Studentenlebens mitgewirkt. Hinzu kam sein, den Hiatus zwischen Theorie und Praxis überbrückendes *politisches Engagement*, das in seiner aktiven Teilnahme am Wartburgfest gipfelte. Schließlich ist der direkte *persönliche Einfluss* auf die führenden Köpfe der Burschenschaft in seinem „Conservatorium für praktische Philosophie", einem privaten Diskutierzirkel, zu nennen.

Über das engere studentische Umfeld hinaus ist Fries weiten Kreisen der zeitgenössischen Öffentlichkeit bekannt geworden durch seine Teilnahme am Wartburgfest mit seiner Bücherverbrennung im Oktober 1817. Von den der Burschenschaft nahe stehenden Professoren hatte nur Fries sich aktiv am Festablauf beteiligt.[37] Er hatte eine Rede in 200 Exemplaren drucken lassen, die auf dem Fest verlesen wurde.[38] Diese Flugschrift mit ihrem religiös-politischen Doppelsinn[39]

Vater Fries" (62). Fries hatte redaktionell an Maßmanns Verteidigungsschrift nach der Bücherverbrennung auf der Wartburg mitgewirkt (ebd., 78). Zu Dürre: E. F. Dürre (Hg.), *Chr. Ed. L. Dürre. Aufzeichnungen, Tagebücher und Briefe aus einem deutschen Turner- und Lehrerleben*, Leipzig 1881, 197: „Viel mehr als zu diesen Beiden [Luden und Kieser] fühlte ich mich später zu Fries hingezogen". Aus dem Nachlass Dürres ist auch ein von Fries ausgestelltes Zeugnis abgedruckt, in dem Fries nicht nur die Teilnahme an seinen „Vorlesungen über allgemeine Ethik und Tugendlehre" bescheinigt, sondern auch bestätigt, „diesen jungen Mann auch außer den Stunden näher kennen gelernt" zu haben" (228).

35 So die Formulierung von Haupt 1910, 78 (Anm. 30).

36 Siehe Haupt 1910, 105 (Anm. 30) und Henke 1867, 173 (Anm. 2), der ebenfalls von 200 Teilnehmern spricht, was der Zahl der Burschenschaftmitglieder ziemlich genau entspricht. Der Student Anton Haupt, ab 1818 Mitglied des Vorstands der Jenaer Burschenschaft, hatte Passagen der Rede von Fries in sein Tagebuch protokolliert, das später von der Untersuchungskommission gefunden wurde. Daraus wurde der Satz: „Übet Eure Kraft, ihr deutschen Jünglinge, übt sie im stillen, bis da kommen wird der Tag der Tat" zum Thema eines besonderen Verhörs, in dem diese Passage als Aufruf zur Gründung eines Geheimbundes interpretiert wurde (Aus den Akten zitiert bei Steiger 1966, 109 (Anm. 33)).

37 Zwar hatte auch Oken während des Festes an internen Beratungen teilgenommen, aber er war nicht mit einer Rede oder Flugschrift hervorgetreten.

38 Am Morgen des 19. Oktober eröffnete Scheidler die Burschenversammlung mit den Worten: „Ich meine aber, wir können unsere Versammlung nicht besser anfangen, als mit der Vorlesung der gedruckten Rede von unserem geliebten Lehrer Fries, weil sie die wenigsten bekommen haben werden. Rödiger mag sie euch vorlesen." Zitiert nach dem Bericht von Fr. J. Frommann, *Das Burschenfest auf der Wartburg am 18ten und 19ten Oktober 1817*, Jena 1818, 48.

und ihrer latenten Militanz stellt ein wichtiges Dokument zum burschenschaftlichen Gedankengut dar⁴⁰. Außerdem wurde Fries von einigen seiner Studenten um eine Ansprache gebeten, die er dann auch hielt.

Die politischen Wirbel, die das Wartburgfest auslöste, sind bekannt und gut erforscht.⁴¹ Fanden die Studenten bei den liberaleren Beurteilern wie Stein Verständnis für den „guten und edlen Zweck"⁴² der Versammlung und wurden selbst noch von Kamptz als „verführt" entschuldigt, so galt als wirklich verantwortlich für die ‚Ideen der Wartburg'⁴³ der „Haufen verwilderter Professoren"⁴⁴, und von diesen insbesondere Fries. Noch einmal Stein:

---

39 In seinen autobiographischen Aufzeichnungen, in einer Passage, die in der von Henke herausgegebenen Biographie nicht zitiert wird, spricht Fries selbst von der „Zweydeutigkeit" seines Wartburgtextes: „Die Rede gegen Verknechtung der Deutschen und Herrscherwillkühr, welche beym Aufruf der Freiwilligen im Krieg ganz legitim erklang und nur gegen Bonaparte gedeutet wurde, hatte freylich schon seit dem Unglück der Sachsen mit Blücher eine schlimme Zweydeutigkeit bekommen [...]. Auf diese Weise war dann Gelegenheit genug gegeben, bey bösem Willen Geschrey gegen uns zu erheben. Das ließ sich Kotzebue der alte hämische Zänker nicht entgehen und am wenigsten der Chef der geheimen Polizey in Berlin von Kampz" (Fries-Archiv, Typoskript der Fries-Autobiographie, S. 48).

40 Jakob Friedrich Fries, *An die deutschen Burschen. Zum 18. Oktober 1817*, o.O. 1817, Abdruck auch bei Hubmann 1997, 350–353 (Anm. 1), sowie, gemeinsam mit den anderen politischen Flugschriften, Ansprachen und Erklärungen in: SS 26 (Anm. 1).

41 Neben den bereits genannten Darstellungen zum Wartburgfest siehe insbesondere auch: Hans Tümmler, „Wartburg, Weimar und Wien. Der Staat Carl Augusts in der Auseinandersetzung mit den Folgen des Studentenfestes von 1817", in: *Historische Zeitschrift 215* (1972), 49–106; die innenpolitischen Auswirkungen in Preußen behandelt Günter Steiger, „Das Phantom der ‚Wartburgverschwörung' im Spiegel neuer Quellen aus den Akten der preußischen politischen Polizei" in: *Wissenschaftliche Zeitschrift der F. Schiller Universität Jena, Gesellschafts- und Sprachwissenschaftliche Reihe 15* (1966), 183–212. Dort ist auch der Bericht von Kamptz an den preußischen König vom 10.11.1817 abgedruckt, der sich intensiv auf Fries und seine Rede bezieht.

42 Karl Freiherr vom Stein, *Briefwechsel, Denkschriften und Aufzeichnungen, Bd. 5*, hg.v. Erich Botzenhart, Berlin 1931, 422.

43 Als solche könnte man bezeichnen: Die Forderung nach einem deutschen Nationalstaat oder Reich, als dessen Antizipation die nationale Einheit der Turner und Burschen verstanden werden sollte, sowie Konstitutionalismus, mit politischen Partizipationsgarantien für das Bürgertum.

44 So Kamptz in seinem bekannten Schreiben vom 9. November 1817 an Carl August. Die zitierte Stelle, die den Anfang des Briefes bildet (!), lautet im Zusammenhang: „E. K. H. ist es ohne Zweifel bereits bekannt, daß ein Haufen verwilderter Professoren und verführter Studenten am 18ten v.M. mehrere Schriften öffentlich verbrannt und dadurch das Geständnis abgelegt haben, daß sie zu ihrer Widerlegung unfähig." (Willy Andreas und Hans Tümmler (Hg.), *Politischer Briefwechsel des Herzogs und Großherzogs Carl August von Weimar, Bd. 3*, Göttingen 1973, 425)

„nichts berechtigt den vom Staate berufenen öffentlichen Lehrer, Mord und Aufruhr und Zerstöhrung alles Alten und Herkömmlichen zu predigen, und ich würde Herrn Fries als einem ganz unreifen, hohlen, haltungslosen Schwätzer den Lehrstuhl verbieten!"[45]

Die Bundesstaaten intervenierten und verlangten Aufklärung von der Weimarer Regierung, so dass Carl August an Goethe schrieb: „Die nächsten Tage sind bestimmt, den üblen Humor des Fürsten Metternich zu genießen, den Pr. Friesens Absurdität auf der Wartburg verursacht hat."[46]

Fries hingegen stand zu seinem Engagement: Er erklärte, von der beabsichtigten Bücherverbrennung bereits vorher unterrichtet gewesen zu sein, sogar die Liste der zu verbrennenden Bücher gekannt zu haben und mit den Studenten die Abneigung gegen diese Schriften zu teilen.

Zudem gab es in der öffentlichen Meinung auch unterstützende Stimmen zu seiner Wartburgteilnahme. So bekam er Zustimmung von De Wette aus Berlin,[47] Jacobi und Paulus.

Kotzebue-Mord, Amtsenthebung und ‚unpolitischer' Professor

Im Februar 1819 erkrankte auch Fries während der in Jena grassierenden Masern- und Scharlachepidemie. In dieser Zeit wünschte sein Schüler Karl Ludwig Sand „wiederholt und dringend"[48], ihn zu sprechen, wurde aber nicht vorgelassen. Am 9. März reiste Sand dann nach Mannheim ab, wo er am 23. März August von Kotzebue ermordete.

Sand, der seit Herbst 1817 in Jena Theologie studierte, hatte von Beginn an bei Fries Vorlesungen gehört, seine Schriften, insbesondere die *Ethik* und den Roman *Julius und Evagoras* studiert und seinen Lehrer bald auch persönlich näher kennengelernt. Den Mord beging Sand nicht zu einem politischen Zweck, sondern als *ethische Überzeugungstat*. Die Tat galt also nicht etwa dem Ziel, einen Despoten zu beseitigen, sondern diente vielmehr der moralischen Selbstverwirklichung des Täters. In einem exemplarischen Akt sollte versucht werden, dass *sittlich* Böse zu vertilgen, als dessen Repräsentant nicht umsonst ein Lustspieldichter galt. Die Erläuterung dieser Überzeugungstat – und einer solchen bedarf es, *eben weil* Sinn und Zweck des Attentats nicht offensichtlich sind – erfolgte in einem Bekenner-

---

45 Stein 1931, 423 (Anm. 41).
46 Andreas / Tümmler 1973, 444 (Anm. 44).
47 De Wette schreibt allerdings auch von missbilligenden Urteilen, die ihm zu Ohren gekommen seien (siehe Henke 1867, 188 (Anm. 2)).
48 Henke 1867, 202 (Anm. 2).

schreiben, weil sie andernfalls nicht nachvollziehbar wäre. Der Mord an Kotzebue, der zum Auslöser für die Karlsbader Beschlüsse wurde, zeigt sich somit nicht als Resultat eines *politischen* Extremismus, sondern als politisch folgenreiches Signum eines *verabsolutierten Gesinnungsethos.*

Dass Sand kein extremistischer Außenseiter war, zeigen die öffentlichen Reaktionen auf das Attentat: die Empathie galt zumeist dem Täter, nicht dem Opfer. Exemplarisch dokumentiert dies etwa der Trostbrief des Theologieprofessors De Wette an die Mutter von Sand, in dem er die Tat ein schönes Zeichen der Zeit nennt und die „Festigkeit und Lauterkeit der Überzeugung" des Täters würdigt. Hegels Kritik am verabsolutierten Subjektivismus des Täters bildete insofern wohl eher die Ausnahme als die Regel, worauf auch der sich in den folgenden Jahren entwickelnde Sand-Kult hindeutet.

Anders allerdings fielen die regierungsamtlichen Reaktionen aus. Hier wurde, wie nach dem Wartburgfest, Fries zu einem Hauptverantwortlichen gemacht: „Die wahren Täter sind und bleiben Fries, Luden, Oken, Kieser und das andere Gesindel dieser Art, von denen die Universitäten um jeden Preis gereinigt werden müssen".[49]

Nicht Sand also, sondern Fries wird hier von Gentz an erster Stelle als „Täter" genannt. Auch Stein, der bereits nach dem Wartburgfest hart über Fries geurteilt hatte, sieht die „Greuelthat des unglücklichen, fanatisirten Sand"[50] verursacht „durch die demokratischen Schwätzer, die den Katheder und die Pressfreyheit in Jena usw. missbrauchen": „lehrt nicht der Professor der Moral, Herr Fries, in seiner Ethik den Selbstmord. [...] Die Canzel und der Lehrstuhl müssen keine Giftbude seyn."[51]

Selbst aus Kollegenkreisen galt die Kritik eher Fries als Sand. Hegels Urteil ist bekannt, und auch Niebuhr schrieb die Tat den „Giftmischern auf den Universitäten wie Fries"[52] zu, die für ihn „ebenso schwere Sünder als die Polizeityrannen" waren.

---

[49] Gentz an Metternich, 23. April 1819, in: F. C. Wittichen / E. Salzer (Hg.), *Briefe von und an Friedrich von Gentz, Bd. 3,1*, München / Berlin 1913, 407.

[50] Stein an Solms-Laubach, 3. April 1819, in: Stein 1931, 555 (Anm. 42); das folgende Zitat ebd., 558, aus einem Brief an Spiegel vom 24. April desselben Jahres, entstammt allerdings demselben Kontext.

[51] Stein an Gagern, 30. August 1819, in: Stein 1931, 592 (Anm. 42).

[52] Niebuhr an Dore Hensler, 4. Dezember 1819, in: Eduard Vischer (Hg.), *Niebuhr, Briefe. Neue Folge, 1816–1830, Bd. 1*, Bern und München 1981, 493; das folgende Zitat a.a.O., 502, ebenfalls aus einem Brief an Hensler. Ähnlich bereits in einem Brief vom 13. November: „So ein aufgeblasener Demagoge, Fries, Oken u. dgl. ist mir ebenso verhasst als ein lasterhafter hofmännischer Minister" (484).

Im Juli wurden die Fries-Schüler Rödiger, Asverus, Jung und Mühlenfels in Berlin verhaftet. Weitere Konsequenzen brachten dann die Karlsbader Konferenzen: Zensurbestimmungen, repressive Maßnahmen gegen die Universitäten und die Einsetzung der Mainzer Zentralen Untersuchungskommission. Es folgte am 30. September die Entlassung De Wettes in Berlin. Im November 1819 erging der Befehl zur Auflösung der Burschenschaften. Ebenfalls im November wurde Fries vom Dienst suspendiert, und vorerst aus Jena verwiesen.

Fries' Suspendierung dauerte zunächst bis 1824, danach wurde ihm die Professur der Physik und Mathematik übertragen.[53] Somit hatte das Wirken eines der einflussreichsten deutschen Philosophen durch Sands Mordtat ein abruptes Ende gefunden.[54] Denn obwohl Fries weiterhin philosophische Schriften publizierte, war ihm doch selbst bewusst, dass er ohne Lehrerlaubnis der öffentlichen Wirksamkeit beraubt war. Statt dessen war, auch bedingt durch Hegels exponierte Berliner Professur, dessen „Rechtsphilosophie" zum Ausgangspunkt für die politische Theoriebildung in Deutschland geworden; Fries selbst hat in Hegel zeitlebens nur einen Denker der Restauration gesehen, wie noch eine späte Briefnotiz aus dem Jahr 1841 belegt, die – nicht ohne Sympathie – die Linkshegelianer der „deutschen Jahrbücher [...] recht lebendig" nennt, sie aber im Irrtum wähnt, wenn sie sich dabei auf Hegel beriefen: „Sie haben [...] sich selbst einen absolut liberalen Renommisten fertig gemacht, den sie Hegel nennen, der aber nie in Berlin lebte."[55] Im Jahr 1843 ist Fries, kurz vor seinem siebzigsten Geburtstag, gestorben.

Erst in der Neufriesischen Nelsonschule zu Beginn des 20. Jahrhunderts begann seine Lehre wieder an Einfluss zu gewinnen. Es scheint, als hätte Fries dies vorausgesehen: „Ich fürchte nun, daß was in meinen Arbeiten von stehen bleibender Bedeutung ist, erst sehr spät einwirken wird, weil zur Zeit diese ernsten philosophischen Interessen so sehr zurückgedrängt sind. Wie wäre es nur geworden, wenn Schleiermacher meine Berufung nach Berlin nicht zu Gunsten Hegel's verhindert hätte!"[56]

---

53 Zunächst sollte ihm die Astronomieprofessur zugesprochen werden. Aber „hier wäre ich Goethe's Subaltern geworden und dieser mochte mich optischen Ketzer nicht so in seiner Nähe." (Fries, in: Henke 1867, 236 (Anm. 2)). Der Philosophielehrstuhl wurde mit dem Sohn Reinholds, Ernst Reinhold, wiederbesetzt.
54 So auch die Beurteilung Steigers: „Fries war zwischen 1817 und 1819 zweifellos Deutschlands wirksamster philosophischer Hochschullehrer und hatte sich auf dem besten Wege befunden, nicht nur ideologisch-politisch, sondern auch philosophisch eine Macht zu werden." (Steiger 1967, 203 (Anm. 30)).
55 Fries, in: Henke 1867, 267 (Anm. 2).
56 Briefäußerung aus dem Jahre 1841, abgedruckt in: Henke 1867, 267 (Anm. 2).

II Zur praktischen Philosophie von Fries

Im vorstehenden biographischen Überblick wurde eine signifikante Entwicklung sichtbar: Ein nach eigenen Angaben zunächst verschüchterter und unsicherer Gelehrter wird zunehmend zum politisierten Professor und schließlich zum Studentenführer. Sein enger Schüler Sand begeht gar einen Mord, der vom Täter selbst und von Teilen der Öffentlichkeit als ethische Überzeugungstat legitimiert wird. Hier soll nun der Frage nach den Ursprüngen dieses radikalen Gesinnungsethos nachgegangen werden. Durch welches Denken und welche Lehre wurden Fries selbst und die studentischen Kreise so sehr politisiert? Die Wurzeln dieser Entwicklung liegen in der praktischen Philosophie von Fries, deren Grundzüge nun dargestellt werden sollen.

Die unhintergehbare Grundlage eines jedes Philosophierens bildet für Fries das transzendentalphilosophische Unternehmen einer Erschließung der Konstitutionsbedingungen menschlicher Erkenntnis, das Kant in der *Kritik der reinen Vernunft* durchgeführt hatte. Allerdings hält Fries die Begründung der Kant'schen transzendentalen Prinzipien für unzulänglich und versucht sie deshalb in einer *Neuen Kritik der Vernunft* (3 Bände, 1807) zu verbessern und auf eine neue, nämlich „anthropologische" Grundlage zu stellen.[57] Neben dieser anthropologischen vollzieht Fries zugleich eine subjektivistische Wende, durch die er hofft, die nach seiner Meinung in Kants System problematisch gewordene Einheit der Vernunft retten zu können.

Fries ist der Auffassung, dass Kant den Fehler begangen habe, seine apriorisch geltenden ersten Grundsätze der Erkenntnis beweisen zu wollen. Indem Kant aber „Beweise als höchste Begründungsmittel der philosophischen Grundsätze angiebt",[58] kann es sich nicht um schlechterdings erste, die Erkenntnis erst ermöglichende Kategorien handeln, weil sie dann wiederum aus Prämissen abgeleitet sein müssten. Erste Grundsätze (oder letzte Gewissheiten) sind ihrerseits nicht beweisbar. Fries, der von der Richtigkeit der Kantschen Kategorientafel überzeugt ist, deutet deshalb den transzendentalphilosophischen Ansatz um: Da ein Beweis nicht möglich ist, besteht die Aufgabe der Philosophie darin, die ersten „Grundsätze in der Vernunft *aufzuweisen*."[59] Damit wird innere „Selbstbeobachtung"[60] zur Aufgabe der Philosophie. Als innere „Naturlehre des menschlichen

---

57 Vgl. oben Anm. 18 zum Titel der zweiten Auflage der Vernunftkritik.
58 Jakob Friedrich Fries, *Neue oder anthropologische Kritik der Vernunft*, 2. Aufl., Bd. 1, Heidelberg 1828, XIV (SS 4 (Anm. 1)).
59 Fries ²1828, 343 u. ö. (Anm. 58, SS 4 (Anm. 1)).
60 Fries ²1828, XXVII, u. ö. (Anm. 58, SS 4 (Anm. 1)).

Geistes"[61] wird sie so zur Psychologie und – da die Vernunft in allen Menschen gleichermaßen existiert – zur Anthropologie

Daraus ergibt sich, dass philosophische Grundsatzfragen nur im regressiven Verfahren der inneren Selbstbeobachtung durch Aufweisung der Vernunftwahrheiten entschieden werden können. Dies ist die *psychologisch-anthropologische* Wende von Fries. Das Subjekt kann sich dabei zur Verifizierung seiner Erkenntnisse nicht mehr auf ein Äußeres, Objektives beziehen. Dass dies bei Kant geschehe, ist der zweite Kritikpunkt von Fries. Denn zwar sei Kant seinem Ansatz nach mit der kopernikanischen Wende der Erkenntnistheorie auf dem richtigen Weg gewesen, den Ursprung aller Sicherheit des Wissens aus dem Subjekt selbst und seinen Erkenntnisbedingungen zu begründen. Dann aber habe er den verhängnisvollen Fehler begangen, Erkenntnis doch wieder an ihre Übereinstimmung mit vorausgesetzten Objekten zurückzubinden. Damit habe Kant die klassische Korrespondenztheorie der Wahrheit – als Übereinstimmung der Erkenntnis mit ihrem Gegenstand – in Anspruch genommen, die jedoch unzulänglich sei, „weil es ganz an einer Regel fehlt, nach der diese Übereinstimmung oder Nicht-Übereinstimmung sich beurtheilen ließe."[62] Man müsste dazu gleichsam aus der Erkenntnis heraustreten, um von einem höheren Standpunkt aus die Entsprechung von Erkenntnis und Gegenstand zu verifizieren. Da dies nicht möglich ist, bleibt für Fries nur der Ausweg eines konsequenten Subjektivismus: Das Bewusstsein kann stets nur untersuchen, wie ihm Gegenstände im Bewusstsein gegeben sind. Insofern ist die „Erkenntniß der Welt als Erkenntniß immer nur eine Thätigkeit meiner Vernunft", und deshalb lautet auch hier die Forderung: „Selbsterkenntniß".[63] Dies ist die *subjektivistische* Wende von Fries.

Die unmittelbaren Vernunftwahrheiten müssen durch philosophische Introspektion „von der Dunkelheit erst zur Klarheit erhoben werden, damit wir uns ihrer bewußt werden."[64] Die menschliche Vernunft erlangt so das „Wiederbewußtseyn"[65] dessen, was ursprünglich in ihr liegt und ihrer Erkenntnis Struktur und Inhalt gibt. Es fällt nicht schwer, in diesem Verfahren der inneren Selbstbeobachtung die philosophische Variante des pietistischen Einkehr- und Introspektionsdenkens zu erkennen, wobei die Vorstellung der Selbsterfahrung als innere Erfahrung Gottes insbesondere im Herrnhutertum wurzelt.[66]

---

61 Fries ²1828, 36, u.ö. (Anm. 58, SS 4 (Anm. 1)).
62 Fries ²1828, 72; siehe auch XXVII (Anm. 58, SS 4 (Anm. 1)).
63 Fries ²1828, 32 (Anm. 58, SS 4 (Anm. 1)).
64 Fries ²1828, 248 (Anm. 58, SS 4 (Anm. 1)).
65 Fries ²1828, 248 u.ö. (Anm. 58, SS 4 (Anm. 1)).
66 Siehe dazu die Nachweise bei August Langen, *Der Wortschatz des deutschen Pietismus*, 2. Aufl., Tübingen 1968: Zur „Selbsterfahrung" und „Einkehr" als „Angelpunkte" der pietistischen

Medium dieser Selbstbewusstwerdung ist für Fries der Verstand, der „als Reflexionsvermögen [...] nur ein Vermögen der inneren Selbstbeobachtung der Vernunft" ist: „Mit allem Reflektiren thun wir nichts neues zur Erkenntniß hinzu, wir beobachten nur, was in unserer Vernunft liegt".[67]

Auch Irrtümer sind allein auf dieser Ebene der mittelbaren Reflexionstätigkeit des Verstandes möglich. Die unmittelbaren Gewissheiten der Vernunft sind infallibel und in jeder menschlichen Vernunft gleichermaßen aufweisbar. Es liegt gegen eine solche Konzeption unmittelbaren Vernunftwissens ein Einwand nahe, den Hegel in dem lapidaren Satz ausgesprochen hat: „Beliebiger Stoff kann da hereingenommen werden."[68] Für Fries aber ist gerade das nicht der Fall. Denn zwar lassen sich aus logischen Gründen die letzten Gewissheiten der Vernunft selbst nicht mehr beweisen, sondern eben nur aufweisen. Jede Erkenntnis aber muss, will sie sich nicht selbst destruiren, beruhen auf dem *„Selbstvertrauen"* der Vernunft, dass es eben die Vernunft ist, die hier tätig ist und dass deshalb „die metaphysischen Grundwahrheiten, die uns unmittelbar im Wahrheitsgefühl zu Bewußtseyn kommen" auch wahr *sind.*[69] Es ist dies eine exakt analoge Argumentation zu Zinzendorf, der so das Vertrauen in die Wahrheit seines Glaubensgefühls begründet hatte.[70] Irrtümer gesteht Fries nur im empirischen Bereich und auf der Reflexionsebene des Verstandes zu.

Soweit zu den Grundlagen der Fries'schen Morallehre, wie sie in seiner Vernunftkritik in der Auseinandersetzung mit Kant entwickelt werden. Es ist nun-

---

Terminologie, die wichtig sind, „weil der im Religiösen wurzelnde und in der Romantik gipfelnde Subjektivismus des 18. Jahrhunderts hier anknüpft" (153–155), zur Selbsterfahrung als innere Gotterfahrung, die im Herrnhuter Pietismus freilich primär als „innere Erfahrung des Blutes Christi eine Hauptrolle" spielt (248–249), und zu den inneren „Augen des Gemüthes, [um] uns selbst recht zu erkennen" – ein Ausdruck, der um 1807 als „modisch" gilt (369). Zur „peinlichen Gewissenserforschung" und zu den „durch ständige Selbstbeobachtung gewonnenen" Anfängen einer „analytischen Innenpsychologie" im quietistischen Pietismus siehe auch: Ernst Beyreuther, *Geschichte des Pietismus,* Stuttgart 1978, 300–301 (Zitate ebd.).

67 Fries ²1828, 248 (Anm. 58, SS 4 (Anm. 1)).
68 Hegel, *Vorlesungen über die Geschichte der Philosophie, Bd. 3* (Werke 20, Frankfurt am Main 1971, 419).
69 Fries ²1828, XXVIII (Anm. 58, SS 4 (Anm. 1)).
70 „Das ist Wahrheit, das ist Grund, weil wir glauben sollen, weil wir nicht sehen noch greifen sollen. Denn es muß immer etwas Treue, etwas Wagniß dabei sein, daß es geglaubt heiße." Und der wahre Glaube äußert sich im Gefühl: „Das Gefühl ist doch das einzige Mittel, wie die Leute können auf was Ganzes, auf die Materie ihrer großen Seligkeit kommen." Auch dieses Glaubensgefühl ist – wie das Fries'sche unmittelbare Vernunftwissen – Ausdruck infallibler Wahrheit, denn: „ich habe das viele Jahre in meiner Seele erfahren" und „mein Herz hat einerlei Gefühl davon Tag und Nacht." (Zinzendorf, *Gemeindereden,* zitiert nach: Albrecht Ritschl, *Geschichte des Pietismus, Bd. 3*, Bonn 1886, 416–417)

mehr die ‚große Ethik' von 1818, das besonders in der burschenschaftlichen Bewegung einflussreich gewordene *Handbuch der praktischen Philosophie*[71] zu behandeln

Sie teilt sich in die innere praktische Naturlehre, als Tugendlehre oder Moral im engeren Sinn und in äußere praktische Naturlehre als Rechtslehre. Die Rechtslehre wird damit zum Teil der Ethik. Beide stehen inhaltlich unter der obersten Vernunftidee der Würde der Person. Während die Morallehre auf dieser Idee angemessene tugendhafte Gesinnungen und Handlungen des einzelnen Individuums zielt, formuliert die Rechtslehre den aus der Idee folgenden Grundsatz der Gleichheit der Würde aller Vernunftwesen als oberste Rechtsnorm.

Auch die Fries'sche Ethik geht von einer Kritik an Kant aus: Die erste Kritik gilt Kants Formalismus.[72] Die Überlegung, dass ein praktisches Gesetz „nicht der Materie, sondern bloß der Form nach den Bestimmungsgrund des Willens"[73] abgeben müsste, führt Kant zum kategorischen Imperativ als einer rein formalen Universalisierungsregel: „Handle so, daß die Maxime deines Willens jederzeit zugleich als Prinzip einer allgemeinen Gesetzgebung gelten könne". Fries erkennt den kategorischen Imperativ Kants als „Imperativ der Tugend"[74] zwar an, hält ihn aber als allein begründendes Moralgesetz nicht für hinreichend, ist doch mit ihm „nichts mehr gewonnen, als in jeder Lehre, welche Vernünftigkeit der Handlungen fordert und darunter nur logische Regelmässigkeit versteht".[75] Aufgabe eines Moralgesetzes ist es vielmehr, bestimmte Werte oder Zwecke überhaupt erst als moralische zu qualifizieren, damit sie als verallgemeinerungsfähig gelten können. Ein Moralgesetz ist für Fries also nicht als formales Prinzip, sondern nur als materiales Gebot möglich.

Da Werte und Zwecke aber nicht in der empirischen Erfahrung auffindbar sind, denkt Fries sie als „a priori aus dem Wesen [der] Vernunft" entspringende. Er ist also der Überzeugung, dass sich materiale Werte aus reiner Vernunft begründen lassen, und die Aufgabe der praktischen Philosophie besteht für ihn darin,

---

71 Fries, *Handbuch der praktischen Philosophie, Bd. 1*, Heidelberg 1818 (SS 10 (Anm. 1)).
72 Zu diesem Formalismus-Vorwurf, der sich auch bei Fichte, Hegel und Schelling findet und im weiteren Verlauf des 19. Jahrhunderts zum prägenden Topos der Kant-Rezeption werden sollte, siehe Joachim Rückert, „Kant-Rezeption in juristischer und politischer Theorie (Naturrecht, Rechtsphilosophie, Staatslehre, Politik) des 19. Jahrhunderts", in: M. P. Thompson (Hg.), *John Locke und Immanuel Kant. Historische Rezeption und gegenwärtige Relevanz*, Berlin 1991, 144–215, bes. 202–203 und 206–207.
73 Kant, *Kritik der praktischen Vernunft* [1781], A 48 (Kant, Werke 7, Frankfurt am Main 1982, 135; das folgende Zitat ebd., A 54 (140)).
74 Fries, *Neue oder anthropologische Kritik der Vernunft, 2. Aufl., Bd. 3*, Heidelberg 1831, 146 (SS 6 (Anm. 1)).
75 Fries ²1831, 156 (Anm. 74, SS 6 (Anm. 1)). Die folgenden Zitate ebd.

diese Zwecke und Werte in der Vernunft aufzuweisen. Der höchste praktische Grundsatz kann dabei für ihn nur derjenige sein, „welcher der Vernunft und ihrem Leben den Werth gibt": der des unbedingten Wertes der Person und ihrer Würde. Aus reiner praktischer Vernunft entspringt somit das gehaltvolle Moralgebot, bei allen Handlungen die Würde des Menschen als absoluten Wert zu respektieren.

Der zweite Kritikpunkt zielt auf den imperativischen Charakter des Kantschen Sittengesetzes: Kants rein formale Universalisierungsregel begründe gar kein moralisches Sollen, denn „eine nur formelle Regel des Antriebes bedeutet gar nichts."[76] Fries geht stattdessen davon aus, dass wenn moralische Handlungen möglich sein sollen, neben den auf sinnliche Befriedigung gehenden Trieben im Menschen ein vernünftiger Trieb existieren müsse, der „demjenigen, was nur für mich wünschenswerth wäre, gerade entgegen zu handeln" gebieten kann.[77]

Und indem hier die „reine Vernunft zur handelnden Vernunft" wird, muss es sich um einen „sittlichen Trieb" handeln, „dessen Stimme wir das Gewissen nennen" und „dessen Forderungen in Rücksicht einer Handlung immer durch ein Sollen ausgesprochen werden". Das Wesen dieses sittlichen Triebes also besteht darin, dass er als Vernunft sich selbst will und deshalb das „Princip einer nothwendigen Werthgesetzgebung" ausspricht.

Und da sich der sittliche Trieb, dessen „Gesetze a priori mit Nothwendigkeit erkannt werden", durch das Gewissen ausspricht, sind auch die „Aussprüche des Gewissens [...] unmittelbar allgemein und nothwendig". Erforderlich ist deshalb, dass sich das einzelne Individuum „in seinen Handlungen seiner Überzeugung von dem unterwirft, was an sich Zweck sey",[78] oder, in imperativischer Formulierung: „Handle so, wie du überzeugt bist, daß du handeln sollst."[79] Damit tritt, wie Fries es ausdrückt, die Ethik der Gesinnungen an die Stelle der Ethik toter Werke.

Hier kommt mithin der zentrale Terminus der „Überzeugung" ins Spiel: Die subjektive Überzeugung selbst wird zur einzigen Erkenntnisinstanz, ausgesprochen in „Grundgesetzen" wie etwa dem „Gesetz der Wahl: du darfst jeden Zweck im Leben beliebig verfolgen, wenn er deiner Überzeugung von der Pflicht nicht zuwider ist."[80]

Auch die Fries'sche Rechtslehre[81] ist formal wie inhaltlich eng angelehnt an die Kants Rechtslehre. Fries übernimmt die Einteilung der *Metaphysik der Sitten* in

---

[76] Fries ²1831, 151 (Anm. 74, SS 6 (Anm. 1)).
[77] Fries ²1831, 72–73 (Anm. 74, SS 6 (Anm. 1)). Die folgenden Zitate ebd.
[78] Fries ²1831, 83 (Anm. 74, SS 6 (Anm. 1)).
[79] Fries ²1831, 152 (Anm. 74, SS 6 (Anm. 1)).
[80] Fries 1818, 158 (Anm. 71, SS 10 (Anm. 1)).
[81] Fries, *Philosophische Rechtslehre*, Jena 1803 (SS 9 (Anm. 1)).

Rechts- und Tugendlehre, in äußere Rechts- und innere Tugendpflichten, d. h. Ethik. Bei Fries wie bei Kant folgen der philosophischen Bestimmung des Rechtsgesetzes grundlegende Anwendungsbestimmungen privat-, straf- und staatsrechtlicher sowie völkerrechtlicher Art. Neben dieser Parallelität in der Theoriearchitektonik finden sich auch zahlreiche Übereinstimmungen inhaltlicher Art. Ein gravierender Unterschied aber besteht im materialen Ausgangspunkt von Fries. Während die „Metaphysik der Sitten" ein rein formales Verallgemeinerungsprinzip zur Grundlage hat, gründet sie für Fries im Begriff der Würde: „Der absolute Werth des vernünftigen Wesens heißt *Würde*, das Subjekt der Würde heißt *Person*."[82] Daraus leiten sich Rechts- und Sittengesetz ab, die beide ihren Geltungsgrund in reiner praktischer Vernunft haben und mithin zusammenfallen: *„Jeder Person kommt ein absoluter Werth als Würde zu, sie existiert als Zweck schlechthin und ihre Würde gibt jeder Person den gleichen absoluten Werth mit jeder anderen."*[83]

Daraus folgt als Rechtsprinzip das Gebot der Gleichbehandlung. Da Würde keinen Grad kennt, lässt sie nur das Verhältnis der Gleichheit schlechthin zu, und Fries formuliert pointiert: „Die Antwort auf die Frage: Was ist Recht? wird seyn: *Gleichheit ist Recht.*" Die oberste Rechtspflicht lautet damit: Es *„soll ein jeder den anderen als Seinesgleichen behandeln"*; dem korrespondiert als oberster Rechtsanspruch eines jeden Menschen, *„zu fordern, dass jeder andere ihn als Seinesgleichen behandele."*[84]

Mit dem Grundsatz der Gleichheit hat Fries einen anderen Ausgangspunkt gewählt als Kant, der die Sicherung von Freiheit zum obersten Rechtsgrundsatz erhoben hatte: „Handle äußerlich so, daß der freie Gebrauch deiner Willkür mit der Freiheit von jedermann nach einem allgemeinen Gesetze zusammen bestehen könne".[85] Dieser Rechtsbegriff wird von Fries der Kritik unterzogen. Indem Kant von der Freiheit des Individuums ausgehe, um dann sein Rechtsgesetz als Kompatibilitätsnorm der Zusammenstimmung der Freiheit aller zu formulieren, würde damit „die Rechtslehre zu einer Lehre der Beschränkung der Rechte gemacht". Fries schließt deshalb umgekehrt: „Politische persönliche Freyheit ist hingegen eine bloße Folge der Gleichheit."[86] Der Bezugspunkt der Rechtslehre verschiebt sich damit vom Individuum auf das Kollektiv, auch wenn Fries hier zunächst primär die rechtliche Gleichheit der Menschen als Personen gleicher Würde im Auge hat, und nicht etwa materielle Besitzverhältnisse.

---

82 Fries 1803, 32 (Anm. 81, SS 9 (Anm. 1)).
83 Fries 1803, 7 (Anm. 81, SS 9 (Anm. 1)).
84 Fries 1803, 33–34 (Anm. 81, SS 9 (Anm. 1)).
85 Kant, *Metaphysik der Sitten* [1797], 34 (Kant 1982, 338 (Anm. 72)).
86 Fries 1803, 24–25 (Anm. 81, SS 9 (Anm. 1)).

Zudem wird im zweiten Teil des Buches eine normative Grundlegung der Politik gegeben, der die Aufgabe zugewiesen wird, „das gegebene Rechtsgesetz in der Gesellschaft zu realisiren".[87] Auf die Inhalte der „Politik" kann in diesem Rahmen nicht weiter eingegangen werden, vielmehr ist hier ihr systematischer Ort in der Philosophie von Fries hervorzuheben: Als Feld der Rechtslehre ist die Politik ein Teil der Ethik und damit dieser untergeordnet; Rechtsdenken und Politik werden von der philosophischen Ethik bestimmt. Damit kommt es erstens zu einer ethischen Überformung von Rechtsdenken und politischem Handeln; zweitens werden deren Imperative, weil philosophisch begründet, mit starken Geltungsansprüchen versehen.

Hier werden auch die Unterschiede im Blick auf Schleiermacher deutlich, den Fries persönlich sehr geschätzt hat. In einer Rezension von Schleiermachers *Grundriss der philosophischen Ethik* schildert er ihn und sein Wirken mit großer Sympathie und respektvoll als einen „der ausgezeichnetsten unter den Männern, die unter uns lebten und wirkten", der „stets bei den Tapfern" gestanden und „offen die Regierung bei so manchem Schritte" gewarnt habe.[88] Auch mit dem transzendentalen Teil der Dialektik von Schleiermacher ist Fries einverstanden und zitiert zustimmend: „Wir bedürfen eben so gut eines transcendentalen Grundes für unsere Gewißheit im Wollen als für die im Wissen, und beide können nicht verschieden sein." Jedoch kritisiert Fries die aus der Dialektik hervorgehenden „Gleichstellungen von Natur und Vernunft" in Schleiermachers Ethik, die zu einem „naturphilosophischen Gedanken von der Einheit des Geistigen und organisch Leiblichen" führe. Demgegenüber besteht Fries darauf, die Aufgaben einer philosophischen Sittenlehre auf die „reine Zeichnung der Ideale des menschlich geistig Guten" zu beschränken, womit er den imperativischen Charakter der Ethik akzentuiert. Eine weitere Differenz besteht in der theoretischen Verortung des Verhältnisses von Religion und Philosophie: Während Schleiermacher auf einer Trennung der Sphären beharrt und Fries für die Indifferenz kritisiert, hält dieser daran fest, dass auch die religiösen „eignen Überzeugungen […] nie ohne philosophisches Selbstdenken geschehen" könnten.[89]

Zusammenfassend lässt sich also festhalten: In der praktischen Philosophie von Fries können die theoretischen Entstehungsgründe einer Ethik des unbedingten Überzeugungshandelns als pietistisch-protestantisch motivierte, tran-

---

[87] Fries 1803, 68 (Anm. 81, SS 9 (Anm. 1)).
[88] Fries, „Friedrich Schleiermachers Grundriss der philosophischen Ethik; mit einleitender Vorrede von D. A. Twesten. Berlin: G. Reimer 1841", in: SS 25, 219–230 (Anm. 1); Zitate: 223. Die folgenden Zitate 227–229.
[89] Fries, „Über Schleiermachers zweites Sendschreiben über seine Glaubenslehre, 1829", in: SS 25, 301–302 (Anm. 1); Zitat 302.

szendentalphilosophisch begründete Gesinnungslehre freigelegt werden.[90] Diese ist, über die politischen Reden, die philosophischen Schriften, Flugschriften, Romane und das persönliche Wirken[91] von Fries weit hinaus, im 19. Jahrhundert noch in erheblicher Weise politisch wirkmächtig geworden – etwa in der oft konstatierten Ausbildung der deutschen Parteien als „Überzeugungsparteien"[92] oder in der Legende vom Gesinnungshandeln der Göttinger Sieben[93]. Auch Hegels Einspruch gegen den moralischen Subjektivismus – immerhin an prominenter Stelle in der Vorrede seiner *Philosophie des Rechts* vorgetragen – konnte sich hiergegen zunächst sich nicht durchsetzen. Schleiermacher indessen scheint näher an Hegel als an Fries zu verorten zu sein.

---

90 Hierzu weiterführend Ernst Rudolf Huber, *Deutsche Verfassungsgeschichte seit 1789, Bd. 1*, 2. Aufl., Stuttgart u. a. 1975, 171–180; Paolo Becchi, „Die Wurzeln der Ethik der Überzeugung", in: Karl-Otto Apel und Riccardo Pozzo (Hg.), *Zur Rekonstruktion der praktischen Philosophie. Gedenkschrift für Karl-Heinz Ilting*, Stuttgart 1990, 550–579; Hubmann 1997 (Anm. 1)
91 In exemplarischer Weise findet sich dieser Einfluss formuliert bei dem Fries-Schüler und späteren Theologen und Philosophen F. J. Chr. Francke in seinen *Lebenserinnerungen:* Die Lehre von Fries „ergriff mich mit so überwältigender Macht der Überzeugung, daß ich früh ausrief: Du hast Deinen Meister und Lebensführer gefunden. Denn wenn mir auf der einen Seite die vernommenen Gedanken [...] ganz neu vorkamen, so schmiegten sie sich auf der anderen Seite dennoch meinem innersten Wesen so innig an, daß mir schien als sey mir alles schon sehr bekannt gewesen." (Zitiert nach Fries, SS 28, S 9*–10* (Anm. 1)).
92 So Thomas Nipperdey: Die deutschen Parteien „verstehen sich als Ideen-, als Weltanschauungs-, als Überzeugungsparteien, und sie sind das auch. Hinter ihnen steht eine metapolitische Philosophie, eine säkulare Theologie. [...] die Parteien neigen zum Doktrinären; der politische Konflikt tendiert leicht zum Kampf um letzte Überzeugungen." (*Deutsche Geschichte 1800–1866*, München 1983, 378.)
93 Siehe hierzu Klaus von See, *Die Göttinger Sieben. Kritik einer Legende,* Heidelberg 1997.

5 Religion und Kunst

Günter Meckenstock
Zeitgeschichtliche Bezüge in Schleiermachers Predigten 1808–1810

Durch den Tilsiter Frieden vom 9. Juli 1807 kam Halle an der Saale zum neuen Königreich Westphalen. Friedrich Schleiermacher, der in preußischen Diensten bleiben wollte, verließ endgültig am 7. Dezember 1807 Halle; er gab seine dortige Professur und Universitätspredigerstelle auf; er siedelte nach Berlin über. Da er diese Veränderung seines Lebensorts bereits im Sommer 1807 vorbereitend erprobt hatte und aus seiner Charité-Zeit 1796–1802 noch viele Kontakte vorhanden waren, konnte er in Berlin schnell wieder heimisch werden.

Zu diesen Anfängen in Berlin liefern die beiden kürzlich erschienenen Schleiermacher-Briefbände 10 und 11 neue Kenntnisse von bisher Unbekanntem und neue Einzelheiten zu schon Bekanntem.[1] Die Jahre 1808–1810 brachten biographisch für Schleiermacher, nach den vorangegangenen beruflichen und persönlichen Erschütterungen, die erhoffte Wende in ein weitgespanntes tätiges Leben in Universität, Kirche, Familie, Staatsverwaltung und Akademie.[2] Durch einige Briefzitate möge dies verdeutlicht werden.

Im Mittelpunkt seines Sehnens und Strebens stand die Erneuerung des universitären Lehramts. So schrieb er am 8. März 1808 an August Boeckh:

> Daß ich aber gar zu gern wieder lehren möchte auf meine Weise und mein Leben nur in so fern für etwas nuz halten kann als es mir gelingt noch wieder ein Kathedler zu besteigen, das ist eine ganz wichtige Voraussezung. Auch gestehe ich Ihnen ehrlich daß ich seit der lezten Zerstörung, wenn ich mir dachte Preußen könnte verurtheilt sein sich nicht wieder zu er-

---

[1] Friedrich Schleiermacher: Kritische Gesamtausgabe (KGA) V/10: Briefwechsel 1808 (Briefe 2598–3020) und KGA V/11: Briefwechsel 1809–1810 (Briefe 3021–3560), hg.v. Simon Gerber und Sarah Schmidt, Boston/Berlin: de Gruyter 2015.
[2] Vgl. Schleiermacher: „Meine einzige Sorge ist nur daß ich wirklich anfangen muß mich von der Faulheit, meinem größten Laster zu curiren. Wo sollte sonst die Zeit herkommen alles zu genießen und dabei auch alles zu thun! Denn ein sehr thätiges und mit Gottes Hülfe gesegnetes und nicht unwirksames Leben muß mir noch bevorstehn wenn etwas wahres ist an meinen Ahndungen und Träumen." (KGA V/10, Brief 2850, Z. 16–21; Brief vom 1.10.1808 an seine Braut Henriette von Willich). Anders die Fremdeinschätzung durch Christian Gottlieb Konopak: „Was Ihre Arbeiten betrifft, so sind Sie, wie ich sehe, jetzt wie ehemals ein Nimmersatt. Sie haben Ethik und theologische Encyklopädie gelesen, haben Predigten gehalten, zwey Schriften, wenn gleich nicht von großem Umfange, in den Druck gegeben, an der Predigtsammlung doch wenigsten fortgearbeitet, und doch sind Sie nicht zufrieden!" (KGA V/10, Brief 2733, Z. 14–18; Brief vom 8.6.1808).

holen, mir immer Heidelberg als den einzigen Ort dachte wo ich recht gern wieder eine Professur hätte.[3]

Nach vielen Wirren, beginnend mit der königlichen Genehmigung einer allgemeinen und höheren Lehranstalt in Berlin am 4. September 1807, wurde schließlich die Berliner Universität auf Antrag Wilhelm von Humboldts am 16. August 1809 gegründet und im Oktober 1810 eröffnet.

Schleiermacher gelang die Zusicherung und Übernahme einer Pfarrstelle. Er berichtete am 31. Mai 1808 an Alexander von der Marwitz:

> Es ist hier der reformirte Prediger an der Dreifaltigkeitskirche gestorben, und ich habe an den König geschrieben daß wenn er bei der hier zu erreichtenden Universität nicht auch einen akademischen Gottesdienst zu stiften dächte er mir doch diese Stelle möchte geben lassen. Sie gehört freilich zu denen die seit dem Kriege ganz ohne Besoldung gewesen sind; es kommt mir aber auch nur darauf an eine feste Kanzel zu haben, und zwar eine solche deren mäßige Geschäfte sich am leichtesten mit dem akademischen Beruf verbinden lassen, und das ist grade diese.[4]

Nach der Verlobung am 18. Juli 1808 auf Rügen mit Henriette von Willich (geb. von Mühlenfels), der Witwe seines 1807 verstorbenen Freundes Ehrenfried von Willich, sah er mit größtem Enthusiasmus der Heirat (1809) mit und der Vaterschaft für die zwei Kinder aus der ersten Ehe seiner Frau entgegen, zu denen ab 1810 vier weitere kommen sollten. Seiner künftigen Schwägerin Charlotte von Kathen schrieb Schleiermacher am 15. September 1808:

> Ich sehe mit der größten Sicherheit dem Frühjahr entgegen als dem unfehlbaren Anfang meines eigentlichen Lebens [...].[5]

Gegenüber seinem Studienfreund Carl Gustav von Brinckmann äußerte Schleiermacher am 11. Februar 1809:

> Mein ganzes Herz ist bei dieser Verbindung. Wenn die Welthändel es gestatten soll sie im May vollzogen werden, und ich verspreche mir dann noch ein recht schönes heiteres reiches Leben in einem andern Styl als das bisherige, ohne doch irgend etwas das mir bisher am Herzen gelegen hat deshalb fahren zu lassen.[6]

---

3 KGA V/10, Brief 2655, Z. 85–91.
4 KGA V/10, Brief 2724, Z. 31–39.
5 KGA V/10, Brief 2830, Z. 57–58.
6 KGA V/11, Brief 3075, Z. 49–53.

Am erforderlichen staatlichen Reformprozess hoffte Schleiermacher durch ein politisches Amt teilnehmen zu können und nicht auf sein Predigen beschränkt zu sein.[7] Er empfahl sich durch seinen „Vorschlag zu einer neuen Verfassung der protestantischen Kirche für den preußischen Staat vom 18. November 1808"[8] für die staatliche Kultusabteilung. Am 29. Dezember 1808 schrieb er an seine Braut:

> Komme ich noch irgend, wenn auch nur vorübergehend in eine Thätigkeit für den Staat hinein, dann weiß ich mir wirklich nichts mehr zu wünschen. Wissenschaft und Kirche, Staat und Hauswesen – weiter giebt es nichts für den Menschen auf der Welt, und ich gehörte unter die wenigen Glüklichen die alles genossen hätten.[9]

Schleiermacher wurde 1810 in die ministerielle Sektion sowie die wissenschaftliche Deputation für den öffentlichen Unterricht berufen. Er wurde 1810 auch Mitglied der Berliner Akademie der Wissenschaften.[10]

I Quellenlage zu Schleiermachers Predigttätigkeit

Schleiermacher hat häufig und vielfältig gepredigt. Die Predigtberechtigung erwarb er mit seinem Ersten Examen 1790. Und dann predigte er in unterschiedlichen Ämtern bis zu seinem Tod 1834 in wohl über 3500 Veranstaltungen bei Gottesdiensten und den verschiedenen Kasualien wie Taufen, Trauungen, Begräbnissen. Alle diese Kanzelreden, schätzungsweise 2300 Gemeinde- und 1200 Kasualpredigten, hielt er frei und schrieb nur einige im Nachhinein auf. Allerdings bereitete er sich so auf diese freien Kanzelreden vor, dass er Einleitung, Thema und die wichtigsten Gedankenschritte zumeist stichwortartig in einer Disposition samt Untergliederung auf einem Entwurfszettel notierte. Diese eigenhändigen Notizen, die er teilweise nachträglich sammelnd zu Heften zusammenstellte, reichen in größerer Zahl bis ins Jahr 1808.[11] Dann kommt ein markanter Wechsel. Ab Ende 1809 wurden Predigten Schleiermachers in wachsender Zahl von Hörern mitgeschrieben und in einer Nachschrift festgehalten. Viele dieser Nachschriften

---

[7] Vgl. KGA V/10, Brief 2719, Z. 20–25.
[8] Vgl. F. Schleiermacher, KGA I/11: Akademievorträge, hg.v. Martin Rössler u. Mitw. v. Lars Emersleben, Boston/Berlin: de Gruyter 2011, 1–18 sowie die Bandeinleitung S. XXV–XXX.
[9] KGA V/10, Brief 3008, Z. 145–149.
[10] Vgl. KGA I/11, XII–XX.
[11] Vgl. KGA III/3: Predigten 1790–1808, hg.v. Günter Meckenstock, Boston/Berlin: de Gruyter 2013.

fremder Hand wurden ihm zugänglich gemacht. Nicht wenige nutzte er für das Anfertigen von Druckfassungen.

Das gestellte Thema ist für die Jahre 1808–1810 mit einer gegenläufigen Sachlage konfrontiert: Zum einen ist der textliche Quellenbestand schmal, insbesondere für die Jahre 1808 und 1809; zum andern sind Schleiermachers Predigten in diesen Jahren nach seinem eigenen Bekunden „ein Wort zu seiner Zeit gesagt"[12], im doppelten Sinn, subjektiv und objektiv. Auch wenn Bezüge zum Tagesgeschehen eher selten sind, so sind die Predigten, die uns als Drucke, Autographen oder Nachschriften erhalten sind, doch in dem Sinne zeitbezogen, dass sie in ihre Zeit gestaltend hineinwirken wollen. Darüber soll hier berichtet werden; interpretatorische Linien, wie das Berichtete einzuordnen ist, werden nur knapp skizziert. Der Bericht lässt Schleiermacher in längeren Zitaten selbst zu Wort kommen und fällt ziemlich trocken aus.

Im Blick auf die Termine, an denen Schleiermacher in Gemeindegottesdiensten gepredigt hat, ist die Quellenlage für die Jahre 1808–1810 gut fundiert durch die Angaben, die Schleiermachers 1808 begonnenem Tageskalender entnommen werden können, und durch die Ankündigungen im Berliner *Intelligenz-Blatt*. Schleiermacher hielt unregelmäßig Gottesdienst in den Berliner reformierten Kirchengemeinden Dom, Dreifaltigkeitskirche, Friedrichswerdersche Kirche, Jerusalemer Kirche, Neue Kirche und Parochialkirche. Bleiben Kasualreden und Beichtreden unberücksichtigt, so sind für 1808 terminlich 18 Predigten von Januar bis Juni und fünf Predigten von Oktober bis Weihnachten für Berlin nachweisbar, außerdem auf Rügen im Juni und Juli fünf Predigten und am 4. September in Königsberg eine Predigt, mithin insgesamt 29 Predigten.

Im Blick auf das in einer Predigt behandelte Thema und auf den vorgetragenen Wortlaut der Kanzelrede ist die Quellenlage der Textüberlieferung allerdings deutlich eingeschränkt. Zu den 29 Predigtterminen des Jahres 1808 sind sieben Predigtdispositionen[13] und zwei ausformulierte Predigtvorträge[14] vorhanden.

Noch karger ist die textliche Quellenlage im Jahr 1809, auch wenn die Zahl der Predigttermine höher ist. Schleiermacher wurde nämlich am 11. Juni 1809 in das seit Mai 1808 vakante und ihm umgehend vom König zugesagte Amt des reformierten Predigers an der Berliner Dreifaltigkeitskirche eingeführt. Nun musste er regelmäßig an jedem Sonntag im Wechsel vormittags oder nachmittags Gottesdienst halten. Vor seiner Amtseinführung predigte er in Berlin neunmal, fünfmal

---

12 KGA III/1: Predigten. Erste bis Vierte Sammlung (1801–1820), hg.v. Günter Meckenstock, Boston/Berlin: de Gruyter 2013, 417, Z. 12.
13 Vgl. KGA III/3, 742–751. 768–771.
14 Vgl. KGA III/1, 396–415; III/3, 903–914.

auf Rügen vor und nach seiner Hochzeit am 18. Mai. Im pfarramtlichen Dienst hielt er dann 26 Predigten, außerdem eine im schlesischen Schmiedeberg. Von den insgesamt 42 Predigten des Jahres 1809 sind nur zwei gedruckte Predigtvorträge, eine Disposition und eine Nachschrift überliefert.[15]

Im Jahr 1810 beginnt die textliche Quellenlage besser zu werden, der Strom textlicher Überlieferung wird breiter. Dafür sorgt das Genus Nachschriften. Während Schleiermachers eigene Predigtzeugnisse nun überwiegend auf Predigtdrucke konzentriert sind und Autographen selten werden, nehmen Nachschriften einen stark wachsenden Raum ein. Für das Jahr 1810 lassen sich 53 Berliner Predigttermine angeben sowie einer in Dresden. Für 28 Predigten ist eine textliche Überlieferung vorhanden, überwiegend Nachschriften von Karl Ernst Georg Matthisson, außerdem ein Einzeldruck mit zwei Predigten, ein späterer Drucktext und fünf Schleiermacher-Autographen.[16] Am 9. Dezember 1810 erhielt Schleiermacher einen Hilfsprediger (August Pischon), der die Nachmittagspredigten übernahm.

II Predigtpublikationen

Von den insgesamt 124 Predigten, die Schleiermacher 1808–1810 gehalten hat, hat er fünf Kanzelreden in den Druck gegeben. Vier dieser fünf Publikationen haben starke zeitgeschichtliche Bezüge, sie sind explizit der Zeitlage bzw. einem Ereignis verpflichtet[17] und wollen eine Deutung geben, die in die größere Öffentlichkeit hineinwirken soll. Wenn nach Schleiermachers

> Ueberzeugung christliche Predigten überall nur für den unmittelbaren Hörer ihren vollen Werth [haben], und die weitere Verbreitung derselben durch den Druck mir etwas unwesentliches, ja nicht selten etwas mißliches, zu sein scheint,[18]

so steht zu vermuten, dass gerade die publizierten Predigten deutliche Hinweise darauf enthalten, wie Schleiermacher die Zeitereignisse und die geschichtliche Lage wahrnahm und welche Entwicklungslinien er unterstützen wollte.

---

15 Vgl. KGA III/4: Predigten 1809–1815, hg. v. Patrick Weiland u. Mitw. v. Simon Paschen, Boston/ Berlin: de Gruyter 2011, 3–23.
16 Vgl. KGA III/4, 27–235.
17 Die Ausnahme ist die Predigt zum Karfreitag 1809, die er 1811 im Magazin für Prediger veröffentlichte; diese stellt die religiös-theologische Bedeutung des Märtyrertums heraus ohne direkte Seitenblicke auf die Zeitsituation (vgl. ebd., 16–19); vgl. dazu KGA V/11, Brief 3544, Z. 17–21.
18 KGA III/1, 417, Z. 2–5.

1 Zweite Predigtsammlung 1808

Ein wichtiges Zeugnis dafür, dass Schleiermacher seine Predigttätigkeit ausdrücklich als Teilnahme an zeitgenössischen Entwicklungen und Ereignissen verstand, ist seine Publikation *Predigten. Zweite Sammlung.* Hatte er zunächst im Jahr 1805 an eine Predigtsammlung zu den christlichen Festtagen gedacht, so wurde durch die umwälzenden Ereignisse des Herbstes 1806 daraus bald eine Predigtsammlung zur Zeitlage[19], deren Publikation verzögert im April 1808 erfolgte. Nur die letzte dieser zwölf Predigten wurde in dem Zeitraum gehalten, dem dieser Bericht sich widmen soll. Aber auch die elf Predigten, die zwischen August 1806 und Juli 1807 überwiegend in Halle gehalten wurden, fanden erst durch die Buchpublikation ihre Leserschaft in den Jahren 1808 und 1809. Die ersten drei Predigten belegen die kurze Zeitspanne von Schleiermachers Predigten in der von ihm als Universitätsprediger mit großem Einsatz wieder hergestellten Schulkirche im August 1806. Kaum war die Schulkirche für Universitätsgottesdienste neu eingeweiht, als das Sommersemester zu Ende ging und dann der Krieg ausbrach. Die Schulkirche wurde vom Militär requiriert. Die preußischen Truppen erlitten bei Jena und simultan im gut 20 km entfernten Auerstedt (genauer: Hassenhausen) gleich zweifach eine katastrophale Niederlage. Halle wurde am 17. Oktober von französischen Truppen erobert, die Universität geschlossen. Es wurde für Schleiermacher eine Zeit des Wartens; er predigte sporadisch in der Halleschen Domkirche und prüfte im Sommer 1807 seine Aussichten in Berlin.

In der Vorrede, datiert auf Februar 1808, wird die Zeitlage angesprochen:

> Diese zweite Sammlung von Predigten, ganz auf dieselbe Weise entstanden wie die erste, ist nicht diejenige auf welche ich in der zweiten Auflage von jener im voraus hinweisen wollte. Damals hatte ich mir vorgesezt, Vorträge, welche ich an den christlichen Festen gehalten, dem größern Publicum mitzutheilen. Dies Vorhaben bleibt nun noch ausgesezt, da die gegenwärtigen Zeitumstände, besonders auch die meines Vaterlandes, mich veranlaßt haben, unter denen, die in meine Denkungsart eingehen mögen, lieber dasjenige für jezt gemeinnüziger zu machen, was ich vorzüglich in Beziehung auf die neuesten Ereignisse gesprochen habe.[20]

Die Predigten, die schon im blühenden Anfang der Halleschen Universitätsgemeinde im Sommer 1806 das Thema des Gemeinsinns ansprechen und dieses

---
[19] Vgl. KGA V/8: Briefwechsel 1804–1806, hg.v. Andreas Arndt und Simon Gerber, Boston/London: de Gruyter 2015, Brief 2167, Z. 45–48; KGA V/9: Briefwechsel 1806–1807, hg.v. Andreas Arndt und Simon Gerber, Boston/London: de Gruyter 2011, Brief 2350, Z. 30–38; Brief 2357, Z. 64–72.
[20] KGA III/1, 207, Z. 2–11.

Thema dann in den Bedrängnissen der Niederlage und der Verkleinerung Preußens kontrastierend ins Lichte mutig-hoffnungsfreudiger Erneuerung stellen, wollen, so schließt die Vorrede,

> beitragen, um, wessen wir so sehr bedürfen, frommen Muth und wahre Lust zu gründlicher Besserung zu erwekken und zu beleben und einleuchtend zu machen woher allein wahres Heil uns kommen kann, und wie ein Jeder dazu mitwirken muß.[21]

Diese Grundtendenz, die Wirklichkeit wahrzunehmen und mit hoffnungsfrohem Mut zu gestalten, wird schon in den Predigtüberschriften kenntlich gemacht:

> III. Wie sehr es die Würde des Menschen erhöht, wenn er mit ganzer Seele an der bürgerlichen Vereinigung hängt, der er angehört.
>
> V. Ueber die Benuzung öffentlicher Unglücksfälle.
>
> VI. Daß die lezten Zeiten nicht schlechter sind, als die vorigen. Am lezten Sonntage des Jahres 1806.
>
> VII. Was wir fürchten sollen und was nicht. Am Neujahrstage 1807.
>
> X. Der heilsame Rath zu haben als hätten wir nicht.
>
> XI. Von der Beharrlichkeit gegen das uns bedrängende Böse.[22]

Die zwölfte und letzte dieser Predigten, am 24. Januar 1808 gehalten, nimmt den Geburtstag Friedrich II. von Preußen zum Anlass, um programmatisch auf die Zeitlage und die anstehenden Reformen einzugehen. Seine Predigt „Ueber die rechte Verehrung gegen das einheimische Große aus einer früheren Zeit" beginnt Schleiermacher mit einer Anknüpfung an die Stimmung, die ihm aus seiner Kindheit und Jugend vertraut gewesen sein dürfte.

> Der vierundzwanzigste des ersten Monates war ehedem in diesen Ländern ein vielgefeierter Tag, an welchem die Bewohner derselben sich laut und froh einem eigenthümlichen erhebenden Gefühl überließen. Er war das Geburtsfest des großen Königes, der eine lange Reihe von Jahren über uns geherrscht hat und noch immer der Stolz seines Volkes ist, eines Königes, auf den von dem ersten Augenblick an wo er das Scepter ergriff bis an den lezten seines Lebens ganz Europa hinsah, bewundernd seinen durchdringenden Verstand im Großen, seine strenge und genaue Aufsicht im Einzelnen, seine rastlose Thätigkeit, seinen ausdauernden Muth, seinen schöpferischen und erhaltenden Geist, und erwartend von seiner Einsicht und Entschlossenheit den Ausschlag in den wichtigsten Angelegenheiten, eines Königes, der eben so sehr durch weise Verwaltung sein Reich von innen kräftigte als durch Tapferkeit im Felde und durch richtige Benuzung der Umstände es von außen sicherte

---

21 KGA III/1, 208, 6–9.
22 KGA III/1, 209, Z. 8–10. 12–16. 20–22.

und vergrößerte, so daß er es auf eine Stuffe der Macht und des Ansehns erhob, für welche es vorher nicht geeignet schien, und von welcher es in diesen neuesten Tagen so schnell ist wieder herabgestürzt worden, daß wir nicht abzusehen vermögen ob oder wann es sie wieder werde besteigen können. Eben deshalb, meine Freunde, weil eines Theils weder das feierliche Gedächtniß jenes großen Herrschers unter uns kann vertilgt sein, der zu viel dauernde Denkmäler seines Daseins in seinem Volke gestiftet hat als daß jemals Er selbst oder das was wir durch ihn geworden und unter ihm gewesen sind könnte vergessen werden, noch andern Theils irgend Jemand ohne Schmerz und Beschämung denken kann an den jähen Sturz den wir erlitten haben, eben deshalb kann es nicht anders sein, als daß die Bewegungen, welche der heutige Tag in uns hervorbringt, jene Wunden des Herzens wieder aufreißen, die wir gern heilen möchten durch Ruhe und Stille, und daß wir uns befangen finden in einem zerstörenden Zwiespalt von Gefühlen, indem wir nicht davon lassen können die großen Eigenschaften und die herrlichen Thaten jenes Helden uns lobpreisend zuzueignen, zugleich aber auch die leichte Zerstörbarkeit fast alles dessen was er unter uns gewirkt hatte schmerzlich zu beklagen. Wohin aber haben wir uns zu wenden mit jeder Uneinigkeit in uns selbst, als zu den heilenden Quellen der Religion? wo Schuz zu suchen wenn das Zeitliche mit seinen Widersprüchen uns aufzureiben droht als bei dem Ewigen? wo ist eine beruhigende und einigende Ansicht der Weltbegebenheiten zu gewinnen als durch die Beziehung auf Gott durch welche jeder scheinbare Widerspruch verschwinden und alles sich auflösen muß in Weisheit und Liebe.[23]

In der Auslegung von Mt 24,1–2 schildert Schleiermacher ausdrücklich bejahend die ehemalige Größe und den vergangenen Glanz Preußens und seines Königs, um gerade dadurch jede Form von Situationsverweigerung und jedes Wollen zur Rückwendung scharf zu geißeln. In einem Doppelschritt will er den alten Glanz als vergangen einhegen und zugleich für die Gestaltung des Neuen fruchtbar machen. Er sieht die Gegenwart als einen Übergang:

> So tritt auch in den längeren geschichtlichen Lebenslauf eines Volkes leicht zwischen jede frühere und spätere Blüthe eine Zeit der Verwirrung und der Gefahr, die jedoch nur bestimmt ist zu einem vollendeteren Zustande den Uebergang zu bilden. Damit sie uns aber hiezu auch wirklich gereiche, so laßt uns auch ja nicht eben durch jene verfehlte Anhänglichkeit an das Vergangene zurükgehalten werden dasjenige nicht gern und willig zu thun, was der gegenwärtige Zustand der Dinge von uns fodert.[24]

Schleiermacher will für die erforderliche Neugestaltung der preußischen Dinge an bestimmte Charakterzüge der Herrschaft Friedrichs anknüpfen und dadurch aller Trägheit und aller Entwicklungsverweigerung entgegentreten. Fünf Zielsetzungen hebt er an Friedrichs Regierungshandeln hervor, die für die anstehenden Reformbemühungen wichtige Impulse geben können:

---

23 KGA III/1, 396, Z. 5–397, Z. 24.
24 KGA III/1, 405, Z. 1–9.

a) Tätigkeitsstreben:

> Zuerst wie deutlich drükt sich nicht überall das Bestreben aus Arbeitsamkeit und Sparsamkeit zu herrschenden Tugenden unseres Volkes zu machen.[25]

b) Rechtsstaatlichkeit:

> Nicht minder aber erfreuten wir uns schon in jenen früheren glänzenden Zeiten des Ruhmes, daß überall bei uns in den Verhältnissen zwischen Obrigkeit und Untergebenen rechtliches Wesen und wahre Biederkeit fast mehr als irgend anders wo herrschte in Staaten von gleichem Umfang. Die parteiische Beugung des Rechtes, die freche Unterdrükung des Geringeren, die verrätherische Zersplitterung öffentlicher Güter, die Ehrlosigkeit der Bestechung und des Unterschleifes, wo haben wol, ja wir dürfen es zuversichtlich fragen, wo haben diese verderblichen Uebel weniger geherrscht als bei uns?[26]

c) Rechtsgleichheit:

> Vergessen wir ferner nicht wie sehr als ein Grundsaz schon in der Regierung jenes großen Königes hervorragte, daß alle Bürger gleich sein müßten vor dem Gesez, wie laut er es sagte daß jeder Einzelne ihm nur werth wäre nach dem Maaß als er gehorsam und treu beitrüge durch seine Thätigkeit zum Wohl des Ganzen.[27]

d) Wahrheitssinn:

> Eben so laßt uns fest halten an dem wahren schon in jenen Zeiten von uns her so laut verkündigten Grundsaz, daß vom Irrthum nie etwas Gutes noch weniger Besseres zu erwarten ist als von der Wahrheit, daß Vorurtheile und Aberglauben nicht die Mittel sein können um die Menschen bei dem was recht und heilsam ist festzuhalten und weiter im Guten zu führen, laßt uns fortfahren daher in dem rühmlichen Bestreben richtige Einsichten in alles was dem Menschen werth und wichtig sein muß so weit als möglich zu verbreiten, den Sinn für Wahrheit zu erwekken, das Vermögen der Erkenntniß zu stärken und zu beleben.[28]

e) Gewissensfreiheit:

> Endlich aber, was uns hier am nächsten liegt, und uns fast als das größte erscheinen muß, laßt uns ja heilig bewahren und durch nichts in der Welt uns jemals entrissen werden die in jenen Zeiten so oft als ein Grundgesez unseres Vaterlandes ausgesprochene köstliche Freiheit des Glaubens und des Gewissens.[29]

---

[25] KGA III/1, 410, Z. 3–5.
[26] KGA III/1, 410, Z. 33–411, Z. 11.
[27] KGA III/1, Z. 25–29.
[28] KGA III/1, Z. 24–33.
[29] KGA III/1, Z. 15–19.

Für die private Aufnahme der zweiten Predigtsammlung gibt es in den Briefen der Jahre 1808 und 1809 viele Zeugnisse.[30]

2 Einzeldrucke 1809 und 1810

Für die ersten drei Berliner Jahre liegen zwei Einzeldrucke vor. Dieser Publikationsform bediente sich Schleiermacher in den späteren Jahren dann zunehmend.

a Einführung der Städteordnung 1809

Am 15. Januar 1809 hielt Schleiermacher im Berliner Dom die Predigt „Ueber das rechte Verhältniß des Christen zu seiner Obrigkeit".[31] Durch diesen ‚christlichen Lehrvortrag'[32] wollte er die auf bürgerliche Teilhabe abzielende neue „Ordnung für sämtliche Städte der Preußischen Monarchie", gesetzlich am 19. November 1808 eingeführt, in ihrer politischen Umsetzung unterstützen. Um eine breitere Aufmerksamkeit zu erreichen, veröffentlichte er die Predigt eine Woche nach Vortrag als Einzeldruck mit knapper Vorbemerkung. Er beginnt mit einer Korrektur der weit verbreiteten Auffassung, die christliche Frömmigkeit habe für die Frage, ob jemand sich für sein Vaterland engagiert einsetze oder nicht, keine Bedeutung.[33] Dieser Einschätzung widerspricht Schleiermacher entschieden und entfaltet in der Auslegung des klassischen Paulus-Textes Röm 13,1–5, letztlich konzentriert auf den Vers 5, den er anders als Luther übersetzt[34], eine doppelte Sicht des christlichen Verhältnisses zur Obrigkeit.

> Erstlich, Wie ganz unanständig es dem Christen ist, um der Strafe willen unterthan zu sein, und Zweitens, Wie es ihm natürlich und nothwendig ist, sich um des Gewissens willen zu unterwerfen.[35]

---

30 Vgl. ab Mai 1808 die Verteilung KGA V/10, Brief 2717, Z. 8–10; Brief 2719, Z. 22–25; ab Juni die Aufnahme in dichter Folge Brief 2731, Z. 25–42. 53–58; Brief 2753, Z. 15–19; Brief 2754, Z. 14–16; Brief 2755, Z. 59–66; Brief 2766, Z. 2–6; Brief 2777, Z. 37–43 u.ö.
31 KGA III/4, 3–15; vgl. dazu Brief 3413, KGA V/11, Z. 4–32.
32 KGA III/4, 3, Z. 6.
33 KGA III/4, 3, Z. 13–4, Z. 4.
34 Schleiermacher übersetzt: „So ist nun nothwendig, daß ihr nicht allein um der Strafe willen unterthan seid" (KGA III/4, 4, Z. 38–39) und gibt die Abweichung von Luthers Bibelübersetzung („So seyd nun aus Noth unterthan, nicht allein um der Strafe willen") in einer Fußnote ausdrücklich an.
35 KGA III/4, 5, Z. 33–36.

Da christliche Frömmigkeit in Selbständigkeit, Mut, Liebe und Freiheit ihr Wesen habe, verbiete sich jede Einstellung zum Staat, die durch Furcht bestimmt sei. Nicht wegen der Strafandrohung, sondern aus freiem Gewissen unterwerfe sich der christlich Fromme der Obrigkeit, der er deshalb

> mit seiner ganzen Wirksamkeit nach außen, und mit der innern und stillen Thätigkeit des Nachdenkens und der Betrachtung[36]

zugetan sei. Äußerlich und innerlich nehme er an den öffentlichen Angelegenheiten teil und beteilige sich beratend an ihnen.

b Gedächtnis an Königin Luise 1810

Im August 1810 veröffentlichte Schleiermacher einen Einzeldruck, durch den er seine beiden Predigten vom 22. Juli und 5. August 1810 öffentlich bekannt machen wollte, in denen er sich zum Tode der Königin Luise äußerte.[37] Schleiermacher, der sich für die zweite Hälfte des Kirchenjahres eine Predigtreihe zur Apostelgeschichte vorgenommen hatte, nutzte den ersten Sonntag, nachdem Königin Luise am 19. Juli 1810 gestorben war, für eine Auslegung des Stephanus-Martyriums unter dem Thema „Die Verklärung des Christen in der Nähe des Todes". Er nahm die durch diesen Tod verursachte Trauer zum Anlass, die allgemeine Gestalt christlichen Sterbens zu zeichnen und den in der verklärenden Wirkung der Liebe liegenden Trost zu geben. Gerade in Zeiten tiefer Umbrüche ist fromme Gewissenhaftigkeit wesentlich, wenn Verleumdung die Impulse zum Neuen blockieren will.

Am leichtesten aber vor allen geschieht dies in solchen bedenklichen Zeiten, als die des Stephanus waren, und als auch die unsrigen sind, wie wir uns nicht verbergen können, Zeiten nemlich, in denen Erneuerung und Besserung, und was ihnen nothwendig vorangeht, nicht nur in Einzelnen, sondern im Ganzen sollen bewirkt werden; Zeiten, wo vieles gelöst wird und vieles umgestürzt, damit besseres aufkommen könne, wo in tausend Fällen die noch bestehenden Formen und Buchstaben ihre alte Gültigkeit nicht mehr behaupten können, und das Gewissen eines Jeden mehr als sonst sein einziger Richter sein kann. In solchen Zeiten vornemlich treibt die Verläumdung ihr Spiel, und läßt auch das Edelste und Zarteste nicht unangetastet. Und wenn sie auch nicht unmittelbar zum Tode führt, wie hier, so weiß doch Jeder, wie tief unschuldig gekränkter Name schmerzt, und

---

36 KGA III/4, 11, Z. 11–13.
37 Vgl. KGA III/4, 123–150; vgl. dazu KGA V/11, Brief 3504, Z. 56–59.

oft auf unheilbare Weise am Mark des Lebens zehrt, und wie selten die Verläumdung ein einmal gefaßtes Opfer eher als am Ende des Lebens verläßt. Aber auch so scheint dann das Angesicht des Christen, wie eines Engels Angesicht. Es leuchtet daraus hervor der himmlische Glanz der Wahrheit, der innern Zuversicht und Gewißheit, der durch das Urtheil der Menschen nicht irre gemacht wird, der Ueberzeugung, nur das gewollt und gesucht zu haben, was Recht ist vor Gott.[38] In der vorgeschriebenen Gedächtnisfeier am 5. August begann Schleiermacher mit der Feststellung der Besonderheit dieses Trauerfalls:

> In schmerzlicher Rührung sind wir heute hier versammelt. Es hat dem Herrn gefallen, die weiland durchlauchtigste großmächtige Frau, Luise Auguste Wilhelmine Amalie Königin von Preußen, geborne Prinzessin von Meklenburg-Strelitz, am 19ten des vergangenen Monats, im 35sten Jahre ihres Lebens, aus unserer Mitte abzurufen, und dadurch den König unsern Herrn und sein hohes Haus, und mit demselben auch alle getreue Unterthanen in die tiefste Trauer zu versezen. Meine andächtigen Freunde! Nicht leicht nimmt der Tod einen Menschen, der irgend des Namens werth war, aus diesem Leben hinweg, daß nicht eine oder die andere menschliche Brust von schmerzlichen Empfindungen bewegt würde. Je größer nun der Werth des Hinscheidenden war, und je mehr derer in deren Leben das seinige eingrif, um desto tiefer wurzelt, um desto weiter verbreitet sich der wehmüthige Eindruk, so daß die Besten und die Höchsten der Erde es sind, deren Tod die meisten Gemüther und aufs innigste erschüttert. Wie selten die Fälle sind, wo beides sich vereinigt, wissen wir; aber auch unter diesen ist der Verlust, welcher uns getroffen hat, einer der seltensten und schwersten. Denn nicht leicht ist ein Werth allgemeiner anerkannt worden, als der unsrer verewigten Königin; nicht überall, das Zeugniß dürfen wir uns geben, verbindet ein so inniges und festes Band der Liebe das Volk mit seinen Fürsten, als dieses treue Volk mit dem erhabenen und gesegneten Hause, welches über uns herrscht; und wol seit langen Jahren haben wir aus demselben kein so geliebtes und verehrtes Haupt verloren, als das, um welches wir jezt trauern. Wie nun in allen solchen Fällen der Mensch, welcher nicht ganz fern ist von dem Leben aus Gott, zuerst bei dem Trost sucht, dessen Fügung ihn niedergebeugt hat: so sind auch heute die Häuser der Andacht in dieser königlichen Hauptstadt dazu eröfnet, um den gemeinsamen Schmerz aufzunehmen und durch Andacht zu heiligen. Denn der Trost, welchen der Christ sucht, ist nicht nur Hemmung der Thränen und Lüftung der beklommenen Brust; sondern darnach vornemlich strebt er, daß auch die Schickung, die ihn am tiefsten beugt, ihm zugleich zu einer neuen Kraft des geistigen Lebens gedeihe. Diese Richtung nehme denn auch in dieser frommen Todesfeier unser Andenken an die verewigte Königin.[39]

Doch auch und gerade in diesem so besonderen Trauerfall dringt Schleiermacher auf die angemessene christliche Einordnung der Gedanken über den Wert des

---

38 KGA III/4, 127, Z. 19–39.
39 KGA III/4, 141, Z. 13–142, Z. 9.

Lebens und seiner Güter, über den Ursprung menschlicher Liebe und Verehrung sowie über Art und Umfang menschlicher Wirksamkeit.⁴⁰

Alle durch den Tod nun zerstörten mannigfaltigen Glücksgüter der Königin würden überstrahlt durch ihre heitere mutige fromme Gesinnung, durch ihre Hoheit auch im Unglück.

> War es der Glanz des Thrones weshalb wir sie glüklich priesen? jene Leichtigkeit, welche die Macht darbietet alle Wünsche zu erfüllen? jene Huldigungen, welche der gefeierten Königin von allen Seiten dargebracht wurden in den glücklichsten Tagen des Staates und ihres erhabenen Hauses? Nein ihr ganzes Leben und Dasein steht in gleicher Herrlichkeit vor uns auch in den trüben Tagen des Unglüks, und sie scheint, wiewol auf eine Höhe gestellt, auf welcher sonst Stürme und Ungewitter dieser Art nicht zu toben pflegten, eben deshalb die herbesten Wechsel erfahren zu haben, um zu zeigen, daß das Heil und der Werth ihres Lebens nicht auf Glanz, Glük und steigender Hoheit ruhte. Waren es die Reize der körperlichen Anmuth und Schönheit, mit denen Gott ihre Person so reichlich ausgestattet hatte? Der Tod hat diese Reize ganz zerstört und bis auf die lezten Spuren davon die geliebte Gestalt zerrüttet; aber wenn er seine zerstörende Macht auch bis auf unser Gedächtniß ausdehnen könnte, daß wir allmählig unfähig würden die wohlbekannten tief eingeprägten Züge uns zu vergegenwärtigen: wenn wir nur alles übrige festhalten, wird uns der Eindruk von Seligkeit und Fülle, den uns ihr Leben hinterläßt nichts verlieren.⁴¹

Die Milde ihres Wesens, ihre hohe mutige Gesinnung, ihr tiefer Sinn für Wahres und Gutes seien der Verehrungsgrund. Diese innere Wirksamkeit bestimme das Andenken an die Königin.

III Allgemein gehaltene und situativ-spezifische Zeitbezüge

Wegen der Quellenlage lässt sich wenigstens annäherungsweise nur für das Jahr 1810 ein Urteil über die Intensität zeitgeschichtlicher Bezüge fällen. Eine Orientierung allein an den vorliegenden Predigtdrucken würde eine falsche Akzentuierung bringen.

Schleiermacher war schon 1808 in Berlin durchaus ein Prediger, der sehr unterschiedliche Gruppen unter seiner Kanzel versammelte.

---

40 Vgl. KGA III/4, 143, Z. 35–39.
41 KGA III/4, 145, Z. 19–43.

> Bunter ist überhaupt wol kein Fischzug als mein kirchliches Auditorium: Herrnhuter, Juden, getaufte und ungetaufte, junge Philosophen und Philologen, elegante Damen.[42]

Dass seine Predigten geradezu in Mode gekommen waren, fand nicht nur sein Schmunzeln. Seine Klage wurde brieflich von Christian Gottlieb Konopak korrigiert:

> Daß es Sie ärgert, wenn manche Leute, bloß durch eine Art von Mode getrieben, in Ihre Predigten laufen, ist natürlich; wenn Sie aber dabey sagen, Sie thun Ihr Bestes, um sie wieder hinauszupredigen, so ist das, mit Jösting zu reden, wohl nur so eine Redensart. Höchstens könnten Sie doch gegen die falschen Antriebe, in die Kirche zu gehen, predigen. Aber die Modeleute glauben theils selbst nicht, daß sie es aus Mode thun, theils müßte doch auch Ihr Zweck dabey nicht seyn, sie hinaus zu predigen, sondern zu machen, daß ein echter Sinn sie zu Ihnen führte. – Das Herauspredigen kann vollends Ihr Ernst nicht seyn; da müßten Sie ja Ihre Kanzel außerhalb der Kirche haben.[43]

Schleiermacher galt in Berlin als Prediger für die Gebildeten.[44]

1 Allgemein gehaltene Zeitbezüge

Als eher allgemein gehaltener Bezug auf die Zeitgeschichte kommt in vielen Predigten das vehemente Werben für mehr Gemeinschaftlichkeit vor, aber auch Polemik gegen die Reformunwilligkeit nach der erlittenen Niederlage.

Vorzüglich wichtig war Schleiermacher, die Erbaulichkeit der Predigten zu steigern. Erbauung statt Belehrung war sein homiletisches Programm:

> Man hat die Kirche verwechselt mit der Schule, die Anstalt zur Erbauung mit der Anstalt zur Belehrung, und man hat die Meinung angenommen als ob die sich hier versammelten nur lernen sollten, und der Wortführer als ob er das Ansehn und die Pflicht habe zu lehren. Aber wenn wir auch nur stehn bleiben bei dem verständlichen Worte daß er erbauen, soll daß belebt werden soll und gestärkt die fromme göttliche Gesinnung in den Gemüthern, die Liebe und der innere Trieb zum Guten, m. Fr. wer kann sagen, daß hier anders etwas zu erwarten sei als von dem gemeinsamen Bestreben Aller.[45]

Die christliche Frömmigkeit, die von Christus inspiriert sei, werde durch die aufklärerische Umgestaltung, nur verständig-nützliche Lehrsätze über das allge-

---

42 KGA V/10, Brief 2672, Z. 75–77.
43 KGA V/10, Brief 2733, Z. 36–44.
44 Vgl. KGA V/11, Brief 3472, Z. 83–93.
45 KGA III/4, 101, Z. 1–10.

mein-menschliche Gottesbewusstsein zu formulieren, in ihrer Wurzel bedroht. Die Frömmigkeit bewahre ihre Lebendigkeit nur in der Gemeinschaft und durch die Gemeinschaft. Gegen die aufklärerische Vereinzelungstendenz, die in der befriedend gemeinten Maxime, jeder solle nach seiner Fasson selig werden, unausweichlich impliziert war, stellt Schleiermacher in seiner Pfingstmontag-Predigt 1810 die grundlegende Bedeutung frommer Gemeinschaft heraus:

> Die Hülfe kann nur ausgehn von der vereinigten Kraft Aller; jeder muß sich ansehn als Mitglied einer großen gemeinschaftlichen Verbindung. Von den ersten Jüngern heißt es: Sie waren einmüthig bei einander, sahen sich an als Ein Ganzes; das gemeinsame Wohl und Werk war Gegenstand des Nachdenkens und der Betrachtung für alle und für jeden Einzelnen, jedes Bedürfniß wurde von Allen gefühlt jede einzelne Einsicht kam zur Mittheilung und diese Gemeinschaft allein hat die Kirche gestiftet. Wenn sich jeder von ihnen in sich verschlossen hätte und die Religion angesehen nur als eine Angelegenheit zwischen ihm selbst Gott und Christo; wenn es dann auch Einzelne gegeben hätte die von einem andern Geist getrieben ausgingen und lehrten und tauften; aber die Getauften wären auch in jenem Sinn sich vereinzelnder Frömmigkeit getauft worden: wie bald würde der erste Eifer erkaltet, wie wenig das Christenthum verbreitet und wie bald vielleicht das Gedächtniß Christi verschwunden sein [...].[46]

Anknüpfend an die Erzählungen der Apostelgeschichte über die Einmütigkeit der Jünger nach Jesu Himmelfahrt und der Ausgießung des Geistes schärft Schleiermacher die geistvolle Teilnahme an den gemeinsamen Angelegenheiten ein. Nur die Ausrichtung auf das Ewige begründe auch das bürgerliche Gedeihen.[47]

> Das ist die wahre Gemeinschaft aller Güter, daß alle wenn der Geist fordert (woher auch seine Stimme ertönt) Kräfte und Einsichten und äußere und innere Habe hingeben. Und wenn diese Gesinnung in uns lebt, dann wird, wie sich auch äußerlich die Angelegenheiten gestalten, diese Gesinnung erscheinen als das wahre Leben aller in dem der Geist Gottes herrscht. Sollen wir uns nun fragen, ob sie Statt findet diese Gesinnung? O m. Fr. es wäre wohl beßer zu schweigen. Könnte sonst wohl dem Vaterlande so oft versagt worden seyn, was es forderte, könnte die Klage so allgemein erhoben werden, daß viele was sie erst der Gewalt geben, nicht auch und lieber der Vernunft geben wollen, der Gemeinschaft die allein alles erhalten und wieder geben kann; und wenn die Rede ist zu verbeßern die gemeinsamen Anstalten: könnte die Scheu so groß seyn in Anspruch zu nehmen die Zeit, Kräfte den Willen das Vermögen der Einzelnen weil sie es nicht geneigt sind ein Opfer zu bringen. Und wir dürfen nicht sagen; es sey Mangel Schuld daran. Es ist mit dieser Noth nicht größer als wenn in der Zeit des Mangels die Güter der Erde in Speichern aufgehäuft werden, damit sie wuchern können für sich. So fehlt es nicht an Zeit an Muße [an] Kräften; aber es fehlt an dem Geiste, der sie gern herausgiebt.[48]

---

46 KGA III/4, 104, Z. 27–105, Z. 4.
47 Vgl. KGA III/4, 175, Z. 34–36.
48 KGA III/4, 121, Z. 18–36.

Diese Geistlosigkeit bringe den Tod. Sie wird deshalb scharf von Schleiermacher bekämpft:

> So laßt uns dem Tode entrinnen und der Stimme des Geistes folgen, laßt uns fleißig vorhalten das Bild des geistigen Lebens, damit es besiege die niedere Anhänglichkeit an die Dinge dieser Welt; laßt uns zurückkehren in jene Zeit der christlichen Liebe und Gemeinschaft, damit [...] Jeder auch zu denen gehöre, deren Wandel ist im Himmel.[49]

Neue Quellenstücke zum Vortragsthema, die 2017 im letzten Predigtband publiziert werden, zeigen, dass Schleiermacher auch bei offenkundig politischen Themen die Perspektive der christlichen Frömmigkeit nicht verlässt und die zeitgeschichtlichen Bezüge dadurch ihre Einschätzung und Profilierung erhalten.[50]

2 Situativ-spezifische Zeitbezüge

Die Zeitlage wird spezifisch angesprochen vornehmlich an den Tagen, die durch ihre besondere Ausrichtung eine solche Thematisierung nahe legen.

a. Bußtag

Der Bußtag, ein staatlich verordneter Feiertag im Mai, lenkt den Blick auf die Situation des Einzelnen und der Gemeinschaft. Die Bewältigung der 1806/07 erlittenen Niederlage steht für Schleiermacher im Zentrum des Bußtages 1810. Anknüpfend an Prediger 3,11–13 entfaltet er die These, der Mensch solle Fröhlichkeit nur in der Arbeit finden.

> Nicht jene Arbeit welche sich durch ein leichtes augenblickliches Schaffen vollendet, sondern solche Arbeit und Thätigkeit bei der wir Widerstand fühlen, bei der wir immer sorgen und befürchten müssen unsern Zwek nicht zu erreichen, die uns niemals einen gewissen Erfolg sichert, diese allein darf jezt der Grund unserer Fröhlichkeit sein. Wehe dem, der jezt nur auf den Erfolg und Ausgang seiner Thätigkeit sähe, nur darum arbeiten wollte, weil sei es der nächste, sei es ein fernerer Augenblick Genuß und Lohn gewährt; wehe dem der nur bei der bestimmten Aussicht thätig sein wollte etwas Unfehlbares und Bleibendes zu schaffen, denn nie ist mehr gewesen als jezt der Mensch trift doch nie das Werk das Gott thut. Also ohne aufs Ende zu sehn laßt uns arbeiten als solche die nichts selbst beschließen und ausführen, sondern die als treue Ar-

---

[49] KGA III/4, 122, Z. 22–27.
[50] Vgl. beispielsweise KGA III/4, 656–657.

beiter wissen und fühlen, daß nur die Weisheit des Herrn beides vermag. In diesem Sinne laßt uns arbeiten und was heißt das anders als laßt uns dahin sehen, daß unser und des künftigen Geschlechtes Gaben und Kräfte alle durch Uebung an dem was wir für recht und wahr erkennen sich befestigen gründen und erhöhen. Denn können wir es läugnen, daß wir bisher nicht so gearbeitet haben? Aber weil wir nicht so gearbeitet haben, darum sind die Züchtigungen des Herrn über uns gekommen. Wir sind es gewohnt als Christen unser Leben zu vergleichen mit einem Kampf, uns selbst mit Streitern. Das ist wahr und gut. Aber wir sollen nicht nur sehen auf die Zeit des eigentlichen Kampfes wo es Muth gilt und Hingebung und nach kurzer Tapferkeit Sieg erfolgt und Ueberwindung sondern das ganze Leben sollen wir betrachten als einen Kampf und nie ermüden zu streiten. Laßt uns nicht zurükgehalten werden durch das Gefühl daß uns nur ein kleines Maaß von Kräften zu Gebote steht, sondern wirken und schaffen jeder soviel ihm vergönnt ist, und diejenigen die uns nahe stehn und anvertraut sind anhalten und üben damit der Mensch Gottes das ganze Volk tüchtig sei zu jedem guten Werke.[51]

Diese gemeinsame Tätigkeit wird den göttlichen Segen erhalten.

b. Erntefest

Beim Erntefest 1810 beleuchtet Schleiermacher die Sinnesarten und gesellschaftlichen Triebfedern, die nicht nur bei der bäuerlichen Nahrungsbeschaffung, sondern auch bei der Einstellung zum Staat wirksam sind und die dann stark die Erfolge menschlicher Tätigkeit fördern oder behindern. Sind Eigennutz, Habsucht, Genussliebe leitend, so sind alle bürgerlichen Bande stets durch Zwietracht bedroht, die den Schein des Wohlwollens leicht überwältigen. Das Gemeinwohl werde dann dem Eigeninteresse nachgeordnet, auch und gerade in den Tagen staatlichen Unglücks.

> Aber wie anders der Geist, jener höhere himmlische Sinn, der das Geschäft des Menschen an der Erde ansieht als das Werk Gottes.[52]

Diese Überzeugung festige auch den Gemeinsinn.

> Daraus entsteht dann jene Treue, welche sich selbst immer nur als Mittel betrachten läßt, das Ewige aber und Ganze als Zweck; das ist die Treue, die den Menschen festkettet an Ordnung an Vaterland und Gesetz; sie ist die wieder erbaut, wenn zerstört war; sie die nicht abläßt zu geben wo es noth thut, die auffordert zum Muth und zur Tapferkeit. So nur hängt der Mensch mit unerschütterlicher Liebe an dem mütterlichen Boden; so erblickt er nicht in diesen wohlthätigen Banden die Wirkung der Begierde und Noth; sondern die Quelle alles Guten und Heiligen.[53]

---

51 KGA III/4, 69, Z. 10–40.
52 KGA III/4, 174, Z. 33–34.
53 KGA III/4, 175, Z. 4–11.

Insbesondere die Wechselwirkung von Land und Stadt, von agrarischer Produktion und kultureller Mitteilung liegt Schleiermacher am Herzen.

> Laßt uns gern ihnen, aus deren Hand wir zunächst irrdische Gaben empfangen, mittheilen geistige Gaben, Freyheit, Wahrheit, Bruderliebe und Erleuchtung und Erweckung des Geistes. Sonst – was würden wir andres seyn als die unnützeste Last der Erde, was gegründeter als die Klage, daß die Städte nur da wären das Mark des Landes auszusaugen und in üppiger Schwelgerey zu verprassen, was der Schweiß der ländlichen Bewohner der Erde abgewonnen hat, daß sie es nicht sind von welchen Leben und Thätigkeit ausgeht. O m. Fr. es muß noch im frischen Andenken schweben, zu welcher fürchterlichen Zerrüttung aller heilsamen bürgerlichen Bande diese Klage Ursache geworden ist. Es ist unmöglich an diesem Tage andre als solche Aufforderungen ergehen zu lassen an alle, welche Theil nehmen wollen an diesem Feste; und es soll ein Fest seyn allgemeiner Freude und Vereinigung der Gemüther, und so wie wir fühlen, daß wir von jener Klasse die zeitlichen Gaben empfangen; so sollen wir geistiger Weise auf sie zurückwirken, und dadurch unsern Dank offenbaren gegen den Höchsten, daß wir sie zu ihm erheben um alle gemeinschaftlicher Seeligkeit theilhaftig zu seyn durch seine Gnade.[54]

c. Jahreswechsel

In den Predigten zum Jahreswechsel wird, weil auf das vergangene Jahr zurück- und auf das kommende vorausgeblickt wird, in der Regel auch die Zeitlage angesprochen. Für die hier maßgebliche Zeitspanne sind die Silvesterpredigt von 1809 und die Neujahrpredigt von 1811 erhalten. In beiden Predigten werden Kriegsereignisse und preußische Reformsituation deutlich angesprochen.

Während Schleiermacher Ende 1809 die Erfahrung von Vergänglichkeit und Ewigkeit scharf kontrastiert, betont er zum Jahreswechsel 1810/11 angesichts der stattfindenden Kriege und der erlittenen Unglücke, die so leicht Bestürzung und Verwirrung auslösen, die in Mt 24,6–13 von Jesus ausgesprochene Aufforderung zu besonnener Furchtlosigkeit, lebendiger Liebe und ausdauernder Beständigkeit in den Zeitläufen. Ans Ende nämlich dächten

> die Menschen immer dann besonders, wenn der Weltgeist mit zerstörendem Fußtritt über die Erde wandelt, wenn alles sich umzuwälzen scheint, wenn der Kampf des Guten und Bösen vorzüglich stark und heftig geführt wird. Und ein solches Ende haben wir im Sinn, wenn wir uns den Zustand der Welt klar machen. Jeder sieht und fühlt es, daß es so nicht bleiben kann; etwas von dem was bisher bestanden muß untergehn und andres entstehen, das Ende muß zugleich Anfang seyn; denn Herrlicheres wird hervorgehn aus den Trümmern und das Gute siegen über das Böse.[55]

---

[54] KGA III/4, 176, Z. 9–26.
[55] KGA III/4, 244, Z. 4–12.

Gegen lähmende Befangenheit setzt Schleiermacher hoffnungsfrohe Tätigkeit.

Elisabeth Blumrich
„Vor allem hat Schleiermacher kalt und herzlos gesprochen". Kultus versus Kult: Seine Gedächtnispredigt für Königin Luise

I Einleitung

Es gehört zu den Legendenbildungen in neuerer Zeit, dass Friedrich Schleiermacher bei der Beisetzung der preußischen Königin Luise im Berliner Dom die Traueransprache[1] oder jedenfalls *den* Gedenkgottesdienst[2] gehalten habe. In der Tat erscheint es zweihundert Jahre später glaubhaft, dass die vom preußischen Volk verehrte Königin, die am 19. Juli 1810 im Alter von 34 Jahren gestorben war, das letzte Geleit durch den schon damals berühmten Prediger Schleiermacher erhielt.

Aber das war nicht der Fall, denn Schleiermacher – kurz vor Antritt seines Professorenamts an der eben gegründeten Berliner Universität stehend – war nicht Hofprediger, sondern seit einem Jahr reformierter Pfarrer an der Dreifaltigkeitskirche. Als solcher hielt er zwei Predigten mit Bezug auf den Tod der Königin Luise[3]: die erste Predigt am 22. Juli, dem Sonntag nach ihrem Tod, die zweite am 5. August, dem Sonntag nach ihrer Beisetzung[4]. Dieser Tag war den offiziellen

---
[1] Vgl. Holger Simon, „Die Bildpolitik des preußischen Königshauses im 19. Jahrhundert. Zur Ikonographie der preußischen Königin Luise (1776–1810)", in: *Wallraf-Richartz-Jahrbuch 60* (1999), 231–262, hier 243.
[2] Vgl. Rudolf Speth, „Königin Luise als Nationalheldin", in: *zeitenblicke 3* (2004), Nr. 1, [09.06. 2004], URL: http://zeitenblicke.historicum.net/2004/01/speth/index.html, 1–13, hier 2, Abschnitt <4>, zuletzt aufgerufen im Mai 2018.
[3] Die beiden Predigten erschienen als Einzeldruck im August des gleichen Jahres unter dem Titel *Zwei Predigten am 22sten Julius und am 5ten August in der Dreifaltigkeitskirche zu Berlin gesprochen von D. F. Schleiermacher* im Verlag der Berliner Realschulbuchhandlung 1810 (KGA III/4, hg.v. Patrick Weiland unter Mitwirkung von Simon Paschen, Boston/Berlin: Walter de Gruyter 2011, 123–150).
[4] Die Beisetzung in der Sakristei des Doms fand am Abend des 30. Juli 1810 mit dem Königlichen ersten Hofprediger und Konsistorialrat Friedrich Samuel Gottfried Sack unter Beteiligung der Singakademie statt. (Der Ablauf wird mitgeteilt in: *Zum Angedenken der Königin Luise von Preußen. Sammlung der vollständigsten und zuverläßigsten Nachrichten von allen das Absterben und die Trauerfeierlichkeiten dieser unvergeßlichen Fürstin betreffenden Umständen. Nebst einer Auswahl der bei diesem Anlaß erschienenen Gedichte und Gedächtnißpredigten*, Berlin: Haude und Spenersche Zeitungsexpedition 1810, 27–29)

https://doi.org/10.1515/9783110621518-014

Gedächtnisfeiern der Majestät gewidmet, die in den Berliner Kirchen stattfanden. Der Predigttext war, wie bei solchen Anlässen üblich, vorgegeben.

Die Parallelität der Gedächtnisfeiern bewog Heinrich von Kleist, der ein ausgesprochener Verehrer der Königin war, sich mit seinen Freunden, Adam Heinrich Müller, dessen Frau und Ernst von Pfuel, auf verschiedene Kirchen aufzuteilen. Pfuel berichtet davon in einem Brief an Caroline de la Motte Fouqué: „Vor allem aber hat Schleiermacher kalt und herzlos gesprochen, seine untadelhaft logisch verschränkten, mit der besten Moral gesättigten Perioden haben keine Tränen hervorzulocken vermocht. Müller, der ihn gehört hatte, war indigniert."[5]

Aber auch Schleiermacher selbst war unzufrieden. In einem Brief an den befreundeten Theologen Joachim Christian Gaß in Breslau schreibt er einen Monat später: „Meine Predigten bei Gelegenheit des traurigen Todesfalls habe ich auch müssen drukken lassen; sie sind aber nicht werth daß ich sie Ihnen eigens zuschikke. Die Anspielungen in der ersten scheinen fast von niemand verstanden worden zu sein."[6] Seine mehr als selbstkritische Äußerung legt nahe, dass Schleiermacher dem Echo auf seine Predigten entnommen hatte, dass er sich nicht habe verständlich machen können und die Veröffentlichung auf äußere Veranlassung geschehen war. Diese aus heutiger Sicht auffallend negative Selbst- und Fremdeinschätzung bietet die Chance, sich den Anliegen der Predigten und ihren Kontexten unbefangen zu nähern. Das soll in diesem Beitrag in Hinsicht auf die Gedächtnispredigt geschehen.

II Anlass und Zielsetzung

„Zweite Predigt. Gedächtnißfeier der hochseligen Königin Majestät"[7], so ist die Predigt überschrieben. Schleiermacher weist in seiner beigegebenen Vorerinne-

---

5 Zitiert bei Sigismund Rahmer, *Heinrich von Kleist als Mensch und Dichter*, Berlin: Reimer 1909, 42; vgl. KGA V/K1, hg.v. Sarah Schmidt unter Mitwirkung von Simon Gerber, Berlin/Boston: Walter de Gruyter 2017, 79. – Über den philosophischen Schriftsteller Müller, der mit Kleist zusammen das ambitionierte Kunstjournal *Phoebus* gegründet hatte, schrieb Schleiermacher nach dem Erscheinen der ersten Hefte an seinen Freund Carl Gustav von Brinckmann: „Den Föbus habe ich noch nicht einmal angenippt und bedaure, daß Adam Müller mit seinen Talenten nichts solideres hervorbringt." Brief 2672 (29.3.1808), KGA V/10, hg.v. Simon Gerber und Sarah Schmidt, Berlin/Boston: Walter de Gruyter 2015, 90–91.
6 Brief 3504 (1.9.1810), KGA V/11, hg.v. Simon Gerber und Sarah Schmidt, Berlin/Boston: Walter de Gruyter 2015, 478.
7 Schleiermacher 1810, 25 (Anm. 4; KGA III/4, 138). Eine ausführliche Analyse des Gottesdienstes bietet Bernhard Schmidt, *Lied – Kirchenmusik – Predigt im Festgottesdienst Schleiermachers. Zur*

rung darauf hin, dass er nicht nur die Predigt, sondern fast den ganzen Ablauf des Gottesdienstes zum Druck gegeben habe und äußert den Wunsch, solches möge doch öfter geschehen.[8] Er verfährt hier gemäß seiner – erst später ausformulierten – praktisch-theologischen Theorie, in der er begründet, dass die religiöse Rede stets im Zusammenhang des Kultus zu sehen sei[9]. Die Tatsache, dass er diese Predigt nicht ohne die beiden anderen wesentlichen Bestandteile des Kultus – Gebet und Gesang – publizieren wollte, begründet er in der Vorerinnerung damit, dass in diesem Gottesdienst besonders der Gesang „zu einer bestimmten Art der Erbauung"[10] beitrug. Da aber nach seinem Verständnis die religiöse Rede auf eine andere Art das religiöse Bewusstsein belebt, nämlich durch Reflexion[11], könnte es auch bedeuten, dass Schleiermacher vermeiden wollte, mit einer isolierten Veröffentlichung dieser Predigt den Lesern, die den Gottesdienst nicht miterlebt hatten, ein einseitiges Bild zu vermitteln.[12] Dafür spricht, dass er den Predigtdruck, obwohl er am Vortag das entwertende Urteil an seinen Freund Gaß geschrieben hatte, einer Sängerin der Singakademie überbrachte, die den Gottesdienst mitgestaltet hatte[13].

Rekonstruktion seiner liturgischen Praxis, Schleiermacher-Archiv 20, Berlin: Walter de Gruyter 2002, 59–79.
8 Schleiermacher 1810, 3–4 (Anm. 4; KGA III/4, 123–124).
9 Vgl. Friedrich Schleiermacher, *Kurze Darstellung des theologischen Studiums zum Behuf einleitender Vorlesungen*, 2. Aufl., Berlin: Reimer 1830, §§ 279–288 (KGA I/6, hg.v. Dirk Schmid, Berlin/New York: Walter de Gruyter 1998, 425–428) und Friedrich Schleiermacher, *Die praktische Theologie nach den Grundsäzen der evangelischen Kirche im Zusammenhange dargestellt. Aus Schleiermachers handschriftlichem Nachlasse und nachgeschriebenen Vorlesungen*, hg.v. Jacob Frerichs, Sämmtliche Werke I/13, Berlin: Reimer 1850, 68–326. 735–776. In der 1. Auflage der *Kurzen Darstellung*, Berlin: Realschulbuchhandlung 1811, 87 (KGA I/6, 311), im dritten Teil „Von der praktischen Theologie" im zweiten Abschnitt, § 13, bleibt es unbestimmter: „Die religiöse Rede ist zwar ein wesentliches Element des Cultus; aber ihre Form sowohl als der Grad ihres Hervortretens von den übrigen ist sehr zufällig".
10 KGA III/4, 142.
11 Vgl. Schleiermacher 1850, 216 (Anm. 9); vgl. dort Beilage B. 31, 804.
12 Bernhard Schmidt 2002, 79 (Anm. 7) hat in seiner Analyse des ganzen Gottesdienstes resümiert, dass sich „ein Dialog zwischen der singenden Gemeinde einerseits und dem Liturgen und Prediger andererseits zu entspinnen" scheint, in dem „die singende Gemeinde als Repräsentantin der biblischen Überlieferung und der dogmatischen Tradition" auftritt, „die vom Prediger aktuell ausgelegt wird".
13 „Liebste Amalie[,] Mein ungünstiges Geschik hat mir neulich nicht erlaubt Sie an ihrem Geburtstage selbst zu begrüßen, und hat Sie mich heute auch wieder verfehlen laßen. Nehmen Sie um mich bis zu unserer Rükkunft nicht ganz zu vergessen dies traurige Andenken, und eignen Sie sich den Dank, der darin ganz allgemein ausgedrükt ist noch ganz besonders an für die herrlichen Töne durch die Sie mich damals gerührt haben." Brief 3505 (2.9.1810) an Amalie Sebald, KGA V/11, 479; vgl. dazu KGA V/K1, 609 (Anm. 5).

Im Eingang der Predigt benennt Schleiermacher die Ausgangssituation der Gemeinde: Die Suche nach Trost über den Verlust der allseits geschätzten Königin.

> Wie nun in allen solchen Fällen der Mensch, welcher nicht ganz fern ist von dem Leben aus Gott, zuerst bei dem Trost sucht, dessen Fügung ihn niedergebeugt hat: so sind auch heute die Häuser der Andacht in dieser königlichen Hauptstadt dazu eröfnet, um den gemeinsamen Schmerz aufzunehmen und durch Andacht zu heiligen. Denn der Trost, welchen der Christ sucht, ist nicht nur Hemmung der Thränen und Lüftung der beklommenen Brust; sondern darnach vornehmlich strebt er, daß auch die Schickung, die ihn am tiefsten beugt, ihm zugleich zu einer neuen Kraft des geistigen Lebens gedeihe. Diese Richtung nehme denn auch in dieser frommen Todesfeier unser Andenken an die verewigte Königin.[14]

Er unterscheidet demnach von der zunächst gewünschten psycho-physischen Erleichterung: „Troknung der Tränen und Lüftung der beklommenen Brust" das Streben der Christen nach Erneuerung der geistigen Lebenskraft und gibt damit die Richtung dieser Gedenkfeier vor.[15]

Der vorgeschriebene Text aus Jesaja 55, 8–9 lautet: „Meine Gedanken sind nicht eure Gedanken, und eure Wege sind nicht meine Wege, spricht der Herr. Sondern so viel der Himmel höher ist denn die Erde, so sind auch meine Wege höher denn eure Wege, und meine Gedanken denn eure Gedanken." Schleiermacher grenzt sich gleich zu Beginn von einem gemeinhin verbreiteten Verständnis des ersten Verses ab.

> Von der ersten Hälfte dieser Worte, meine christlichen Freunde, hören wir oft im gemeinen Leben der Menschen eine Anwendung machen, die dem Frommen nicht genügen kann. Wenn ihre Erwartungen getäuscht, ihre Hofnungen zerronnen sind, wenn der Erfolg alles anders bringt, als ihre leichtsinnige Einbildung, oder ihre eingebildete Klugheit ausgerechnet hatte, dann hören wir sie bald nach dem ersten Schmerz in jenen Worten eine scheinbare Beruhigung finden.[16]

Sie sind nach Schleiermacher nur eine scheinbare Beruhigung, insofern der Mensch, der so denkt, rein am irdischen Ausgang seiner Erwartungen interessiert ist. Auf das Irdische aber ist kein Verlass. Dem setzt Schleiermacher eine reflektierte Haltung entgegen, die nur derjenige erreicht, der

> über die Wandelbarkeit alles Irdischen einmal für alle zum klaren Bewußtsein gekommen ist, welcher es weiß, dass nur der Mensch sicher glüklich ist, der ohne sich eine bestimmte Gestalt der Zukunft auszubilden, aus dem gegenwärtigen Augenblick alles nimmt, was er

---

14 KGA III/4, 141–142.
15 KGA III/4, 142.
16 KGA III/4, 142.

geben kann, und nur der sicher weise, welcher ohne sich auf Erfolge zu verlassen, in jeder Stunde das treulich thut, wozu Pflicht und Gewissen ihn antreiben.[17]

Schleiermacher korrigiert diese missbräuchliche Auffassung des Textes dahingehend, dass es hier nicht um den „Gegensaz zwischen Erwartung und Ausgang, sondern zwischen göttlichem und ungöttlichem Sinn" gehe: „nicht in irgend eine irdische Ferne werden wir verwiesen, um uns dort mit den göttlichen Gedanken wieder zusammen zu treffen, sondern auf die himmlische Güte, und das himmlische Licht über uns."[18] Zur Begründung stellt er die Bibelverse, über die er zu predigen hat, in ihren Kontext und zitiert den vorausgehenden Vers: „Der Gottlose lasse von seinem Wege und der Uebelthäter seine Gedanken, und bekehre sich zum Herrn, so wird er sich sein erbarmen, und zu unserm Gott, denn bei ihm ist viel Vergebung"[19]. Ohne hier die schwierige Frage nach Schleiermachers Verhältnis zum Alten Testament aufnehmen zu können,[20] kann dieses Verständnis des Textes als durchaus sachgemäß und seinen einladenden Charakter wiedergebend bezeichnet werden; immerhin spricht die Botschaft Deuterojesajas von Erbarmen und Vergebung.

Bereits diese Differenzierung unterscheidet Schleiermacher von den parallel gehaltenen Predigten des Hofpredigers Ehrenberg, des Cöllner Propstes Hanstein und des Berliner Propstes Ribbeck, dem Beichtvater der Königin.[21]

---

17 KGA III/4, 143.
18 KGA III/4, 143.
19 Jes 55, 7; vgl. KGA III/4, 143.
20 Hierfür sei hingewiesen auf den Aufsatz des systematischen Theologen Hans-Walter Schütte, „Christlicher Glaube und Altes Testament bei Friedrich Schleiermacher", in: *Fides et communicatio: Festschrift für Martin Doerne zum 70. Geburtstag*, hg.v. Dietrich Rössler, Gottfried Voigt und Friedrich Wintzer, Göttingen: Vandenhoeck & Ruprecht 1970, 291–310, der anhand von Schleiermachers Glaubenslehre und seinen Festpredigten die theologischen und theologie- und philosophiegeschichtlichen Hintergründe analysiert; vgl. auch den Beitrag des Alttestamentlers Rudolf Smend: „Die Kritik am Alten Testament", in: Dietz Lange (Hg.), *Friedrich Schleiermacher 1768–1834. Theologe – Philosoph – Pädagoge*, Göttingen: Vandenhoeck & Ruprecht 1985, 106–128. – Schmidt 2002, 73 (Anm. 7) verweist hier mit einem Zitat aus Schleiermachers Gelegenheitsschrift *Ueber das Berliner Gesangbuch: Ein Schreiben an Herrn Bischof Dr. Ritschl in Stettin*. Berlin: Reimer 1830, KGA I/9, 473–512, hier 483–484, auf Schleiermachers „Ablehnung des Alten Testaments" und seinen demzufolge „freizügigen" Umgang mit dem Text.
21 *Zum Angedenken* 1810 (Anm. 4): Anhang: a. Hofprediger Friedrich Ehrenberg in der Dom- und Schlosskirche, 1–22; b. Propst zu Berlin Oberkonsistorialrat und Beichtvater der Königin Conrad Gottlieb Ribbeck in der Nicolaikirche, 23–42; c. Propst zu Cölln Gottfried August Ludwig Hanstein vor der St. Petri-Gemeinde in der Klosterkirche, 43–70. Vgl. auch Johannes Bauer, *Schleiermacher als patriotischer Prediger. Ein Beitrag zur Geschichte der nationalen Erhebung vor hundert Jahren. Mit einem Anhang von bisher ungedruckten Predigtentwürfen Schleiermachers. Studien zur Ge-*

Schleiermacher bezieht nun diese Unterscheidung – von ungöttlichem und göttlichem Sinn – auf den Anlass und damit auf die Art der Trauer. Sie habe sich immer mehr freizumachen von ungöttlichen im Sinne von irdischen Gedanken.[22] Das führt ihn zu seinem Thema „wie wir auch in bezug auf das Andenken an die vollendete Königin unsere Gedanken mit Gottes zu einigen haben"[23]. Er gibt zu diesem Zweck eine dreifache Gliederung vor, bezogen auf

1. unsere Gedanken über den Wert des Lebens und seiner Güter,
2. unsere Gedanken über das Wesen und den Ursprung menschlicher Liebe und Verehrung
3. unsere Gedanken über die Art und den Umfang menschlicher Wirksamkeit.[24]

Fasst man die Gliederung und die Formulierung des Themas „Wie wir *auch* [Hervorhebung E. B.] in bezug auf das Andenken an die vollendete Königin unsere Gedanken mit Gottes zu einigen haben" näher ins Auge, so liegt der Schwerpunkt der Erörterung auf den mit „unsere Gedanken" bezeichneten menschlichen Anschauungen. Sie werden einer kritischen Sichtung hinsichtlich ihrer „irdischen" Anteile unterzogen. Das geschieht zunächst allgemein; der Bezug zur Königin ist dann die Konkretion.

Weniges, aber doch Bezeichnendes, wissen wir über Schleiermachers Verhältnis zur Königin. Obwohl er zu den Menschen gehörte, welche der – schon zu Lebzeiten verehrten – Luise persönlich begegnet waren[25], war er ihr im Gegensatz zu vielen seiner – vor allem männlichen – Zeitgenossen nicht verfallen. Überhaupt hatte er keinen Hang zur höfischen Prominenz; seine Beziehungen pflegte er aus Sachgründen, menschlicher Verbundenheit oder beidem. Das zeigen auch die Briefe seiner Reise zum Aufenthaltsort der Königsfamilie im Spätsommer 1808

---

schichte des neueren Protestantismus 4, Gießen: Alfred Töpelmann (vormals J. Ricker) 1908, 70–72. Bauer macht allgemein darauf aufmerksam, dass die Besonderheit der Schleiermacherschen Predigt durch den Vergleich mit den aus gleichem Anlass über den gleichen Bibeltext gehaltenen Predigten der anderen Geistlichen deutlich wird, hier 70.

22 Vgl. KGA III/4, 143: „und wenn es nicht scheinen mag, als ob in unsern Gedanken bei dieser traurigen Veranlassung irgend ein gottloses und übelthäterisches sein könne, so laßt uns nicht vergessen, daß je irdischer sie sind, um desto unreiner und ungöttlicher sie auch sein müssen, und desto näher also auch dem, was dem Herrn zuwider läuft."

23 KGA III/4, 143.

24 Vgl. KGA III/4, 143.

25 Noch im März 1810 war sie als Taufzeugin bei einer von ihm gehaltenen Haustaufe in der Familie von der Marwitz zugegen gewesen. Vgl. Eintrag vom 12. März 1808 in: Schleiermachers Tageskalender 1808–1834. Hg. v. Elisabeth Blumrich, Christiane Hackel und Wolfgang Virmond, unter Mitarbeit von Holden Kelm, URL: http://schleiermacher-in-berlin.bbaw.de, zuletzt aufgerufen im Mai 2018.

nach Königsberg, wohin sich Schleiermacher für einen Monat in – für ihn lebensgefährlicher – geheimer Mission zu Beratungen mit den Reformern Gneisenau, Scharnhorst und Stein begeben hatte. So war ihm die Aufforderung, vor der Königsfamilie in der Schlosskirche zu predigen, keineswegs angenehm, wie er seiner Schwester berichtet:

> Uebermorgen predige ich hier in der Schloßkirche, gewissermaßen auf Allerhöchsten Befehl aber die ganze Geschichte ist mir ein wenig verdrießlich und es wird nicht etwas sonderliches werden. Heute soll ich noch der Prinzeß Wilhelm präsentirt werden, und Morgen Abend bin ich wieder[,] das geschieht fast einen Tag um den andern[,] beim Kronprinzen. Auch bei Stein habe ich neulich gegessen und werde ihn wol in den nächsten Tagen wiedersehen.[26]

Im Rückblick auf die Predigt schreibt er drei Tage später erklärend seiner Braut: „Deinen Brief erhielt ich gestern eben als ich aus der Kirche kam, wo der ganze Hof und fast die ganze vornehme Welt hier Zuhörer gewesen waren; ich hatte aber schlecht gepredigt, zum Theil eben deswegen und es war mir auch gar nicht so zu Mute, wie wenn ich viele von meinen Kindern in der Kirche habe."[27] Er hatte den Kronprinzen bei Lektionen und schließlich die Königin getroffen.[28] Aber auch hier hatte er zuvor auf eine Audienz keinen großen Wert gelegt:

> Diesen Vormittag soll ich nun gar zur Königin kommen, ich fürchte aber es wird noch dazu vergeblich sein; denn als sie mich bestellen ließ wußte sie noch nicht daß der Erbprinz von Weimar heute früh kommen würde. Viel mache ich mir ohnedies nicht aus dieser Ehre denn es führt zu nichts und verdirbt mir den Vormittag der vielleicht der einzige bequeme war um noch einmal recht gründlich den General Scharnhorst zu sprechen.[29]

---

[26] Brief 2811 (2.9.1808) an Nanny Schleiermacher (KGA V/10, 215–216, hier 215). – Zu Schleiermachers loyalem, gleichwohl kritischen Verhältnis zur preußischen Monarchie vgl. Arnulf von Scheliha, „‚[...] der Verletzung des Buchstabens nicht achtend, [...] wahrhaft im Sinn und Geist des Königs handelnd'. Friedrich Schleiermacher als politischer Prediger", in: *Geist und Buchstabe. Interpretations- und Transformationsprozesse innerhalb des Christentums, Festschrift für Günter Meckenstock*, hg. v. Michael Pietsch / Dirk Schmid, Berlin/Boston: Walter de Gruyter 2013, 155–175, besonders 162–164.
[27] Brief 2818 (5.9.1808) an Henriette von Willich, KGA V/10, 224. Schleiermacher, der bei dem befreundeten Oberhofprediger Wedeke wohnte, predigte am 4. September 1808 über das Sonntagsevangelium: Die Heilung des Taubstummen (Mk 7,31–37). Der Text der Predigt ist nicht überliefert, vgl. Friedrich Schleiermacher, Predigten, 1. bis 4. Sammlung, Anhang: Kalendarium der überlieferten Predigttermine Schleiermachers, KGA III/1, hg. v. Günter Meckenstock, Berlin/Boston: Walter de Gruyter 2012, 831.
[28] Eintrag zum 9.9.1810 in: Schleiermacher 1808–1834 (Anm. 25).
[29] Brief 2824 (9.9.1808) an seine Schwester Nanny, KGA V/10, 231–233, hier 232.

Der Brief, in dem er einen Monat nach seiner Rückkehr seiner Schwester Lotte von dem Gespräch mit der Königin und seinem Leben mit den Kindern des Königs berichtet, ist nicht erhalten.[30] Ihrer Antwort ist zu entnehmen, dass es offen blieb, ob es seine wissenschaftliche Reputation oder sein patriotischer Mut oder beides war, was die Königin dazu bewegt hatte, ihn zum Gespräch zu bitten.[31]

Eine andere Frau des Königshauses hatte ihn in diesen Tagen jedoch sehr beeindruckt. Es war die Schwägerin der Königin, die Prinzessin Wilhelm genannte Marianne von Preußen, eine geborene Prinzessin von Hessen-Homburg, die wie er selbst den preußischen Reformern sehr nahestand. Monate später berichtet er seinem Freund Carl Gustav von Brinckmann von der Zeit in Königsberg: Er habe „Steins des herrlichen Mannes ziemlich genaue Bekanntschaft gemacht, auch Gneisenaus und Scharnhorsts, die Königin gesprochen und vor allem Prinzeß Wilhelm kennengelernt die ich für eine der ersten und herrlichsten deutschen Frauen halte."[32]

III Die Hauptpunkte der Predigt

1 Über den Wert des Lebens und seiner Güter

In der Frage, was das Leben lebenswert mache, sei man sich mit vielen Menschen darin einig, dass es nicht die Dauer sei, sondern wie viel von Wünschenswertem es enthalte. Wer dabei aber nur auf die irdische Seite des Lebens sehe und Schmerz und Unannehmlichkeit als lebenzerstörend fliehe, der hänge zu sehr am Äußeren.[33]

> Denn dem göttlichen Sinn zu Folge, ist was dem Menschen begegnet, was ihm von außen kommen kann, auch nur das Aeußere, die Schale des Lebens, sein Werth aber liegt in dem Kern, in dem was das innerste Selbst des Menschen ist und wird, wie er das Ebenbild Gottes,

---

30 Vgl. den erschlossenen Brief an seine Schwester Lotte *2897 (29.10.1808), KGA V/10, dazu KGA V/K1, 386 (Anm. 5).
31 Vgl. Brief 2906 (3.–7.11.1808), KGA V/10, 351–354, hier 353: „Dein Leben mit den Kindern des Königs – deine Unterhaltung mit der verkanten aber doch angebeteten Louise konte dich stolz machen – wenn anders dergleichen Menschen die von Kindheit an mit den Gebildeten und Höheren umgegangen stolz machen kann! Wenn aber der Ruf zur Königin, Folge, von dem was du in deinen Schriften den Gelehrten darstellst – oder auch die Freude über deinen patriotismus; so freue ich mich des Gelingens deines Strebens – und Deiner Anhänglichkeit an das Land [...] und über die Edlen, die das zu schäzen wißen."
32 Brief 3075 (11.2.1809), KGA V/11, 82–84, hier 82.
33 Vgl. KGA III/4, 144.

zu dem er geschaffen ist, je länger je mehr in sich gestaltet,[34] wie dieses zu herrlichen Tugenden und Kräften des Geistes nach allen Seiten gedeiht.[35]

Bei ruhigem Nachdenken sei dies oft unbestritten. Die Schwierigkeit, so Schleiermacher, entsteht da, wo „in der unmittelbaren Anwendung und im Gewühl der Ereignisse"[36] der Mensch nicht mehr zwischen Innen und Außen, zwischen Wesen und Schein unterscheiden kann; so entsteht sie auch im Fall einer so seltenen Übereinstimmung von Innen und Außen, wie es die Person der Königin darstellte. Schleiermacher treibt die Differenzierung in aller Strenge voran:

> Aber jeder prüfe sich worauf sein Wohlgefallen geruht hat [...] War es der Glanz des Thrones weshalb wir sie glüklich priesen? jene Leichtigkeit, welche die Macht darbietet alle Wünsche zu erfüllen? jene Huldigungen welche der gefeierten Königin von allen Seiten dargebracht wurden in den glüklichsten Tagen des Staates und ihres erhabenen Hauses? Nein ihr ganzes Leben und Dasein steht in gleicher Herrlichkeit vor uns auch in den trüben Tagen des Unglücks, und sie scheint eben deshalb [...] die herbesten Wechsel erfahren zu haben, um zu zeigen, daß das Heil und der Werth ihres Lebens nicht auf Glanz, Glük und steigender Hoheit ruhte. Waren es die Reize der körperlichen Anmuth und Schönheit, mit denen Gott ihre Person so reichlich ausgestattet hatte?[37]

Diese letzte Frage beantwortet Schleiermacher in schonungsloser Nüchternheit, um herauszuarbeiten, dass es die Schönheit der Seele sei, die den Wert ihres Lebens ausmachte:

> Der Tod hat diese Reize ganz zerstört und bis auf die lezten Spuren davon die geliebte Gestalt zerrüttet; aber wenn er seine zerstörende Macht auch bis auf unser Gedächtniß ausdehnen könnte, daß wir allmählig unfähig würden die wohlbekannten [...] Züge uns zu vergegenwärtigen: wenn wir nur alles übrige festhalten, wird uns der Eindruk von Seligkeit und Fülle, den uns ihr Leben hinterläßt nichts verlieren.[38]

---

34 Hier zeigt sich Schleiermachers Anschlussfähigkeit an die Moderne ebenso wie sein ethischer Optimismus; vgl. dazu die beiden grundlegenden Studien von Ulrich Barth: „Die religiöse Dimension des Ethischen. Grundzüge einer christlichen Verantwortungsethik" und „Herkunft und Bedeutung des Menschenwürdekonzepts. Der Wandel der Gottesebenbildlichkeitsvorstellung", beide in: Ulrich Barth: *Religion in der Moderne*, Tübingen: J.C.B. Mohr (Paul Siebeck) 2003, 315–343 und 346–371.
35 KGA III/4, 144.
36 KGA III/4, 144.
37 KGA III/4, 145.
38 KGA III/4, 145.

Der Wert des Lebens der Königin, so Schleiermachers Resümee, war nicht die äußere Schönheit, sondern die Schönheit ihrer Seele, die Hoheit und Gesinnung des Mutes, die innere Heiterkeit des Gemütes.[39]

2 Über den Ursprung menschlicher Liebe und Verehrung

In diesem Abschnitt setzt sich Schleiermacher mit verschiedenen Vorstellungen über das Entstehen der Liebe auseinander. Neben der Meinung, Liebe sei eigentlich nur Selbstliebe und alle andere von ihr abgeleitet, also Liebe aus Eigennutz, zeigt Schleiermacher eine andere Variante von Liebe auf, die nur in scheinbarem Gegensatz zu jenen Formen stehe: Menschen aufgrund ihrer Hingabefähigkeit, ihres Unterhaltungswerts, ihrer Gefälligkeiten oder überhaupt ihrer geselligen Talente wegen zu lieben. Denn das bedeute im Umkehrschluss, dass jeder, der so denke, diese Art von Liebe auch zur Voraussetzung seines eigenen Handelns mache und damit Gefahr laufe, zur Erreichung des vermeintlich guten Zwecks die unsittlichen Mittel zu heiligen:

> Jeder der jemals mehr das Gelingen von Thaten, als die Gesinnung in der sie gedacht waren, zum Maaßstab seiner Liebe und Achtung gegen einen Menschen gemacht hat, Jeder der um angenehmer Gaben und Talente willen von den Ansprüchen an Redlichkeit, an Tugend, an ordnungsmäßigem Betragen etwas nachgelassen, ja Jeder der sich jemals über den Mangel an äußern Gütern beklagt, und sich mehr davon gewünscht hat, nur um mehr Liebe von den Menschen zu gewinnen, was hat der anders gethan, als vorausgesezt Liebe und Achtung entstehn nur auf diesem Wege, was anders[,] als sie selbst nach diesem Geseze gespendet?[40]

Dagegen stellt er die religiös begründete, ethische Position:

> Der Mensch liebe zuerst Gott, und alles andre[,] sich selbst sowohl als seinen Nächsten[,] nur in Beziehung auf Gott. Wo ihm Aehnlichkeit entgegenstrahlt mit göttlichen Eigenschaften, wo gehandelt wird nach göttlichen Gesezen, da neige sich sein Herz hin; und je reiner dieser Sinn, je kräftiger alles andre beherrschend,[41] desto mehr gehe seine Liebe über in Verehrung.[42]

---

39 Vgl. KGA III/4, 145–146.
40 KGA III/4, 146–147.
41 Vgl. dazu Anm. 34.
42 KGA III/4, 147.

Die Königin wegen ihrer Wohltätigkeit und geselligen Talente geliebt zu haben, das wäre letztlich auch nur Ausdruck einer Liebe aufgrund eines erinnerten oder erträumten persönlichen Einflusses auf das eigene Leben.[43]

> Nein, tiefer in dem Innern ihres Gemüths liegt der Grund für unsere Liebe und Verehrung, in der göttlichen Milde ihres Wesens, ohne Rüksicht auf alles das, was sie gewähren konnte oder versagen mußte; in ihrem reinen Sinn für das Wahre; in ihrem beständigen Bestreben, das Gute und Schöne darzustellen; und wer mag aufzählen die verschiedenen Arten, wie sich uns in ihr die gottähnliche Natur und Abstammung des Menschen offenbarte![44]

3 Über die Art und den Umfang menschlicher Wirksamkeit

Schleiermacher beschränkt sich hier auf die Auseinandersetzung mit solchen Vorstellungen, „welche wol nicht Jeder schon für sich von den göttlichen und wahren unterscheidet. Viele nemlich, auch von den besseren Menschen legen einen zu großen Werth auf den Erfolg, wollen nur da Wirksamkeit eines Menschen anerkennen, wo sich […] etwas äußerlich in der Welt nachweisen läßt, was aus seiner Thätigkeit entsprungen ist."[45]

Wer sich vom äußerlichen Nachweis seiner Handlungen abhängig macht, setzt sich nach Schleiermacher bestimmten Gefahren aus: Es schmeichelt zwar der Eitelkeit, wenn das Tun gelingt, reizt andererseits zur Unzufriedenheit an, wenn es misslingt. Seinem Argumentationsgang folgend ist die Selbstzuschreibung in jeden Fall unangemessen, denn Gelingen und Misslingen ist immer ein Zusammenwirken von Innen und Außen. Schleiermacher benennt zuerst die religiöse und soziale Begründung:

---

43 Vgl. KGA III/4, 147. Um der Schönheit der Sprache Schleiermachers willen und seiner Einfühlung in das menschliche Wesen, sei hier aus dem Wortlaut zitiert: „Auch viel beglückt und erfreut hat sie durch die Anmut in ihrem Betragen und durch den Reiz ihrer geselligen Talente; sie hat über jene höhere Gegenden des Lebens, welche gemeinhin für ihre Höhe büßen müssen, durch eine kalte und unfruchtbare Oede den belebenden Zauber der Heiterkeit und der Freiheit ergossen. Aber war es nur dies, und vorzüglich dies, was uns an ihr so theuer war? Haben wir sie nur geliebt in der Erinnerung eines persönlichen Einflusses auf unser Leben, oder in der tröstlichen Hoffnung, daß er auch uns nicht fehlen würde in bedenklichen Umständen? nur in der Erinnerung ihrer huldreichen Nähe, sei es auch während eines kurzen Augenblikkes, oder indem wir uns in Veranlassungen träumten, wie dies Glück auch uns zu Theil werden könnte?" (KGA III/4, 147).
44 KGA III/4, 147.
45 KGA III/4, 148.

> Denn das hat Gott dem Menschen gar nicht verliehen, etwas durch seine eigene Kraft äußerlich zu bewirken in der Welt, sondern dies ist immer ein gemeinsames Werk, wie es gemeinsames Gut ist, und alles kommt darauf an, wie die Thätigkeit und der Sinn der Andern mit dem, was der Eine will, zusammenstimmt oder nicht.[46]

Es folgt die Analogie der Naturkräfte: auch hier ist der Wirksamkeit einer einzelnen Kraft Maß und Ziel gesetzt durch die Kräfte der andern. Er schließt ab mit der Anwendung auf Gut und Böse, der ethischen Analogie:

> Wie sich in den scheinbar großen Thaten der leztern [der Bösen] oft mehr als ihre eigne Kraft die zusammentreffenden Schwachheiten und Fehler der Guten spiegeln; so hängen auch die schönen und edlen Werke der erstern eben so sehr ab von der Unterstüzung oder dem Widerstande, den sie finden, und der Mensch also, der [...] den Umfang seiner Wirksamkeit darnach schäzen wollte, zu welchem Ziele sie Gott sie lenkt, wäre offenbar auf ungöttlichem Wege. Nein sondern das wahre ist dieses, der Schauplaz für die Thaten des Gemüthes ist auch nur das Gemüth; und die Wirksamkeit, die der Mensch mit Recht sich selbst und sich selbst allein zuschreiben kann, ist keine andre als die innere und größtentheils stille[47], die er auf die Seelen der Menschen ausübt. [...] Das sind die Thaten, die Gott ihm selbst zuspricht als die seinigen von dem innwohnenden göttlichen Geiste gethan.[48]

Königin Luise fungierte zwar als Beraterin des Königs, als „Kommunikationsmedium"[49] zwischen ihm, der allem Neuen zunächst distanziert gegenüberstand, und den Reformern wie Stein und Hardenberg, wahrte dabei aber immer die Loyalität zu ihrem Mann[50]. So formulierte es Schleiermacher in der Sprache seiner Zeit:

> Sie nahm eine erhabene Stelle ein in diesem Leben, wir wissen wie innig sie, ohne jemals die Gränzen zu überschreiten, die auch für jene Höhen der Unterschied des Geschlechtes feststellt, Antheil genommen hat, an allen großen Begebenheiten, wie sie sich eben durch die Liebe zu ihrem königlichen Gemahl, durch die mütterliche Sorge für die theuren Kinder alles angeeignet hat, was das Vaterland betraf; wie lebendig sie immer erfüllt war von den ewig herrlichen Bildern des Rechtes und der Ehre [...] Aber in dem allen war auch sie nicht Herrin ihrer Thaten, der Erfolg stand nicht in ihrer Hand, und wir wissen wie wenig von dem, was sie sehnlich wünschte in Erfüllung gegangen ist[51]. Sollten wir aber deswegen ihre Wirksamkeit für gering halten? Nein![52]

---

46 KGA III/4, 148.
47 Zu den Beispielen, die Schleiermacher hier aufzählt, gehören auch: die schwache Vernunft gestärkt, den Irrtum ausgetrieben, dem Bösen Widerstand geleistet (vgl. KGA III/4, 149).
48 KGA III/4, 148–149.
49 Luise Schorn-Schütte, *Königin Luise: Leben und Legende*, München: C. H. Beck 2003, 46.
50 Vgl. Schorn-Schütte 2003, 47 (Anm. 49).
51 Schleiermacher spielt hier an auf ihr Treffen mit Napoleon, mit dem sie die einschneidende Dezimierung des preußischen Staatsgebietes nicht verhindern konnte.

IV Fazit

Als Schleiermacher diese Predigt hielt, waren zweieinhalb Wochen seit dem Tod der Königin vergangen. Die lange Reise mit dem Sarg vom fürstlich-mecklenburgischen Sommersitz Hohenzieritz nach Berlin unter großer Anteilnahme des erschütterten preußischen Volkes, die Aufbahrung und die Bestattung hatten stattgefunden, in unzähligen von Schwärmerei und religiösem Kitsch nicht freien Gedenkveranstaltungen und Elogen wurde ihrer gedacht.[53]

Schleiermacher hält eine Predigt gegen den Personenkult in der Trauer, indem er reflektiert, wie aus christlich-religiöser Sicht ein Menschenleben – und damit auch das eigene – zu würdigen ist. Dabei deckt er in ebenso feinfühligen wie scharfsinnigen anthropologischen Analysen die Denk- und Gefühlsmuster auf, die einer solchen Würdigung entgegenstehen. In den ersten beiden Abschnitten (Leben und Liebe) sind es die Wertschätzung des Äußerlichen und die damit einhergehende – in Verehrung sich kleidende – erinnerte oder erträumte Partizipation an Macht, Schönheit, Reichtum und gesellschaftlichem Glanz. Im dritten Abschnitt (Wirksamkeit) kehrt er mit der Befreiung von Selbstüberschätzung im Positiven (Eitelkeit) wie im Negativen (Unzufriedenheit) zum Anfang zurück: Ohne sich auf Erfolge zu verlassen, sei in jeder Stunde das zu tun, wozu Pflicht und Gewissen antreiben[54]. Schleiermachers Interesse liegt in der Gegenwart.

Denkt man an den handlungstheoretischen Ansatz in Schleiermachers Christlicher Sittenlehre, in der Schleiermacher Gottesdienst und Predigt zwar vorrangig dem darstellenden Handeln zuordnet, ihm daneben aber auch eine belehrend-verbreitende sowie eine erweckend-reinigende Funktion attestiert,[55] so tritt in dieser Predigt besonders die erweckend-reinigende Funktion zu Tage. Schleiermachers exorbitante Fähigkeit zur Distanznahme mag nicht wenige Hörer dieser Predigt überfordert haben. Dass sie jedoch nicht auf Kälte und Gefühllosigkeit zurückzuführen ist, das hat er selbst am genauesten in der Begräbnispredigt für seinen neunjährigen Sohn Nathanael beschrieben. Er verwahrt sich

---

52 KGA III/4, 148.
53 Vgl. z. B. *Zum Angedenken* 1810, 29–51 (Anm. 4).
54 Vgl. oben Anm. 17.
55 Vgl. Friedrich Schleiermacher, *Die christliche Sitte nach den Grundsäzen der evangelischen Kirche im Zusammenhange dargestellt.* Aus Schleiermacher's handschriftlichem Nachlasse und nachgeschriebenen Vorlesungen hg. v. Ludwig Jonas, Sämmtliche Werke I/12, Berlin: Reimer 1834, Beilage B (Ms. 1822/23), 109–110; Beilage A (MS 1809 § 92), 31; vgl. Hans-Joachim Birkner, *Die Christliche Sittenlehre Schleiermachers im Zusammenhang seines philosophisch-theologischen Systems*, Berlin: Alfred Töpelmann 1964, 121.

dort gegen ihm entgegengebrachte gut gemeinte traditionelle Bilder des Trostes, denn „dem Manne, der zu sehr an die Strenge und Schärfe des Gedankens gewöhnt ist, dem lassen solche Bilder tausend unbeantwortete Fragen zurück und verlieren dadurch viel von ihrer tröstenden Kraft."[56]

Es ist eine Predigt, die sich nicht der überwiegend herrschenden Gemütsstimmung[57] hingibt, sondern sie kritisch beleuchtet und klären will. Besonders die diesbezüglichen Analysen sind auch ohne den damaligen Anlass des Nachdenkens wert. Das gleiche gilt aber auch für den Trost, den er der Gemeinde und auch denen, die diese Predigt lesen, hinterlässt. In Aufnahme der dem Predigttext folgenden Verse vom Wort, das nicht leer zurückkommt, gleichwie der Regen nicht wieder gen Himmel kehrt, sondern die Erde befeuchtet[58], und der christologischen Anbindung, in der der Sohn Gottes das ewige Wort des Vaters genannt wird, bezieht er „jedes edlere Gemüth, das ein Zeugniß von Gott giebt" mit ein: es ist „durch sein Dasein, ein Wort des Herrn, und kehrt nicht leer zurück, wenn es von der Erde verschwindet, sondern trägt noch spät bleibende Frucht!"[59]

Einer der profunden Kenner des Schleiermacherschen Denkens hat dessen Dialektik einmal das „getröstete Denken" genannt.[60] Es spricht auch am Ende dieser Predigt: „Je mehr wir verloren haben, desto mehr auch behalten wir, und auch von ihr, der Vollendeten gilt es: der Gerechte stirbt, aber sein Andenken bleibt im Seegen."[61]

---

56 Friedrich Schleiermacher, „Rede an Nathanaels Grabe den 1. November 1829", in: *Magazin von Casual-, besonders kleineren geistlichen Amtsreden*, Magdeburg: Heinrichshofen 1834, 280–285, hier 283 (KGA III/11, *Predigten 1828–1829*, hg.v. Patrick Weiland, Berlin/München/Boston: Walter de Gruyter 2014, 507–512, hier 510).
57 Dies unterscheidet sie von der Predigt über Apg 6,15 „Die Verklärung des Christen im Angesicht des Todes", die Schleiermacher drei Tage nach dem Tod der Königin gehalten hat. Er schreibt in seiner der Publikation beider Predigten vorangestellten Vorerinnerung: „Seit Pfingsten war ich in einer Reihe von Vorträgen über die Apostelgeschichte begriffen: aus dieser wollte ich weder herausgehn, noch verstattete mir mein eignes Gefühl einen der herrschenden Gemüthsstimmung ganz fremden Gegenstand zu behandeln. Dies mag die Wahl des Textes zu der ersten Predigt, und die Art, wie über ihn geredet worden ist, rechtfertigen." (Schleiermacher, 1810, 3 (Anm. 3); KGA III/4, 123). Beide Predigten zusammen ergeben erst das Gesamtbild dessen, was Schleiermacher als Kanzelredner aus Anlass des Todes der preußischen Königin gesprochen hat.
58 Vgl. Jes 55,10–11.
59 KGA III/4, 150.
60 Hans-Walter Schütte, „Das getröstete Denken. Zu Schleiermachers Dialektik", in: Lange (Hg.) 1985, 72–84, hier 84 (Anm. 20).
61 KGA III/4, 150; vgl. Spr 10, 7.

Simon Gerber
Religiöses in Schleiermachers Briefen 1808–1810

1 Schleiermacher Briefe 1808–1810 als Quelle

Unter den Denkmälern des Christentums und seiner geschichtlichen Entwicklung haben Briefe von Anfang an einen hervorragenden Platz eingenommen. Zum Urbestand des neutestamentlichen Kanons gehört ein Briefcorpus; in altkirchlicher Zeit wurden aus den Briefen berühmter Männer wie Ignatius von Antiochien, Cyprian von Karthago, Basilius von Cäsarea und Augustin Sammlungen veranstaltet, einschlägige Briefe wurden auch den Sammlungen der Konzilsakten einverleibt. Briefe sind oft selbst Teil der Vorgänge – seien es geistige Auseinandersetzungen oder administrative Akte –, oder sie beschreiben Erlebtes direkt aus erster Hand; sie sind also als Quellen von höchstem Wert. Durch das Briefregister Gregors des Großen sind wir genau über die römische Kirche am Übergang aus der alten in die mittelalterliche Welt unterrichtet, und anhand von Martin Luthers Briefen hat Gerhard Ebeling die seelsorgerliche Eigenart des Reformators erforscht.[1]

In den Jahren 1808 bis 1810 wurden die Weichen für Schleiermachers ganzes späteres Leben gestellt: Schleiermacher ließ sich endgültig in Berlin nieder, erhielt die reformierte Pfarrstelle an der Dreifaltigkeitskirche, verlobte sich auf Rügen mit der jungen Witwe Henriette von Willich und heiratete sie, und die Berliner Universität nahm unter maßgeblicher Beteiligung Schleiermachers den Lehrbetrieb auf.

Sehen wir uns die überlieferten Briefe von und an Schleiermacher aus dieser Zeit als Quellen für die Geschichte des Christentums an, so stellen wir zunächst fest, dass die großen kirchlichen und theologischen Fragen in ihnen wenig vorkommen. Der wichtige Entwurf einer neuen Verfassung für die preußische Kirche, wonach die Kirche nicht mehr unter staatlichen Behörden, sondern unter synodaler Selbstverwaltung stehen sollte, von Schleiermacher im Herbst 1808 im Auftrag des Freiherrn vom Stein ausgearbeitet,[2] findet in den Briefen praktisch

---

1 Gerhard Ebeling, *Luthers Seelsorge. Theologie in der Vielfalt der Lebenssituationen an seinen Briefen dargestellt*, Tübingen: Mohr Siebeck 1997.
2 KGA I/9, 3–18.

keine Erwähnung.[3] Joachim Christian Gaß, mit dem Schleiermacher sonst brieflich gern theologisierte, hatte just in diesen Jahren eine Stelle in Berlin inne, was das Briefeschreiben meist überflüssig machte.[4] Mit Gaß und mit dem schwedischen Diplomaten Carl Gustav von Brinckmann, der einst wie Schleiermacher den Kursus auf den herrnhútischen Bildungsanstalten durchschmarutzt hatte, tauscht sich Schleiermacher gelegentlich über die Herrnhuter aus und darüber, was wohl die alten Lehrer und Brüder zu Schleiermachers kritischen theologischen Arbeiten meinten.[5] – Die Briefe sind insgesamt auch kürzer und knapper geworden als die aus Schleiermachers frühromantischen Jahren; eine Ausnahme davon macht freilich der sich über dreiviertel Jahre erstreckende Briefwechsel Schleiermachers mit seiner Verlobten.

Nun machen aber Kirchenverfassung und Theologie nicht das Christentum als Ganzes aus; Kirchengeschichte ist auch Alltagsgeschichte des Glaubens, ist auch Frömmigkeit und Mentalität. Und gerade als Zeugnisse der gelebten Religion sind die Briefe interessant und aufschlussreich. In ihnen ist einerseits von der äußeren Seite des religiösen Lebens die Rede, also etwa von Gottesdiensten und Hausandachten, andererseits aber von der inneren, also von dem, was Schleiermacher eigene fromme Gemütszustände genannt hätte.

In seinen Vorlesungen zur Praktischen Theologie hat Schleiermacher darauf hingewiesen, dass man in der Kirche und gelebten Religion grundsätzlich zwischen einem städtischen, gebildeten und einem ländlichen, bildungsfernen Milieu unterscheiden müsse; jenes sei religionskritischer, dieses konservativer und buchstäblicher, jenes tendiere als Einseitigkeit eher zu Frivolität und Freigeisterei und im städtischen Prekariat, wo die Bildung fehle, sogar zu sittenloser Gemeinheit, dieses eher zur Superstition.[6] Schleiermacher selbst hat sich natürlich dem ersten zugerechnet, und dasselbe gilt zwar nicht unbedingt für alle seine Briefpartner, aber doch für die, mit denen er sich wechselseitig sein inneres Leben offenbart. Die Braut Henriette von Willich und deren große Schwester Charlotte von Kathen lebten zwar auf Rügen auf dem Lande, waren aber gebildet und verstanden es, sich schriftlich auszudrücken. Eine kleine Probe dieses Gegensatzes

---

[3] Brief 3377 (17.12.1809) an Carl Gustav von Brinckmann (KGA V/11, 347); Brief 3556 (29.–31.12.1810) an Joachim Christian Gaß (KGA V/11, 536).

[4] In Brief 3556 (29.–31.12.1810) an Gaß (KGA V/11, 536), nach Gaß' Fortgang nach Breslau, schreibt Schleiermacher ein paar Sätze über seine philosophischen und theologischen Vorlesungen.

[5] Brief 2661 (17.3.1808) von Brinckmann (KGA V/10, 78–79); vgl. Brief 2672 (29.3.1808) an Brinckmann (KGA V/9, 93); Brief 3533 (4.11.1810) von Gaß (KGA V/11, 515); Brief 3556 (31.12.1810) an Gaß (KGA V/11, 535).

[6] Z. B. *Praktische Theologie 1817/18*, Nachschrift Jonas (BBAW, Archiv, Schleiermacher-Nachlass 550, fol. 110).

liefert die Braut selbst, als sie von Gesprächen mit den Frauen auf Rügen erzählt, wo die meisten solche Verhältnisse zwischen Mann und Frau, wie sie einst Schleiermacher und Eleonore Grunow oder jetzt Henriette Herz und Alexander von Dohna pflegten, ganz verurteilten und sie selbst lieber nichts dazu sage, weil die andern Frauen es doch nicht verstünden oder gar sie für leichtsinnig und verweltlicht hielten; die andern wüssten auch nicht recht, wie Schleiermachers freiere Grundsätze in dieser Hinsicht mit seiner Religiosität zu vereinbaren seien.[7] – Also: Man wird nicht voraussetzen können, dass alles, was in Schleiermachers Briefen erörtert wird, für die Gedanken und Meinungen der Gesamtbevölkerung repräsentativ sei.

2 Gottesdienst und Hausgottesdienst

Schauen wir zunächst auf die äußere Seite der gelebten Religion. Öfters wird in den Briefen von Gottesdiensten erzählt: Henriette von Willich vergleicht ihre Vettern Herrmann Baier und Theodor Schwarz, der eine Pastor in Altenkirchen, der andere in Wiek, als Prediger miteinander und gibt Baier den Vorzug.[8] Die Komponistin und Chorleiterin Luise Reichardt, mit Schleiermacher von Halle her befreundet, schreibt, in ihrem neuen Wohnort Kassel finde sich nicht einmal bei den Katholiken ein andächtiger Gottesdienst, vielmehr brauchten die Leute den Gottesdienst dazu, um nach der Predigt wie auf dem Basar Waren und Mietwohnungen feilzubieten,[9] und Schleiermachers Schüler Johannes Schulze, der spätere Hegelianer und Organisator der preußischen Universitäten,[10] berichtet aus Weimar, durch den Einfluss des seligen Herder sei die Geistlichkeit dort in Hinsicht des religiösen Gefühls zu einer Nullität geworden und hasche bloß noch nach Effekten; er, Schulze, versuche als Pädagoge und Prediger, wieder einen religiösen Sinn zu begründen.[11]

Auffällig ist besonders zweierlei: Einmal wie verbreitet offenbar der nicht kirchliche, sondern häusliche und familiäre Gottesdienst um diese Zeit war – in

---

[7] Brief 3085 (16.2.1809) von Henriette von Willich (KGA V/11, 97).
[8] Brief 2923 (15.11.1808) von H. von Willich (KGA V/10, 377–378); Brief 2928 (17.11.1808) von H. von Willich (KGA V/10, 384).
[9] Brief 2934 (21.11.1808) von Luise Reichardt (KGA V/10, 403).
[10] Vgl. Wolfgang Neugebauer, „Wissenschaftsautonomie und universitäre Geschichtswissenschaft im Preußen des 19. Jahrhunderts", in: Rüdiger vom Bruch (Hg.), *Die Berliner Universität im Kontext der deutschen Universitätslandschaft nach 1800, um 1860 und um 1910*, Schriften des Historischen Kollegs. Kolloquien 76, München: Oldenbourg 2010, 129–148.
[11] Brief 3140 (13.3.1809) von Johannes Schulze (KGA V/11, 155–156).

ihm finden wir dann auch den wesentlichen Sitz im Leben der nicht zuletzt von Schleiermacher veranstalteten Predigtsammlungen –; zum anderen welche Bedeutung das Sakrament des Abendmahls in der Frömmigkeit hatte.

Zum ersten: Die Halbschwestern Friederike und Luise Reichardt erzählen, dass die Familie Sonntags einen kleinen Gottesdienst hält, wo möglich bei einem Spaziergang ins Grüne; man erbaut sich an einer der Schleiermacherschen Predigten, singt einen Choral, und die Vögel singen ihre vielstimmigen Choräle dazu.[12] Luise von Willich berichtet an einem Sonntag, sie habe sich auf Gut Götemitz soeben zusammen mit Charlotte von Kathen und Henriette Herz sehr an einer Schleiermacherschen Predigt erbaut.[13] Neben solchen Gottesdiensten im familiären Kreis gab es auch so etwas wie Erbauungsstunden des Einzelnen mit Predigten. Henriette von Willich, damals noch nicht die Braut, sondern Nenn-Tochter Schleiermachers, schreibt, dass sie, am Bette ihres Töchterchens sitzend, in Schleiermachers Predigten Beruhigung und Erleuchtung gefunden habe.[14]

Entsprechend bekommt Schleiermacher Rückmeldungen auf die gedruckten Predigten, die er verschickt. Die große Schwester Charlotte rezensiert die zweite Predigtsammlung sehr ausführlich.[15] Der befreundete französisch-reformierte Prediger Ludwig Gottfried Blanc schreibt über die zweite Sammlung, dass er sich an die meisten Predigten noch erinnere, dass ihm aber die erste Sammlung, deren Predigten er nie gehört, aber oft gelesen habe, noch lange die vertrautere bleiben werde.[16] Schleiermachers Freund und Nachfolger als reformierter Prediger in Stolp in Hinterpommern Johann Severin Metger vermutet, die neuen Predigten taugten bloß für Gebildete und Philosophen.[17] Er selbst berichtet einmal, er habe den Verleger Georg Reimer brieflich um ein geeignetes Predigtbuch für ein Glied seiner weit verstreuten Gemeinde gebeten, einen Zimmermann im westpreußischen Tuchel.[18]

---

12 Brief 2753 (22.6.1808) von Friederike Reichardt (KGA V/10, 155); Brief 2754 (22.8.1808) von L. Reichardt (KGA V/10, 156); Brief 2934 (21.11.1808) von L. Reichardt (KGA V/10, 403); Brief 3362 (13.11.1809) von L. Reichardt (KGA V/11, 327).
13 Brief 2814 (4.9.1808) von Luise von Willich (KGA V/10, 217).
14 Brief 2611 (21.1.1808) von H. von Willich (KGA V/10, 23); vgl. Brief 2777 (5.8.1808) von Caroline Wucherer (KGA V/10, 177); Brief 2803 (24.8.1808) von H. von Willich (KGA V/10, 201–202); Brief 3146 (14.3.1809) von Friederike Israel (KGA V/11, 158–159).
15 Brief 3166 (24.3.1809) von Charlotte Schleiermacher (KGA V/11, 188–189).
16 Brief 2731 (2.6.1808) von Ludwig Gottfried Blanc (KGA V/10, 141); vgl. Brief 2766 (12.7.1808) von Blanc (KGA V/10, 165.
17 Brief 2755 (26.6.1808) von Friedrich Severin Metger (KGA V/10, 159); vgl. zur Frage, ob die Predigten nur für die Gebildeten seien, auch Brief 3123 (5.3.1809) von H. von Willich (KGA V/11, 130); Brief 3149 (15.3.1809) an H. von Willich (KGA V/11, 163).
18 Brief 3413 (30.3.1810) von Metger (KGA V/11, 382).

Die große Bedeutung solcher häuslichen Erbauung gegenüber dem öffentlichen Gottesdienst in dieser Zeit bezeugen auch die berühmten Jugenderinnerungen des Malers Wilhelm von Kügelgen: Der 1802 geborene Sohn eines lange indifferenten Katholiken und einer frommen Protestantin erlebte mit acht Jahren zum ersten Mal einen Gottesdienst, und das nur zufällig: In den Ferien im Pfarrhaus an der Hallenser Moritzkirche untergebracht, spielte er Sonntag morgens auf dem Dachboden, dessen eines Fenster ins Kirchenschiff ging, und wurde dort auf die seltsamen Klänge aufmerksam. Er fand dann das Fenster und verfolgte mit Faszination Orgelmusik, Gesang und Predigt. Die Mutter habe den Kindern, um sie zur Religion nicht unlustig werden zu lassen, lieber Gottesdienst und Religionsunterricht ersparen wollen und ihnen stattdessen in ungezwungenem Gespräch aus der Bibel erzählt.[19]

Wie ist dies Phänomen einzuordnen? Man kann vermuten, dass es mit der neuzeitlichen Individualisierung des religiösen Lebens zusammenhängt: Statt dass die Kirche als übergeordnete Institution den Einzelnen in eine vorgegebene Gruppe und Struktur einordnet, wählt sich der Einzelne selbst die zu ihm passende Art der Erbauung und die Gruppe Gleichgesinnter. Man kann umgekehrt darauf verweisen, dass die Privaterbauung an sich nichts Neues ist und dass bereits die Postillen der Reformatoren Predigtbücher für alle die waren, denen der öffentliche Gottesdienst in einer Pfarrkirche unerreichbar war und die zu Hause Andacht hielten.

Am ehesten werden wir es hier indessen mit einer letzten, romantischen Form pietistisch-familiärerer Innerlichkeit zu tun haben, die dann bei Katholiken und Protestanten einem stärkeren kirchlichen Bewusstsein wich. In Schleiermachers romantischen Werken finden wir das wieder: Die vierte Rede über die Religion polemisiert geradezu gegen die Art, wie die Religionsgemeinschaften gegenwärtig verfasst und mit dem Staat verflochten seien, und entwirft ein Modell freier religiöser Geselligkeit.[20] In der *Weihnachtsfeier* erzählt Eduard, in ihrem häuslichen Kreise lebe man die Religion ohne alle äußere Form, und die durchaus religiöse kleine Tochter Sophie habe zur Kirche gar keine Lust. Eduards Frau Ernestine wiederum erinnert sich aus ihrer Kindheit an den Besuch einer Christvesper in einer Kirche, die religiös geradezu abschreckend gewesen sei, wohingegen Agnes von einer Feier des Heiligen Abends im Familien- und Freundeskreis erzählt, in der ein Säugling spontan getauft wird, wobei die Anwesenden ihm die Hand auflegen und ihm ihren gemeinschaftlichen Geist

---

19 [Wilhelm von Kügelgen,] *Jugenderinnerungen eines alten Mannes*, hg.v. Philipp von Mathusius, Berlin: Hertz 1870, 101–104 (Theil 2, Capitel 3, Mein Geheimniß).
20 [Friedrich Schleiermacher,] *Über die Religion*, Berlin: Unger 1799, 174–234 (KGA I/2, 266–292).

übermitteln.[21] In der dritten Auflage der Reden über die Religion sah sich Schleiermacher dann aber genötigt, manches zugunsten eines eben doch unentbehrlichen Kirchentums zurechtzurücken.[22] Henrich Steffens schließlich schreibt in seinen Erinnerungen, in Schleiermachers Umkreis (er denkt an den Freundeskreis in Halle) sei die Kirche ganz von der Freundschaft verschlungen worden; nach 1815 sei in ihm, Steffens, und anderen dann das Bedürfnis entstanden, einem festeren kirchlichen Verband anzugehören als dem bloßer subjektiver Zuneigung.[23]

3 Abendmahlsfrömmigkeit

Während der Verlobungszeit schrieben sich die Brautleute pro Woche jeweils zwei bis drei Briefe. In den letzten Monaten wird in vielen der Briefe erörtert, an welchem Sonntag beide, räumlich durch viele Meilen getrennt, doch gleichzeitig kommunizieren könnten, also das Abendmahl empfangen. „Unsere Liebe ist so andächtig schön und muß sich auch hier begegnen", schreibt der Bräutigam.[24] Diese Verabredung wird hin und her ventiliert – damals wurde in einer Gemeinde höchstens einmal im Monat Abendmahl gehalten –, immer wieder verschoben, weil etwas dazwischenkommt, bis man sich auf den 16. April 1809 einigt, den Sonntag Misercordias Domini.[25] Am Vorabend lesen Henriette und Luise von

---

21 Friedrich Schleiermacher, *Die Weihnachtsfeier. Ein Gespräch*, Halle: Schimmelpfennig 1806, 32–33. 72. 78–85 (KGA I/5, 54. 72. 75–78). Vgl. Hermann Patsch, „,... mit Interesse die eigentliche Theologie wieder hervorsuchen'. Schleiermachers theologische Schriften der Hallenser Zeit", in: Andreas Arndt (Hg.), *Friedrich Schleiermacher in Halle 1804–1807*, Berlin / Boston: de Gruyter 2013, 31–54, hier 44–47.
22 Friedrich Schleiermacher, *Ueber die Religion*, 3. Aufl., Berlin: Reimer 1821, 311–316. 321–323. 342–348 (Anm. 3–6. 10. 21–24 zur vierten Rede; KGA I/12, 220–223. 227–228. 242–247).
23 Henrich Steffens, *Was ich erlebte*, Bd. 10, Breslau: Max 1844, 50–51. 60–62.
24 Brief 2904 (3.11.1808) an H. von Willich (KGA V/10, 350).
25 Brief 2913 (10.11.1808) an H. von Willich (KGA V/10, 367–368); Brief 2953 (27.11.1808) an H. von Willich (KGA V/10, 431); Brief 2976 (11.12.1808) von H. von Willich (KGA V/10, 463); Brief 3016 (29.12.1808) von H. von Willich (KGA V/10, 523); Brief 3045 (21.1.1809) an H. von Willich (KGA V/11, 39); Brief 3070 (9.2.1809) von H. von Willich (KGA V/11, 78); Brief 3107 (27.2.1809) von H. von Willich (KGA V/11, 115); Brief 3125 (9.3.1809) an H. von Willich (KGA V/11, 135); Brief 3136 (12.3.1809) an H. von Willich (KGA V/11, 148); Brief 3137 (12.3.1809) von H. von Willich (KGA V/11, 151); Brief 3163 (23.3.1809) an H. von Willich (KGA V/11, 180); Brief 3176 (28.3.1809) an H. von Willich (KGA V/11, 196); Brief 3184 (3.4.1809) von H. von Willich (KGA V/11, 213); Brief 3212 (13.–14.4.1809) von H. von Willich (KGA V/11, 242–243. 245).

Willich zur Vorbereitung noch in den Predigten Ehrenfrieds, des verstorbenen Manns von Henriette und Bruders von Luise.[26]

Was bedeutet die gemeinsame Kommunion? In einem Brief erzählt die Braut, sie habe jüngst gemeinsam mit Familienmitgliedern kommuniziert, und blickt auch zurück:

> o Ernst welch ein heiliger Tag war uns das immer, mit stiller Bewegung habe ich ihn immer an Ehrenfrieds Seite gefeiert, mit ihm fing immer eine schönere Periode unsers Zusammenlebens an. [...] Wie lieb war es mir nun auch mit Ehrenfrieds Geschwistern die heilige Handlung zu begehen.[27]

Und so schließt sich dem unmittelbar die Ahnung und der Wunsch an, dass die vertraute jüdische Freundin Henriette Herz „sich auch hierin unserm Bunde noch einmahl anschließt auch äußerlich."[28]

Die „herrliche das Gemüth so innig durchdringende Handlung", wie sie Schleiermacher einmal nennt,[29] wird mithin von allen ganz wesentlich als die wirksame oder performative Darstellung der innigsten Gemeinschaft verstanden, wobei sich die Gemeinschaft untereinander und mit dem Erlöser wechselseitig bedingen und durchdringen.[30] Dies kann man auch später in der Glaubenslehre nachlesen: Was man sonst als Wirkung des Sakramentsgenusses nenne, Sündenvergebung und Heiligung, das sei nicht als spezielle Wirkung zu verstehen, sondern hänge eben mit der „Befestigung unserer Gemeinschaft mit Christo" und der „Befestigung der Christen in ihrem Verein unter einander" zusammen.[31]

Dieser Verein verflicht und durchdringt sich dann aber auch noch mit dem ehelichen, familiären und freundschaftlichen Verein. So schreibt Schleiermacher an Charlotte von Kathen, die kurz vor einer Entbindung steht, im Abendmahl liege noch eine eigene Stärkung, wenn es auf besondere Verhältnisse bezogen werde, um sie zu heiligen. Es spreche ganz den heiligen Sinn aus, der im kommenden Liebesband zwischen Mutter und Kind liegen solle, und das andächtige Einswerden bei der Feier sei die schönste Vorbereitung darauf, dass durch die Geburt aus dem, was eins war, zwei werden solle.[32] Der Braut gegenüber vermutet

---

26 Brief 3215 (15.4.1809) von H. von Willich (KGA V/11, 246).
27 Brief 2901 (1.11.1808) von H. von Willich (KGA V/10, 344).
28 Brief 2901 (1.11.1808) von H. von Willich (KGA V/10, 344).
29 Brief 2913 (10.11.1808) an H. von Willich (KGA V/10, 368).
30 Hier liegt eine interessante Gemeinsamkeit mit Luthers frühem Abendmahlssermon (WA 2, 742–744) vor.
31 Friedrich Schleiermacher, *Der christliche Glaube nach den Grundsäzen der evangelischen Kirche im Zusammenhange dargestellt, Bd. 2*, Berlin: Reimer 1831, § 141,1 (KGA I/13,1, 394–397).
32 Brief 3068 (7.2.1809) an Charlotte von Kathen (KGA V/11, 75).

Schleiermacher, dass Henriette Herz nichts mehr im Judentum festhalten und am Eintritt in den christlichen Verein hindern werde, wenn sie ihn, Schleiermacher, erst seiner dann Angetrauten das Abendmahl reichen oder das gemeinsame erste Kind taufen sehen werde.[33] Die Gemeinschaft, wie sie das Sakrament des Altars konstituiert, bedeutet also keine Relativierung der familiären und freundschaftlichen Verhältnisse, sondern heiligt und erhebt diese vielmehr in die göttliche Sphäre. Es ist abermals das, was Steffens schrieb: In Schleiermachers Kreis wurde die Gemeinschaft des Glaubens zu einer Funktion des Familien- und Freundschaftskreises und umgekehrt.

Nicht einmal angesprochen wird bei alledem der Konfessionsunterschied: Schleiermacher war reformiert, seine Braut und deren Familie und überhaupt ein Großteil seiner Freunde lutherisch. Beide Kirchen waren organisatorisch getrennt, auch wenn sie faktisch, wo es an einem Ort beide gab, eng zusammenarbeiteten. Abendmahlsgemeinschaft bestand zwischen ihnen nicht; allerdings hatte das friderizianische Landrecht eine gegenseitige gastweise Zulassung zum Altarsakrament verordnet.[34] Die Streitfrage aus der Zeit der Reformation, wie der Herr im Sakrament gegenwärtig sei und wie er von den Kommunikanten genossen werde, nur geistlich oder auch leiblich, spielt hier keine Rolle; alles dreht sich um die Idee der Gemeinschaft in und mit dem Herrn, nicht um die Frage der Art seiner Gegenwart.

Kurz nach der Simultankommunion am 16. April schreiben die Brautleute einander, woran sie dabei dachten und was sie empfanden. Schleiermacher schreibt:

> Im Gebet habe ich unsere Ehe geheiliget zu einer christlichen daß unser ganzes Leben von frommem Sinn und von heiliger göttlicher Liebe erfüllt sei und unser Thun und Tichten auf das himmlische hingewendet für uns und für unsere Kinder. So habe ich uns Gott empfohlen und dargebracht, und es als einen herrlichen Segen gefühlt daß du zu gleichen Gesinnungen Dich mir vereint hast in derselben Stunde. Ein schöner Friede und eine heitere Zuversicht für

---

33 Brief 3002 (22.12.1808) an H. von Willich (KGA V/10, 491). Später erwähnte die Braut, Henriette Herz warte mit ihrem Übertritt noch bis zum Tod ihrer Mutter (Brief 3123, 5.3.1809, von H. von Willich, KGA V/11, 129). Tatsächlich vollzog Henriette Herz die Konversion nach dem Tod der alten Frau de Lemos (1816) im Sommer 1817 in aller Stille, vgl. Brief (4.7.1817) an Alexander von Dohna (*Schleiermachers Briefe an die Grafen zu Dohna*, hg.v. Justus Ludwig Jacobi, Halle: Strien 1887, 65). – Regina Scheer, „*Wir sind die Liebermanns*", Berlin: Propyläen 2006, 58, schreibt, Henriette Herz und Rahel Levin hätten mit dem Übertritt zum Christentum um bürgerlicher Vorteile willen, die sie dadurch nicht einmal erlangt hätten, ihre Identität preisgegeben. Wenigstens für Henriette Herz ist das ganz unzutreffend und verdankt sich wohl bloß dem Vorurteil, dass Juden, die sich dem Christentum zuwendeten, das generell aus Opportunismus täten, da es sonst keinen Grund dafür gebe.
34 ALR II, tit. XI, § 39.

das ganze Leben ist über mich gekommen, und so innig wohl ist gewiß Dir auch. O wie wollen wir auch immer unsere frommen Rührungen mit einander theilen.[35]

Die Braut schrieb, innige Rührung und unaussprechlicher Dank habe ihre Seele erfüllt, zugleich habe sie nach Reinheit und Heiligung geseufzt und daran gedacht, dass durch Schleiermacher, den Liebling Gottes, Gnade und Segen auch über sie kommen müssten.[36] In einem früheren Brief von ihr heißt es, dass es dem Verhältnis beider besser entspräche, wenn sie das Sakrament aus Schleiermachers Hand empfinge als wenn beide nebeneinander vor dem Altar knieten.[37]

4 Confessiones

Aus dem bisher Gesagten dürfte schon deutlich geworden sein, dass viele der Briefe, nicht nur die Brautbriefe, in einem sehr vertrauten Ton gehalten sind. Und so geht es in ihnen auch immer wieder um religiöse und ethische Fragen und Probleme. Dies hängt auch mit der Person Schleiermachers zusammen, der für einige, besonders Frauen, so etwas wie ein gottbegnadeter Seelsorger und Berater war. So schreibt die Komponistin Luise Reichardt:

> Gott hilft denen die es redlich mit ihm meinen, dieser Zuversichtliche Glaube erhebt mich immer bald wieder und wem verdanke ich ihn anders als Ihnen. Da wir uns kennen lernten war ich durch große unerhörte Schmerzen so geschwächt daß ich mich ganz von Gott verlassen glaubte und der Allgütige sandte Sie mir recht eigentlich zu meiner Rettung.[38]

Luise und Henriette von Willich muss es Schleiermacher sogar halb ironisch verbieten, mit einem Portrait, das er seiner Braut zu Weihnachten nach Rügen geschickt hatte, Abgötterei zu treiben; für Luise sah Schleiermacher darauf aus, als wäre er gerade Jesus begegnet.[39]

Luise von Raumer, Schwester des Historikers Friedrich und des Mineralogen Karl Georg von Raumer, dankt Schleiermacher für dessen Rat betreffend das schwierige Verhältnis zu ihrer Mutter, bekennt aber, dass er ihr wenig geholfen

---

35 Brief 3216 (16.4.1809) an H. von Willich (KGA V/11, 249).
36 Brief 3215 (17.4.1809) von H. von Willich (KGA V/11, 246).
37 Brief 2976 (11.12.1808) von H. von Willich (KGA V/10, 463); vgl. Brief 2901 (1.11.1808) von H. von Willich (KGA V/10, 344).
38 Brief 3440 (1.6.1810) von L. Reichardt (KGA V/11, 409).
39 Brief 3010 (26.12.1808) von L. von Willich (KGA V/10, 512); Brief 3013 (um den 26.12.1808) von H. von Willich (KGA V/10, 514–515); Brief 3022 (1.1.1809) an H. von Willich (KGA V/11, 5).

habe: Die Mutter zeige ihr weiter ihre Ablehnung und schirme sie von ihren Freundinnen ab, und bloß im geschuldeten Gehorsam gegen die Eltern ohne Liebe und Glück finde sie, die Tochter, keine Befriedigung.[40] Luise von Willich fragt Schleiermacher, ob eine Frau, die im Schmerz enttäuschter Liebe gestorben sei, diesen Schmerz in die Ewigkeit mitnehme;[41] Schleiermachers Antwort kennen wir nicht. – Für Schleiermachers Braut ist Harmonie die leitende Idee: In ihrer kleinen Tochter erkennt sie eine Disharmonie des Wesens, ebenso bei der Schwägerin Luise von Willich und dann auch bei der Schwester Charlotte von Kathen, aber auch sie selbst leide an latenter innerer Disharmonie;[42] immerhin hänge das kommende Eheglück nicht von der ungewissen Harmonie äußerer Verhältnisse ab;[43] und wenn es erst da sei, werde das schöne harmonische Leben auch auf die kleine Tochter aus erster Ehe heilsam wirken.[44]

Reichlich teilen die Briefpartner einander ihr inneres Gemütsleben mit: Gottergebung angesichts drohender Gefahren,[45] das Gefühl der Nähe Gottes,[46] Wehmut und Traurigkeit,[47] Hoffnung,[48] aber auch den Verlust der naiven Zuversicht.[49] Sie bitten einander um Fürbitte[50] und berichten aus ihrem Gebetsleben.[51]

---

40 Brief 2603 (7.1.1808) von Luise von Raumer (KGA V/10, 14–16).
41 Brief 2710 (vor dem 8.5.1808) von L. von Willich (KGA V/10, 130).
42 Brief 2611 (21.1.1808) von H. von Willich (KGA V/10, 24); Brief 2620 (1.–2.2.1808) von H. von Willich (KGA V/10, 36. 38); Brief 2809 (um den 29.8.1808) von H. von Willich (KGA V/10, 211); Brief 2815 (4.9.1808) von H. von Willich (KGA V/10, 219); Brief 2901 (1.11.1808) von H. von Willich (KGA V/10, 345); Brief 2980 (12.12.1808) von H. von Willich (KGA V/10, 469); Brief 3107 (27.2.1809) von H. von Willich (KGA V/11, 114).
43 Brief 2875 (17.10.1808) von H. von Willich (KGA V/10, 316).
44 Brief 2875 (17.10.1808) von H. von Willich (KGA V/10, 314); Brief 3164 (24.3.1809) von H. von Willich (KGA V/11, 182).
45 Brief 2815 (4.9.1808) von H. von Willich (KGA V/10, 218).
46 Brief 2860 (7.10.1808) von H. von Willich (KGA V/10, 287); Brief 2907 (3.11.1808) von H. von Willich (KGA V/10, 357); Brief 3107 (26.2.1809) von H. von Willich (KGA V/11, 112–113).
47 Brief 2669 (27.3.1808) von Gaß (KGA V/10, 88); Brief 2710 (vor dem 8.5.1808) von L. von Willich (KGA V/10, 129); Brief 2807 (18.9.1808) von L. von Willich (KGA V/10, 247–248); Brief 2907 (3.11.1808) von H. von Willich (KGA V/10, 357).
48 Brief 2611 (17.1.1808) von H. von Willich (KGA V/10, 22); Brief 2830 (15.9.1808) an Kathen (KGA V/10, 243–244); Brief 2913 (9.11.1808) an H. von Willich (KGA V/10, 365–366).
49 Brief 2828 (15.9.1808) von H. von Willich (KGA V/10, 242); Brief 3003 (21.12.1808) von H. von Willich (KGA V/10, 496–497).
50 Brief 2776 (5.8.1808) von H. von Willich (KGA V/10, 176); Brief 2791 (18.8.1808) an H. von Willich (KGA V/10, 193).
51 Brief 2815 (4.9.1808) von H. von Willich (KGA V/10, 218); Brief 2837 (18.9.1808) an H. von Willich (KGA V/10, 253); Brief 2933 (21.11.1808) an H. von Willich (KGA V/10, 395); Brief 3368 (23.11.1809) an Ch. Schleiermacher (KGA V/11, 334).

Die Brautleute tauschen sich aus über Empfindungen im Gottesdienst und die Frage, ob man von Orgelmusik religiös affiziert werde,[52] und sie offenbaren einander auch ihre religiöse Vorgeschichte samt Irrungen und Hemmungen, frei nach den berühmten Bekenntnissen Augustins und deren mancherlei Nachwirkungen im Pietismus. Henriette schreibt, sie sei „ein sehr unbedeutendes Kind ohne Liebe und dumpfen Sinnes" gewesen, aber sie gedenke mit Freude der Zeit, in der sich dann ihre erste Liebe entwickelt habe, die Liebe zum unsichtbaren Vater,

> so daß wenn ich jezt mir zurückrufe was ich damals still in mir erkannte, ich noch völlig damit übereinstimme und nichts als falsch verwerfen könnte. [...] Ich hing mit unbeschreiblicher Liebe und Sehnsucht an Gott [...] So oft ich Gott mein Herz und mein ganzes Leben darbrachte so hatte ich doch nie irgend eine Bitte ihm vorzutragen als nur die daß er mein Herz reinige und bereichere.[53]

In anderen Briefen schreibt sie, sie habe schon als Kind ein vertrautes Verhältnis zum Tode gehabt und wünsche sich kein hohes Alter;[54] vor ihrer Eheschließung mit Ehrenfried habe sie Gott um Liebe zu ihrem künftigen Gatten gebeten, denn leicht sei sie ihr nicht gefallen, und nach Ehrenfrieds Tod habe sie Gott gebeten, keine Neigung nach einer weiteren Verbindung in ihr aufkommen zu lassen.[55] Schleiermacher schreibt etwas diskreter, auch er sei als Kind dumpf gewesen, er könne den Punkt nicht genau angeben, da Liebe und Religion, die eigentlich eins seien, zu ihm gekommen seien; auch sei er später ganze Zeiten wieder in Dumpfheit gefallen. So könne er jetzt Eltern trösten, dass in ihren Kindern das gute schon noch aufwachen werde.[56]

5 Deutungen im Großen und Kleinen

Schließlich gibt es so etwas wie die religiöse Deutung und Bewältigung der großen und kleinen Welt. Henriette von Willich (noch nicht mit Schleiermacher verlobt) schreibt, dass viele Menschen um sie trübe Zeiten erlebten, aber mit Hoffnungen in eine Zukunft blickten, die ihnen alles wiederbringen solle, die ihr selbst allzu unreflektiert erschienen.[57] – Nach dem preußischen Zusammenbruch

---

52 Brief 2923 (15.11.1808) von H. von Willich (KGA V/10, 377–378); Brief 2953 (30.11.1808) an H. von Willich (KGA V/10, 436).
53 Brief 2949 (24.11.1808) von H. von Willich (KGA V/10, 424).
54 Brief 2021 (14.11.1808) von H. von Willich (KGA V/10, 375).
55 Brief 2852 (3.10.1808) von H. von Willich (KGA V/10, 274. 276).
56 Brief 2961 (7.12.1808) an H. von Willich (KGA V/10, 454–455).
57 Brief 2611 (17.1.1808) von H. von Willich (KGA V/10, 22).

hatte sich Brinckmann unter mancherlei Abenteuern zur See nach Ostpreußen zum preußischen Hof durchgeschlagen;[58] von dort schreibt er, er verstehe nicht, dass selbst viele der Besseren bloß darum jetzt auf die Religion zurückkämen, weil sie die letzten preußischen Niederlagen verarbeiten müssten; dass solche Kleinigkeiten wie die großen Weltbegebenheiten den inneren Menschen verändern sollten, sei ihm ganz unbegreiflich, und auf eine Religion, die für solches da sei, könne er gut verzichten.[59] Schleiermacher weiß nicht, wie seine Antwort den Freund, der Preußen nun in Richtung Schweden verlassen muss, noch erreichen soll. Er kann es nicht lassen, Brinckmann gegenüber letzte Weltbegebenheiten wie den schwedischen Verlust Finnlands aus der Perspektive des „dominus utilis der göttlichen Allmacht" (also dessen, der die Allmacht innehat und dem auch deren Nießbrauch zusteht[60]) zu kommentieren; vor allem dürfe man den Glauben an den letzten Akt und die poetische Gerechtigkeit (und das heißt an den Sturz der napoleonischen Hegemonie) nicht verlieren.[61]

Im eigenen Leben erkennen Schleiermacher und andere eine unverdiente göttliche Gnade und Führung, durch die sie aus dem Trüben ins Klare gekommen seien.[62] Johanna Steffens erzählt die Sterbegeschichte ihrer 23jährigen Freundin Charlotte Müffling; deren Mutter, die Hofrätin Wucherer, werde vom Himmel hart geprüft und müsse in jenem Leben reiche Belohnung finden.[63] Blanc hingegen, der die ältere Schwester der Verstorbenen unglücklich liebt und wie ein Hund leidet, sieht in der maßlosen Trauer der Mutter einen Mangel an Fassung und religiösem Mut.[64]

Schleiermachers Braut berichtet, ihr Vetter Herrmann Baier habe seine Bewunderung geäußert für die Ruhe, mit der sie den Tod ihres ersten Mannes getragen habe; das sei mehr gewesen als was die Welt Glauben und Gebet nenne.

---

58 Vgl. Günter de Bruyn, *Als Poesie gut*, Frankfurt am Main: Fischer 2006, 427–432.
59 Brief 2616 (23.1.1808) von Brinckmann (KGA V/10, 30).
60 Vgl. Ludwig Julius Friedrich Höpfner, *Theoretisch-practischer Commentar über die Heineccischen Institutionen nach deren neuesten Ausgabe*, 8. Aufl. von Adolph Dieterich Weber, Frankfurt am Main: Varrentrapp 1818, 219.
61 Brief 2719 (24.5.1808) an Brinckmann (KGA V/10, 133–134).
62 Brief 2698 (29.4.1808) von Karl Georg von Raumer und F. Reichardt (KGA V/10, 114–115); Brief 2780. (6.8.1808) an Ch. Schleiermacher (KGA V/10, 179); Brief 2782 (7.8.1808) an H. von Willich (KGA V/10, 180–181); Brief 2791 (18.8.1808) an H. von Willich (KGA V/10, 189); Brief 2809 (um den 29.8.1808) von H. von Willich (KGA V/10, 210); Brief 2830 (15.9.1808) an Kathen (KGA V/10, 243–244); Brief 2884 (20.10.1808) an Kathen (KGA V/10, 326); Brief 3021 (1.1.1809) an H. von Willich (KGA V/11, 3); Brief 3373 (5.12.1809) von Metger (KGA V/11, 343); Brief 3558 (30.12.1810) von Ch. Schleiermacher (KGA V/11, 537).
63 Brief 3078 (13.2.1809) von Johanna Steffens (KGA V/11, 88).
64 Brief 3127 (7.3.1809) von Blanc (KGA V/11, 136).

Nun möchte die Braut wissen, ob es denn über die normale Stärkung der Frommen im Gebet hinaus noch unmittelbare göttliche Begnadigungen gebe.[65] Schleiermacher antwortet, der Vetter habe nicht gemeint, es gebe mehr als Glauben und Gebet, sondern mehr als das, was die Welt landläufig darunter verstehe; das Göttliche wohne wohl in allen Menschen, aber eben verschieden und in einigen kräftiger und unmittelbarer, aber auch das Unmittelbare habe der Mensch in sich gebildet.[66] Schleiermacher kennt also religiöse Originalität in Einzelnen, die dann für andere zu Mittlern und Vermittlern des Göttlichen werden, aber auch diese Unmittelbarkeit und Originalität kommt nicht aus übernatürlichen Einwirkungen.[67] Ob die Braut das verstanden hat, und ob sie verstanden hat, dass der Bräutigam sie damit geradezu auf den Rang eines religiösen Mittlers erhoben hat?

Schließlich kommt Schleiermacher auch in anderer Hinsicht gelegentlich zu kreativen und nicht völlig orthodoxen Briefäußerungen über dogmatische Themen: Die Taufe sei zugleich ein Auftakt zu allen Bädern, die man im Laufe des Lebens nehme, und jedes Bad eine Art Tauferinnerung[68] – das erinnert fast an die römisch-katholische Theorie vom Messopfer, das den Opfertod Christi repräsentiert und wiederholt. Auf die Frage der Braut, ob es sich auf den Charakter ihrer kleinen Tochter ausgewirkt habe, dass sie während der Schwangerschaft sehr reizbar gewesen sei,[69] antwortet Schleiermacher, die herrschende Stimmung der Mutter und der sich bildende Geist des Kindes in ihr seien eins und dasselbe, und darin liege auch die Wahrheit der Vorstellung von der Erbsünde, die man ja immer über die Mutter übertragen gedacht habe; er glaube bei ihr, der Braut, freilich nicht an einen schädlichen Einfluss, vielmehr müsse man bedenken, dass die Schwangere umgekehrt auch vom entstehenden eigentümlichen Geist des Kindes beeinflusst werde.[70] Ergo: Nicht deine Stimmung während der Schwangerschaft erklärt die Reizbarkeit und innere Disharmonie deines Töchterchens, sondern die Persönlichkeit der Tochter, die damals in dir entstand, färbte ihre Reizbarkeit auf dich ab. Die Erbsünde pflanzt sich dann nicht bloß von der Mutter zu den Kindern fort, sondern auch umgekehrt.

Das Schlusswort aber gebührt der großen Schwester Charlotte, der Herrnhuterin: Die Wege und Gedanken des Bruders habe sie nicht immer ganz billigen

---

65 Brief 2875 (17.10.1808) von H. von Willich (KGA V/10, 315–316).
66 Brief 2893 (27.10.1808) an H. von Willich (KGA V/10, 336).
67 Vgl. dazu auch Simon Gerber, *Schleiermachers Kirchengeschichte*, Beiträge zur historischen Theologie 177, Tübingen: Mohr Siebeck 2015, 83–84.
68 Brief 2893 (27.10.1808) an H. von Willich (KGA V/10, 334).
69 Brief 2852 (3.10.1808) von H. von Willich (KGA V/10, 275).
70 Brief 2898 (29.10.1808) an H. von Willich (KGA V/10, 340).

können, schreibt sie, und doch habe sie in Hinsicht des Bruders schon seit einigen Jahren dieses beruhigt:

> Jeder Mensch hat seine Seite, seinen LichtPfad ins VaterHerz Gottes hinauf; wenn mein Flehen für das Heil meiner Brüder, und aller meiner Lieben auf diesem Pfade hinaufsteigt; so, denke ich im Glauben wandelt es Gott in Seegen und gießt es auf denjenigen LichtWeg herunter, an den meine Lieben grenzen; auf diese Art wird mir begreiflich wie 2 liebende Herzen, in der weitesten Entfernung, zu gleicher Zeit, in gleichem Augenblike, in himlisch süßen Mittgefühlen; einander entgegen klopfen könen; denn Seufzer und Erhörung ist oft ein Bliz, der hier aufsteigt – droben seine Richtung bekomt und dort entzündet!!! Dis alles ist mir nun weit gewißer und ich freu mich innig, daß unser aufschaun auf den Anfänger und Vollender [Hebr 12,2] unsres Heils ein und dasselbe ist.[71]

Personen

Baier, Herrmann (1775–1822), Pastor in Altenkirchen (Rügen)
Blanc, Ludwig Gottfried (1781–1861), Freund Schleiermachers, französisch-reformierter Prediger und Philologe in Halle
Brinckmann, Carl Gustav von (1764–1847), Zögling der Herrnhuter, Studienfreund Schleiermachers in Halle, Dichter, Diplomat in schwedischen Diensten
Gaß, Joachim Christian (1766–1831), lutherischer Theologe, Freund Schleiermachers, preußischer Feldprediger in Stettin, 1808 Diakon an St. Marien in Berlin, 1810 Regierungsrat und 1811 Professor in Breslau
Herz, Henriette, geb. de Lemos (1764–1847), Salonière in Berlin, vertraute Freundin Schleiermachers, 1808/09 Hauslehrerin bei Familie von Kathen auf Gut Götemitz (Rügen)
Kathen, Charlotte von, geb. von Mühlenfels (1778–1850), Schwester der Henriette von Willich, Gutsherrin und Salonière auf Götemitz (Rügen)
Metger, Friedrich Severin (1775–1834), Freund Schleiermachers, reformierter Prediger in Stolp (Pommern)
Raumer, Luise von (1784–1832), Schwester Friedrich und Karl Georg von Raumers, später verheiratete de Marées
Reichardt, Friederike (1790–1869), Halbschwester der Luise Reichardt, später mit Karl Georg von Raumer verheiratet
Reichardt, Luise (1779–1826), Komponistin und Musikerin, mit Schleiermacher befreundet
Reimer, Georg (1776–1842), Buchhändler und Verleger in Berlin, Freund Schleiermachers
Schleiermacher, Charlotte (1765–1831), Schwester Schleiermachers, Herrnhuterin, Lehrerin und Erzieherin in Gnadenfrei und Habendorf (Schlesien)
Schleiermacher, Friedrich (1768–1834), Zögling der Herrnhuter, reformierter Theologe, Philosoph, Philologe, geht 1808 nach Berlin, 1808 Verlobung und 1809 Heirat mit Henriette von Willich, 1809 reformierter Prediger an der Berliner Dreifaltigkeitskirche, 1810 Professor in Berlin

---

71 Brief 3181 (31.3.1809) von Ch. Schleiermacher (KGA V/11, 204).

Schulze, Johannes (1786–1869), Schüler Schleiermachers in Halle, Gymnasiallehrer und
    Prediger in Weimar
Schwarz, Theodor (1777–1850), Vetter Ehrenfried von Willichs, Pastor in Wiek (Rügen)
Steffens, Henrich (1773–1845), Philosoph und Naturforscher, Professor in Halle, 1811 in
    Breslau, Freund Schleiermachers
Steffens, Johanna, geb. Reichardt (1785–1855), Schwester der Friederike Reichardt, verheiratet
    mit Henrich Steffens
Willich, Ehrenfried von (gest. 1807), Freund Schleiermachers, schwedischer Feldprediger in
    Stralsund, verheiratet mit Henriette von Willich
Willich, Henriette von, geb. von Mühlenfels (1788–1840), Witwe Ehrenfried von Willichs, lebt
    auf Rügen, 1808 Verlobung und 1809 Heirat mit Schleiermacher
Willich, Henriette von (1805–1886), Tochter von Ehrenfried und Henriette von Willich, später
    verheiratete Goldschmidt
Willich, Luise von (1767–1849), Schwester Ehrenfrieds von Willich, lebt auf Rügen

Holden Kelm
Kunst und Religion in Schleiermachers Vorlesungen über philosophische Ethik

1 Einleitung

In der neueren Geschichte des Nachdenkens über das Verhältnis von Kunst und Religion in der Zeit um 1800 sind dessen besondere Merkmale, Grenzen, Übergänge und historischen Implikationen bereits vielfach erörtert, diskutiert und die innere Einheit von Kunst und Religion vielleicht am prägnantesten durch den Begriff „Kunstreligion" bezeichnet worden.[1] Folgt man den jüngeren Forschungen, so handelt es sich bei „Kunstreligion" um die Vision einer Verschmelzung von Kunst und Religion, die als Zeichen einer Epochenwende um 1800 gedeutet wird, in der sich eine neue Diskurskonstellation abzeichnet, innerhalb derer Ästhetik und Religionsphilosophie zu eigenständigen Disziplinen werden. Diese Epochenwende wird mitunter mit den politischen Entwicklungen der Zeit, der „Krise des europäischen Bewusstseins" nach dem Scheitern des Ancien Régime und den Auswirkungen der Französischen Revolution in Verbindung gebracht.[2] Spezieller wird „Kunstreligion" als das Merkmal einer ästhetischen Revolution betrachtet, die von der Frühromantik mit den Zentren Jena und Berlin ausgehend eine Art Kompensation gegenüber denjenigen philosophischen Strömungen der Aufklärung darstellt, in denen ästhetisch-sinnlichen und religiösen Phänomenen die nötige Rationalität und damit auch die philosophische Relevanz abgesprochen wurde.[3] Manch einer würde vielleicht nachfragen, ob „Kunstreligion" und ihre Verwurzelung in dem Ideengeflecht um 1800 wirklich mehr ist als eine nachträgliche Konstruktion eines Phänomens, das die Autoren und Akteure dieser Zeit selbst nie so gesehen haben – „Kunstreligion" wäre eine Art rückwärts-

---

[1] Vgl. Albert Meier / Alessandro Costazza / Gérard Laudin (Hg.), *Kunstreligion. Ein ästhetisches Konzept der Moderne in seiner historischen Entfaltung*, 3 Bde., Berlin: de Gruyter 2011–2014.
[2] Vgl. Kurt Nowak, *Schleiermacher: Leben, Werk und Wirkung*, Göttingen: Vandenhoeck & Ruprecht 2001, 44.
[3] Die Ansicht, der frühromantische Begriff „Kunstreligion" sei vor allem auf der Folie des Rationalismus des 18. Jh. zu verstehen, vertritt insb. Ernst Müller in: *Ästhetische Religiosität und Kunstreligion*, Berlin: de Gruyter 2004. Dazu auch: Stefanie Buchenau, „Kunstreligion und Vernunftabstraktion. Zur Genealogie des Konzepts vor 1800 (Baumgarten, Kant, Schleiermacher)", in: *Kunstreligion*, Bd. 1: *Der Ursprung des Konzepts um 1800*, hg.v. Albert Meier, Alessandro Costazza u. Gérard Laudin, Berlin: de Gruyter 2011, 89–102, hier 90–91.

gewandter Romantizismus, in dem sich in erster Linie die implizite Wunschdynamik der Interpretierenden widerspiegelt. Dieser skeptischen Sichtweise widerstreitet jedoch der Sachverhalt, der in diesem Beitrag anhand der Ethikvorlesungen Friedrich Schleiermachers näher untersucht wird, nämlich, dass „Kunstreligion" ein ideengeschichtlich und quellentechnisch hinreichend erschlossenes Phänomen ist, dessen Erörterung es ermöglicht, Einblicke nicht nur in die Entwicklung von Schleiermachers ethischem Denken zu gewinnen, sondern darüber hinaus auch in die innere Dynamik dieses Phänomens.

Der Begriff „Kunstreligion" wird erstmals nachweislich in den Reden *Über die Religion* (1799) von Schleiermacher verwendet und kann damit seiner frühromantischen Phase zugerechnet werden.[4] In der Erstauflage der *Reden* problematisiert Schleiermacher mit der Beziehung von Kunst und Religion in der Tat nicht nur ihr Auseinanderdriften, sondern bespricht auch ihre – noch zu erwartende – Vereinigung. In der dritten Rede mit dem Titel „Bildung zur Religion" fällt dann der Terminus Kunstreligion eher beiläufig und in historischer Perspektive:

---

4 Vgl. Heinrich Detering, „Was ist Kunstreligion? Systematische und historische Bemerkungen", in: Meier u. a. 2011 (Anm. 1), 11–28, hier 15–17. Als Beispiele für die über Schleiermacher hinausgehende Relevanz dieses Phänomens können das Sonett von A.W. Schlegel *Der Bund der Kirche mit den Künsten* von 1800, Novalis' Ansicht über den Zusammenhang von Kunst und Glauben oder Hölderlins Gedanke, dass alle Religion wesentlich poetisch sei, genannt werden. Auch Hegels Thematisierung der griechisch-antiken Religion als „Kunst-Religion" in der *Phänomenologie des Geistes* von 1807 gehört in diesen Kontext, wenngleich sie als systematisch-historisierende Wendung dieses Phänomens bereits über die frühromantische Konzeption hinausgeht. Für die kunsthistorische Bedeutung dieses Phänomens können einige Gemälde von Caspar David Friedrich (z.B. *Morgen im Riesengebirge*, 1810/11) oder die Wiederaufführung von Johann Sebastian Bachs *Matthäus-Passion* in der Singakademie durch Felix Mendelssohn Bartholdy (1829) angeführt werden. Ferner betrifft es den Ästhetizismus des ausgehenden 19. Jahrhundert, wobei der Kunst zunehmend die Bedeutung einer Ersatz-Religion und dem Künstler die Stellung einer religiösen Instanz zugesprochen wurde. Die konzeptuellen Wurzeln des Phänomens „Kunstreligion" weisen hingegen zurück in das 18. Jahrhundert, bis zu den ästhetischen Theorien von Kant, Moritz, Herder und Baumgarten. Vgl. G.W.F. Hegel [1807], *Phänomenologie des Geistes*, in: ders., *Gesammelte Werke*, Bd. 9, hg.v. Wolfgang Bonsiepen u. Reinhard Heede, Hamburg: Meiner 1980; Walter Jaeschke, *Die Vernunft in der Religion. Studien zur Grundlegung der Religionsphilosophie Hegels*, Stuttgart: Frommann-Holzboog 1986, 198–207; Remigius Bunia, „‚… in einer andern Welt'. Die Spannung zwischen religiösem und ästhetischem Weltbegriff bei Novalis", in: Meier u. a. 2011 (Anm. 1), 103–114, hier 103; Gunter Scholtz, „Schleiermacher und die Kunstreligion", in: *200 Jahre „Reden über die Religion"*. Akten des 1. Internationalen Kongresses der Schleiermacher-Gesellschaft. Halle 14.–17. März 1999, hg.v. Ulrich Barth u. Claus-Dieter Osthövener, Berlin: de Gruyter 2000, 515–533, hier 526; Fabian Lampart, „Kunstreligion intermedial. Richard Wagners Konzept des musikalischen Dramas und seine frühe literarische Rezeption", in: Meier u.a. 2012 (Anm. 1), 59–77; Bernd Auerochs, *Die Entstehung der Kunstreligion*, Göttingen: Vandenhoeck & Ruprecht 2006, 16–18.

„[V]on einer Kunstreligion, die Völker und Zeitalter beherrscht hatte, habe ich nie etwas vernommen".[5] Ein wichtiger Movens dieses Kapitels ist Schleiermachers Kritik an der gegenwärtigen Erziehung zur Religion, deren Mangel er darin sieht, dass der wahre Sinn für das Unendliche (seine Anschauung im Endlichen) und damit auch der Sinn für das Religiöse aufgrund mechanistischer und atavistischer Momente verkannt werde und zu verkümmern drohe. Allerdings könne diese wahre Religiosität in einer Art Abkürzung des inner-religiösen Bildungsweges durch den „Anblik großer und erhabner Kunstwerke" unmittelbar erweckt werden, wie Schleiermacher an einer Stelle formuliert.[6] Der (erhabenen) Kunst wird dabei eine initiative Rolle in Bezug auf eine „unmittelbare Erleuchtung" zugeschrieben, d.h. der Kunst wird zugetraut, den inneren Gehalt des Religiösen in einer Weise zu erfassen und wahrnehmbar zu machen, zu der das religiöse Gefühl allein nicht in der Lage ist. Dabei gilt für Schleiermacher der Grundsatz: Beide, Kunst *und* Religion, sind „befreundete Seelen" und wahrhaftige „Quellen der Anschauung des Unendlichen".[7] In Schleiermachers zeitkritischer Perspektive avanciert Kunst zu einer Vollendungsweise der Religion, insofern Kunst deren auseinanderstrebende Tendenzen – die subjektzentrierte Selbstbetrachtung (orientalischer Mystizismus) und die objektzentrierte Naturanschauung (altägyptischer Polytheismus) – aufgrund der ‚Anschauung des Universums' zu verbinden in der Lage ist.[8] Die Aufwertung der künstlerischen Produktion gegenüber ihrer Stellung als bloße Naturnachahmung, die mit der Abkopplung der Religion von Moral und Metaphysik einhergeht, ist auch ein Kennzeichen für Schleiermachers kritische Haltung gegenüber der Aufklärungsphilosophie und ihrem mechanistischen Naturalismus. Somit liegt in der Hoffnung, dass Kunst die Religion vervollkommnen und beide eine ursprüngliche Einheit realisieren werden, die Kritik an einseitigen religiösen und philosophischen Ansichten seiner Gegenwart, in denen Schleiermacher die Wurzel der Trennung von Religion und Kunst ausmacht. Indem er der romantischen Poesie am ehesten zutraut, die Anschauung des Unendlichen im Endlichen umfassend zu realisieren, signalisiert

---

5 Vgl. Friedrich Schleiermacher [1799], *Schriften aus der Berliner Zeit 1796–1799* [*Über die Religion. Reden an die Gebildeten unter ihren Verächtern*], Kritische Gesamtausgabe (KGA) I/2, hg.v. Günter Meckenstock, Berlin/New York: de Gruyter 1984, 262.
6 Vgl. ebd.
7 Ebd., 263.
8 Vgl. Scholtz 2000 (Anm. 4), 522–523.

Schleiermacher schließlich seine enge Vertrautheit mit dem Diskurs der Frühromantik.⁹

Bekanntlich hat Schleiermacher bereits in der zweiten Auflage der *Reden* von 1806 den entsprechenden Passus im Kapitel „Erziehung zur Religion" dahingehend verändert, dass er den Begriff „Kunstreligion" ausspart (zudem wird der Begriff der „Anschauung" weitgehend durch den des „Gefühls" ersetzt). An entsprechender Stelle heißt es nun: „Und wenn nichts zu sagen ist von einer Religion, die, von der Kunst ursprünglich ausgegangen, Völker und Zeiten beherrscht hätte: so ist dieses desto deutlicher, daß der Kunstsinn sich niemals jenen beiden Arten der Religion [der altägyptischen und altorientalischen, H.K.] genähert hat, ohne sie mit neuer Schönheit und Heiligkeit zu überschütten, und ihre ursprüngliche Beschränktheit freundlich zu mildern."¹⁰ An dieser Stelle zeigt sich wohl der in der ersten Auflage intendierte Sinn des Begriffs Kunstreligion als einer von der Kunst ‚ursprünglich ausgegangenen' Religion; auch die historische Dimension wird deutlich. Allerdings relativiert Schleiermacher offenbar seine Hoffnung, die Kunst könne die Religion progressiv vollenden und stellt ihre Verschmelzung zwar als eine Aufgabe seiner Zeit dar, die ihm selbst jedoch zu „schwer" und „fremd" geworden sei.¹¹ Gleichwohl werden beide ‚Quellen des Unendlichen' weiterhin als aufeinander bezogene „Wesen" mit „innerer Verwandtschaft" betrachtet und „großen und erhabnen" Kunstwerken noch immer das Potenzial zur religiösen Erweckung zugeschrieben.¹² Einige Untersuchungen folgern aus diesem Befund, dass Schleiermacher bereits mit der zweiten Auflage der *Reden* seine frühromantische Vision einer ‚Kunstreligion' aufgegeben hat, gewissermaßen als Einleitung seiner Abkehr von der Frühromantik.¹³ Dabei wird gewöhnlich angenommen, dass die Frühromantik bereits mit dem Tod von Novalis 1801, spätestens aber ab 1806, als ein kulturhistorisches Phänomen zu betrachten ist. Hat also Schleiermacher einfach dem Geist seiner Zeit Tribut gezollt

---

9 Vgl. Schleiermacher, KGA I/2: [*Über die Religion. Reden an die Gebildeten unter ihren Verächtern*], 264–265: „Laßt uns Vergangenheit, Gegenwart und Zukunft umschlingen, eine endlose Gallerie der erhabensten Kunstwerke durch tausend glänzende Spiegel ewig vervielfältigt."
10 Vgl. F. Schleiermacher, *Über die Religion (2.–)4. Auflage*, KGA I/12, hg.v. Gunter Meckenstock, Berlin: de Gruyter 1995, 171.
11 Vgl. ebd.
12 Vgl. ebd., 170, 173.
13 Vgl. Scholtz 2000 (Anm. 4), 526: „Schleiermacher gibt seine Idee der Kunstreligion auf." Scholtz stützt diesen Befund vorwiegend auf die Texte der späteren Ausgaben der *Reden* und thematisiert das Verhältnis von Kunst und Religion in der philosophischen Ethik nicht; Constantin Plaul, „Die Imagination vollkommener Bildung", in: *Worte und Bilder: Beiträge zur Theologie, christlichen Archäologie und kirchlichen Kunst*; zum Gedenken an Andrea Zimmermann, hg.v. Manfred Lang, Leipzig: Evang. Verlags-Anstalt 2011, 187–207, hier 207.

als er seine Konzeption von 1799 veränderte, oder liegen dieser Veränderung entwicklungsgeschichtliche und theorieimmanente Motive zugrunde? Ist Schleiermachers relativierende Behandlung des Verhältnisses von Kunst und Religion in der zweiten Auflage der *Reden* tatsächlich ein hinreichender Grund für die Annahme, dass er das Konzept ‚Kunstreligion' in der Folge vollständig und grundsätzlich aufgegeben hat?

Diesen Fragen möchte ich im Folgenden nachgehen, nicht jedoch anhand der weiteren Auflagen der *Reden*, sondern aufgrund der philosophischen Ethik Schleiermachers, in der dem Verhältnis von Kunst und Religion eine besondere systematische Bedeutung zukommt, die in dieser Hinsicht bisher nur selten untersucht worden ist. Die Fragestellung lautet somit: Welche Gestalt und Bestimmung hat das Verhältnis von Kunst und Religion in Schleiermachers Vorlesungen über philosophische Ethik sukzessive angenommen? Welche Veränderungen, Abbrüche oder Kontinuitäten lassen sich in den Kollegien gegenüber der Konzeption der ‚Kunstreligion' aus den *Reden* von 1799 feststellen und inwieweit können diese als Indizien dafür betrachtet werden, dass Schleiermacher das Konzept in der Folge vollständig fallen ließ, oder aber beibehielt? Für die Beantwortung dieser Fragen wird eine textnahe Interpretation einschlägiger Passagen der überlieferten Textzeugen Schleiermachers sowie einiger Hörernachschriften der Ethik-Kollegien in Halle (1804/05, 1805/06) und Berlin (1812/13, 1816) in chronologischer Reihenfolge vorgenommen.[14] Anschließend wird ein kurzer Ausblick auf die weitere Entwicklung des Verhältnisses von Kunst und Religion bis hin zum letzten Berliner Ethik-Kolleg von 1832 geworfen, um abschließend zusammenfassend auf die Eingangsfragen einzugehen.

2 Kunst und Religion in den Hallenser Ethik-Vorlesungen

Gedanken. Zur Ethik

Die Notizen *Zur Ethik*, die wohl im Zeitraum 1804–1806 entstanden sind, tragen einen eher aphoristischen Charakter und haben wohl als Vorbereitung für die

---

[14] Gänzlich wird Schleiermachers philosophische Ethik von Andreas Arndt und Sarah Schmidt im Rahmen der *Kritischen Schleiermacher-Gesamtausgabe* (KGA) ediert und herausgegeben – beiden danke ich sehr herzlich für die Bereitstellung der Transkriptionen und noch unveröffentlichten Manuskripte.

ersten Ethik-Vorlesungen Schleiermachers in Halle gedient.[15] Über die „Kunst" heißt es darin an einer Stelle, dass sie teils in das „Gebiet der freien Geselligkeit" und teils in „das der Kirche" falle, beide Gebiete aber „eigentlich eines" seien, wie dies „zum Theil in alten Zeiten" vorkam.[16] Dieser Einheit von „freier Geselligkeit" und „Kirche" – so heißt es parenthetisch – liege die Identität von „Organbilden" und „Anschauen" zugrunde. Dieser Ansatz, Kunst zunächst den Bereichen freie Geselligkeit und Kirche zuzuordnen mit dem Hinweis auf ihre wirkliche Einheit in der Vergangenheit und auf Grundlage der systematischen Einheit von Organbilden und Anschauen deutet bereits auf eine mehrstufige Ausdifferenzierung des Verhältnisses von Kunst und Religion im Rahmen von Schleiermachers Ethik hin.

In der Erstausgabe der *Reden* schrieb Schleiermacher noch, dass es ihm nicht bekannt sei, dass eine „Kunstreligion, die Völker und Zeitalter beherrscht hatte", jemals realisiert worden sei.[17] In den *Gedanken* wird nun die Realisierung der Einheit von Kunst und Religion nicht etwa von der Zukunft erwartet, sondern als „zum Teil in alten Zeiten" realisiert angesehen. Mit dieser veränderten Ansicht nähert sich Schleiermacher der geschichtlichen Bedeutung von „Kunstreligion" als der Bezeichnung für das unmittelbare Ineinander der sittlichen, religiösen und künstlerischen Praktiken in der griechischen Polisdemokratie an; ähnlich wie sie Hegel in der *Phänomenologie* fast zeitgleich im Sinne einer Entwicklungsstufe auf dem Weg zur Offenbarung des absoluten Geistes im Christentum begriffen hat.[18]

Nachfolgend behandelt Schleiermacher das Verhältnis von Kunst und Religion systematisch im Ausgang einer Analogie: So wie die „Akademie" die Vereinigung der „höchsten Potenzen des Wissens" sei, sei die „Kirche" die der „höchsten Potenzen des Gefühls", weil in beiden das Verhältnis von „bedingtem Erkennen" zum „absoluten" Erkennen virulent sei.[19] Das Verhältnis des endlichen Erkennens zum Absoluten zum Gegenstand zu haben, ist für Schleiermacher gleichbedeutend mit „Spekulation". Religion und Wissenschaft sind in diesem Sinne gleichermaßen „spekulativ", wobei Religion – wie in der Zweitausgabe der

---

15 Vgl. F. Schleiermacher, *Gedanken. Zur Ethik*, Nachlass August Twesten, Kasten 43, Handschriftenabteilung der Staatsbibliothek zu Berlin Preußischer Kulturbesitz. Es kann wohl davon ausgegangen werden, dass es sich um eine Abschrift Twestens von einem Manuskript Schleiermachers handelt, das nicht überliefert ist.
16 Vgl. ebd. (ohne Paginierung).
17 Vgl. Schleiermacher, KGA I/2 [*Über die Religion. Reden an die Gebildeten unter ihren Verächtern*], 262.
18 Vgl. Hegel [1807] (Anm. 4), 376–399.
19 Vgl. Schleiermacher, *Gedanken. Zur Ethik*, Nachlass Twesten (Anm. 15) (ohne Paginierung).

Reden von 1806 – nicht mehr als „Anschauung", sondern als Sphäre des „Gefühls" und „Anschauung" als Sphäre der Wissenschaft betrachtet wird.

Daran anschließend formuliert Schleiermacher einen Gedanken, der in ähnlicher Form im *Brouillon zur Ethik* wiederkehren wird: „Die höchste Ausübung der Kunst ist deshalb die mythologische und religiöse. In der historischen Kunst muss wenigstens die Idee religiös gehalten sein."²⁰ Er geht somit davon aus, dass wenn die Religiosität das spekulative Verhältnis von Endlichem und Absolutem als Gefühl beinhaltet, auch die höchste Ausübung der Kunst als Darstellung dieses Gefühls spekulativ und damit eben religiös (resp. mythologisch) sein müsse. Kunst und Religion sind demnach systematisch und historisch eng miteinander verwoben – beide gehen aus der Problematisierung des Verhältnisses von Endlichem und Absolutem hervor, welches das Element ihrer gemeinsamen Wirksamkeit als Formen der Realisierung, Vergewisserung, Deutung und Darstellung dieses Verhältnisses ist.

Zur *Tugendlehre* von 1804/05

Vom ersten Hallenser Ethik-Kolleg Schleiermachers im Wintersemester 1804/05 ist aus seiner Hand nur der „Sittenlehre zweiter Teil. Die Tugendlehre" erhalten. Erwähnenswert in Bezug auf die Fragestellung ist hierbei vor allem eine Stelle im Teil A über die „Gesinnung", wo im Rahmen der Betrachtung der „Weisheit" die „angeborene Idee als Princip der Kunstanschauung oder Imagination" erörtert wird; dort heißt es, dass „in jedem Einzelnen durch Imagination das Ganze angeschaut wird".²¹ Dazu merkt Schleiermacher an, dass sich diese Imagination nicht auf das eigentlich künstlerische Gebiet beschränke, sondern „allgegenwärtig" sei.²² Die eigentlich künstlerische Imagination verhalte sich hingegen zu dieser allgegenwärtigen, wie die „religiöse Intuition zum scientifischen Wissen".²³ Die religiöse *Intuition* und die künstlerische *Imagination* gelten für Schleiermacher hierbei also bereits als Sphären des Einzelnen oder Individuellen, die sich zugleich auf die Sphäre des Allgemeinen (Wissen und Recht etc.) beziehen und deren Gegensatz bzw. Minimum bilden.

---

20 Ebd.
21 Vgl. Friedrich Schleiermacher, *Entwürfe zu einem System der Sittenlehre* [*Tugendlehre 1804/05*], *Werke. Auswahl in vier Bänden* (W) II, hg. v. Otto Braun und Johannes Bauer (2. Neudruck der 2. Aufl., Leipzig [1927]), Aalen: Scientia 1981, 50.
22 Vgl. ebd., 51.
23 Ebd.

Zum *Brouillon zur Ethik*

Schleiermacher hielt seine zweite Ethik-Vorlesung in Halle im Jahr 1805/06 und hatte dabei etwa 45 Hörer.[24] Im Manuskript dieser Vorlesung, dem sogenannten *Brouillon zur Ethik* von 1805, das bis zum Anfang der Pflichtenlehre reicht, spricht er mit der „Lehre vom höchsten Gut" das allgemeine Motiv seiner Ethik aus, das auch ihren Entwicklungsgedanken enthält: die „Beseelung der menschlichen Natur durch die Vernunft".[25] Dieser Entwicklungsgedanke hat eine Zweiteilung der grundlegenden Funktionen des sittlichen Lebens zur Folge: die „Wechselwirkung" von einem „In-sich-Aufnehmen" als „Erkennen" oder „Einsehen" und einem „Aus-sich-Hervorbringen" als „Darstellen", wobei das „Zeugen" ein „Darstellen der Natur" und die „Kunst" ein „Darstellen der Idee" sei.[26] Aus der Wechselwirkung von *Erkennen* und *Darstellen* ergeben sich die grundlegenden Funktionen der Ethik: das „Bilden der Natur zum Organ" und der „Gebrauch des Organs zum Handeln der Vernunft".[27] Beide Funktionen können jeweils mehr den „Charakter der Identität der Vernunft" oder den „Charakter der Individualität" tragen, die beide wiederum nur relativ entgegengesetzt sind.[28]

Im einleitenden Teil zur Güterlehre heißt es dann, wenn die erkennende Funktion mit dem Charakter der Individualität oder Eigentümlichkeit hervortritt, dies die Sphäre des „Gefühls" in seiner „Unübertragbarkeit" bezeichne.[29] Nach Schleiermacher ist es das Merkmal einer jeden „Einwirkung nach innen, die ein Gefühl" wird, durch „organische Notwendigkeit wieder nach außen" zu drängen – dieses „Aeußerlichwerden des Gefühls" trage aber nicht den Charakter der „Sprache" wie das identische Erkennen (Wissenschaft), sondern einen eher symbolischen.[30] Wenn also der implizite Vernunftgehalt des Gefühls durch äußere Anregung organisch zur Darstellung treibt, ist das Resultat ein Symbolisches, das Schleiermacher „im Großen angesehn" als „Kunst" bezeichnet.[31] Vermittels der „Fantasie" („die aber Vernunft ist unter dem Charakter der Eigenthümlichkeit") bilden sich so „Ton, Gebärde, vorzüglich Antlitz, Auge" und damit die individuellen Organe der symbolischen Darstellung des Gefühls aus, die in diesem Sinn

---

24 Vgl. Andreas Arndt und Wolfgang Virmond, *Schleiermachers Briefwechsel (Verzeichnis) nebst einer Liste seiner Vorlesungen*, Berlin/New York: de Gruyter 1992, 301.
25 Vgl. Schleiermacher, W II [*Brouillon zur Ethik 1805*], 87.
26 Ebd., 88.
27 Vgl. ebd., 89.
28 Vgl. ebd., 90.
29 Vgl. ebd., 97.
30 Vgl. ebd., 98.
31 Vgl. ebd.

ein „Abspiegeln der Individualität im Objektiven" ermöglichen.³² In einer anonymen Nachschrift dieses Kollegs heißt es diesbezüglich:

> Wenn es einen Menschen auf der Stufe des sittlichen Lebens gäbe, in dem nicht ein sittliches Gefühl irgendein Bilden, es sei nun ein poetisches oder ein musikalisches oder ein plastisches Darstellen und ganz todt wäre, so gäbe es gar kein sittliches Gefühl. So gewiß also wir sittlich fühlen, geht auch ein inneres Bilden vor, welches als Kunstelement hervortreten muß, so oft sich ein specifisch gebildetes Organ dessen bemächtigte.³³

Dieses Äußerlichwerden des Gefühls ist die allgemeine und produktive Formel der Kunstentstehung nach Schleiermacher. Noch in der Ästhetik von 1819 wird er – allerdings den Terminus „Gefühl" durch „Stimmung" ersetzend – Kunst allgemein als ein produktives „Organischwerden der Stimmung"³⁴ bezeichnen.

Eine Parallele zu dieser allgemeinen Bedeutung der Kunst gibt es auch im Manuskript zur „Christlichen Sittenlehre", die Schleiermacher 1809/10 in Berlin vorgetragen hat. Darin zählt er das „darstellende Handeln" zu den grundlegenden Handlungsformen des christlichen Lebens. In der sogenannten „Beilage A" heißt es: „Alles darstellende Handeln ist ein zusammengesetztes von Kunstelementen."³⁵ In der Erläuterung dieses Grundsatzes wird die Verbindung von Kunst und Religion verdeutlicht: „Alle Kunst im höheren Sinne ist Darstellung und geht unmittelbar von einem Gefühle aus, welches nicht als Lust oder Unlust gesetzt wird. Alle Kunst im großen angesehen ist immer mit der Religion in Verbindung. [...] Auch alles darstellende Handeln des einzelnen wird künstlerisch, wenn auch nur mimisch." In dieser Aussage zeigt sich, dass Schleiermacher das künstlerische Moment des darstellenden Handelns – die Verbindung von Religion und Kunst – vor allem in der Sprach-, Gesichts-, oder Gebärdenmimik sieht, wobei in diesem Kontext etwa die Predigt gemeint sein dürfte.

In der philosophischen Ethik von 1805/06 wird dann das als „Äußerlichwerden des Gefühls" bezeichnete Kunstschaffen zugleich als das „Element großer Zweige der Kunst" im engeren Sinne betrachtet.³⁶ So gebe es für jedes organische

---

32 Ebd., 98–99, 182.
33 Vorlesungsnachschrift von Schleiermachers Kolleg zur philosophischen Ethik von 1805/06, „Anonymus Lübeck", Bibliothek der evangelisch-reformierten Gemeinde Lübeck, KIII26, 52.
34 Friedrich Schleiermacher, *Friedrich Schleiermachers Ästhetik*, im Auftrage der Preußischen Akademie der Wissenschaften und der Literatur-Archiv-Gesellschaft zu Berlin nach den bisher unveröffentlichten Urschriften, hg.v. Rudolf Odebrecht, Berlin/Leipzig: de Gruyter 1931, 78.
35 Friedrich Schleiermacher, *Die christliche Sitte*. Sämmtliche Werke (SW) I/12, aus Schleiermachers handschriftlichem Nachlasse und aus nachgeschriebenen Vorlesungen hg.v. Ludwig Jonas, Berlin: Reimer 1884 (2. Aufl.), Beilage A, § 86.
36 Vgl. Schleiermacher, W II [*Brouillon zur Ethik 1805*], 98.

Vermögen bzw. jeden organischen Sinn eine eigene Darstellungsweise aus der ein individuelles „Kunstwerk" entsteht, während diese Darstellungsweisen in ihrer Gesamtheit das „System" der Kunst ausbilden.[37] Aufgrund der Eigentümlichkeit und Symbolhaftigkeit der Kunst in ihrem Gegensatz zum allgemeinen Element der Sprache (Wissenschaft), enthält jedes Kunstwerk allerdings einen gewissen Grad an Unverständlichkeit. Zugleich aber sei es das Merkmal jedes Kunstwerks: Je vollkommener es das Gefühl darstellt, desto weniger geht es auf die bloße Erregung der Rezipierenden aus, sondern vielmehr auf das Erkanntwerden. Selbst wenn die Poesie – als „Kunst der Künste"[38] – in ihren Darstellungen mit der Sprache operiere, könnten auch ihre Werke nicht vollkommen verstanden werden. Sie enthält wie die Mimik, Musik oder Plastik ein gegen das rationale Verstehen irrationales Element, eben weil sie zurückgebunden ist an das an sich nicht übertragbare Gefühl.

Wenn Schleiermacher daran anschließend „Religion" nicht nur als Vollendung, sondern auch als „die eigentliche Sphäre des Gefühls im sittlichen Sein" bezeichnet, weil sich das Individuum des Sittlichen nicht bewusst werden könne, ohne sich selbst zugleich als „Identität mit dem Absoluten" zu setzen, so folgert er daraus, dass „Kunst und Religion" „zusammenfallen".[39] Schleiermacher betrachtet das „Gefühl" und die sie äußernde Kunsttätigkeit somit unter der „Potenz der Sittlichkeit" und bringt diese Ansicht auch mit den Begriffen „common sense" und „sympathy" in Verbindung.[40] Sofern also die Ethik das Individuum in Beziehung auf das Unbedingte und insofern als zur religiösen Intuition fähig betrachtet, muss auch die künstlerische Imagination in dieser Beziehung religiös sein. Deshalb ist – und hier nimmt Schleiermacher fast wortwörtlich die Wendung aus den *Gedanken* auf – „die wahre Ausübung der Kunst […] religiös", während „alles, was diese Beziehung nicht in sich selbst hat und doch Kunst sein will, […] es nur als Element eines andern"[41] ist. Demnach betrifft Religion als sittliches Gefühl das Wesen der Kunst im Allgemeinen und damit auch alle einzelnen Künste.[42]

---

37 Vgl. ebd., 182.
38 Vorlesungsnachschrift von Schleiermachers Kolleg über philosophische Ethik 1805/06, Nachlass Fr. C. Köpke, Staatsbibliothek zu Berlin Preußischer Kulturbesitz, MS. Germ. 8°, 1215, 33v.
39 Vgl. Schleiermacher, W II [*Brouillon zur Ethik 1805*], 100.
40 Er nennt dabei Hobbes und Shaftesbury als Quellen, vgl. Schleiermacher, ebd., 177, 179.
41 Schleiermacher, W II [*Brouillon zur Ethik 1805*], 100.
42 Vgl. Nachschrift Köpke (Anm. 38), 34r: „Dieses ist keinesweges, wie wol geglaubt worden ein Postulat, nein, sondern kann durchaus nachgewiesen werden; z. B. […] die ganze Mythologie der Alten, in deren Gebiet sich die Kunst mehr oder weniger befand. Ists nicht Mythologie, so ists etwas mehr Intellektuelles, Höheres noch. Es steht fest die höchste Ausübung der Kunst ist nothwendig religiös." Vgl. auch Nachschrift „Anonymus Lübeck" (Anm. 33), 53.

Im *Broullion* benutzt Schleiermacher im Kontext der vollkommenen ethischen Formen eine Analogie, die zum nächsten Gegenstandsbereich überführt: So wie im Bereich des allgemeinen Denkens die Wissenschaften in ihrer Organisation, den Akademien, die Vollendung sind, so sind es im Bereich des individuellen Gefühls die Religionen in ihrer Organisation, den Kirchen. Demnach individualisiert sich die Gefühlsäußerung nicht nur abhängig von der vernunftgemäßen Ausbildung der Organe, sondern auch in Abhängigkeit vom „Kreis[...] der Verständlichkeit" des mitgeteilten Gefühls.[43] Die Institution der Kirche gewährt aus ethischer Sicht demnach die Verständlichkeit der symbolischen Darstellungen des Einzelnen und bezeichnet gewissermaßen dessen idealen Rezeptionskreis.

Kunst und Religion bilden aus der Perspektive der Ethik von 1805/06 somit eine systematische Einheit von Innerem und Äußerem in der Sphäre des Individuellen, die sich in der Kirche institutionalisiert: das *Gefühl*, das vermittelst der mehr oder weniger ausgebildeten Organe zur Äußerung drängt, die *Äußerung* als der möglichst adäquaten symbolischen Darstellung des Gefühls und ihre *Rezeption* in einem möglichst breiten Kreis der Verständlichkeit. Die für die Produktion und Rezeption von Kunstwerken notwendigen Sinnesorgane und Organisationen sind demnach die Bildungsmittel und -stätten, aufgrund derer Religion und Kunst miteinander wechselwirken können.

3 Kunst und Religion in den Berliner Ethik-Vorlesungen

Zum Ethikkolleg 1812/13

Zu Beginn des Jahres 1808 (also noch vor der Eröffnung der Berliner Universität und kurz nach seinem Umzug) hielt Schleiermacher sein erstes Berliner Ethik-Kolleg. In der Ankündigung in den *Berlinischen Nachrichten* vom 29.12.1807 heißt es: „Unterzeichneter denkt in den nächsten Monaten: [...] Das System der Ethik in vier wöchentlichen Stunden, [...] vom 6. Januar an [...]" zu lesen; im ersten überlieferten Tageskalender heißt der Eintrag vom 6. Januar 1808 entsprechend: „Angefangen zu lesen Ethik u theol. Encyclopädie".[44] Zu diesem Kolleg sind offenbar keine Manuskripte aus Schleiermachers Hand überliefert; die einzige Mitschrift von Karl August Varnhagen von Ense dokumentiert die einleitenden

---

43 Vgl. Schleiermacher, W II [*Brouillon zur Ethik 1805*], 101.
44 Arndt / Virmond 1992 (Anm. 24), 303.

Passagen der Vorlesung und diese zudem nur sehr knapp, ohne auf das Verhältnis von Kunst und Religion einzugehen.

Aufgrund der dürftigen Quellenlage des ersten möchte ich das zweite Berliner Ethik-Kolleg von 1812/13 näher untersuchen, von dem eigenhändige Manuskripte Schleiermachers und eine anonyme Nachschrift überliefert sind. Systematisch zu berücksichtigen ist hierbei, dass Schleiermacher mit dem Beginn seiner Vorlesungstätigkeit an der neu gegründeten Berliner Universität ab 1811 eine „Dialektik" ausarbeitet, die nunmehr als eine spekulative Wissenschaftslehre das gegensätzliche Verhältnis von Ethik und Physik fundiert. Seine 1812/13 vorgetragene Ethik ist insofern nicht mehr auf denselben spekulativen Rahmen bezogen wie das Hallenser Ethik-Kolleg von 1805/06, was sich vor allem darin ausdrückt, dass in der Einleitung eine Deduktion der Ethik aus der Dialektik erfolgt.[45] Dennoch ist die Einteilung der grundlegenden ethischen Funktionen und ihrer besonderen Charaktere in der Güterlehre und damit auch der Ort des Verhältnisses von Kunst und Religion weitgehend unverändert geblieben, wenngleich dieses nun systematisch weitaus differenzierter behandelt wird.

In der Behandlung der „erkennenden Funktion" unter dem Charakter der Eigentümlichkeit findet sich – wie bereits im *Brouillon* – die Erörterung der Kunst. Ausgangspunkt ist wiederum die Betrachtung des Gefühls als eigentümliche Erkenntnis, die einen Vernunftgehalt aufweist, insofern religiös und notwendig auf ein Allgemeines bezogen ist. Daher müsse dessen symbolische Darstellung – die Natur gewordene Vernunft – angeschaut bzw. erkannt werden können. Ton und Gebärde werden hier als die dem Gefühl am nächsten liegenden und gewissermaßen subjektivsten Äußerungsorgane bestimmt: Jede „bestimmte Erregtheit" führe zu einem „einfachen Ausdruck", an den sich ein „Bilden der Fantasie" als einer freien „synthetischen Combination" anschließt.[46] Die Fantasie werde bereits in der frühesten Kindheit geweckt und entwickele sich mit dem eigentümlichen Charakter der Person; das bildende Darstellen hänge jedoch von dem „dominierenden Sinn" ab, „mit dem [das Individuum, H.K.] als Talent identisch"[47] sei; demnach wird in einer Person mit dominierendem poetischen Sinn jede „Stimmung [eine, H.K.] Geschichte".[48] Insofern bilden die Darstellungsformen der verschiedenen Sinne ein „System" der Kunst aus, wenngleich die „Natur der

---

45 Vgl. F. Schleiermacher, *Ethik (1812/13)*, mit späteren Fassungen der „Einleitung", „Güterlehre" und „Pflichtenlehre", auf der Grundlage der Ausgabe von Otto Braun, hg. und eingel. v. Hans-Joachim Birkner, Hamburg: Meiner 1990, 7.
46 Vgl. ebd., 71, §§ 212, 214.
47 Ebd., 74, § 222.
48 Ebd., § 224.

übrigen Künste" „sehr uneigentlich und versteckt" wäre, wenn alle Künste „gleichsam als Ausflüsse der Poesie" angesehen werden würden.[49]

Bezüglich des wesentlichen Inhalts der Kunst bringt Schleiermacher in der Ethik 1812/13 wiederum die Religion zur Geltung: „Wenn demnach das Bilden der Fantasie in und mit seinem Heraustreten Kunst ist, und der Vernunftgehalt in dem eigenthümlichen Erkennen Religion, so verhält sich Kunst zur Religion wie Sprache zum Wissen."[50] Kunst wird demnach tendenziell weniger als eine Vollendungsweise, sondern vielmehr als eine Art Sprache und damit als ein Medium betrachtet, das die Inhalte der Religion zur Darstellung bringt. Religion sei aber nicht nur im engeren Sinn der Inhalt der Kunst, wie er in der „Dialektik" untersucht werde, sondern auch im allgemeinen Sinn als „alles reale Gefühl" umfassend.[51] Damit werden nicht nur graduelle Unterschiede zwischen der höchsten und der allgemeinen Kunstausübung sichtbar, sondern auch ein systematischer Zusammenhang zwischen Kunst, Religion und Philosophie, wobei Religion als individuelles Erkennen in Bezug auf das allgemeine Wissen der Philosophie in der *Dialektik*, das Verhältnis von Religion (als alles reale Gefühl umfassend) und Kunst (im Allgemeinen) als deren Medium in der *Ethik* und die Kunst (im Besonderen) als freie Produktivität bzw. Darstellungsmedium der individuellen Erkenntnis in der *Ästhetik* verortet werden.

Als ein vollkommenes ethisches Verhältnis von Kunst und Religion betrachtet Schleiermacher auch in der Güterlehre 1812/13 die Institution der „Kirche", wenngleich deren Bedeutung gegenüber dem *Brouillon* erweitert wird. Bereits in der „allgemeinen Übersicht" heißt es zur Kirche: „Die Kirche ist die Eigenthümlichkeit der Erregtheit und der Darstellung weil nemlich die höchste Stufe des Gefühls das religiöse ist, und auch der Gipfel aller Kunst die religiöse."[52] Insofern die höchste Form der Kunst die religiöse ist, muss also auch die Kirche, als Institutionalisierung dieser höchsten Stufe des Gefühls, eine wesentliche Affinität zur Kunst haben. In Anlehnung an die bereits zitierte Analogie von Kunst und Sprache heißt es dann:

> Die höchste Tendenz der Kirche ist die Bildung eines Kunstschazes, an welchem sich das Gefühl eines jeden bildet, und in welchem jeder seine ausgezeichneten Gefühle niederlegt und die freien Darstellungen seiner Gefühlsweise, so wie sich auch jeder, dessen darstellende Production mit seinem Gefühl nicht Schritt hält, Darstellungen aneignen kann.[53]

---

49 Vgl. ebd., §§ 225, 226.
50 Ebd., 74–75, § 228.
51 Vgl. ebd., 75, § 229.
52 Ebd., 33, § 69.
53 Ebd., 122, § 213.

Der primäre Bildungs-, Sammlungs- und Realisationsort der ethischen Einheit von Kunst und Religion wird also ähnlich wie im *Brouillon* an die Institution der Kirche zurückgebunden, insofern sie dazu tendiert Kunstwerke als Bildungsgüter anzusammeln. Diese Kunstsammlungen und kunstvoll ausgebildeten Verhaltensweisen bilden eine Art Prüfstein für den Kunst- und Gemeinsinn jedes Einzelnen der Gemeinschaft. Demnach ist der Grad, in dem die Einheit von Kunst und Religion in Kunstwerken zum Ausdruck kommt, zugleich ein Ausdruck des spezifischen Charakters der Sittlichkeit dieser Gemeinschaft (und damit des Grades der Verwirklichung der Vernunft in ihr).

Als die von der Ethik ausgehenden kritischen Disziplinen, die die vollendeten ethischen Formen zum Gegenstand haben, nennt Schleiermacher hinsichtlich der Differenz der verschiedenen Kirchen und ihrer Einheit die „Religionsphilosophie" bzw. die „praktische Theologie" und in Bezug auf den Zyklus der einzelnen Künste und deren Wesen die „Ästhetik".[54] Die Ästhetik untersucht Schleiermacher ab 1819 in drei Kollegien, zur Ausführung seiner Religionsphilosophie kommt er hingegen nicht mehr, dafür wird sie Hegel in einer Reihe von Vorlesungen behandeln.

Zu den Ethik-Kollegien 1816 – 32

Die Berliner Ethik-Vorlesung von 1816 hat in Schleiermacher offenbar den schon lange gehegten Plan wieder aufleben lassen, seine verschiedenen Ausfertigungen zur Ethik systematisch zu ordnen, in Reinschrift zu bringen und zu veröffentlichen – ein Plan, der unvollendet geblieben ist. In den erhaltenen Textteilen der angefangenen Überarbeitung der „Einleitung", der „Güterlehre" und der „Pflichtenlehre" von 1816/17 finden sich keine Ausführungen zum Komplex Kunst/Religion. Allerdings sind im Ethikmanuskript 1812/13 einige Marginalien Schleiermachers zum Kolleg 1816 enthalten, die, unterstützt durch eine anonyme Nachschrift (1812/13), im Folgenden kurz erörtert werden sollen.

In diesen Marginalien von 1816 geht Schleiermacher (wiederum im Rahmen der symbolisierenden Tätigkeit) genauer auf den Entwicklungsmodus der Religion und dessen Wechselwirkung mit dem der Kunst ein: „Die Entwicklung des Religiösen ist die intensive Vollkommenheit" bzw. „[i]ntensive Fortschreitung ist Entwicklung des Religiösen."[55] In der anonymen Nachschrift 1812/13 heißt es zu diesem Sachverhalt, dass in „jeder Vernunftthätigkeit ein Fortschreiten in ex-

---
54 Vgl. ebd., 125 – 126, §§ 231, 232.
55 Ebd., 72 (Zusatz), 73 (Zusatz).

tensive[r] und intensive[r]" Richtung stattfindet, was für die symbolisirende Tätigkeit bedeute, „daß alles in der Vernunft gesetzte sich im Bewußtsein realisire", weshalb es für das „eigenthümliche Bewußtsein darauf an[komme, H.K.] daß alle Erregungen werden die möglich sind – und daß alle Erregungen welche wirklich Modificationen der menschlichen Natur sind, heraustreten".[56] In der intensiven Entwicklung des Religiösen wird demnach dasjenige, was in der organisierenden Tätigkeit bezüglich der Mannigfaltigkeit der Welt durch Handlungen vollbracht wird, ins Bewusstsein aufgenommen, verdichtet und verinnerlicht. Und in dem Maße, in dem sich das religiöse oder sittliche Gefühl auf diese Weise bildet und vervollkommnet, wird es auch einen reicheren Inhalt zum Ausdruck bringen können, d.h. die symbolischen Darstellungen des Gefühls durch Mimik, Gestik und Sprache werden potenziell künstlerisch wertvoller und der Kunstsinn verfeinert sich.

Bezüglich der schönen Kunst unterscheidet Schleiermacher einen „religiösen" und einen „weltlichen" (auch „geselligen") Stil.[57] Dazu heißt es in der anonymen Nachschrift: „Der eine Trieb [der religiöse Stil, H.K.] geht auf das Dominiren des Intensiven – der zweite [der weltliche Stil, H.K.] des extensiven." Dabei würde ein einseitiges Übergewicht des weltlichen Stils im Kunstwerk das „Frivole" und das virtuose Spiel mit dem Einzelnen zur Folge haben, während ein Maximum des religiösen Stils die Kunstdarstellungen zu „Strenge und Härte" verdichte.[58] Ferner verschwinde im religiösen Stil tendenziell der nationale Charakter des Kunstwerks, der im weltlichen eher hervortrete.[59] Wenngleich weltlicher und religiöser Stil hierbei Extreme anzeigen, die in der Wirklichkeit nur in gradueller Abwandlung vorkommen, zeigt sich hierbei erneut, dass Kunst nach Schleiermacher eine grundlegende Affinität zum Religiösen und damit zum Ethischen aufweist: Nicht nur steigern sich mit der Intensivierung des Gefühlslebens die Potenziale der künstlerischen Darstellung jedes Einzelnen, sondern auch der Stil dieser Darstellung hängt davon ab, wie sich das äußernde Individuum innerlich bildet und sich in seinem Selbst- und Weltverhältnis versteht. Die Möglichkeit des Selbstverhältnisses des Individuums als ein symbolisch darstellendes hängt somit an der inneren Einheit der ethischen Funktionen des Gefühls (Religion) und des Darstellens (Kunst). Die innere Einheit von Kunst und Religion wird damit sowohl in Hinblick auf das Schema von Symbolisieren und Organisieren, von eigentümlicher und universeller Vernunft, als auch in Hinblick auf die

---

56 Vorlesungsnachschrift von Schleiermachers Kolleg über philosophische Ethik von 1812/13, Anonymus, Fröbel-Archiv, 182v.
57 Vgl. Schleiermacher, *Ethik (1812/13)* (Anm. 45), 74 (Zusatz).
58 Nachschrift Ethik 1812/13 Anonymus (Anm. 56), 183r.
59 Vgl. ebd., 183r.

Kunstwelt, ihre Stilistik und die ethische Dimension des Kunstwerks ausgeleuchtet. Je sicherer und selbstverständlicher ein Kunstwerk vom sittlich gebildeten resp. religiösen Gefühl eines Künstlers ausgeht, in dem das Verhältnis des Endlichen zum Absoluten zum Tragen kommt, desto besser wird es im Rezeptionskreis erkennbar und ein Motivationsgrund zu adäquaten ethischen Gefühlsäußerungen bzw. Darstellungsformen sein können und desto eher zum religiösen bzw. sittlichen Selbstverständnis einer Gemeinschaft konstitutiv beitragen können.

Schließlich findet sich in einer anonymen Nachschrift von Schleiermachers Ethikkolleg 1812/13 eine Art Rückblick auf die Rezeption seiner Konzeption von Kunst und Religion:

> Man hat gegen unsere Ansicht daß Kunst und Religion zusammengehören eingewendet – Kunst sei Schönheit – aber Religion sei doch etwas anderes. Aber was ist Schönheit? Gleichgewicht des Mannigfaltigen. Die Schönheit ist die *conditio sine qua non* der religiösen Darstellung.[60]

Hieraus lässt sich zumindest erahnen, dass Schleiermacher sich wegen seiner Konzeption der inneren Einheit von Kunst und Religion bereits mehrfach der Kritik ausgesetzt sah, die ihm etwa den Vorwurf einer Ästhetisierung der Religion eingebracht hatte.[61] Allerdings gibt dieses Zitat auch zu verstehen, dass Schleiermacher an seiner Konzeption zumindest insofern festhält, dass er Schönheit als Gleichgewicht des Mannigfaltigen und damit zugleich als notwendige Bedingung der Darstellung religiöser Gefühle betrachtet.

In den folgenden Ethik-Kollegien von 1824, 1827 und 1832 – soweit von ihnen überhaupt Textzeugen überliefert sind – scheinen keine grundlegenden Änderungen der Konzeption von Kunst und Religion aufzutreten. Noch in einer anonymen Nachschrift von 1827 heißt es beispielsweise, dass es „keine religiöse Mittheilung als durch die Kunst" geben könne und die „leichte" (weltliche) Kunst eher in das Gebiet der Geselligkeit, die „strenge" hingegen in das religiöse Gebiet falle.[62] Infolge der terminologischen Setzungen der *Glaubenslehre* von 1821 wird „Religion" daraufhin nicht mehr allein der Sphäre des „Gefühls" zugeschrieben,

---

60 Ebd., 49v.
61 Vgl. Scholtz 2000 (Anm. 4), 521.
62 Vgl. Vorlesungsnachschrift von Schleiermachers Kolleg über philosophische Ethik von 1827, Anonymus, Schleiermacher-Nachlass der Berlin-Brandenburgischen Akademie der Wissenschaften, SN 586, 544.

sondern auch als „unmittelbares Selbstbewusstsein" angesprochen.[63] Allerdings ist zu bemerken, dass der Komplex Kunst/Religion zunehmend weniger behandelt wird. In der Nachschrift des Ethik-Kollegs von 1832 von Alexander Schweizer etwa, der als ein ausführlicher Mitschreiber bekannt ist, wird Kunst zwar ausdrücklich thematisiert, ihr Verhältnis zur Religion aber nur anhand der Kunststile kurz erörtert. Insofern die Annahme einer nachlassenden Thematisierung des Verhältnisses von Kunst und Religion nach 1816 aufgrund der Quellenlage nicht eindeutig validiert werden kann, muss die weitere Entwicklung an dieser Stelle offen bleiben. Der Begriff „Kunstreligion", der sich in der ersten Ausgabe der *Reden* findet, kommt jedenfalls in keiner der in Betracht gezogenen Textzeugen vor.

4 Schluss

Schleiermacher hat den Begriff „Kunstreligion" nachweisslich und offenbar als erster Autor im deutschsprachigen Raum verwendet und mit einer Bedeutung versehen, die dem frühromantischen Kontext seines Hervortretens weitgehend entspricht. War „Kunstreligion" in den *Reden* von 1799 zunächst in historischer Perspektive verwendet worden und im weiteren Sinn als eine Vollendungsweise der Religion dargelegt, so wird diese Bedeutung in den betrachteten Ethikentwürfen zwischen 1804 und 1816 teilweise revidiert. Der Begriff „Kunstreligion" kommt in diesen Kollegien nicht mehr dezidiert vor und das wechselseitige Verhältnis von Kunst und Religion, insbesondere die Ansicht von der Kunst als *Medium* der Religion, ersetzt die Vision einer einseitigen *Vervollkommnung* der Religion durch die Kunst. Insofern könnte in der philosophischen Ethik von der Konzeption einer wechselseitigen Vervollkommnung von Kunst und Religion gesprochen werden, die aufgrund der teleologischen Disposition der ethischen Entwicklung begründet und in den verschiedenen Jahrgängen der Ethikvorlesungen fortwährend ausdifferenziert wird.

Nach den *Reden* von 1799 wird das Verhältnis von Kunst und Religion in den Gedanken *Zur Ethik* (1804–1806) angesprochen, indem Kunst den Bereichen Kirche und freie Geselligkeit zugeordnet und die höchste Ausübung der Kunst als religiös angesehen wird. Erstmals ausführlich wird das Verhältnis aber im *Bro-*

---

63 Vgl. F. Schleiermacher, KGA I/7,1: *Der christliche Glaube 1821–1822*, hg.v. Hermann Peiter, Berlin: de Gruyter 1980, 26: „Unter Gefühl verstehe ich das unmittelbare Selbstbewußtsein, wie es, wenn nicht ausschließend, doch vorzüglich einen Zeittheil erfüllt, und wesentlich unter den bald stärker, bald schwächer entgegengesetzten Formen des angenehmen und unangenehmen vorkommt."

uillon zur Ethik von 1805 behandelt: Hier finden die grundlegenden systematischen Setzungen im Rahmen der Aufstellung der ethischen Funktionen des symbolisierenden und organisierenden Handelns statt. Die Religion wird der Sphäre des individuellen Gefühls und die Kunst der Sphäre der individuellen symbolischen Darstellung des Gefühls zugeordnet, wobei deutlich wird, dass für beide Sphären das spekulative Verhältnis von Endlichem und Absolutem grundlegend ist. Das bedeutet für eine Hermeneutik der Kunst nach Schleiermacher, dass die kunstvollen Darstellungen, in denen sich das Selbst des Künstlers manifestiert, als individuelle Variationen dieses grundlegenden (ethischen) Verhältnisses von Gefühl und Gefühlsdarstellung angesehen werden können. Das allgemeine Motiv der Ethik, die ‚Beseelung der menschlichen Natur durch die Vernunft', enthält schließlich einen Entwicklungsgedanken, der eine Zukunftsperspektive impliziert, durch welche die Wechselwirkung von Kunst und Religion als eine sukzessive Vervollkommnung verstanden werden kann, wenn die Vertiefung der Religiosität und die Bildung der Organe ihrer symbolischen Darstellung von jedem Einzelnen als sittliche Aufgabe begriffen werden. Die Bestimmung der Kirche als eine vollendete ethische Institution, die sich dieser Bildungsaufgabe annimmt, indem sie den Rahmen dafür bietet, dass religiöse Gefühle ausgetauscht und gebildet werden, findet sich ebenfalls bereits ansatzweise in der Ethik von 1805/06.

In den Ethik-Kollegien von 1812/13 bis 1816 finden keine grundlegenden Veränderungen der Konzeption des Verhältnisses von Kunst und Religion statt, insbesondere in Hinblick auf ihre Zuordnung zur ethischen Funktion des individuellen Symbolisierens. Dabei wird dieses Verhältnis jedoch ausdifferenziert. So erhält der Unterschied zwischen allgemeiner (im Rahmen der Ethik) und spezieller (im Rahmen der Ästhetik) Kunstproduktion eine systematische Begründung und die allgemeine Unterscheidung der schönen Kunstwerke in einen religiösen und weltlichen Stil wird näher erläutert, wobei der religiöse Stil als Folge der religiösen Vervollkommnung und damit der intensiven Entwicklung des Individuums dargelegt wird. Mit der Folgebestimmung von innerem Gefühl, Darstellung des Gefühls und dem Verständnis des geäußerten Gefühls in der Kirche bzw. der sozialen Gemeinschaft, das wiederum in das Gefühlsleben der Individuen zurückwirkt etc., zeichnet sich in der Ethik schließlich eine Theorie der Zirkulation und Verbreitung religiöser und ästhetischer Wissensformen ab. In Hinblick auf die Systematik seiner Philosophie wird zudem ersichtlich, dass Schleiermacher die Ethik nicht nur als eine Grundlagendisziplin der Religionsphilosophie, sondern auch der Ästhetik verstanden wissen will, während die wissenschaftliche Erkenntnis in ihren spekulativen Voraussetzungen näher zu betrachten der Dialektik als Aufgabe zugewiesen wird. Neben der systematischen Ausdifferenzierung bringt Schleiermacher verstärkt auch den historischen Aspekt der Einheit von Kunst und Religion zur Geltung, indem er ihre Verbindung – ähnlich wie Hegel in der *Phänomenologie* 1807 – als bereits in der griechischen Antike realisiert betrachtet.

Schleiermachers Neuansätze der Ethik 1817 scheinen keinen großen Einfluss auf die Bestimmung des Verhältnisses von Kunst und Religion genommen zu haben. Davon zeugen zumindest einzelne Aussagen aus späteren Kollegien. Insgesamt ist bei den Textzeugen der Kollegien von 1816 bis 1832 die Tendenz einer allmählichen Abnahme der Thematisierung des Komplexes Kunst/Religion zu bemerken, was aber hier ausdrücklich nur als eine Tendenz bezeichnet werden soll.

Angesichts der in der philosophischen Ethik dargelegten, wechselseitigen funktionalen Ergänzung von Kunst und Religion wäre es ein Missverständnis, Schleiermacher als Ahnherrn einer Konzeption der Kunstreligion zu betrachten, in der der religiöse Gehalt von der Kunst gänzlich abgekoppelt wird und diese dann die Bedeutung einer Ersatz-Religion annimmt; diese Bedeutungsverschiebung ist eher ein Phänomen des Ästhetizismus des ausgehenden 19. Jahrhunderts. Indem die Kunst weitgehend an das religiöse Gefühl und dieses an das ethische Selbstverständnis des Einzelnen zurückgebunden wird, kann sie nach Schleiermacher keine von der Religion gänzlich unabhängigen Formen generieren.

Aufgrund dieses Befundes lässt sich die in der Forschung bisweilen geäußerte Ansicht, Schleiermacher hätte das frühromantische Konzept der Kunstreligion nach der zweiten Auflage der *Reden* von 1806 vollständig und grundsätzlich fallen gelassen, nicht gänzlich aufrechterhalten. Zwar verwendet Schleiermacher diesen Begriff nach 1799 in der Tat nicht mehr, aber das Konzept der inneren Einheit von Kunst und Religion wird bereits in den frühesten Notizen zu den Hallenser Ethik-Kollegien aufgenommen, seit dem *Brouillon* dann auch systematisch begründet und ausdifferenziert. Die frühromantische Perspektive nimmt in der Ethik zwar nicht mehr die exponierte Stellung ein, die sie noch in den *Reden* von 1799 hatte: Die Realisierung der Kunstreligion wird nicht mehr von einer poetischen Durchdringung der Gesellschaft erhofft (obwohl die Poesie bis zum letzten Ästhetik-Kolleg 1832/33 für Schleiermacher die höchste Form der Künste bleibt). Mit der engen Verzahnung von Kunst und Religion erlischt die frühromantische Perspektive jedoch nicht gänzlich, sondern wird gewissermaßen auf eine neue, eine ethische Grundlage gestellt, indem das ‚Äußerlichwerden des Gefühls' und damit die Kunst im weiteren Sinn als ein grundlegendes menschliches Bedürfnis und potenziell als eine Erweiterungsfunktion des gesellschaftlichen Lebens dargelegt wird. Ähnlich umfassend wie *techne* bei Platon, allerdings anthropologisch und subjektivitätslogisch gewendet, bezeichnet Kunst bei Schleiermacher jede nach einer – mehr oder weniger – bewussten Regel hervorgebrachte Gefühlsäußerung: eine Art und Weise des organischen Ausdrucks, die sich historisch verändert und kulturspezifisch ausbildet. Auch Schleiermachers Aussage aus dem *Brouillon:* „alle Menschen sind Künstler" versteht sich in diesem Zusammenhang.[64]

---

[64] Vgl. Schleiermacher, W II: [*Brouillon zur Ethik 1805*], 184.

Zu den Autorinnen und Autoren

Andreas Arndt, Prof. em. für Philosophie am Institut für Systematische Theologie der Humboldt Universität zu Berlin, Projekt- und Arbeitsstellenleiter des Akademienvorhabens „Schleiermacher in Berlin 1808–1834" an der BBAW, Hg. der KGA. Forschungsschwerpunkte: klassische deutsche Philosophie, Hegel, Schleiermacher, Schlegel, Marx und kritische Theorie. Letzte Buchveröffentlichungen: (Hg.) Friedrich Schleiermacher, *Vorlesungen über die Dialektik* KGA II/10 (2002); *Unmittelbarkeit* (2004); *Friedrich Schleiermacher als Philosoph* (2013); *Geschichte und Freiheitsbewusstsein. Zur Dialektik der Freiheit bei Hegel und Marx* (2015).

Elisabeth Blumrich, Dipl.-Theol., langjährige Mitarbeiterin an der Schleiermacher-Forschungsstelle an der theologischen Fakultät der Universität Kiel, seit 2018 wissenschaftliche Mitarbeiterin an der Schleiermacherforschungsstelle der BBAW, gegenwärtig verantwortlich für die historisch-kritische Edition der Tageskalender von F. Schleiermacher. Arbeitsschwerpunkte: Friedrich Schleiermacher und Religionspädagogik. Publikationen: „Lob und Dank. Kinder lernen die Sprache der Freude an ausgewählten Psalmversen zur Schöpfung kennen", *Loccumer Pelikan. Religionspädagogisches Magazin für Schule und Gemeinde* (1993); (Hg.) Friedrich Schleiermacher, *Predigten 1820–1821* KGA III/6 (2015); (Hg.) Friedrich Schleiermacher, *Tageskalender 1831* (https://schleiermacher-in-berlin.bbaw.de/tageskalender/) (2016).

Piotr de Boncza Bukowski, Dr. phil. habil., ist Dozent und wissenschaftlicher Mitarbeiter am Germanistischen Institut der Jagiellonen-Universität in Krakau und seit 2017 Leiter der Forschungsstelle für Übersetzung. 2003–2004, 2015 und 2018 war er Alexander von Humboldt-Stipendiat. Seine Forschungsschwerpunkte sind die skandinavische, deutsche und polnische Literatur des 19. und 20. Jahrhunderts, Übersetzungstheorie, Literaturübersetzung und vergleichende Kulturgeschichte. Buchpublikationen über Pär Lagerkvist, August Strindberg, literarische Moderne und Translationstheorie. Mitherausgeber der wissenschaftlichen Buchreihe TRANSLATIO.

Christiane Ehrhardt, Dr. phil., Leiterin der Arbeitsstelle für Evangelischen Religionsunterricht in Berlin-Spandau. Arbeitsschwerpunkt: Das Verhältnis von Bildung und Religion in Theorie und Praxis. Veröffentlichungen: *Religion, Bildung und Erziehung bei Schleiermacher, Eine Analyse der Beziehungen und des Widerstreits zwischen den ‚Reden über die Religion' und den ‚Monologen'* (2005); (Mhg.) *Friedrich Schleiermacher, Pädagogik, Die Theorie der Erziehung von 1820/21 in einer Nachschrift* (2008); (Mhg.) Friedrich Daniel Ernst Schleiermacher, KGA II/12: *Vorlesungen über die Pädagogik und amtliche Voten zum öffentlichen Unterricht* (2017).

Simon Gerber, PD Dr. theol. habil., wiss. Mitarbeiter an der Schleiermacherforschungsstelle der BBAW, Lehre an der Theologischen Fakultät der HU Berlin. Herausgeber der Vorlesungen zur Kirchengeschichte (KGA II/6) und zur kirchlichen Statistik (KGA II/16), Mitherausgeber des Briefwechsels F. Schleiermachers (KGA V/8–11). Forschungsschwerpunkte: alte Kirchengeschichte und Kirchengeschichte des 19. Jahrhunderts. Publikationen (Auswahl): *Theodor von Mopsuestia und das Nicänum*, Supplements to Vigiliae Christianae 51 (2000); „Calixt von Rom und der monarchianische Streit", *Zeitschrift für Antikes Christentum 5* (2001); „Heinrich von

Lettland – ein Theologe des Friedens", *Zeitschrift für Kirchengeschichte 115* (2004); *Schleiermachers Kirchengeschichte*, Beiträge zur historischen Theologie 177 (2015).

Christiane Hackel, wiss. Mitarbeiterin an der Humboldt-Universität zu Berlin. Arbeitsschwerpunkte: Philosophie- und Wissenschaftsgeschichte im 19. Jahrhundert. Veröffentlichungen (Auswahl): *Die Bedeutung August Boeckhs für den Geschichtstheoretiker Johann Gustav Droysen. Die Enzyklopädie-Vorlesungen im Vergleich* (2006); *Philologe – Historiker – Politiker. Johann Gustav Droysen 1808–1884* [Ausstellungskatalog] (2008); (Mhg.) *August Boeckh in Berlin. Philologie, Hermeneutik und Wissenschaftsorganisation* (2013).

Bärbel Holtz, Dr. phil., Arbeitsstellenleiterin des Akademienvorhabens „Anpassungsstrategien der späten mitteleuropäischen Monarchie am preußischen Beispiel (1786–1918)" der BBAW; Lehrbeauftragte am Lehrstuhl Preußische Geschichte, HU Berlin. Forschungsschwerpunkte: Geschichte Preußens vom späten 18. Jahrhundert bis 1933. Publikationen (Auswahl): (Hg.) *Protokolle des Preußischen Staatsministeriums 1840 bis 1858*, Bde. 3–4 (2000/2003); (Hg.) *Krise, Reformen – und Kultur. Preußen vor und nach der Katastrophe von 1806* (2010); (Hg.) *Preußens Zensurpraxis von 1819 bis 1848 in Quellen*, 2 Bde. (2015); (Mithg.) *Die Musealisierung der Nation. Ein kulturpolitisches Gestaltungsmodell des 19. Jahrhunderts* (2015).

Gerald Hubmann, Dr. phil., Arbeitsstellenleiter des Akademievorhabens „Marx-Engels-Gesamtausgabe" an der BBAW. Forschungsschwerpunkte: Philosophiegeschichte des 19. Jahrhunderts, Marx-Forschung, Editionsphilologie. Publikationen zu Fries (Auswahl): *Ethische Überzeugung und politisches Handeln. J. F. Fries und die deutsche Tradition der Gesinnungsethik* (1997); (Hg.) *J. F. Fries, Von deutscher Staatsverfassung* (1997); „Sittlichkeit und Recht. Die jüdische Emanzipationsfrage bei J. F. Fries und anderen Staatsdenkern des Deutschen Idealismus", *Antisemitismus bei Kant und anderen Denkern der Aufklärung* (2001).

Walter Jaeschke, Prof. em. für Philosophie an der Ruhr-Universität Bochum, Direktor des Hegel-Archivs und Leiter der Editionen Hegel: *Gesammelte Werke*, Friedrich Heinrich Jacobi: *Werke. Gesamtausgabe* und Friedrich Heinrich Jacobi: *Briefwechsel*. Forschungsschwerpunkte: Religionsphilosophie und klassische deutsche Philosophie, Hegel, Schleiermacher, Jacobi, Feuerbach. Letzte Buchveröffentlichungen: (mit Andreas Arndt) *Die Klassische Deutsche Philosophie nach Kant* (2012); (Mhg.) *Der Ignorabimus-Streit* (2013); *Hegel-Handbuch. Leben-Werk-Schule* (^{3}2016); (Hg.) Friedrich Schleiermacher, *Vorlesungen über das Leben Jesu und Vorlesung über die Leidens- und Auferstehungsgeschichte* KGA II/15 (2018).

Holden Kelm, Dr. phil., wiss. Mitarbeiter an der Schleiermacherforschungsstelle der BBAW, Drittmittelprojekt bei der DFG zur Edition von Schleiermachers Vorlesungen über die Ästhetik. Forschungsschwerpunkte: Klassische deutsche Philosophie (Kant, Hegel), Frühromantik (Schlegel, Schleiermacher), Ästhetik, französische Postmoderne (Foucault, Derrida), Geschichte insbes. der biologischen Wissenschaften. Publikationen (Auswahl): *Hegel und Foucault: Die Geschichtlichkeit des Wissens als Entwicklung und Transformation* (2015); (Hg.): F.D.E. Schleiermacher, *Ästhetik 1832/33 – Begriff der Kunst (1831–33)* (2018).

Günter Meckenstock, Prof. em. Dr. theol. Dr. phil, Christian-Albrechts-Universität zu Kiel, Theologische Fakultät, langjähriger geschäftsführender Herausgeber sowie Herausgeber diverser Bände der KGA (Abt. I u. III). Arbeitsschwerpunkte: Kants kritische Philosophie, Fichtes Wissenschaftslehre, Schleiermachers Religionsverständnis, neuere Theologiegeschichte, Wirtschaftsethik. Publikationen (Auswahl): *Deterministische Ethik und kritische Theologie. Die Auseinandersetzung des frühen Schleiermacher mit Kant und Spinoza 1789–1794* (1988); *Wirtschaftsethik* (1997); *Das Christentum: Werden im Konflikt* (2008); zahlreiche Beiträge zur Schleiermacher-Forschung und zur Schleiermacher-Edition.

Walter Mesch, Prof. Dr. phil., Philosophisches Seminar, Westfälische Wilhelms-Universität Münster. Forschungsschwerpunkte: Antike Philosophie und ihre Rezeptionsgeschichte. Publikationen (Auswahl): *Reflektierte Gegenwart. Eine Studie über Zeit und Ewigkeit bei Platon, Aristoteles, Plotin und Augustinus* (²2016); *Aristoteles über das gute Leben. Eine antike Konzeption und ihre aktuelle Bedeutung* (2015); „War Platon Substanzdualist? Ein geistphilosophisches Thema und seine Implikationen für den Körper", *Soma. Körperkonzepte und körperliche Existenz in der antiken Philosophie und Literatur* (2016); „Das Göttliche in uns und das menschliche Leben. Zur Aristotelischen *eudaimonia* und ihrer Rezeption in der Florentiner Renaissance", *Ethik und Politik des Aristoteles in der Frühen Neuzeit* (2016).

Zachary Purvis, D.Phil. (Oxon), University of Edinburgh, School of Divinity. Forschungsschwerpunkte: Theologie des 19. Jahrhunderts, Kirchengeschichte (Reformation und Neuzeit). Publikationen (Auswahl): „The New Ethicist and the Old Bookkeeper: Isaak Dorner, Johann Quenstedt, and Modern Appropriations of Classical Protestantism", *Zeitschrift für neuere Theologiegeschichte* 19 (2012); *Theology and the University in Nineteenth-Century Germany* (2016); „Education and Its Institutions", *The Oxford Handbook of Nineteenth-Century Christian Thought* (2017); „Religion, Revolution, and the Dangers of Demagogues: The Basler Wirren and the Politics of Protestantism, 1830–1833", *Church History* (i. E., 2019).

Sarah Schmidt, Dr. phil., wiss. Mitarbeiterin an der Schleiermacherforschungsstelle der BBAW und Vorstandsmitglied der Schleiermacher-Gesellschaft, Mitherausgeberin des Briefwechsels F. Schleiermachers (KGA V/10–11) und der Vorlesungen zur philosophischen Ethik (KGA II/1); Forschungsschwerpunkte: Philosophie der Frühromantik, Wechselwirkung von Kunst und Wissenschaft, materiale Kultur und Wissenssammlung. Publikationen (Auswahl): *Die Konstruktion des Endlichen. Schleiermachers Philosophie der Wechselwirkung* (2005); (Hg.) *Sprachen des Sammelns*; (Mhg.) *Begriff und Interpretation im Zeichen der Moderne* (2015); (Mhg.) *System und Subversion. Friedrich Schleiermacher und Henrik Steffens* (2018).

Wolfgang Virmond, Dr. phil., Seniorwissenschaftler und langjähriger wiss. Mitarbeiter an der Schleiermacherforschungsstelle der BBAW, Mitherausgeber des Briefwechsels F. Schleiermacher (KGA V/1–7) sowie der Tageskalender (https://schleiermacher-in-berlin.bbaw.de/tageskalender/). Arbeitsschwerpunkte: Hermeneutik und Ästhetik im 19. und 20. Jahrhundert. Publikationen (Auswahl): *Eulenspiegel und seine Interpreten* (1981); (Mhg.) Friedrich Schleiermacher, *Pädagogik, Die Theorie der Erziehung von 1820/21 in einer Nachschrift* (2008); (Hg.) Friedrich Schleiermacher, *Vorlesungen zur Hermeneutik und Kritik*, KGA II/4 (2012); „Über die Wurzeln von Schleiermachers ‚Hermeneutik und Kritik'", *Friedrich Schleiermacher in Halle 1804–1807* (2013).

Friedrich Schleiermacher, Kritische Gesamtausgabe

(bisher erschienen)

Abteilung I. Schriften und Entwürfe

1. Jugendschriften 1787–1796, hg. v. Günter Meckenstock, 1983, XC+609 Seiten, ISBN 3-11-008594-1.
2. Schriften aus der Berliner Zeit 1796–1799, hg. v. Günter Meckenstock, 1984, XCI+429 Seiten, ISBN 3-11-010266-8.
3. Schriften aus der Berliner Zeit 1800–1802, hg. v. Günter Meckenstock, 1988, CXXVI+604 Seiten, ISBN 3-11-011120-9.
4. Schriften aus der Stolper Zeit 1802–1804, hg. v. Eilert Herms / Günter Meckenstock / Michael Pietsch, 2002, XCII+520 Seiten, ISBN 3-11-017464-2.
5. Schriften aus der Hallenser Zeit 1804–1807, hg. v. Hermann Patsch, 1995, CXXXII+290 Seiten, ISBN 3-11-014614-2.
6. Universitätsschriften. Herakleitos. Kurze Darstellung des theologischen Studiums, hg. v. Dirk Schmid, 1998, LXXXIX+473 Seiten, ISBN 3-11-015638-5.
7. Der christliche Glaube nach den Grundsätzen der evangelischen Kirche im Zusammenhange dargestellt (1821/22), Teilband 1 und 2, hg. v. Hermann Peiter, 1980, Teilband 1: LXVI+358 Seiten; Teilband 2: VIII+409 Seiten, ISBN 3-11-007515-6; Teilband 3: Marginalien und Anhang, hg. v. Ulrich Barth unter Verwendung vorbereitender Arbeiten von Hayo Gerdes / Hermann Peiter, 1983, XXV+672 Seiten, ISBN 3-11-008593-3.
8. Exegetische Schriften, hg. v. Hermann Patsch / Dirk Schmid, 2001, LVII+282 Seiten, ISBN 3-11-016893-6.
9. Kirchenpolitische Schriften, hg. v. Günter Meckenstock unter Mitwirkung von Hans-Friedrich Traulsen, 2000, CXVII+579 Seiten, ISBN 3-11-016894-4.
10. Theologisch-dogmatische Abhandlungen und Gelegenheitsschriften, hg. v. Hans-Friedrich Traulsen unter Mitwirkung von Martin Ohst, 1990, CXVI+616 Seiten, ISBN 3-11-011594-8.
11. Akademievorträge, hg. v. Martin Rössler unter Mitwirkung von Lars Emersleben, 2002, XXXI+833 Seiten, ISBN 3-11-017129-5.
12. Über die Religion (2.–)4. Aufl.; Monologen (2.–)4. Aufl., hg. v. Günter Meckenstock, 1995, LXXIII+411Seiten, ISBN 3-11-014473-5.
13. Der christliche Glaube nach den Grundsätzen der evangelischen Kirche im Zusammenhange dargestellt. Zweite Auflage (1830/31), hg. v. Rolf Schäfer, 2003, Teilband 1: LXXXIV+529 Seiten, Teilband 2: VIII+618 Seiten, ISBN 3-11-016610-0.
14. Kleine Schriften 1786–1833, hg. v. Matthias Wolfes / Michael Pietsch, 2003, CXCI+576 Seiten, CD-ROM mit „Preußischer Correspondent" Juni bis September 1813, ISBN 3-11-017658-0.
15. Register zur I. Abteilung, erstellt v. Lars Emersleben unter Mitwirkung von Elisabeth Blumrich / Matthias Hoffmann / Stefan Mann / Wilko Teifke; Addenda und Corrigenda zur I.

Abteilung; Anhang. Günter Meckenstock: Schleiermachers Bibliothek nach den Angaben des Rauchschen Auktionskatalogs und der Hauptbücher des Verlages G. Reimer (Zweite, erweiterte und verbesserte Auflage), 2005, VIII+912 Seiten, ISBN 3-11-018292-0.

Abteilung II. Vorlesungen

4. Vorlesungen zur Hermeneutik und Kritik, hg. v. Wolfgang Virmond unter Mitwirkung von Hermann Patsch, 2012, LI+1162 Seiten, ISBN 978-3-11-025244-6.
6. Vorlesungen über die Kirchengeschichte, hg. v. Simon Gerber, 2006, LIV+909 Seiten, ISBN 978-3-11-019106-7.
8. Vorlesungen über die Lehre vom Staat, hg. v. Walter Jaeschke, 1998, LXIII+968 Seiten, ISBN 3-11-015644-X.
10. Vorlesungen über die Dialektik, hg. v. Andreas Arndt, 2002, Teilband 1: LXXXVIII+426 Seiten, Teilband 2: 815 Seiten, ISBN 3-11-017209-7.
12. Vorlesungen über die Pädagogik und amtliche Voten zum öffentlichen Unterricht, hg. v. Jens Beljan / Christiane Ehrhardt / Dorothea Meier / Wolfgang Virmond / Michael Winkler, 2017, CXI+921 Seiten, ISBN 978-3-11-043798-0.
13. Vorlesungen über die Psychologie, hg. v. Dorothea Meier, 2019, XCVI+1068 Seiten, ISBN 978-3-11-056703-8.
15. Vorlesungen über das Leben Jesu, hg. v. Walter Jaeschke, 2018, LX+694 Seiten, ISBN 978-3-11-060475-7.
16. Vorlesungen über die kirchliche Geographie und Statistik, hg. v. Simon Gerber, 2005, XLIX+583 Seiten, ISBN 3-11-017929-6.

Abteilung III. Predigten

1. Predigten. Erste bis Vierte Sammlung (1801–1820), hg. v. Günter Meckenstock; Anhang. Günter Meckenstock: Kalendarium der überlieferten Predigttermine Schleiermachers, 2012, CXVII+1069 Seiten, ISBN 978-3-11-026545-3.
2. Predigten. Fünfte bis Siebente Sammlung (1826–1833), hg. v. Günter Meckenstock, Anhang: Gesangbuch zum gottesdienstlichen Gebrauch für evangelische Gemeinen (Berlin 1829), 2015, LIII+1220 Seiten, ISBN 978-3-11-041335-9.
2. Predigten 1790–1808, hg. v. Günter Meckenstock, 2013, L+1174 Seiten, ISBN 978-3-11-026680-1
4. Predigten 1809–1815, hg. v. Patrick Weiland, 2011, XLIII+793 Seiten, ISBN 978-3-11-026394-7.
5. Predigten 1816–1819, hg. v. Katja Kretschmar unter Mitwirkung von Michael Pietsch, 2014, LXXXVII+738 Seiten, ISBN 978-3-11-026547-7.
6. Predigten 1820–1821, hg. v. Elisabeth Blumrich, 2015, LXXX+1085 Seiten, ISBN 978-3-11-026548-4.
7. Predigten 1822–1823, hg. v. Kirsten Maria Christine Kunz, 2012, LXX+1181 Seiten, ISBN 978-3-11-025242-2.

8. Predigten 1824, hg. v. Kirsten Maria Christine Kunz, 2013, LV+787 Seiten, ISBN 978-3-11-031685-8.
9. Predigten 1825, hg. v. Kirsten Maria Christine Kunz unter Mitwirkung von Brinja Bauer, 2017, LII+619 Seiten, ISBN 978-3-11-046122-0.
10. Predigten 1826–1827, hg. v. Brinja Bauer / Ralph Brucker / Michael Pietsch / Dirk Schmid / Patrick Weiland, 2016, XLV+970 Seiten, ISBN 978-3-11-048523-3.
11. Predigten 1828–1829, hg. v. Patrick Weiland, 2014, XLII+650 Seiten, ISBN 978-3-11-035092-0.
12. Predigten 1830–1831, hg. v. Dirk Schmid, 2013, XLII+880 Seiten, ISBN 978-3-11-031402-1.
13. Predigten 1832, hg. v. Dirk Schmid, 2014, LXI+648 Seiten, ISBN 978-3-11-036409-5.
14. Predigten 1833–1834. Einzelstücke. Addenda und Corrigenda zur III. Abteilung, hg. v. Günter Meckenstock, 2017, XL+775 Seiten, ISBN 978-3-11-044444-5.
15. Register zur III. Abteilung, erstellt v. Günter Meckenstock und Brinja Bauer / Ralph Brucker / Britta Andrea Marie Kunz / Michael Pietsch / Dirk Schmid / Patrick Weiland, 2018, IX+778 Seiten, ISBN 978-3-11-056218-7.

Abteilung IV. Übersetzungen

3. Platon, Werke I,1 (1804. 1817), hg. v. Lutz Käppel / Johanna Loehr unter Mitwirkung von Male Günther, 2016, XCVIII+1080 Seiten, ISBN 978-3-11-044943-3.

Abteilung V. Briefwechsel und biographische Dokumente

1. Briefwechsel 1774–1796 (Briefe 1–326), hg. v. Andreas Arndt / Wolfgang Virmond, 1985, LXXII+489 Seiten, ISBN 3-11-008595-X.
2. Briefwechsel 1796–1798 (Briefe 327–552), hg. v. Andreas Arndt / Wolfgang Virmond, 1988, LVII+534 Seiten, ISBN 3-11-010933-6.
3. Briefwechsel 1799–1800 (Briefe 553–849), hg. v. Andreas Arndt / Wolfgang Virmond, 1992, CXXVI+585 Seiten, ISBN 3-11-011021-0.
4. Briefwechsel 1800 (Briefe 850–1004), hg. v. Andreas Arndt / Wolfgang Virmond, 1994, XCIII+481 Seiten, ISBN 3-11-011020-2.
5. Briefwechsel 1801–1802 (Briefe 1005–1245), hg. v. Andreas Arndt / Wolfgang Virmond, 1999, XC+522 Seiten, ISBN 3-11-016218-0.
6. Briefwechsel 1802–1803 (Briefe 1246–1540), hg. v. Andreas Arndt / Wolfgang Virmond, 2005, LXII+547 Seiten, ISBN 3-11-018293-9.
7. Briefwechsel 1803–1804 (Briefe 1541–1830), hg. v. Andreas Arndt / Wolfgang Virmond, 2005, LXV+543 Seiten, ISBN 3-11-018492-3.
8. Briefwechsel 1804–1806 (Briefe 1831–2172), hg. v. Andreas Arndt / Simon Gerber, 2008, LXXVI+577 Seiten, ISBN 978-3-11-020602-9.
9. Briefwechsel 1806–1807 (Briefe 2173–2597), hg. v. Andreas Arndt / Simon Gerber, 2011, LXV+718 Seiten, ISBN 978-3-11-025246-0.

10. Briefwechsel 1808 (Briefe 2598–3020), hg. v. Simon Gerber / Sarah Schmidt, 2015, LII +532 Seiten, ISBN 978-3-11-042692-2.
11. Briefwechsel 1809–1810 (Briefe 3021–3560), hg. v. Simon Gerber / Sarah Schmidt, 2015, LXIV+545 Seiten, ISBN 978-3-11-043781-2.
K1. Kommentarband zum Briefwechsel 1808–1810 (Briefe 2598–3560), erarbeitet v. Sarah Schmidt unter Mitwirkung von Simon Gerber, 2017, IX+763 Seiten, ISBN 978-3-11-042693-9.

Personenregister

Abendroth, Wolfgang 91f., 112–114
Ackeren, Marcel van 185, 203
Ahlefeld, Hans Georg Jacob von 19
Aischylos 203
Alexander von Aphrodisias 191
Altenstein, Karl Freiherr von Stein zum 10, 12, 25
Althaus, Horst 235, 239
Anrich, Ernst 79, 83
Apel, Friedmar 126, 253
Aristoteles 4f., 145–174, 177, 181–187, 190, 193, 198–203, 207, 225
Arndt, Andreas 5, 15, 22, 44, 70, 122, 126, 133f., 142, 154, 221, 227f., 311, 314, 317
Arndt, Ernst Moritz 3, 19, 219
Arnim, Achim von 45
Arnim, Bettine von (geb. Brentano) 45
Asmuth, Christoph 133, 141
Ast, Friedrich 135, 235
Asverus, Gustav 245
Auerochs, Bernd 306
Augustin, Aurelius 291, 301

Bach, Johann Sebastian 308
Bachtin, Michael M. 137
Baier, Herrmann 293, 302–304
Barth, Ulrich 285
Basilius von Cäsarea 291
Bauer, Johannes 6, 281f.
Bauer, Manuel 121f., 127, 129, 138
Baumgarten, Alexander Gottlieb 307f.
Baur, Ferdinand Christian 82
Beauvoir, Simone de 72
Becchi, Paolo 253
Becker-Cantarino, Barbara 45, 50
Beethoven, Ludwig van 10
Bekker, Immanuel 145–147, 153, 156, 158–171, 174
Benner, Dietrich 95, 114f.
Berman, Antoine 125f.
Bernays, Jacob 195
Bernhardi, August Ferdinand 101, 104, 107
Beyme, Carl Friedrich 25

Birkner, Hans-Joachim 289, 318
Blanc, Ludwig Gottfried 174, 294, 302, 304
Bloson 178
Blum, Matthias 224
Blumrich, Elisabeth 6
Bodin 207
Boeckh, August 9, 21, 133, 153, 159–162, 164, 167, 225f., 236, 257
Bonaparte, Jérôme 3
Bonaparte, Joseph 17
Bonaparte, Napoleon → Napoleon
Bonitz, Hermann 167, 170
Brachmann, Jens 25
Brandis, Christian August 156, 164–167, 169–171, 173f.
Bratuscheck, Ernst 153
Braun, Otto 222
Bremer, Dieter 175, 193, 197f., 202
Brentano, Clemens 45, 235f.
Briese, Olaf 19
Brinckmann, Carl Gustav von 14, 22, 24, 83, 258, 278, 284, 292, 302, 304
Bronzino, Agnolo 36
Bruch, Rüdiger vom 77
Bruyn, Günter de 302
Buchenau, Stefanie 307
Buhle, Johann Gottlieb 149f., 160
Bukowski, Piotr 4, 131–133, 152
Bunia, Remigius 308
Burger, Ludwig 19
Burkes, Edmund 207
Burnet, John 175
Butler, Judith 72
Buttmann, Philip Karl 37, 158–160, 162, 167
Bywater, Ingram 179, 195

Campe, Johann Heinrich 79
Carl August, Großherzog von Sachsen-Weimar 242f.
Carl Friedrich, Großherzog von Sachsen-Weimar 283
Casaubon, Isaac 147f.

Chamfort, Nicolas 124
Charle, Christophe 77 f.
Clemens von Alexandrien 182 f., 186
Conche, Marcel 195
Cooper, James Fenimore 38
Correggio, Antonio 130
Creuzer, Friedrich 184, 235 f.
Cyprian von Karthago, Thascius Caecilius 291

Danz, Christian 82
Daub, Karl 236
De Wette, Wilhelm Martin Leberecht 236, 238, 243–245
Dellbrück, G. 151
Detering, Heinrich 308
Diano, Carlo 195
Diderot, Denis 78
Diels, Hermann 146, 179, 183, 186, 189, 195
Dierken, Jörg 208
Dilcher, Roman 175, 193, 197 f., 202
Dilthey, Wilhelm 17, 24, 121, 123 f., 133 f., 136, 139 f., 234
Diogenes Laertios 182, 184 f., 188
Dohna-Schlobitten, Alexander Graf von 12, 28, 96, 293, 298
Dohna-Schlobitten, Friedrich Alexander Graf von 96
Droysen, Gustav 146
Du Val, Guillaume 148 f.
Duisburg, Friedrich Carl Gottlieb 10
Dürre, Eduard 240 f.

Ebeling, Gerhard 291
Eberhard, Johann August 150 f.
Ehrenberg, Friedrich 281
Ehrhardt, Christiane 3 f., 27, 112
Ehrhardt, Karl 91 f., 113 f.
Eichhorn, Johann Albrecht Friedrich 19, 31
Eichhorn, Karl Friedrich von 37
Empedokles 187
Erasmus von Rotterdam 147
Erhard, Johann Benjamin 79
Euseb von Cäsarea 191
Eustratius 156

Fallon, Daniel 84
Felicianus, Joannes Bernardus 156
Fichte, Johann Gottlieb 13, 16, 19, 47, 79, 81–83, 207, 210, 234–236, 238, 249
Finlay, Marike 130
Fischer, Karoline (geb. Lommatzsch) 68
Fischer, Hermann 25
Flaxman, John 132
Follak, Andrea 138
Francke, F. J. Chr. 253
Frank, Manfred 48
Friedeburg, Ludwig von 88–96, 111 f.
Friedrich, Caspar David 308
Friedrich II., der Große, König von Preußen 15, 263–265
Friedrich Wilhelm III., König von Preußen 10, 13, 18–22, 24–26, 28 f., 79, 82, 96, 242, 258, 260, 268, 284, 288
Friedrich Wilhelm IV., König von Preußen 21, 30 f., 283 f., 288
Fries, Jakob Friedrich 6, 233–253
Frommann, Friedrich Johannes 241
Fülleborn, Gustav 152

Gaertner, Eduard 36
Gagern, Heinrich von 240, 244
Galenos 191
Garve, Christian 151 f.
Gaß, Joachim Christian 24, 37, 53, 68, 99, 278 f., 292, 300, 304
Gauß, Karl Friedrich 234
Gebhardt, Bruno 24
Gedike, Friedrich 172
Gellert, Christian Fürchtegott 43
Gentz, Friedrich von 244
George, Ludwig 70
Gerber, Harry 240
Gerber, Simon 3, 6, 278, 303
Gneisenau, August Neidhart Graf von 14, 18, 283 f.
Goethe, Johann Wolfgang von 36 f., 40, 81, 120, 151, 235, 243, 245
Görres, Joseph 237
Göschen, Johann Friedrich Ludwig 158–161
Grafton, Anthony 80
Gregor I., der Große, Papst 291
Grondin, Jean 122

Grotsch, Klaus   215
Grunow, August Christian Wilhelm   51, 53
Grunow, Eleonore   51, 53–56, 61, 67, 69, 293
Gutenberg, Johannes   35, 147

Haase, Sven   11, 16
Hackel, Christiane   4 f.
Haller, Carl Ludwig von   207
Haller, Ingrid   90 f.
Hamberger, Georg Christoph   148
Hammerstein, Notker   28
Hanstein, Gottfried August Ludwig   281
Hardenberg, Karl August Freiherr von   12, 18, 24 f., 96, 288
Harnack, Adolf (von)   86, 146, 159, 167, 169
Hartlieb, Elisabeth   47, 69, 71
Haupt, Anton   240 f.
Haupt, Heinrich   238
Haupt, Herman   240
Hebel, Johann Peter   35
Hecquet-Devienne, Myriam   147 f.
Hegel, Georg Wilhelm Friedrich   5 f., 9 f., 145–147, 149, 151, 176 f., 198, 207–218, 234–237, 239, 244 f., 248 f., 253, 308, 312, 320, 324
Heindorf, Ludwig Friedrich   37, 140, 152 f.
Hekataios von Milet   184
Henke, Ludwig Theodor   234–236, 238, 241–243, 245
Hensler, Dore   244
Heraklit   5, 175–204
Herder, Johann Gottfried   120, 127, 293, 308
Herms, Eilert   154
Herz, Henriette   16, 45, 55, 130, 293 f., 297 f., 304
Heyne, Christian Gottlob   149
Hierokles   191
Hintze, Otto   11
Hippasos   184
Hippolyt von Rom   189, 195
Hobbes, Thomas   207 f., 316
Hockes, Gustav René   36
Hoffmann, Ernst Theodor   36
Hoffmann, Samuel Friedrich Wilhelm   147 f.
Holbach, Paul Henri Thiry d'   79
Hölderlin, Friedrich   129, 140, 308

Holtz, Bärbel   2, 13, 22, 26
Homer   37, 184
Höpfner, Ludwig Julius Friedrich   302
Huber, Ernst Rudolf   253
Hubmann, Gerald   6, 237, 242, 253
Hübner, Ingolf   122
Hübner, Ulrich   28
Hufeland, Christoph Wilhelm   38
Humboldt, Alexander von   10, 30, 39, 234
Humboldt, Caroline von   45
Humboldt, Wilhelm von   10, 14, 24–29, 45, 77, 79, 94–98, 100, 110, 119, 258

Ignatius von Antiochien   291

Jablonsky, Ernst   20
Jacobi, Friedrich Heinrich   47–49, 234, 236 f., 243
Jaeschke, Walter   5, 215, 225, 308
Jahn, Friedrich Ludwig   19, 240
Jakobson, Roman   130
Jamblichos   191
Jantzen, Jörg   133, 135 f.
Jenisch, Daniel   151 f.
Jochmus, Karl Friedrich Ludwig   19
Jonas, Ludwig   289, 292
Jösting (Vorname unbekannt)   270
Jung, Alexander   245

Kade, Franz   24
Kafka, Franz   36
Kahn, Charles H.   175, 178 f., 185, 189, 195, 198, 203
Kamptz, Karl Albert von   242
Kandinsky, Wassily   35
Kant, Immanuel   9, 78, 128, 207, 210, 231, 234 f., 237, 246–251, 307 f.
Käppel, Lutz   161 f.
Karsten, Dietrich Ludwig Gustav   37, 39
Katharina II., die Große, russische Zarin   78
Kathen, Charlotte von (geb. von Mühlenfels)   45, 55 f., 258, 292, 294, 297, 300, 302, 304
Kelm, Holden   7
Kieser, Dietrich Georg von   241, 244
Kirk, Geoffrey S.   175, 178, 198–200, 202
Klafki, Wolfgang   92

Kleist, Heinrich von   278
Knebel, Karl Ludwig von   36
Koller, Werner   119
Konopak, Christian Gottlieb   257, 270
Köpke, Fr. C.   316
Köpke, Rudolf   22, 79
Köppe, Manuela   147, 149
Koselleck, Reinhart   10 f.
Kotzebue, August von   242–244
Kranz, Walter   195
Kraus, Hans-Christof   13
Krause, Karl Christian Friedrich   235
Kristeva, Julia   137
Kügelgen, Wilhelm von   295
Kurtz, Ewald   175, 193

La Roche, Sophie von   43
Lachmann, Karl Konrad Friedrich Wilhelm   166 f.
Lamm, Julia   135
Lampart, Fabian   308
Langen, August   247
Lassalle, Ferdinand   176, 195, 198
Lefevere, André   141 f.
Leibniz, Gottfried Wilhelm   20
Lenz, Max   13, 236
Leo, Heinrich   240
Lessing, Gotthold Ephraim   79, 123 f.
Locke, John   207 f.
Loehr, Johanna   4, 162
Lohmann, Ingrid   27 f.
Lommatzsch, Carl Bernhard   68
Luden, Heinrich   241, 244
Ludwig, Otto   36
Luhmann, Niklas   44 f., 65
Luise, Königin von Preußen   6, 21, 267 f., 277–290
Lukian von Samosata   188
Lund, Hannah Lotte   16
Luther, Martin   119, 266, 291, 297

Maistres, Joseph de   207
Mann, Thomas   36
Mansfeld, Jaap   189
Manutius, Aldus   147
Manutius, Paulus   156
Marcovich, Miroslav   175, 189, 195

Marwitz, Alexander von der   67, 69, 258
Marwitz, Familie von der   282
Maßmann, Hans Ferdinand   240 f.
Maurer, Michael   11
Maximos von Tyrus   186, 191
McClelland, Charles E.   23, 28
Meckenstock, Günter   6, 17, 135, 148 f., 151,
Meier, Albert   307
Meinecke, Johann Ludwig Georg   167
Meisner, Heinrich   163
Mendelssohn Bartholdy, Felix   36, 308
Menze, Clemens   28
Mereau, Sophie   45
Mesch, Walter   5
Mesmer, Franz Anton   38
Metger, Johann Severin   294, 302, 304
Metternich, Clemens Fürst von   243 f.
Mieck, Ilja   10 f.
Montesquieu   207
Moretto, Giovanni   175, 177, 180–182
Morhof, Daniel Georg   80
Mörike, Eduard   40 f.
Moritz, Karl Philipp   308
Motschmann, Uta   19, 162
Motte Fouqué, Caroline de la   278
Moxter, Michael   132
Müffling, Charlotte von   302
Mühlenfels, Ludwig von   238, 245
Mulert, Hermann   24, 133
Müller, Adam Heinrich   278
Müller, Adolf   3, 225 f.
Müller, Ernst   307
Müller, Lothar   131
Müller, Wilhelm Christian   3
Mutschelknauss, Eduard   16

Napoleon I.   9 f., 12, 22, 242, 288
Naschert, Guido   48
Neeße, Gottfried   175
Nelson, Leonard   235
Neugebauer, Wolfgang   11–13, 17, 22, 28, 293
Nicolovius, Friedrich   24
Nicolovius, Ludwig   24, 236
Nida, Eugene   119
Niebuhr, Barthold Georg   158 f., 165, 169, 244

Niethammer, Friedrich Immanuel 9, 239
Nipperdey, Thomas 12, 16, 253
Nolte, Johann Wilhelm Heinrich 22
Novalis (= Friedrich von Hardenberg) 120, 127, 308, 310
Nowak, Kurt 14, 18, 24, 29, 69, 126 f., 133, 152–154, 307

Oesterreich, Peter L. 125
Oken, Lorenz 240 f., 244
Olfers, Ignaz Maria 30 f.
Origenes 195
Osterhammel, Jürgen 23

Paletschek, Sylvia 77
Parmenides 138, 187, 194, 198
Patsch, Hermann 3, 122, 128, 138, 140, 143, 296
Paulsen, Friedrich 78
Paulus, Caroline 239
Paulus, Heinrich Eberhard Gottlob 239, 243
Pecina, Björn 115 f.
Pepys, Samuel 36
Pertz, Georg Heinrich 19
Petersen, Peter 149
Pfuel, Ernst von 278
Philippe, Marie-Dominique 147
Philo von Alexandrien 191
Pindaros 203
Pischon, August 261
Platon 4 f., 50, 120 f., 124, 128, 131, 133–142, 145, 148, 150, 152 f., 155, 161–164, 172, 181 f., 185 f., 193, 198–200, 207, 325
Plaul, Constantin 310
Pleger, Wolfgang H. 199
Plutarch 182, 186, 188 f., 191, 195
Polledri, Ellena 125
Pontormo, Jacopo da 36
Porphyrios 186, 191
Preußen, Marianne von (= Prinzess Wilhelm) 283 f.
Proklos 188
Protagoras 200
Psimmenos, Nikos 175, 177, 179–183, 193, 195
Pudor, Karl Heinrich 120

Pufendorf, Samuel von 207
Purvis, Zachary 3, 78
Pythagoras 184 f.

Raffael (= Raffaello Sanzio da Urbino) 35
Rahmer, Sigismund 278
Rapp, Christof 201
Raumer, Charlotte von 299 f.
Raumer, Friedrich von 299
Raumer, Karl Georg von 299, 302
Raumer, Luise von 299 f. 304
Raven, John E. 178, 198 f., 202
Rehme-Iffert, Birgit 48, 52
Reichardt, Friederike 294, 302, 304
Reichardt, Luise 293 f., 299, 304
Reimer, Georg Andreas 2, 14, 18, 40, 142, 145, 294, 304
Reinhardt, Karl 175, 194, 198, 202
Reinhold, Carl Leonhard 131, 235 f., 245
Reinhold, Ernst 245
Rhode, Gisela 152
Ribbeck, Conrad Gottlieb 281
Richter, Joachim B. 240
Rieger, Reinhold 123
Riemann, Heinrich 240
Ries, Klaus 239
Ritschl, Albrecht 86, 248
Ritschl, Georg Karl Benjamin 281
Ritter, Heinrich 151, 219
Roberts, John 77
Robinson, Saul B. 92
Röder, Wilhelm von 19, 35
Rödiger, Ludwig 238, 241, 245
Rohls, Jan 133, 135
Rose, Miriam 154, 219–221, 223 f., 230
Rose, Valentin 167, 170
Rosenberg, Hans 12
Rousseau, Jean Jacques 9, 207
Roussos, Evangelos N. 175
Rückert, Joachim 236, 249
Ruge, Arnold 238
Runge, Philipp Otto 132

Sack, August Friedrich Wilhelm 20
Sack, Friedrich Samuel Gottfried 20, 277
Salevsky, Heidemarie 119
Sand, Karl Ludwig 240, 243–246

Sandkühler, Hans Jörg 120
Savigny, Friedrich Karl von 158, 235 f.
Schadewaldt, Wolfgang 178
Schadow, Gottfried 36
Scharnhorst, Gerhard von 13 f., 18, 283 f.
Schede, Caroline (geb. → Wucherer) 37
Schede, Karl Wilhelm Ludwig 37
Schede, Wilhelmine 65
Scheel, Heinrich 26
Scheer, Regina 298
Scheidler, Karl Hermann 240 f.
Scheliha, Arnulf von 283
Schelling, Caroline (geb. Michaelis, spätere Böhmer und Schlegel) 45, 51, 127, 131
Schelling, Friedrich Wilhelm Joseph 81–83, 234–237, 239, 249
Schiller, Friedrich 36, 81
Schivelbusch, Wolfgang 11
Schlegel, August Wilhelm 10, 120, 127, 131 f., 308
Schlegel, Caroline → Schelling, Caroline
Schlegel, Dorothea (geb. Mendelssohn, gesch. Veit) 45, 51
Schlegel, Friedrich 4, 10, 46–53, 66, 119–130, 132–142, 152
Schleiden, Matthias Jacob 234
Schleiermacher, Anne (Nanny) 3, 283
Schleiermacher, Charlotte (Lotte) 3, 48, 61, 126, 284, 294, 303 f.
Schleiermacher, Gertud 68
Schleiermacher, Henriette (zuvor → Willich, Henriette von) 45, 67–69
Schleiermacher, Karl (Charles) 40
Schleiermacher, Nathanael 289 f.
Schlesier, Gustav 24
Schlichtkrull, Sophie (geb. von Willich) 59
Schlömilch, Oscar 234
Schmalz, Theodor Anton Heinrich 13, 19, 37
Schmid, Dirk 179 f.
Schmidt, Bernhard 278 f., 281
Schmidt, Sarah 2 f., 48, 129, 142, 311
Schneider, Franz 238
Schnitzer, Adam 120
Schnur, Harald 123, 128
Schofield, Malcom 178, 198 f., 202
Scholtz, Gunter 154 f., 308–310, 322
Schorn-Schütte, Luise 288

Schreiber, Waltraud 88, 90–93
Schröder, Willi 240
Schröder, Wilt Aden 147, 161, 165, 167 f.
Schubert, Klaus 120
Schuckmann, Friedrich von 26, 29, 96
Schulze, Hagen 9
Schulze, Johannes 293, 305
Schumann, Johann Lorenz 30
Schütte, Hans-Walter 281, 290
Schwarz, Karl 79
Schwarz, Theodor 293, 305
Schweizer, Alexander 228, 322
Scott, Walter 38
Sebald, Amalie 279
See, Klaus von 253
Sextus Empiricus 179, 182, 186
Shaftesbury (= Anthony Ashley-Cooper, Earl of Shaftesbury) 316
Simon, Holger 277
Smend, Rudolf 281
Sokrates 140, 185
Solger, Karl Wilhelm Ferdinand 236
Solms-Laubach, Friedrich zu 244
Sophokles 130 f.
Spalding, Georg Ludwig 101, 104 f.
Speth, Rudolf 277
Spinoza, Baruch de 207
Stamm-Kuhlmann, Thomas 26
Steffens, Henrich 79 f., 86, 296, 298, 305
Steffens, Johanna 302, 305
Steiger, Günter 240–242, 245
Stein, Heinrich Friedrich Karl Reichsfreiherr vom und zum 12, 14, 18 f., 21, 23, 25, 27, 94, 96, 242–244, 283 f., 288, 291
Steiner, George 128
Steinmetz, Max 240
Stephanus (Märtyrer) 267
Stobaios, Johannes 182, 191
Stolze, Radegundis 119
Sürücü, Hatun 87
Süvern, Johann Wilhelm 10, 24, 167

Tenorth, Heinz-Elmar 23
Tersch, Harald 35
Thadden, Rudolf von 20
Theodoret von Kyrrhos 182 f.
Thier, Andreas 13, 38

Thouard, Denis   147, 154
Tieck, Ludwig   132
Tolstoi, Lew Nikolajewitsch   36
Trendelenburg, Friedrich Adolf   153 f., 168 f.
Tümmler, Hans   242 f.
Turner, R. Steven   80
Twesten, August   86, 252, 311 f.

Usener, Hermann   167, 169

Varnhagen von Ense, August   45, 55, 67, 221, 227, 317
Varnhagen von Ense, Rahel (geb. Levin)   45, 67, 298
Venuti, Lawrence   130, 132
Vergil   37
Vermeer, Hans   119, 141
Virmond, Wolfgang   2, 38, 112, 152, 154, 313, 317
Voigt, Johann Heinrich   235
Voß, Johann Heinrich   129

Wagner, Friedrich Wilhelm   148 f., 308
Walzer, Richard   195
Wanning, Berbeli   121, 132
Weber, Max   80, 168
Wedeke, Johann Christoph   283
Weischedel, Wilhelm   77
Wentzcke, Paul   237
Wesselhöft, Robert   240

Wette, Wilhelm Martin Leberecht → De Wette, Wilhelm Martin Leberecht
Wiedemann, Conrad   15
Wilhelmy-Dollinger, Petra   16 f.
Wilken, Friedrich   167
Willich, Ehrenfried von (Junior)   1, 3, 53, 58 f., 63
Willich, Ehrenfried von (Senior)   1, 45, 53, 57–60, 66, 258, 297, 301, 305
Willich, Henriette von (spätere Goldschmidt, Tochter der Henriette von Willich)   1, 3, 53, 58–61, 63, 300, 303, 305
Willich, Henriette von (spätere → Schleiermacher)   1, 3, 29, 45 f., 52–67, 96, 257 f., 283, 292–294, 296–303, 305
Willich, Luise von   294, 296 f., 299 f., 305
Wolf, Friedrich August   39, 161
Wolfes, Matthias   14, 18, 22, 24, 29, 221
Woltmann, Johann Gottfried   105
Wolzogen, Caroline von   234
Wucherer, Caroline (spätere → Schede)   294, 302
Wucherer, Elisabeth   302

Xenophanes   184

Zima, Peter V.   134
Zinzendorf, Nikolaus Ludwig Graf von   248
Zovko, Jure   121, 123, 129

www.ingramcontent.com/pod-product-compliance
Lightning Source LLC
Chambersburg PA
CBHW050856300426
44111CB00010B/1270